SWITZERLAND AND THE INTERNATIONAL PROTECTION OF REFUGEES

LA SUISSE ET LA PROTECTION INTERNATIONALE DES RÉFUGIÉS

The Graduate Institute of International Studies

Volume 2

Switzerland and the International Protection of Refugees

La Suisse et la protection internationale des réfugiés

A Colloquium of the Graduate Institute of International Studies, Geneva, in collaboration with the Office of the United Nations High Commissioner for Refugees

Colloque de l'Institut universitaire de hautes études internationales, Genève, en collaboration avec le Haut Commissariat des Nations Unies pour les réfugiés

Edited by/Édité par

Vincent Chetail & Vera Gowlland-Debbas

KLUWER LAW INTERNATIONAL
THE HAGUE – LONDON – NEW YORK

***Published by*:**
Kluwer Law International
P.O.Box 85889, 2508 CN The Hague, The Netherlands
sales@kli.wkap.nl
http://www.kluwerlaw.com

***Sold and Distributed in North, Central and South America by*:**
Kluwer Law International
101 Philip Drive, Norwell, MA 02061, USA
kluwerlaw@wkap.com

***Sold and Distributed in all other countries by*:**
Kluwer Law International
Distribution Centre, P.O. Box 322, 3300 AH Dordrecht, The Netherlands

The Graduate Institute of International Studies
132, rue de Lausanne, Case postale 36,
CH-1211 GENEVA 21, Switzerland,
tel. 41-22-908-5700; fax 41-22-908-5710

A C.I.P. Catalogue record for this book is available from the Library of Congress

Printed on acid-free paper

ISBN 90-411-1743-1

Kluwer Law International incorporates the imprint of Martinus Nijhoff Publishers.

Printed and bound in Great Britain by Antony Rowe Limited.

TABLE OF CONTENTS
TABLE DES MATIÈRES

Foreword

The contributions in this volume were first presented at a Colloquium organised by the Graduate Institute of International Studies in collaboration with the Office of the United Nations High Commissioner for Refugees, held in Geneva on 3–4 November, 2000 to mark the 50th anniversaries of UNHCR and of the 1951 Convention on the Status of Refugees.

This Colloquium on *Switzerland and the International Protection of Refugees* focussed on the problems faced by Switzerland in the field of international protection of refugees, as well as on the specificity of its asylum law and practice, but it also aimed to address the problem from the European and international perspectives. The Colloquium revolved around four themes which are taken up again in this volume. The first examines the problems posed by, and the manner in which, Switzerland has addressed refugee influx in the past; the second addresses the question of access of refugees to asylum territories and refugee status determination procedures within the framework of the 1951 Convention on the Status of Refugees and the current Swiss asylum law. The third centres on the wider protection regime currently being forged in Europe to address a broader category of refugees, including solutions for temporary and subsidiary protection. The final theme revolves around return of refugees, to cover reintegration of returnees, assistance and long-term development.

The Colloquium was organised by the Program for the Study of International Organisation(s) of the Graduate Institute headed by Dr. Daniel Warner. The programme was the outcome of numerous meetings and discussions held between Vera Gowlland-Debbas, Professor at the Graduate Institute of International Studies, Philippe Leclerc, Head of UNHCR Liaison Bureau for Switzerland and Lichtenstein, and Walter Kälin, Professor at the University of Bern. They were assisted by an Organizing Committee which included Professors Andrew Clapham, Victor-Yves Ghébali and André Liebich, Graduate Institute of International Studies. Vincent Chetail, Graduate Institute of International Studies, contributed to the substantive preparation of the volume for publication.

The Graduate Institute would like to extend its thanks to the Swiss Office fédéral des réfugiés of the Département fédéral de justice et police and the Division politique IV (Politique des droits de l'homme et politique humanitaire) of the Département fédéral des affaires étrangères for their generous financial contributions towards the organisation of the Colloquium and publication of this volume, and for their general support in this endeavour. Thanks are also due to Valérie Clerc, Assistant, HEI-PSIO, for her efficient and invaluable work in carrying out the administrative and co-ordinating tasks.

List of Contributors
Liste des Participants

Lucius Caflisch
Juge auprès de la Cour européenne des droits de l'homme; Professeur, Institut universitaire de hautes études internationales

Marie-Claire Caloz-Tschopp
Université de Genève, Programme pluri-facultaire Action humanitaire

Jean-Yves Carlier
Professeur, Faculté de droit, Université catholique de Louvain

Vincent Chetail
Consultant, Haut Commissariat des Nations Unies pour les réfugiés; assistant de recherche et d'enseignement, Institut universitaire de hautes études internationales (Genève), Centre de droit comparé et européen (Lausanne)

Andrew Clapham
Professor, Graduate Institute of International Studies

Claudia Cotting-Schalch
Présidente Chambre V, Commission suisse de recours en matière d'asile

Jean-François Durieux
Vice Directeur pour l'Europe, HCR

Erika Feller
Director, Department of International Protection, UNHCR

Antoine Fleury
Professeur, Faculté de Lettres, Université de Genève

Toni Frisch
Délégué à l'Aide Humanitaire, Chef du Corps suisse d'aide en cas de catastrophe; Direction du développement et de la coopération, Département fédéral des affaires étrangères

Mario Gattiker
Chef du Service juridique, CARITAS Suisse

Jean-Daniel Gerber
Directeur, Office fédéral des réfugiés

Victor-Yves Ghebali
Professeur, Institut universitaire de hautes études internationales

Guy Goodwin-Gill
Professor of International Refugee Law, Oxford University

Vera Gowlland-Debbas
Professor, Graduate Institute of International Studies

Urs Hadorn
Directeur suppléant, Office fédéral des réfugiés

Ivor Jackson
Former Deputy Director of International Protection, UNHCR

Walter Kälin
Professor Law Faculty, Bern University

Philippe Leclerc
Chef du Bureau de Liaison du HCR pour la Suisse et le Liechtenstein, HCR

Christian Levrat
Porte-parole et responsable du Département Protection, Organisation Suisse d'aide aux réfugiés

André Liebich
Professeur, Institut universitaire de hautes études internationales

Giorgio Malinverni
Professeur, Faculté de droit, Université de Genève

Jean-Luc Maurer
Directeur, Institut universitaire d'études du développement

Jacques Mouchet
Coordinator, South Eastern Europe Coordination Unit, UNHCR

Marc Perrenoud
Conseiller scientifique de la Commission indépendante d'experts: Suisse – Seconde Guerre Mondiale

Boël Sambuc
Vice-Présidente, Commission fédérale contre le racisme

Peter Tschopp
Directeur, Institut universitaire de hautes études internationales

Volker Türk
Chief of the Standards and Legal Advice Section, UNHCR

INTRODUCTION

LA SUISSE ET LA PROTECTION INTERNATIONALE DES RÉFUGIÉS – CINQUANTE ANS APRÈS L'ADOPTION DE LA CONVENTION DE GENÈVE DU 28 JUILLET 1951 RELATIVE AU STATUT DES RÉFUGIÉS

*Vincent Chetail**

Le cinquantième anniversaire de la Convention du 28 juillet 1951 relative au statut des réfugiés est l'occasion de s'interroger sur le régime de protection internationale des réfugiés, qui vit le jour durant l'été 1951 dans cette ville de Genève, cité du refuge et berceau de l'idéal humanitaire. Résultat d'un laborieux compromis destiné à réconcilier l'incontournable souveraineté de l'Etat et la nécessaire protection des réfugiés, la Convention de Genève relative au statut des réfugiés constitue la clé de voûte du dispositif international de protection des réfugiés. Cette Charte universelle des droits fondamentaux des réfugiés confère un contenu normatif à la tradition séculaire de l'asile qui fit l'honneur des grandes démocraties d'Europe.

Pourtant rien ne prédisposait la Convention à devenir le principal instrument universel de la protection des réfugiés. Elaborée au lendemain de la Seconde Guerre Mondiale dans un contexte idéologique marqué par l'avènement de la guerre froide, la Convention était conçue comme un instrument destiné à réglementer un phénomène que l'on croyait temporaire. C'est ainsi que l'article premier de la Convention pose une définition générale du réfugié fondée sur la crainte de persécution, qui demeurait toutefois limitée aux individus devenus réfugiés "à la suite d'événements antérieurs au 1er janvier 1951". Cette restriction temporelle fut complétée par la possibilité pour les Etats parties d'imposer des limites géographiques circonscrites aux seuls réfugiés provenant d'Europe. Devant la persistance du phénomène des migrations forcées, l'Assemblée générale des Nations Unies adopta en 1967 le Protocole relatif au statut des réfugiés, qui levait la date butoir de 1951 et les restrictions géographiques tout en conservant les autres dispositions essentielles de la Convention.

* Consultant auprès du Haut Commissariat des Nations Unies pour les réfugiés (Département de la protection internationale); assistant de recherche et d'enseignement auprès du département de droit international de l'Institut universitaire de hautes études internationales (Genève), et du Centre de droit comparé et européen – Chaire Jean Monnet (Lausanne).

V. Chetail and V. Gowlland-Debbas (eds.),
Switzerland and the International Protection of Refugees
La Suisse et la protection internationale des réfugiés, 1-8.

Libéré de son carcan originel, la Convention de Genève allait très vite être à la mesure de l'ampleur du phénomène qu'elle entendait réglementer. Actuellement ratifiée par 141 Etats, elle s'est imposée comme l'instrument universel de référence dans la protection de plusieurs millions d'exilés à travers le monde. Sans pour autant consacrer cet impossible droit à l'asile, la Convention pose à son article 33 le principe salutaire du non-refoulement, qui assure qu'aucun réfugié ne sera renvoyé de quelque manière que ce soit vers ses persécuteurs. Véritable pierre angulaire du droit international des réfugiés, le principe du non-refoulement est considéré aujourd'hui comme une règle si élémentaire pour la communauté internationale qu'elle fait désormais partie intégrante du droit coutumier. Dans la lignée de la Déclaration universelle des droits de l'homme, le texte de 1951 garantit aux réfugiés la liberté de pratiquer leur religion, l'accès à la justice, à l'éducation primaire et aux aides publiques. Il assure également que le réfugié sera traité au moins aussi favorablement que les étrangers en général dans le domaine du logement, de l'emploi, du droit à la propriété, à la liberté d'association et de circulation. Bien que la responsabilité principale de la mise en œuvre de la Convention relative au statut des réfugiés incombe aux Etats parties, un lien formel est par ailleurs établi entre la Convention et un organisme international, le Haut Commissariat des Nations Unies pour les réfugiés (HCR), mandaté pour veiller à son application.

Cinquante ans après son adoption, la Convention de Genève est au cœur du débat. L'institution de l'asile est en proie à l'une des plus profondes crises de son histoire. Cette crise est d'abord quantitative : le nombre de personnes contraintes de fuir leurs pays d'origine, recensé par le HCR, est passé de 2,5 millions en 1970 à près de 13 millions en 2000, après avoir culminé à 18,2 millions en 1993. Cette augmentation quantitative s'est également doublée d'un changement qualitatif des flux migratoires, où migrants économiques et réfugiés politiques se trouvent mêlés dans la quête d'une vie meilleure.

Les causes de cette crise de l'asile sont multiples et rarement exclusives : multiplication et persistance des conflits régionaux, des guerres civiles, ethniques ou religieuses n'épargnant aucun continent, instabilité politique chronique de certains Etats, violation des droits de l'homme ou fermeture des frontières occidentales à l'immigration et déséquilibre économique croissant entre le Nord et le Sud, tous ces facteurs étant renforcés par des facilités croissantes de communication internationale rapprochant les pays les plus éloignés.

L'élan humanitaire des premiers temps a cédé la place à une logique de gestion des flux migratoires et de lutte contre les abus du système de l'asile érigé en 1951. L'institution de l'asile doit relever ses plus importants défis face à une politique protectionniste de l'asile qui menace d'éroder les principes fondateurs de la Convention de Genève.

La pratique suisse de l'asile est à cet égard particulièrement représentative de la tension grandissante entre d'une part les difficultés politiques, sécuritaires et humanitaires rencontrées par l'ensemble des pays d'accueil et d'autre part la nécessité de préserver le régime international de la protection des réfugiés qui demeure une composante essentielle du droit international tant que des solutions politiques globales n'auront pas été apportées pour lutter efficacement contre les causes de l'exil. Centrée sur les problèmes rencontrés par la Suisse dans le domaine de la protection internationale des réfugiés, la présente publication analyse la question de l'accueil des réfugiés dans toutes ses dimensions à la fois nationale, européenne et internationale.

Madame *Erika Feller*, Directrice du Département de la protection internationale du HCR, souligne dans ses remarques introductives les rapports privilégiés qui unissent la Suisse au HCR dont le siège se trouve à Genève même. La Suisse est en effet à l'origine de nombreuses initiatives promues par le HCR, comme la protection temporaire dans le cas d'un afflux massif de réfugiés, et son corollaire : les programmes de rapatriement volontaire, qui furent appliqués dans le cadre de la crise en Bosnie-Herzégovine et au Kosovo. La Suisse est d'ailleurs l'Etat occidental qui enregistre le plus grand nombre de demandes d'asile proportionnellement à sa population.

Le présent ouvrage propose d'examiner la problématique de l'asile autour de quatre thèmes de réflexion destinés à mieux comprendre ce qui fait à la fois l'universalité et l'originalité de la Suisse dans le domaine de la protection internationale des réfugiés. La première partie se concentre sur le rôle historique de la Suisse en tant que pays d'asile et sur la manière dont elle a fait face dans son histoire à l'arrivée des réfugiés, que ce soit notamment les Juifs fuyant l'Allemagne nazie ou les Hongrois et les Tchèques opprimés par le régime communiste.

Madame *Caloz-Tschopp* nous rappelle que l'expérience suisse de l'asile interpelle toute démocratie. Le droit d'asile interroge à la fois l'identité d'un Etat, les valeurs qui le fondent et son rapport à l'Autre. L'asile est un des lieux symboliques majeurs de la création démocratique. Il est le sismographe irremplaçable de la reconnaissance ou du déni du respect de la vie et de la liberté. L'asile permet de saisir à la fois le contenu et l'enjeu démocratique. Il implique des choix, une responsabilité. Le cinquantième anniversaire de la Convention sur les réfugiés de 1951 n'est donc pas un anniversaire banal. La Convention de Genève participe à la construction de l'Etat de droit et traduit sa mise en cause incessante et sanglante à travers le monde. Au moment où la tradition de l'hospitalité est plus que jamais remise en question, les cinquante ans de la Convention de Genève sur le statut des réfugiés nous invitent à ne pas perdre le sens de l'asile et souligne l'impérieuse nécessité de préserver un texte essentiel pour la sauvegarde des droits humains.

Cet anniversaire nous oblige cependant à un effort de mémoire difficile et insécurisant. Le Professeur *Georg Kreis* démontre combien la pratique de l'asile demeure un exercice précaire et incertain qui doit sans cesse être renouvelé. Cette ambivalence se reflète à travers deux études de cas particulièrement saisissantes: l'accueil massif des soldats français au lendemain de la guerre de 1870-1871, qui fut l'un des éléments fondateurs du mythe de la Suisse terre d'asile, et la politique nettement plus restrictive à l'égard des réfugiés durant la Seconde Guerre Mondiale, qui demeure encore aujourd'hui au cœur de la polémique.

Marc Perrenoud retrace, sous le regard critique de l'historien, le rôle parfois équivoque des autorités suisses dans la protection internationale des réfugiés de la Première Guerre Mondiale à la Convention de Genève de 1951. Cette première moitié du XXème siècle, caractérisée par le mouvement de masse, devait marquer une rupture avec l'âge d'or du refuge que symbolisa le XIXème siècle. Le spectre de l'invasion étrangère, le fantasme sécuritaire, et la protection du marché du travail sont autant de thèmes récurrents, qui ont profondément marqué les pages douloureuses de l'histoire de l'asile. Ils illustrent une incapacité grandissante à maîtriser un phénomène migratoire qui dépasse très largement les frontières de la Suisse.

Le Professeur *Antoine Fleury* replace dans cette perspective la problématique des réfugiés dans le choix entre l'action humanitaire nationale et la coopération internationale. Sa renommée humanitaire et son statut de neutralité expliquent sans doute pourquoi la Suisse a – plus que tout autre pays – un rôle particulier à jouer dans ce domaine. Mais l'histoire récente nous montre que toute action purement nationale s'avère illusoire, si elle n'est pas coordonnée au niveau international au sein notamment des organismes internationaux de protection. La politique de l'asile est plus que jamais intimement liée à la problématique plus vaste des flux migratoires dont aucun gouvernement n'a désormais la seule maîtrise. Le renforcement de la collaboration internationale demeure la seule issue pour apporter une solution durable au phénomène des migrations forcées.

Mais, si la Suisse figure parmi les premiers Etats d'Europe à ratifier la Convention de Genève en 1954, au niveau national la prise de conscience de la persistance de la question des réfugiés demeura tardive. Ainsi que le constate *Urs Hadorn* – Directeur suppléant de l'Office fédéral des réfugiés – dans sa présentation sur la genèse et l'évolution du droit d'asile en Suisse, la première réglementation législative de l'asile date de la loi du 5 octobre 1979. La mise en œuvre de la Convention relative au statut des réfugiés, longtemps dévolue aux autorités de police, fut confiée en 1990 à l'Office fédéral des réfugiés (ODR), dont les décisions sont soumises au contrôle d'une instance de recours unique et indépendante : la Commission suisse de recours en matière d'asile (CRA) instituée en 1992. En vingt ans d'application, l'augmentation constante du nombre de requérants d'asile et la complexité croissante du phénomène migratoire ont suscité pas moins de dix révisions successives de la première loi sur l'asile, dont une onzième est actuellement sur le point d'être adoptée. Ces multiples révisions ont principalement pour objet d'accélérer la procédure de reconnaissance du statut de réfugié, et d'assurer le retour des requérants d'asile déboutés.

La question souvent vitale de l'accès des victimes de persécution au statut de réfugié, qui constitue le deuxième thème de réflexion du présent ouvrage, est actuellement au cœur du défi humanitaire auquel sont confrontés les Etats parties à la Convention de Genève. La question la plus controversée réside sans nul doute dans l'interprétation restrictive de la notion de persécution, qu'une partie minoritaire d'Etats contractants – comme la Suisse et d'autres voisins européens – limitent aux seules victimes des persécutions d'origine étatique. Une telle interprétation revient à exclure de toute protection internationale les nombreuses victimes d'organisations clandestines, de groupes rebelles ou de milices locales, face auxquels le gouvernement du pays d'origine s'avère impuissant. La présentation fort instructive de *Volker Türk* (Chef de la Section de la politique de protection et des conseils juridiques du Département de la protection internationale du HCR) est l'occasion de préciser la position du HCR sur ce point particulièrement délicat, qui – espérons le – incitera à une meilleure compréhension des obligations internationales issues de la Convention de 1951. A l'instar des autres conventions relatives à la protection des droits de l'homme, la Convention de Genève est un instrument vivant, qui doit être interprété à la lumière des circonstances nouvelles intervenues depuis sa signature. Conformément à la lettre, à l'objet et au but de cette Convention, une persécution peut émaner non seulement de l'Etat mais aussi de groupes privés ou de particuliers, lorsque les autorités nationales sont incapables d'assurer à leurs ressortissants une protection effective contre de tels agissements. Dès lors, la persécution, qui n'implique pas la complicité directe ou indirecte de l'Etat d'origine, n'en reste pas moins une persécution au sens de l'article premier de la Convention.

La seconde controverse relative à la définition du réfugié concerne les persécutions liées à l'appartenance sexuelle, que la Convention de Genève ne mentionne pas expressément parmi les différents motifs de persécutions que sont la race, la religion, la nationalité, les opinions politiques et l'appartenance à un certain groupe social. La contribution du Professeur *Walter Kälin* souligne que la Suisse a su se livrer sur ce point à une interprétation dynamique de la définition du réfugié, en intégrant dans sa législation les motifs de fuite spécifiques aux femmes. L'analyse approfondie de la jurisprudence suisse, enrichie de la pratique suivie dans divers autres Etats parties à la Convention, témoigne de la nécessité de prendre en compte les nouvelles formes de violence dans l'interprétation de la notion de persécution.

Au-delà de la définition du réfugié proprement dite, l'accès à la protection internationale passe par la mise en place d'une procédure de détermination du statut de réfugié efficace et équitable, pour laquelle la Convention de Genève de 1951 demeure silencieuse. La pression du nombre des demandeurs d'asile s'est traduite par l'adoption, dans de nombreux pays, de différents mécanismes procéduraux destinés à raccourcir le traitement des demandes du statut de réfugié.

La Suisse fut ainsi l'un des premiers pays d'Europe à appliquer la notion ambiguë du "pays tiers sûr", qui permet le renvoi immédiat du demandeur d'asile à destination d'un autre Etat partie à la Convention qu'il a pu traverser avant d'arriver en Suisse, sans qu'il ne soit procédé à l'examen au fond de la demande d'asile dont la tâche est ainsi transférée au premier pays de transit. *Mario Gattiker* souligne les difficultés inhérentes à la mise en œuvre d'une telle notion, qui augmente le risque que des réfugiés deviennent les victimes de renvois en chaîne à destination de l'Etat persécuteur en violation du principe du non-refoulement. L'auteur appelle à une révision de la législation afin de mieux prendre en compte les exigences du droit international public et de l'harmonisation européenne sur cette question cruciale de la répartition des demandeurs d'asile entre les Etats parties à la Convention.

Le souci de distinguer les réfugiés authentiques des migrants économiques a également justifié la mise en place, par la loi sur l'asile du 26 juin 1998, de procédures urgentes introduites en vue d'accélérer le traitement des demandes d'asile manifestement infondées. Madame le Juge *Claudia Cotting-Schalch* nous décrit les conditions d'application souvent difficiles de cette législation, et met ainsi en lumière la lourde tâche de la Commission suisse de recours en matière d'asile chargée de préserver un équilibre délicat entre la nécessité d'une procédure d'asile rapide destinée à écarter les abus les plus manifestes et le maintien d'une procédure équitable et respectueuse des droits des demandeurs d'asile.

Les débats, qui entourent la mise en œuvre de la Convention de Genève en Suisse et ailleurs, demeurent étroitement liés au contexte européen de la protection des réfugiés, qui constitue notre troisième thème d'étude.

M. *Jean-Daniel Gerber*, Directeur de l'Office fédéral des réfugiés, aborde l'une des principales innovations du régime de l'asile en Suisse : le concept de protection temporaire, intégré dans la législation depuis le 1er octobre 1999. Ce mécanisme de protection subsidiaire à la Convention de Genève est destiné à assurer un accueil temporaire à des groupes de personnes fuyant la guerre ou une situation de violence généralisée, lorsqu'il n'est plus possible de leur garantir une protection sur place. Ce concept, actuellement débattu dans les enceintes de l'Union européenne, annonce l'émergence d'un nouveau modèle de protection internationale des réfugiés, qui par la souplesse de ses modalités d'application est censé mieux correspondre au phénomène de l'arrivée massive des réfugiés. La question de la compatibilité d'un tel dispositif avec la Convention de Genève reste néanmoins posée.

Mais cette initiative aura le mérite de souligner les difficultés à réconcilier le régime universel de protection des réfugiés et la souveraineté de l'Etat dans le contrôle migratoire. Cette tension inhérente à l'institution de l'asile est au cœur de l'ensemble du processus d'harmonisation opérée dans le cadre de l'Union européenne depuis la conclusion du Traité d'Amsterdam. L'éminent Professeur *Guy S. Goodwin-Gill* rappelle fort opportunément que toute réflexion sur la Convention de Genève de 1951 doit s'insérer dans la problématique plus générale du respect des droits de l'homme. Une approche strictement européenne de la question des réfugiés ne saurait masquer en effet les nombreux instruments universels de protection des droits de l'homme, qui demeurent la norme de référence dans la mise en œuvre du droit international des réfugiés.

La responsabilité particulière des Etats européens à l'égard du respect des droits fondamentaux de la personne humaine s'est concrétisée, au niveau régional, par la Convention européenne des droits de l'homme. Le Juge *Lucius Caflisch* nous montre que si la Convention européenne ne comporte aucune disposition expresse relative à l'asile, la Cour européenne des droits de l'homme a contribué très substantiellement au développement progressif du droit international des réfugiés. La jurisprudence dynamique de la Cour européenne, concernant notamment l'interdiction de la torture et des mauvais traitements et le droit au respect de la vie familiale, a ainsi permis d'assurer une protection indirecte en faveur des réfugiés et demandeurs d'asile frappés par une mesure de renvoi. Elle constitue, à cet égard, un complément particulièrement utile au dispositif de la Convention de Genève relative au statut des réfugiés.

Le régime de protection internationale des réfugiés ne saurait se concevoir sans la recherche d'une solution durable dans les pays de provenance des réfugiés, qui constitue notre dernier thème de réflexion. La crise de l'ex-Yougoslavie nous a rappelé en effet qu'une meilleure cohérence dans le domaine de la protection des réfugiés passe par la recherche d'une solution durable agissant directement sur les causes de l'exil.

Le Pacte de stabilité pour l'Europe du Sud-Est, qui nous est présenté par le Professeur *Victor-Yves Ghebali*, constitue une expérience unique à ce jour, et jette les bases d'une approche globale reliant la question du retour des réfugiés à l'ensemble des problèmes de la région balkanique. Toute solution durable passe nécessairement par une coopération internationale accrue, dans laquelle les organisations internationales en étroite collaboration avec les principaux pays d'asile et les pays bénéficiaires demeurent les acteurs incontournables.

Jacques Mouchet, Coordinateur des Opérations du HCR en Europe du Sud-Est, nous retrace l'expérience du HCR dans la réintégration des réfugiés en ex-Yougoslavie quatre ans après la conclusion des accords de Dayton. Le rôle décisif du HCR permit de surmonter les nombreuses résistances et de créer les conditions favorables au retour des réfugiés de Bosnie-Herzégovine et de Croatie, en leur assurant une sécurité physique et légale et en facilitant les possibilités d'intégration socio-économiques.

La Suisse, qui offrit un asile provisoire à près de 60,000 Kosovars, a également joué un rôle particulièrement actif dans la région. *Toni Frisch*, Chef du Corps suisse d'aide en cas de catastrophe, souligne que le programme d'aide au retour dans la Province du Kosovo permit, dans la lignée du programme qu'elle avait mise en œuvre en Bosnie-Herzégovine, d'assurer le retour volontaire des réfugiés et une assistance humanitaire sur place sous la forme d'un soutien à la fois matériel et financier en étroite collaboration avec les organisations internationales. Ce programme d'aide au retour, qui n'est qu'un des multiples aspects de la politique humanitaire de la Suisse dans l'ensemble de la région des Balkans, participe à la reconstruction économique de la région, et représente une importante contribution vers l'instauration d'une paix stable et durable dans la région.

A l'instar des quatre Conventions de Genève du 12 août 1949 sur le droit humanitaire, la Convention de Genève relative au statut des réfugiés du 28 juillet 1951 figure sans nul doute parmi le patrimoine juridique commun de l'humanité. Ce demi-siècle d'existence nous rappelle la nécessité de préserver un texte fondamental pour la sauvegarde des droits et libertés de plusieurs millions de personnes à travers le monde.

La problématique de l'asile et des réfugiés revêt aujourd'hui une dimension bien plus vaste que ne l'avait envisagé les rédacteurs de la Convention en 1951. Le présent ouvrage témoigne de l'ampleur des défis posés par la protection internationale des réfugiés. La Suisse représente, à cet égard, un précieux laboratoire dans la recherche de solutions aux problèmes contemporains de l'asile.

La dynamique des déplacements a profondément changé durant ces cinquante années. Ce renouvellement de la réalité migratoire est lié aux soubresauts d'un monde en mutation politique et économique, dont l'évolution s'est accélérée durant ces dernières années sous l'effet combiné d'un ensemble complexe de changements technologiques, institutionnels et culturels, que l'on désigne sous le terme de mondialisation. Les biens et les capitaux n'ont jamais circulé aussi facilement qu'aujourd'hui ; les hommes d'affaires, les touristes et les étudiants ne cessent de traverser des frontières de plus en plus imperceptibles. L'abondance de l'Occident, désormais plus visible, exerce son attraction sur les migrants économiques, pour qui la perspective de parcourir plusieurs milliers de kilomètres en quête d'une vie meilleure est devenue une réalité accessible. La distinction entre migrants économiques et réfugiés politiques s'estompent, et la crainte du péril migratoire refait surface. Les notions de souveraineté et de frontière s'imposent alors dans toutes leurs rigueurs à ceux qui, touchés dans leur chair ou dans leur liberté, cherchent refuge contre la tyrannie. Les réfugiés sont – plus que tout autre – les exclus de la mondialisation.

La Convention de Genève ne peut être tenue responsable d'un phénomène qui dépasse très largement la question de l'asile. La Convention relative au statut des réfugiés n'est pas un instrument de politique migratoire. Elle ne saurait régler à elle seule tous les problèmes de déplacement de populations, qui appellent une stratégie globale et concertée impliquant une complémentarité des initiatives dans le domaine politique, le développement économique, la promotion des droits de l'homme et l'action humanitaire.

KEYNOTE ADDRESS

*Erika Feller**

It is a great pleasure to address this colloquium organised by the Graduate Institute of International Studies. It takes place on the eve of the celebration of the 50th anniversary of the Convention on the Status of Refugees and of the establishment of the United Nations High Commissioner for Refugees. My thanks go in particular to Professor Gowlland for this initiative, which no doubt will prove the occasion for stimulating discussion around Switzerland's contribution to the international protection of refugees – a contribution which, let me say from the beginning, is considerable and much appreciated by UNHCR.

I want to look, in the time available, at some aspects of the changing environment in which protection has to be carried out, and its impact on States' policies and UNHCR's responsibilities. Against this background, I will draw attention to innovative aspects of Switzerland's practice, which have actively contributed to the better protection of refugees, while at the same time offering some reflections on areas where, from our perspective, some advances would now be warranted.

Switzerland has reason to be proud of its record. It is a major asylum country in Europe, and one which, in the Executive Committee, traditionally offers leadership and support for the policies of UNHCR. It also provides both generous financial assistance for the High Commissioner's programmes – Switzerland steadily remains within the top ten donors of UNHCR – and much assistance "in kind", not least to our capacity building activities. Its status determination system has always been something of a model in this regard, aspects of which we have no hesitation in exporting.

UNHCR enjoys a close and co-operative working relationship, both with Switzerland as a State and also, more specifically, with the Federal Office for Refugees. That is not to say we always agree with each other, but the positive aspect here is that there is no hesitation, on either side I venture to say, in bringing up differences of view. I remember one discussion with a senior official in the Federal Office who observed, quite rightly, that UNHCR's protection responsibilities included an obligation on the Office to raise its voice unequivocally in defence of refugees, including, as need be, in the public domain. He went on to say, again

* Director, Department of International Protection, UNHCR.

V. Chetail and V. Gowlland-Debbas (eds.),
Switzerland and the International Protection of Refugees
La Suisse et la protection internationale des réfugiés, 9-15.

understandably, that any implicated government, including Switzerland, is likely to respond quite sharply, with consternation and critique, and also in the public domain. That though, he concluded, should not inhibit us, but should be regarded as a sign of a healthy relationship. I much appreciated this observation and the spirit in which it was relayed, not least for what it indicated about the degree of respect in this country for the role of UNHCR as advocate and defender of the rights of a vulnerable group of non-citizens.

This exchange may sound, to some, a self-evident description of how States approach the protection mandate of UNHCR. Not so. As I commented to the plenary meeting of our Executive Committee in 2000, there is certainly an irony in the fact that protection is both the most promoted in rhetoric and the most disliked in practice of the functions entrusted to the High Commissioner. That it is the Office's central responsibility is often repeated and UNHCR is encouraged to give it absolute priority. At the same time, it is the exercise of this responsibility which attracts the greatest suspicion from a number of States and brings the office most often into confrontational situations. Why is there this disjunction between words and deeds? There are, of course, a number of possible explanations. The first clearly is inherent in the nature of protection itself, where it serves as a restraint on the freedom of any State to treat citizens or non-citizens at discretion. As a limit on sovereign discretion, its exercise is rarely applauded by those States directly affected, regardless of the correctness of the act. Another explanation lies perhaps not in the way protection is practiced, but the framework within which this is carried out. We hear with increasing regularity that the protection regime of which we have been made the guardian no longer exactly fits the problem.

The refugee problematic has undergone considerable change over the last 50 years, since the basic global framework came into existence with the conclusion of the 1951 UN Convention relating to the Status of Refugees. These changes have impacted, fundamentally, both on the practice and on the theory of protection across the globe, not least in major partner States for UNHCR in Europe. The will of European States to continue to offer asylum on the even-handed terms of the past, in full compliance with the letter but, perhaps more important, the spirit, of the Convention, has been eroded by rising costs, migration fraud and misuse of asylum systems, a public backlash with political and social repercussions, and a perception that somehow there is a growing gap between the asylum or protection tools available to States and the problems with which these tools are having to deal.

In addition to impact of these developments, the situation has been both aided and compounded by an important evolution in the approach to understanding the notion of persecution, around which the framework protection principles have traditionally been constructed. Persecution is, of course, an age-old practice. There is no definition of it in the 1951 Convention, which has contributed to quite some divergence in how the notion is applied in different countries. The severity of the act as a main consideration is common to many systems. However the cultural and social context of the commission of the act has proved, in many cases, the decisive factor in refugee status determinations. This is now slowly changing. As tolerance of behaviours traditionally culturally sanctioned starts to diminish, certain acts (for example some forms of gender violence) are now emerging out of their protective mantle of social acceptability to be recognised for what they are, insidious manifestations of persecution warranting protection through refugee status. In this regard, the refugee protection systems in place in a number of States have been lamentably slow to catch up, with a determination of whether persecution is at issue still being tied, in the final analysis, to issues of cultural and social acceptability.

The interpretation of persecution and the preparedness of States to accept responsibilities for persecuted individuals have also been conditioned by the identity of the persecutors themselves. Today persecution takes place increasingly in a climate of general lawlessness and impunity within rather than between States. For many diverse reasons, ethnic conflicts and inter-community violence are allowed to flourish because the central government has collapsed, or lacks the willingness, or simply the ability, to govern effectively. There has been a growth in internal, inter-ethnic conflicts characterised by massive population displacements, which are not their unintended result, but their actual objective. The victims, unable to find effective relief from serious harm within their own countries, are obliged to claim protection beyond the borders of their State. The perpetrators of this harm and violence range from the traditional agents of the State – such as police and the military – to militia, paramilitary groups, separatist rebels, bandits and even thugs. But the victims remain the same people – predominantly children, women, and the elderly. In this environment, perhaps the greatest impediment to a "victim oriented" or "protection based" approach to refugee protection is the notion adhered to by some States – and here I am constrained to mention Switzerland among them – that only those who are victims of actual persecution at the hands of the State or a State like authority, are legally entitled to international refugee protection. I want to return to this position in a minute. My purpose in mentioning it here is to underline the point that the changes that have taken place over recent times in the environment generating refugees, if they have opened up important possibilities, have also given rise to serious obstacles to applying refugee protection principles properly, irrespective of the actual harm compelling flight.

Turning now to the Swiss practice, against the background of this broader environment for refugee protection, there have been a number of important innovations. Switzerland was one of the first western European countries to use the instrument of temporary protection, with Bosnians being granted "*admission provisoire collective*", and subsequently the first Western European country to institutionalize temporary protection in the revision of its Asylum Law. UNHCR had no quarrel with this. In fact, in the case of Bosnia, UNHCR promoted the use of temporary protection as a pragmatic and flexible method of affording international protection in a situation of large-scale influx of asylum-seekers. For us, temporary protection remains an important device available to states where there is a significant number of arrivals of persons from the same country, displaced under circumstances indicating that members of the group would qualify for international protection, and where individual refugee status determination procedures cannot handle the large influx over the short period of time. Against this understanding, UNHCR welcomes the Swiss provisions establishing a form of temporary protection, as long as they remain linked to large-scale influxes. The challenge at this point is to more clearly articulate the relationship between temporary protection and the 1951 Convention, as well as the terms and conditions for enjoying and then terminating this temporary status.

Another welcome innovation in Swiss asylum policy has been the design and implementation of particularly tailored voluntary repatriation programmes in favour of refugees originating from Bosnia and Herzegovina, as well as Kosovo. The establishment in each canton of return counselling centres, managed either by NGOs or cantonal authorities, has underpinned the viability of return throughout the asylum procedure. The tailoring of the repatriation programmes has taken into account the individual aspirations of returnees, by for example providing for financial assistance and vocational training, or reconstruction material, to facilitate return. At the same time, the Swiss authorities have directly implemented rehabilitation programmes in the country of origin both benefiting the entire local population and facilitating the returnees' reintegration. The comprehensiveness of this approach has served not least as a positive precedent for other Western European States. Where we do have an ongoing dialogue with the Swiss authorities at this point is about return to the Balkans of categories of persons still in need of protection, such as members of precarious minorities in Kosovo, or on our concerns about any forceful relocation of Bosnians belonging to minorities and not able to return to their place of origin, as foreseen in the Dayton Agreements.

Switzerland is also a country of some "best practices" as regards its asylum procedures. Of particular note here is the combining in one procedure of refugee status determination with a subsequent review of human rights related obstacles to return, should a case be rejected for refugee status. This second examination is mainly made on the basis of Article 3 of the European Convention on Human Rights, which contains a prohibition against forceful return of any person to a country where that person would face torture or inhuman treatment. The comprehensiveness of this approach offers an interesting if still early model for an asylum procedure endeavouring to harmonise the 1951 Geneva Convention with other Human Rights protections, without adding unreasonable delay. The average length of a first instance procedure lasts only 6 months, now that the Kosovo crisis is over.

Finally, in the area of innovative approaches, let me mention the extension, through the Swiss Asylum Law, of the possibility for an asylum-seeker to file an ordinary asylum claim at a Swiss Embassy abroad. This is something UNHCR has long promoted, as long as there are sufficient procedural safeguards built into the system to ensure a full and fair hearing of the claim by persons with the requisite expertise.

Having drawn attention to positive aspects of the Swiss procedure, it would be remiss of me not to mention some concerns, particularly as they relate to Switzerland's approach to non-State agents of persecution. In the view of UNHCR and a growing number of others, an approach which denies refugee protection to victims of persecution by non-State agents is untenable in today's world. If we accept that the primary purpose of refugee status is to provide a temporary and surrogate place of safety for people where, for whatever reason, this is not reasonably available in their countries of origin, then any approach that draws an arbitrary "line in the sand" between different but equally deserving victims, must in UNHCR's view, run counter to the objects, purposes and spirit, indeed the letter, of the refugee protection framework. UNHCR appreciates that some level of protection is offered in Switzerland to victims of such persecution, but would hope that a re-examination of the Swiss position currently underway could lead Switzerland to join the majority of States in recognising non-State agents of persecution as falling within the ambit of the refugee definition. By extension, we would then look forward to more leading jurisprudence in the area of gender persecution.

I should also mention our concerns about the notion of safe country of origin. This is a concept which was first developed in Switzerland. Although we are pleased that it is only used as an evidentiary tool in Switzerland, it is worth highlighting that it has become, in some countries, an automatic bar to access to asylum procedures. From our perspective, it is impossible to preclude, as a matter of law, the possibility that an individual could have a well-founded fear of persecution in any particular country, however great that country's attachment to human rights and the rule of law. While a sophisticated democratic order and an elaborate system of legal safeguards and remedies would allow for a general presumption of safety, history is replete with examples of no system being either infallible or immutable. Where the notion is used as a procedural tool to assign certain applications to accelerated procedures, or where its use has an evidentiary function, as is the case in Switzerland, UNHCR is less concerned, as long as the presumption of safety is rebuttable.

Although the notion of safe country of asylum did not originate here, Switzerland is also using this concept on a regular basis. The manner of its application gives us less cause for concern here than in many other countries, where UNHCR's recommendations apparently have less sway in this regard. Our position is that the applicability of a safe country notion should be tested case by case and should have no influence in the case of persons who have passed through countries of "mere transit". Whether or not an individual has found – or even could have found – protection in countries through which that person passed is rarely easily or reliably assessed. UNHCR holds to the view that any decision to return an asylum-seeker to a "safe third country" should be accompanied by assurances that the person will be readmitted to that country, will enjoy there effective protection against refoulement, will have the possibility to seek and enjoy asylum, and will be treated in accordance with accepted international standards.

If we still have some differences with Switzerland, we very much appreciate the openness of the dialogue on them. UNHCR enjoys with the Swiss authorities a very good collaboration on many aspects of Swiss asylum practice. A notable example is UNHCR's role in the airport procedures where, together with the Federal Office for refugees, we jointly have to agree on any decision to return an asylum-seeker to the country of origin if his or her application is deemed manifestly unfounded. In practical terms, this gives UNHCR a major voice in decisions on the admission of asylum seekers to Swiss territory in order to access full asylum procedures.

UNHCR also appreciates the collaboration extended by the Swiss Federal Office for Refugees to our refugee law training programmes and institution building activities in new asylum countries, particularly in Central Europe and more recently in Eastern Europe. These joint programmes have helped to build a solid basis for the drafting of national refugee laws and better application of the Geneva Convention. One concrete example in this regard is Switzerland's recent training of the Czech refugee status determination authorities on the handling of cases involving unaccompanied minors, using their internal regulations as the basis.

UNHCR and the Asylum Appeals Commission also enjoy good cooperation. I take this opportunity to thank the Commission for having organised in Bern an excellent conference of the International Association of Refugee Law Judges, which brought together judges from more than sixty countries to discuss topics under the theme of the changing nature of persecution. The support provided by the Swiss Department for Justice and the Swiss Department for Foreign Affairs, enabling this dialogue to take place, should be seen as an important contribution to the development of international refugee law.

Traditionally, Switzerland has been a key partner in achieving durable solutions for refugees by providing a significant annual quota for resettlement opportunities. Unfortunately, as a consequence of the increase of asylum seekers in 1998 and 1999, the Swiss resettlement quota is frozen. UNHCR hopes that the Swiss Department for Justice and Police will reconsider the re-establishment of the very useful resettlement quota previously made available.

Lastly but very importantly, Switzerland will be a key partner in a major protection initiative launched by UNHCR earlier this year. I want to conclude this presentation with a brief explanation of this initiative.

Mindful of the many legal, but also very practical problems now confronting refugee protection, we have decided to take the opportunity of the forthcoming 50th Anniversary of the 1951 Convention to initiate a process of Global Consultations with governments, NGOs and refugee experts, like many of you in this room, with a view to revitalising the protection regime and the place of the Convention in it. Our purpose is both to preserve the Convention's centrality, and that of its basic working concepts, such as the notion of well founded fear of persecution, as a main basis for refugee decisions. We are also seeking to buttress the Convention, where needed, by harmonised additional protections.

We have a working frame for the Consultations, which has led them colloquially to be termed the "three circles consultations". The inner circle should be seen as the basic globally agreed framework of the 1951 Convention. We hope that an event we intend to organise for the 50th Anniversary of the Convention will be the occasion for States parties unequivocally to reaffirm their commitment to full and effective implementation of the Convention, and more substantively, to examine ways in which this might be strengthened through better supervisory mechanisms. This, if you like, is the political part of the Consultations!

In the next circle of issues, the legal circle, we have placed certain open interpretative questions regarding the Convention. Our interest here is in examining how and in what directions the law has developed over recent years, that is in a stock taking exercise which would allow decision-makers to be better informed about how the Convention is being understood and applied globally today. We will be organising round-tables of experts, informed by background papers, on topics such as the interpretation of the cessation and exclusion provisions, the ground of membership of a particular social group in the definition, and gender-related persecution. We intend to publish the papers and results of the discussions as a contribution not only to the 50th Anniversary, but also to better decision-making in the application of the Convention. Such a publication would, we hope, serve eventually as a complement to UNHCR's Handbook.

Finally, in the outer or "practice" circle, there are the gaps being the situations the Convention does not adequately, or at all, cover. Discussions in these matters will take place within the framework of UNHCR's Executive Committee and will focus, broadly speaking, on four thematic areas where, in UNHCR's experience, the practical problems lie: the civilian character of asylum and the protection of refugees in mass influx situations; protection of refugees through individual asylum systems, including the problems inherent in the migration/asylum interface; and realisation of protection-based durable solutions. The overarching theme which will run through these consultations is better co-operation and responsibility sharing solidarity. We hope the consultative process will better define the problems, as well as help to identify new approaches, tools or guidelines. There might even, at some point, be a standard-setting element involved.

In acceding to the 1951 Convention, States pledge themselves to respect and observe a special regime – distinct from that applicable to ordinary aliens – for the reception and protection of refugees. Switzerland has clearly taken this pledge seriously. We count on the support of Switzerland – of its governmental but also its non-governmental institutions, such as OSAR, as well as its academics and other refugee protection experts – for the success of the Global Consultations.

I

SWITZERLAND AS AN ASYLUM TERRITORY FROM A HISTORICAL PERSPECTIVE/LA SUISSE COMME TERRE D'ASILE DU POINT DE VUE HISTORIQUE

ASILE, DROIT D'ASILE, HISTOIRE ET DÉMOCRATIE

*Marie-Claire Caloz-Tschopp**

"The time is out of joint. O cursed spite That ever I was born to set it right
Nay, comme, let's go together"

Shakespeare, Hamlet

INTRODUCTION

Dans cette partie du colloque, nous sommes invités à réfléchir à l'asile, au droit d'asile en rapport à l'histoire, et j'ajouterai aux germes du régime, du projet, de l'imaginaire démocratique pour ne pas confondre la démocratie avec l'économie dominante. *The time is out of joint.* Le "vingtième siècle finit mal",[1] nous dit un historien. C'est dans ce contexte que nous sommes appelés à fêter un anniversaire important, à observer l'histoire présente, à prendre du recul, à nous arrêter un instant pour réfléchir et pouvoir nous projeter dans l'avenir en ce qui concerne l'asile et le droit d'asile et être ainsi contemporains du monde selon les mots de H. Arendt.

Le choix du cas de la Suisse pour réfléchir à l'asile, au droit d'asile au moment du 50ème anniversaire de la Convention du 28 juillet 1951 de Genève sur le statut des réfugiés apparaît très opportun et donc bienvenu. La Suisse a une longue tradition d'asile. Le droit d'asile est en péril dans ce pays, en Europe, dans le monde. La Suisse est un petit pays riche au cœur de l'Europe occidentale avec une tradition d'asile inscrite, non dans sa Constitution, mais dans son histoire traversée de conflits caractéristiques lisibles en suivant le fil rouge du droit d'asile. Par ailleurs, aujourd'hui, la Suisse est un "laboratoire" politique permettant d'observer le rapport à la mémoire historique,[2] à la construction européenne, à la politique intérieure, internationale et aussi les expérimentations politiques, administratives dans le domaine de la mobilité des populations et du droit d'asile.[3] La Suisse vit

---

* Université de Genève, Programme plurifacultaire Action humanitaire.

1 Hobsbawm E.J., *L'Age des extrêmes. Histoire du court XXe siècle*, Bruxelles, Complexe, 1994, p. 38.

2 Van Dongen L., *La Suisse face à la seconde guerre mondiale 1945–1948. Emergence et construction d'une mémoire publique*, Université de Genève, 1998.

3 Citons à titre d'exemples quelques inventions de l'Etat suisse dans la mise en œuvre du droit d'asile: le modèle des cercles, le statut de protection provisoire, le système des pays tiers; par ailleurs un alignement sur l'Allemagne dès les années 80 dans ce qui est appelé le modèle de "dissuasion", les tensions entre les procédures accélérées et les règles de l'Etat de droit, la procédure de non entrée en matière, la diminution des montants d'assistance d'environ 25% aux requérants d'asile, avec comme effet pervers, le travail au noir, la fraude, le trafic pour survivre, une détérioration des conditions

V. Chetail and V. Gowlland-Debbas (eds.),
Switzerland and the International Protection of Refugees
La Suisse et la protection internationale des réfugiés, 19-37.

actuellement une nouvelle étape de changements juridiques en matière de politiques d'immigration et du droit d'asile dans un contexte d'harmonisation européenne et des rapports internationaux en débat.[4] La Suisse est donc un bon cas d'école.

Comme l'ont montré des chercheurs en Suisse,[5] la construction de l'asile en droit d'asile, c'est-à-dire en un droit de l'Etat, et son application ont été étroitement liées à la constitution d'un Etat fédéral, dans des étapes qu'il faudrait retracer par le détail, avec des dilemmes et des conflits complexes. Un petit Etat aspirant à un projet libéral d'Etat a sympathisé avec des réfugiés libéraux poursuivis par des grandes puissances monarchiques qui l'entouraient. Des cantons (Genève, Tessin, Bâle) se sont affrontés avec un pouvoir étatique central dans leur défense de réfugiés libéraux, de la "révolution manquée" italienne, de la Commune, des socio-démocrates, qui ont enrichi la culture suisse, etc.. Il faudrait aussi évoquer les tensions à propos de l'accueil des réfugiés Juifs pendant la deuxième guerre mondiale dont ont fait état les rapports *Ludwig* puis *Bergier*,[6] plus tard, des réfugiés en provenance des pays de l'espace communiste et plus récemment de l'ensemble de la planète.

Le droit d'asile interroge à la fois l'identité, le devenir, la stabilité d'un Etat, d'une communauté politique inscrite dans un cadre, un régime, des structures et des lois. Depuis la création d'une loi sur l'asile en 1979, c'est-à-dire en vingt ans, la Suisse se prépare à la onzième révision restrictive de sa loi sur l'asile. Ce fait montre, non seulement le poids d'événements internationaux avec l'arrivée de réfugiés en quête de protection (turcs, kurdes, africains, tamouls, d'ex-Yougoslavie, kosovars, etc.) mais aussi une absence de consensus, un conflit récurrent aux multiples visages que nous sommes appelés à décoder. Par ailleurs, les juristes sont

---

sociales, physiques, psychiques de vie. Voir notamment, Rossel L., *L'assistance aux demandeurs d'asile et aux personnes admises privisoirement: Genève en l'an 2000*, Genève, Centre Social Protestant, mai 2001.

4 Hailbronner K., *Kompabilität der Schweizer Asylverfahrens mit Harmonisierungsbestrebungen im Asylrecht der Europäischen Union*, Schultess Juristische Medien, AG, Zurich, 2000; *Prise de position des Juristes Démocrates de Suisse*, 10.11.2000, Berne.

5 Voir notamment parmi l'abondante bibliograhie, Vuillemier M., *Immigrés et Réfugiés en Suisse. Aperçu historique*, Pro Helvetia, Zurich, 1989; Caloz-Tschopp, *Le tamis helvétique. Des réfugiés "politiques" aux nouveaux réfugiés*, Lausanne, Ed. d'En bas, 1982; Lasserre A., "La politique d'asile en Suisse de 1933 à 1945", *Relations internationales*, 1993, 74, pp. 207-224; Keller S., *Délit d'humanité. L'affaire Grüninger*, éd. d'En bas, Lausanne, 1994; Busset Th., *"Va-t'en!". Accueil de réfugiés et naissance du mythe de la "terre d'asile" en Suisse*, Lausanne, 1994; Federal Commission against Racism, *Anti-semitism in Switzerland*, Bern, 1998; Arlettaz G. et S., "L'immigration en Suisse depuis 1848. Une mémoire en construction", *Revue suisse d'histoire*, 1990, 41, pp. 187-297; Arlettaz S. et G., "La politique suisse d'immigration et de refuge: héritage de guerre et gestion de paix", in Porret M. et al, *Guerre et paix*, Genève, Georg, 2000 (voir l'ensemble des nombreux travaux de ces deux chercheurs); Cerutti M., "La Suisse terre d'asile?", *Revue d'histoire de la Shoah*, 1998, 163, pp. 25-49; Fleury A., "La Suisse et la Seconde Guerre mondiale: de l'action humanitaire à la solidarité internationale", *Le passé du présent. Mélanges offerts à André Lasserre*. Lausanne, 1999, pp. 293-302.

6 Ludwig K., *La politique pratiquée par la Suisse à l'égard des réfugiés au cours des années 1933 à 1955*, Berne, 1957; Commission indépendante d'experts Suisse-Seconde Guerre Mondiale, *La Suisse et les réfugiés à l'époque du national-socialisme*, Berne, 1999.

amenés à s'inscrire avec brio dans le jeu subtil de l'interprétation pour palier à des lacunes de la loi (pensons à la création du principe de non refoulement,[7] aux persécutions pour motif de sexe, aux déserteurs, par exemple). Finalement, l'état d'esprit,[8] la philosophie mise en pratique dans l'application du droit d'asile par l'administration policière restreint sa vision des rapports politiques mondiaux en matière de droit d'asile, à une vision guerrière de la sécurité, aux rapports politiques *individu-Etat* pour évaluer les persécutions dans toutes leurs diversités et complexité. Lorsque ce critère est finalement mis sur la touche en Suisse, il est relayé par l'institutionnalisation d'une protection provisoire et toutes sortes de procédures infra-juridiques légalisées dans une guerre d'usure permanente, la mise en cause d'une instance d'équilibre et de contre-pouvoir (Commission suisse de recours en matière d'asile). Les brèches ouvertes sont en fait des zones d'ombres où se joue le sort du droit d'asile dans l'histoire présente.

En bref, le droit d'asile avec le droit à l'immigration[9] et le dispositif Schengen au niveau européen (auquel la Suisse n'a pas encore adhéré formellement), qui norme le mouvement des populations, le droit d'asile en partie, la place des étrangers, l'Autre en face de Soi sont des miroirs privilégiés de la (dé)construction de l'identité du cadre (Etat), du régime, du projet, de l'imaginaire d'une communauté politique avec sa vision de sa place dans le monde, des liens qu'elle établit à ce qui est extérieur à elle.

---

7 Voir les travaux du professeur W. Kälin de l'Université de Berne.

8 Il suffit de lire par exemple, une annonce d'emploi pour le mesurer: "Vous dirigerez le centre de compétence de la Confédération, chargé de l'admission, du séjour, de l'activité professionnelle, de l'intégration et de la naturalisation des étrangères et des étrangers. Le développement de stratégies en vue de maîtriser la progression du flux migratoire, la lutte contre l'immigration clandestine ainsi que l'élaboration d'une politique relative aux étrangers et au marché du travail, qui préserve un rapport équilibré entre la population autochtone et la population étrangère… ", candidature à adresser à la Conseillère fédérale Ruth Metzler-Arnold, chef du DFJP, *Le Temps*, 23.2.2001.

9 Il est intéressant de souligner que jusque dans les années 1970, le conflit s'est cristallisé autour de la politique d'immigration, avec les initiatives xénophobes, puis il s'est déplacé à partir des années 1980 sur le terrain du droit d'asile. Soulignons qu'actuellement est en révision la loi sur le séjour et l'établissement des étrangers (LSEE) presque en même temps que la 11ème révision de la loi d'asile.

A SARAJEVO S'EST OUVERT ET REFERMÉ LE XXÈME SIÈCLE

Le XXème siècle a été un siècle de guerre, de réfugiés,[10] de génocide,[11] d'apatrides, de population déplacée.[12] Avec trente et un ans de guerre mondiale, "l'âge de la guerre totale"[13] a remplacé "l'âge d'or de la sécurité".[14] On a assisté à un retour à la barbarie amplifié par les progrès techniques fulgurants, à un recul par rapport à une longue période de progrès juridique. Il y a eu deux guerres mondiales de "mégamorts",[15] une période d'après-guerre d'accalmie après l'alliance paradoxale entre capitalisme et communisme contre le fascisme, le triomphe d'une seule économie mondiale de "l'intérêt tout nu"[16] avec "une opposition toujours plus spectaculaire entre les exclus sans domicile fixe et les nantis; entre les recette limitées des Etats et les dépenses publiques sans limite".[17]

A Sarajevo s'est ouvert et refermé le XXème siècle. Par un assassinat en 1914. Plus tard par des massacres d'épuration ethnique accompagnant la partition[18] de l'ex-Yougoslavie. Le régime politique dominant du siècle a été décrit par un concept ambigu: le totalitarisme.[19] La conflagration de 1914 a ouvert une époque d'expansion infinie, de progrès technique, d'économie, de *management* lié directement à la guerre, de lutte à mort, de guerre de masse, de boucheries, de massacres et

---

10 Déjà les années 1914-1922 ont engendré entre quatre et cinq millions de réfugiés.

11 A propos des génocides, voir notamment, Ternon Y., *L'Etat criminel: les génocides au XXe siècle*, Paris, Seuil, 1995. Le génocide arméniens (1,5 millions de morts) par les Turcs a été la première tentative moderne d'élimination d'une population entière. Il a précédé l'extermination des Juifs, des Tziganes durant la deuxième guerre mondiale.

12 En mai 1945, l'Europe comptait 40,5 millions de déplacés, sans compter les travailleurs astreints à travailler en Allemagne, les 13 millions d'Allemands expulsés des parties de l'Allemagne annexées par la Pologne, l'URSS, la Tchécoslovaquie et des régions d'Europe de l'Est.

13 Hobsbawm E.J., *op. cit.*, 1994, p. 43, C'est le titre du chapitre I du livre.

14 Voir, Arendt H., *Les origines du totalitarisme. L'impérialisme*, Paris, Points, premier chapitre, 1982.

15 "Dans le cours vingtième Siècle on a tué ou laissé mourir délibérément plus d'êtres humains que jamais auparavant dans l'histoire. Une estimation récente des "mégamorts" avance le chiffre de 187 millions, soit plus d'une dixième de la population mondiale totale en 1900", Hobsbawm E.J., *op. cit.*, 1994, p. 32; "En vérité, pouvons-nous vraiment saisir la portée des chiffres au-delà de la réalité accessible à l'intuition physique? Pour le lecteur ordinaire de cette page, que signifie le fait que sur les 5,7 millions de prisonniers de guerre russes en Allemagnes, 3,3 soient morts?": *ibid.*, p. 71. Voir aussi à propos de la notion de mégamorts, Amati S., "Mégamorts, unité de mesure ou métaphore?", *Bull. de la revue suisse de psychanalyse*, 1984, 18, pp. 11-19.

16 Marx K, *Oeuvres*, Economie, Paris, Gallimard, La Pléiade, vol. I., 1965, p. 163.

17 Hobsbawm E.J., *op.cit.*, 1994, p. 30. Pour ce pararagraphe, je m'inspire de son premier chapitre.

18 Voir à ce propos, le n°. 19/20 *Transeuropéennes* (Paris) sur les partitions coordonnées par la philosophe R. Ivekovic.

19 Je ne peux faire état ici du débat autour de ce concept "à la fois incontournable et insuffisant" (p. 107), qui "condense une image du XXème siècle dont l'oubli empêcherait de fonder une attitude responsable, tant sur le plan éthique que sur le plan politique, dans le présent", Traverso E., *Le totalitarisme. Le XXe siècle en débat*, Paris, Points-essais, 2001, p. 109.

d'auto-destruction[20] (frontières bousculées, gaz à la guerre de 1914-1918, exterminations industrielles de populations dans les chambres à gaz, déplacements forcé de millions de personnes). La fin du XXe siècle se referme dans une ère d'accélération du changement, d'incertitude, de doute, de décomposition, de catastrophes (Afrique, ex-Yougoslavie, Colombie, Libéria, Ruanda, Burundi, URSS, Moyen Orient, etc.), avec d'autres visages de guerres, de situations d'extrême violence.[21]

Le 50ème anniversaire de la Convention de 1951 sur les réfugiés se situe dans la crise avec le sérieux déclin des valeurs d'Etat de droit, de la croyance à l'omnipotence, d'une culture des relations humaines. Nul doute, en effet, qu'il y a une crise *de* la modernité, une crise *dans* la modernité et que nous sommes entrés, en politique, dans "l'ultra-modernité" nous dit Y. Ch. Zarka dans son étude des figures du pouvoir[22] dans la crise. Avec d'un côté, la mise en cause radicale d'un progrès destructeur des humains, de l'environnement et de l'autre la célébration d'un progrès triomphant non questionné.

Il n'y a pas de fin de l'histoire contrairement à ce que rêvait Kubrick avec *son Odyssée de l'espace* en 1968, préfigurant les thèses mythiques sur la fin de l'histoire de F. Fukuyama.[23] Un autre historien du XXème siècle écrit: "... l'histoire reste la chronique des crimes et des folies de l'humanité. Et qu'elle n'est d'aucune aide en matière de prophéties".[24] L'impuissance de prédiction des historiens n'ôte pas le besoin de penser l'histoire depuis les énigmes, les conflits, les défis du présent. L'augmentation de la population mondiale, la mobilité des populations, en arrière-fond du droit d'asile en crise, avec la sauvegarde de l'environnement, sont les énigmes majeures dont nous avons hérité. Elles concernent toutes les deux directement l'asile et le droit d'asile.

L'Exigence d'une nouvelle philosophie de l'histoire et de la politique

Une rupture historique a fait sortir le temps de ses gonds. Plutôt que d'admettre la fin de l'histoire, ou alors de postuler un élargissement de conscience par l'expérience (André Malraux *L'espoir)*, la rupture pose l'exigence incontournable de construire une nouvelle conscience, une nouvelle philosophie de l'histoire, qui soit un travail renouvelé sur la mémoire et l'oubli à la lumière des questions du présent, ce que

20 "L'image de flottes d'avions larguant leurs bombes sur les villes et de figures cauchemardesques munies de masques à gaz se frayant un chemin à travers un nuage de gaz toxique a hanté ma génération: prophétiquement, dans un cas, par méprise, dans l'autre", Hobsbawm E.J., *op. cit.*, 1994, p. 61.

21 Voir la réflexion à ce propos de E. Balibar, "Une politique de la civilité est-elle possible?", *Transeuropéennes*, 2000,18, pp. 33-45.

22 Zarka Y. Ch., *Figures du pouvoir. Etudes de philosophie politique, de Machiavel à Foucault*, PUF, 2001.

23 Fukuyama F., *La fin de l'histoire et le dernier homme*, Paris, Flammarion, 1992.

24 Hobsbawm E.J., *op. cit*, 1994, p. 747.

pressentait W. Benjamin.[25] La philosophe et théoricienne politique H. Arendt souligne de son côté, l'importance pour une nouvelle philosophie politique, d'un travail conjoint sur les préjugés, les jugements, les expériences pour retrouver les "événements", les expériences fondamentales recouvertes du politique.[26] Elle souligne par ailleurs l'exigence de travailler sur la pensée, la mémoire, l'oubli et le récit. Il est évident qu'une telle vision de la philosophie de l'histoire, de la philosophie politique ne peut se contenter de s'inscrire dans le cercle fermé de l'amnésie, de l'amnistie et de l'impunité, cette fille de la *mala memoria*.[27]

Au moment de ce 50ème anniversaire de la Convention, il m'apparaît important d'avoir en mémoire deux tâches à accomplir en rapport au lien existant entre asile, droit d'asile, histoire et démocratie. La première tâche nous a été rappelée par l'historien Marc Bloch réfléchissant sur une étrange défaite: "sans se pencher sur le présent, il est impossible de comprendre le passé".[28] La deuxième tâche s'enchaîne à la première. Elle consiste à inviter à notre anniversaire *l'Ange de l'Histoire* de W. Benjamin, rappeler, non discuter ici, la célèbre neuvième thèse sur la philosophie de l'histoire de W. Benjamin écrite dans les premiers mois de 1940 peu avant sa mort par suicide à la frontière franco-espagnole où il s'était trouvé en tant que réfugié confronté à un manque de visa et bloqué à la frontière:

> "Il existe un tableau de Klee qui s'intitule *Angelus Novus*. Il représente un ange qui semble sur le point de s'éloigner de quelque chose qu'il fixe du regard. Ses yeux sont écarquillés, sa bouche ouverte, ses ailes déployées. C'est à cela que doit ressembler l'Ange de l'Histoire. Son visage est tourné vers le passé. Là où nous apparaît une chaîne d'événements, il ne voit, lui, qu'une seule et unique catastrophe, qui sans cesse amoncelle ruines sur ruines et les précipite à ses pieds. Il voudrait bien s'attarder, réveiller les morts et rassembler ce qui a été démembré. Mais du paradis souffle une tempête qui s'est prise dans ses ailes, si violemment que l'ange ne peut plus les refermer. Cette tempête le pousse irrésistiblement vers l'avenir auquel il tourne le dos, tandis que le monceau de ruines devant lui s'élève jusqu'au ciel. Cette tempête est ce que nous appelons le progrès."[29]

L'image de l'ange qui entre à reculons dans l'avenir poussé par le vent de ce qui s'appelle le progrès plane sur l'anniversaire que nous fêtons. Il nous rappelle qu'à un

25 Il écrit à propos de Kafka: "... l'homme doit remuer des âges du monde. Et cela, jusque dans le geste le plus ordinaire": Benjamin W., *Oeuvres II, Franz Kafka, pour le dixième anniversaire de sa mort*, Paris, Folio-essais, 2000, p. 413.

26 Voir la citation travaillée par A. Amiel dans son excellent livre qui vient de paraître: *La non-philosophie de Hannah Arendt. Révolution et jugement*, Paris, PUF, 2001, citation qu'elle reprend, de l'ouvrage de H. Arendt, *Qu'est-ce que la politique?* Paris, Seuil, 1993, p. 90.

27 Galeano E., *Entrevista, La República*, 13.2.2000, pp. 8-9.

28 Cité par Marientras R., *Shakespeare au XXIe siècle*, Paris, Minuit, 2001, p, 87.

29 Benjamin W. 1940, première publication après sa mort à Los Angeles en 1942: "Sur le concept d'histoire", Oeuvres III, 427, 443, citation, p. 434.

moment où les Sirènes se taisent, nous voilà invités à devenir les arpenteurs honteux[30] du présent à l'image du personnage de K du *Procès*.[31] Que nous dit la métaphore de l'Ange? Face à l'histoire héritée, à la rupture héritée, nous ne sommes pas (forcément tous[32]) coupables comme K le personnage du *Procès*, mais honteux face à l'irréparable. Nous sommes cependant heureux de disposer de l'héritage de la Convention de 1951, tout en constatant son atteinte, ainsi qu'à une culture d'Etat de droit dont nous connaissions les limites, mais que nous défendons. Nous tâtonnons. Nous ne savons pas où nous allons, où se trouve *Le château*[33] aujourd'hui. Mais nous savons que nous ne pouvons pas simplement prolonger le passé et le présent. L'histoire et la philosophie de l'histoire sont peut-être à l'arrêt, mais l'histoire n'est pas finie. Dans les traces du temps historique revisité par W. Benjamin, il nous faut prendre "l'histoire à contretemps",[34] nous dit la philosophe Françoise Proust, lectrice attentive de W. Benjamin. Pour nous inscrire comme l'Ange de l'histoire à "rebrousse-poil" dans l'histoire, lui résister, il nous faut prendre acte, travailler inlassablement dans les pratiques actuelles, deux conflits tragiques et une cassure irrémédiable, une rupture historique de civilisation[35] au XXème siècle, dont la portée est considérable, notamment pour notre manière de considérer le statut et la place de la mobilité des populations et aussi du droit d'asile.

Démocratie et Droit d'Asile

Dans l'Histoire présente, Deux conflits tragiques

Penser à la rupture, à la crise de civilisation c'est donc s'interroger sur l'histoire à partir du présent. C'est questionner la vision que nous avons de l'histoire, de la démocratie et du droit d'asile en regardant en arrière vers la rupture béante, tout en regardant en avant. Le cinquantième anniversaire de la Convention sur les réfugiés de 1951 n'est pas un anniversaire banal. C'est le symbole d'un paradoxe, la construction de l'Etat de droit et sa mise en cause accélérée et radicale au moment où il était enfin officiellement reconnu et devenait efficient avec les limites qu'on lui connaît. En Suisse, la mise en cause de la loi sur l'asile de 1979 par onze révisions successives est l'illustration patente du phénomène.

---

30 "C'était comme si honte dût lui survivre", c'est la dernière phrase qui termine *Le Procès* de Kafka.

31 Kafka F., *Le Procès*, Paris, Pocket, 1984.

32 Hannah Arendt souligne à plusieurs reprises dans son œuvre que s'affirmer tous coupables est en fait un moyen de diluer les responsabilités.

33 Kafka F., *Le Château*, Paris, Pocket, 1984.

34 Proust F., *L'histoire à contretemps. Le temps historique chez Walter Benjamin*, Paris, Cerf, 1994.

35 Il faudrait parler ici du débat d'historiens allemands qui ont tenté de réduire la rupture de civilisation d'Auschwitz à une rupture géopolitique engendrée par la division de l'Allemagne à la fin de la deuxième guerre mondiale.

Il y a de nombreuses manières d'envisager la démocratie, mais en partant des travaux de C. Castoriadis,[36] j'aimerais retenir ici une distinction importante soulignée par l'historienne de la Grèce ancienne, N. Loraux lorsqu'elle réfléchit de son côté à la démocratie. Il existe une vision de la démocratie comme idéal de partage du pouvoir sans discursivité, sans conflit inscrits dans "la configuration politico-intellectuelle qui propose *la cité*, c'est-à-dire l'idée d'une cité une, indivisible et en paix avec elle-même".[37] Il existe une autre vision de la démocratie en tant que régime, projet, imaginaire pratique du pouvoir impliquant une activité de pensée critique, ouverte, une parole partagée, une discursivité sur des paradoxes, des apories.[38] En bref, une vision des rapports humains qui admet, intègre le conflit en tant qu'élément constitutif et créatif de la vie politique. La "mésentente"[39] est constitutive du processus démocratique dira de son côté J. Rancière, dans la mesure où elle est la construction incessante d'une place par les "sans part" dans la vie politique. Les requérants d'asile représentent aujourd'hui une figure des "sans-parts" dans le monde.

Donner une place à l'histoire dans la réflexion sur le monde contemporain, en l'occurrence ici à propos du droit d'asile dans le monde en observant un exemple particulier – la Suisse –, c'est travailler sur l'imaginaire, les représentations qu'une société se donne d'elle-même. C'est reconnaître la place de la mémoire en conflit au cœur du, de la politique. Entrer dans le conflit des interprétations sur ce qui s'est passé dans l'histoire suisse de longue durée, de 1291 – date de la création de la Suisse – à aujourd'hui à propos du droit d'asile, dépasse mon propos actuel. Je centrerai ma réflexion sur deux conflits présents dans l'exemple suisse. Ces conflits sont paradigmatiques. Ils dépassent largement l'exemple suisse.

Il n'est pas sans signification que la fin du droit d'asile soit décriée, dans un moment historique où est interrogé une nouvelle fois la fin ou alors le statut, la place, le sens de la tragédie dans nos sociétés.[40] Le paradoxe nous invite à penser ensembles l'histoire, la démocratie et le droit d'asile dans un contexte tragique. Les faits n'effacent pas, peut-être au contraire soulignent-ils, que la condition humaine est devenue doublement tragique.

---

36 Castoriadis C., "La *polis* grecque et la création de la démocratie", *Domaines de l'homme*, Paris, Seuil, 1986, pp. 241-261.

37 Loraux N., *L'invention d'Athènes*, Paris, Payot, 1993, p. 19.

38 Prenons un exemple d'aporie de l'histoire humaine: "De quoi il y a égalité et de quoi il y a inégalité, la chose porte à aporie et à philosophie politique", Aristote, *Politique*, IV, 1282 b 21 (cité par Rancière 1995, p. 11).

39 Rancière J., *La mésentente*, Paris, Galilée, 1995.

40 Ricoeur P., "Sur le tragique", *Esprit*, 1953, pp. 449-467; Vernant J.-P., Vidal-Naquet P., *Mythe et tragédie deux*, Paris, La Découverte, 1986; Steiner G., "Tragedy, Pure and Simple", *in* M.S. Sil, *Tradegy and the Tragic*, Oxford, Clarendon Press, 1996, pp. 534-546; Vignaux M., *L'invention de la responsabilité: la deuxième tétralogie de Shakespeare,* Paris, Presses de l'Ecole Normale Supérieure, 1995; Marientras R., *Shakespeare au XXIe s.. Petite introduction aux tragédies*, Paris, Minuit, 2000. Voir aussi, Wolf Ch., *Cassandre*, Stock, 1994 et du même auteur: *Médée*, Paris, Fayard, 1997.

Situons les deux conflits tragiques avant d'approfondir un aspect et non des moindres – l'asile – qui les lie entre eux et concerne directement le droit d'asile. Les deux conflits s'inscrivent à la fois dans l'histoire de longue durée et l'histoire du "court" XXème siècle, selon le terme de l'historien E. Hobsbawm. Nous verrons que la mobilité des populations est un prisme de lecture philosophique – du sens – de ces deux conflits.

Le premier conflit est structurel. Il traverse l'histoire en prenant des formes diverses selon les circonstances et la dynamique socio-politique. La question de la place des étrangers et du droit d'asile dans la *polis* et plus largement dans toute communauté politique concerne l'histoire de longue durée de l'humanité. Pour le dire brièvement, c'est un lieu privilégié de cristallisation des conflits dans la mesure où l'infinitude de l'altérité représentée par l'étranger renvoie les humains à leur condition finie de mortalité qui est tragique. L'historien grec, P. Vidal Naquet montre comment la tragédie est une source pour l'étude de la place de l'étranger dans le monde grec.[41] "Toute tragédie athénienne est réflexion sur l'étranger, sur l'autre, sur le double".

Le deuxième conflit concerne une rupture historique inscrite dans d'autres ruptures qui l'ont précédée et accompagnée.[42] Rupture avec la tradition dans son ensemble, ce qui nous rend orphelins et nous donne aussi la possibilité de relire la tradition d'un œil neuf habité par la mémoire de la rupture. La rupture a trouvé son lit tumultueux dans la modernité, l'antisémitisme, la colonisation, l'impérialisme, le racisme. La "déchirure de l'histoire qui ne cesse de s'approfondir, dialectiquement, au fur et à mesure qu'elle s'éloigne de nous dans le temps"[43] est une invention redoutable du XXe siècle dont les laboratoires de la "Solution finale", les camps d'extermination ont servi de lieu d'essai d'une transformation de l'humain jusqu'à le rendre superflu dans un régime, système politique et dans le monde (acosmie). Ce que H. Arendt a nommé la *"superfluité humaine"*,[44] les humains superflus, c'est à dire qu'un régime politique normalement prévu pour ordonner la vie en commun, décide de se passer de l'humain, des êtres humains, a transformé radicalement notre regard sur le monde, notre rapport à la tradition, à la politique, à la pensée et par conséquent aussi, au droit d'asile, à l'histoire, à la démocratie.[45] La question des

---

41 Vidal-Naquet P., "Note sur la place et le statut des étrangers dans la tragédie athénienne", *in*, *L'étranger dans le monde grec*, Presses universitaires de Nancy, 1988.

42 "La destruction du passé, ou plutôt des mécanismes sociaux qui rattachent les contemporains aux générations antérieures, est l'un des phénomènes les plus caractéristiques et mystérieux de la fin du XXe siècle", Hobsbawm E.J., *op. cit.*, 1994, p. 21. On pourrait prendre l'exemple du clivage observable entre République, démocratie et colonisation dans les étapes du débat sur la torture en Algérie et la position de Tocqueville qui, dans ce débat d'un côté réfléchit à la démocratie en Amérique et de l'autre justifie la torture, les massacres de la colonisation en Algérie. Voir Le Cour Grandmaison O., "Quand Tocqueville légitimait les boucheries", *Le Monde diplomatique*, juin 2001, p. 12.

43 Traverso E., *L'Histoire déchirée. Essai sur Auschwitz et les intellectuels*, Paris, Cerf, 1997.

44 Arendt H., *Les origines du totalitarisme. Le système totalitaire,* Paris, Points, 1972.

45 Je m'en suis expliquée ailleurs, Caloz-Tschopp M.C., "L'action humanitaire à l'épreuve du non-humain au centre de l'humain", *Transeuropéennes*, 2000, 18, pp. 89-103.

humains superflus n'est pas seulement une question des victimes ou de certaines victimes, mais c'est une question historique "sans précédent" de portée universelle (Arendt), dont on voit bien les difficultés qu'elle rencontre à se construire dans la mémoire du monde.

Dans l'ensemble de l'œuvre d'H. Arendt, on peut observer comment les "sans-Etat", au sens philosophique du terme, c'est-à-dire les êtres humains privés de papiers (pensons au terme de "sans-papiers" d'aujourd'hui[46]) en d'autres termes de protection et d'appartenance politique, "du droit d'avoir des droits", sont devenus un fil rouge précieux pour repérer les atteintes, les lacunes juridiques, la mise en danger de destruction des droits, du cadre et de la dynamique de la politique. Dans l'histoire présente, ils sont devenus les figures du mouvement de création démocratique, du manque et du désir de l'appartenance politique au sens fondamental.[47] Ils sont confinés aux frontières de la démocratie. Et pourtant ils sont au centre de la démocratie considérée comme un lieu "vide" qui, comme l'explique bien C. Lefort n'est pas localisable comme un lieu de pouvoir, mais comme un *mouvement* permanent de la société, l'expression d'une pluralité humaine irréductible, ancrée dans la liberté, la spontanéité humaine et le corps social appelé, non à nier le conflit, mais à le légitimer et à le vivre.[48]

Le sens des deux conflits

Les deux conflits sont la matrice du cadre, du régime/système politique et donc aussi de l'asile, du droit d'asile, mais à des niveaux différents (rapport à l'étranger, auto-destruction de l'humain, élimination de l'humain dans ce qui est de l'ordre du, de la politique). Ils ont un écho l'un par rapport à l'autre autour du conflit de la "maîtrise" comme on le verra. Il s'agit de comprendre[49] et de juger ces deux conflits (au sens de la faculté de juger de Kant et non du sens commun du terme). Ce qui est loin d'être évident, quand on sait combien ils résistent à notre entendement, du plus profond de l'inconscient individuel et collectif, l'un et surtout l'autre. Que faire de la question traditionnelle inscrite dans la longue durée (place des étrangers) en histoire

---

46 Le terme revêt une brûlante actualité vu l'ouverture de deux Refuges au moment où j'écris ces lignes, à Lausanne et à Fribourg à des sans-papiers. Il indique le manque politique, juridique fondamental, ce qui les met dans un rapport de dépendance et vulnérabilité quasi total vis-à-vis du pouvoir policier. "Tant que la situation juridique des sans-papiers reste aussi précaire, les moyens d'aide pratiques sont limités. La solidarité à l'égard de ces êtres [les sans-papiers] et l'engagement sur un plan politique revêtent donc d'autant plus d'importance", écrit W. Kälin, "Les sans-papiers ont besoin d'un lobby", *Solidarités sans frontières*, 2, 2001, p. 8.

47 Caloz-Tschopp M.C., *Les sans-Etat dans la philosophie d'Hannah Arendt. Les humains superflus, le droit d'avoir des droits et la citoyenneté*, Lausanne, Payot, 2000.

48 Lefort C., *L'invention démocratique*, Paris, Fayard, 1981; voir aussi à propos de l'articulation entre la liberté et la pluralité, Arendt H., *Condition de l'homme moderne*, Paris, Agora, 1983.

49 Je reprends ce terme chez H. Arendt. Voir Caloz-Tschopp, "La compréhension dans l'oeuvre de Hannah Arendt: une activité de résistance et de création politique par la pensée", *Revue de philosophie et de théologie*, Neuchâtel, 1999, vol. 131, pp. 257-281.

après une rupture historique qui est intervenue, préparée longuement avec la première guerre mondiale (anéantissement d'humains) ? La rupture historique introduite par un système totalitaire nazi a transformé profondément notre manière d'approcher la tradition, l'histoire, et je dirai même d'une manière plus générale notre manière d'approcher la connaissance, la construction de la vérité et de l'action politique et même notre rapport à la pensée, et là je parle en tant que philosophe.

La rupture historique "sans précédent" d'une portée universelle se situe aussi sur le terrain de l'asile, du droit d'asile. Que faisons-nous aujourd'hui avec cette création monstrueuse de l'histoire que nous ne pouvons plus nier, éliminer, comme par exemple nous ne pouvons plus nier la démocratie grecque qui fait partie du passé historique gréco-occidental ? Que faisons-nous aujourd'hui dans la pratique d'asile existante avec ce fait historique-là ? Que faisons-nous en tant que chercheurs par rapport à cette question ? Notre manière de penser nos paradigmes, nos objectifs, nos outils, notre position de chercheur en est profondément transformée.

Les deux conflits dont il est question se développent en priorité et souvent de manière souterraine dans des lieux aux frontières de la démocratie, tout en redessinant radicalement, non seulement la place des étrangers, des réfugiés, mais de l'ensemble de la population de la planète. Il n'est dès lors pas étonnant qu'on les retrouve autour de la mobilité des populations et de la place accordée aux étrangers dans la société (en terme de protection pour ce qui concerne le droit d'asile), mais pas seulement.[50] Le terrain de la mobilité des populations et son traitement politique, essentiellement par l'entonnoir étroit, le goulet d'étranglement du droit d'asile[51] sont donc des lieux privilégiés d'observation des rapports de pouvoir en œuvre, du devenir des humains et de celui de nos sociétés.

Il n'est pas étonnant non plus qu'on retrouve ces deux conflits, parmi les conflits majeurs que vit la société suisse d'aujourd'hui. Il suffit de mentionner ici d'une part, la succession d'initiatives xénophobes dans les années 1970, les crises successives de la politique d'asile et la crise des fonds en déshérence, dont le rapport Bergier a été l'iceberg d'une crise de la Suisse. Avec en arrière-fonds une affirmation de volonté de "maîtrise" qui s'exprime autour de la peur des étrangers et du passé historique de la deuxième guerre mondiale. En ce sens, aujourd'hui la Suisse permet d'observer une dialectique conflictuelle de la mémoire présente en Europe, dans le monde

50 Je pense à la place des femmes dans la société qui est l'autre énigme structurelle de toute société, avec celle de la place des étrangers. Voir notamment, Rubin G., "L'économie politique du sexe: transactions sur les femmes et système de sexe/genre, *Cahiers du Credef*, 1999, 7, pp. 5-82, Nanterre, Paris; Mathieu N.-C., *L'anatomie politique. Catégorisations et idéologies du sexe*, Paris, Côté-femmes, 1991; Guillaumin C., *Sexe, Race et Pratique du Pouvoir. L'idée de Nature*, Paris, Côté-femmes, 1992; *Racism, Sexism, Power and Ideology*, London, N.Y., Routledge, 1995; Tabet P., *La construction sociale de l'inégalité des sexes. Des outils et des corps*, Paris, L'Harmattan, 1998.

51 Qui a succédé aux politiques d'immigration pour lesquelles les années 1970 (crise économique, fin de l'immigration) ont été des moments historiques importants. Voir Ebel M., Fiala P., *Sous le consensus, la xénophobie. Paroles, arguments, contextes (1961-1981)*, Université de Lausanne, 1983.

"mondialisé" ou alors "globalisé", même si la conscience historique dans les divers endroits de la planète ne se construit pas de manière uniforme.

Quand des décisions concernant les étrangers sont prises, les fonctionnaires qui agissent ne sont pas les seuls concernés. C'est l'ensemble de l'Etat, de la société qui est concernée. Ces vingt dernières années dans la politique d'asile une succession de tensions se sont exprimés à travers les révisions de la loi sur l'asile. Les tensions ont-elles pu être décodées pour en dégager tous les nœuds de sens dès lors que l'on tient compte de ces deux conflits ? Dans une perspective de construction démocratique, il est souhaitable que la tension puisse devenir un conflit pour se vivre, que l'on discute des choix de société, que la question de la place de l'étranger et aussi de la superfluité humaine, de la "banalité du mal"[52] en tant que mal politique définie par H. Arendt en tant que manque de pensée réflexive sur le sens des actions, atteinte de la pensée, continuent à être posées.

A L'HORIZON DE LA LIBERTÉ DE CIRCULATION DES PERSONNES... LE MOUVEMENT

La philosophie devrait contribuer à penser le mouvement et à réfléchir à la mobilité des populations. Mais la philosophie, inscrite dans l'histoire humaine, est, elle aussi partagée par un conflit entre une ontologie, une approche, une démarche philosophique postulant la maîtrise absolue du réel par une raison de clôture, *essentialisante, chosifiante, calculante*, ou alors au contraire par une raison ouverte, *compréhensive*, *évaluatrice*, *élucidatrice*, prenant acte des événements, de la spontanéité humaine, du nouveau, des ruptures et privilégiant le *mouvement* dans la manière d'imaginer, de penser l'Etre social-historique, les humains, la place des humains dans le monde, le pouvoir, l'action politique, la pensée, les événements quand ils adviennent. Un philosophe grec contemporain, C. Castoriadis, a traité longuement de ce problème dans l'ensemble de son œuvre et en particulier dans *L'institution imaginaire de la société* (1975). Revenons à l'asile et au droit d'asile pour saisir le contenu et l'enjeu du conflit philosophique étroitement lié à la démocratie.

Tout d'abord j'aimerais souligner qu'un des signes de la crise du droit d'asile et peut-être plus largement de la politique tient à ce que les discours économiques et juridiques envahissent, non seulement le droit d'asile mais tout l'espace social. On n'a jamais autant parlé de mobilité en économie que depuis que la mobilité des travailleurs est codée, soumise aux seuls intérêts économiques et celle des populations en mouvement est militarisée comme l'ont bien montré plusieurs auteurs.[53] On n'a jamais autant parlé de "faux" réfugiés que depuis que de nouvelles formes de surexploitation, de délocalisation locale par le travail clandestin se

52 A Eichmann, haut fonctionnaire SS nazi a été la figure du "manque de pensée" réflexive sur l'action pour H. Arendt, *Eichmann à Jérusalem. Rapport sur la banalité du mal*, Paris, Gallimard, 1966. Voir aussi, Arendt H., *La vie de l'esprit*, 1, la pensée (voir l'introduction), Paris, PUF, 1981.

53 Voir les articles de la revue *Transeuropéennes*, no. 18, 2000 notamment.

développent.[54] On a jamais autant parlé de droit d'asile que depuis qu'il est en train de disparaître en tant que droit. Alors que d'un autre côté, notre société saturée de discours sur les droits produit des individus, des groupes "sans droit", "hors droit". Que nous apprend un tel scandale ontologique, politique et éthique, sur la condition humaine, l'Etre social-historique, les fondements du droits, les rapports entre la philosophie et le droit, la pensée, le jugement, la conscience humaine individuelle et sociale, la construction de sujets politiques et de l'espace public?

Il n'est pas facile de penser le mouvement des populations en terme d'ontologie politique. Ou pour le dire en d'autres termes, de penser, *qu'est-ce que c'EST le mouvement des populations? Quelles sont les conditions d'EXISTENCE* matérielles des populations concernées par le mouvement? La mémoire individuelle et institutionnelle défaille. L'oubli de l'asile montre la nécessité d'un travail d'élucidation sur les significations imaginaires radicales instituées et instituantes qui président à l'octroi de la place de l'asile dans l'immigration et dans l'ensemble de la société. Quels sont donc les schèmes imaginaires fondamentaux qui habitent l'asile, le droit d'asile y compris dans le travail de distinction entre asile et immigration, entre requérants d'asile et population, autour de la sécurité, de l'économie, etc.? Ces significations sont-elles une mise en question de la domination de l'institution héritée, une création vers l'incertitude de la liberté, l'égalité ou alors sont-elles, par certains mythes institués, des moyens de blocage ou alors de déviation de l'imaginaire, de la pensée individuelle et collective vers la force nue, l'informe, le monstrueux?

Que nous disent les clivages visibles dans les schèmes imaginaires, les peurs et les dénis lisibles dans les discours explicites et latents à ce propos? Pourquoi est-il si difficile de s'autonomiser des images de flux, d'envahissement, de risque, de menace?

J'en viens à une difficulté *non dite* concernant le *noyau symbiotique et ambigu*[55] des deux conflits. Je me réfère à quelque chose de fondamental qui est partagé par l'ensemble de la société, à un *consensus* très profond partagé par tous en silence – situé au coeur de la pensée, de l'imaginaire social – qui bloque l'émergence d'une nouvelle pensée de la politique. Ce consensus est si profondément ancré qu'il est difficile à rompre. Il est au coeur de l'imagination, de la pensée.

Considérons la pensée philosophique (au sens de la démarche de tous, pas réservée aux professionnels de la philosophie), face au premier et au deuxième conflit. Elle vit un conflit qui n'est pas étranger aux deux conflits dont il est question. On en trouve des soubassements solides dans un problème majeur de la tradition de la philosophie occidentale. L'ontologie dominante est une ontologie de l'Etre, de l'existence des individus, de la politique en termes de fixation, d'essentialisation des individus séparés par une référence au sang et au sol, donc séparés dans des théories

[54] Terray E. , "Le travail des étrangers en situation irrégulière", *in*: Balibar E. et al., *Sans-papiers: l'archaïsme fatal*, La Découverte, 1999, pp. 9-32.

[55] Pour en saisir toute la portée pour les individus et les Institutions, voir Bleger J., *Symbiose et ambiguïté*, Paris, Presses Universitaires de France, 1981.

renouvelées de la race, sur un territoire (d'où découlent ou non des droits), de hiérarchisation des droits. Une telle approche est inconciliable avec une ontologie de l'Etre, de l'existence du, de la politique imaginé en terme de *mouvement*, c'est-à-dire non d'essence mais *d'action*, de *relation* (penser la politique, les droits à partir du mouvement, de la liberté et de la pluralité des humains) au centre des rapports sociaux. Nous connaissons bien tous la logique du "laboratoire" Schengen qui en est l'illustration. Une telle essentialisation est d'autant plus étrange, paradoxale, que dans les faits il y a des millions d'individus dans l'espace européen et le reste du monde, dont le mouvement est devenu une condition d'existence très matérielle et concrète. (Pensons à la lutte actuelle des sans papiers, et d'un autre côté aux nouveaux cadres de multinationales, par exemple). Elle est d'autant plus étrange, qu'il est impossible d'imaginer la condition humaine hors du mouvement. Y a-t-il un seul être vivant qui ne bouge pas sur la planète? Sommes-nous immobiles, tant dans notre corps que dans notre tête?

Les humains qui permettent de lire le conflit dans la pensée, les signifiants de la philosophie du mouvement, ceux qui indiquent sa nature, son sens, sont les humains, les populations en mouvement. La philosophie du mouvement intéresse au plus haut point, ceux que H. Arendt a appelé les "sans-Etat", à qui avait été enlevé tous leurs droits, ce qui a permis qu'ils sont privés à la fois de leur condition de citoyens, et d'une place dans le monde.[56] On comprend mieux où se situe la volonté de maîtrise répétée, illusoire quand elle est inscrite dans une logique essentialisante inscrite dans un désir de mort.

Pour humaniser la politique, il est dès lors nécessaire de mettre en œuvre une nouvelle ontologie politique qui prenne acte de *la vie* des humains, de leur *mobilité*, qui *dénationalise* et *déterritorialise* l'imaginaire, la pensée, les principes, les valeurs, les pratiques, la responsabilité, etc., les droits, les notions (migrants, réfugié, etc.). Pour qu'elle ne devienne pas une catastrophe, une telle dénationalisation et déterritorialisation contient l'exigence d'une nouvelle définition et d'une construction d'un *espace public – c'est-à-dire politique – pluriel* aux frontières qui intègre le mouvement des populations au, à la politique, qui reconnaisse une place, une appartenance politique à chaque humain pouvant ainsi devenir sujet politique.

Remarque importante à ce niveau pour éviter toute équivoque. La prise en compte du mouvement ne signifie pas simplement revendiquer la libre-circulation des personnes. Comme l'a bien montré H. Arendt, une ontologie du mouvement n'est pas assimilable à la simple liberté de circulation pour que les marchandises, les capitaux ou ce qui est appelé par la philosophie libérale, la liberté de mouvement pour les êtres humains en tant que force de travail puissent être des *choses* qui circulent en vue du profit maximum. Une variante d'une telle liberté particulière étant la liberté de circulation maximum pour les uns (marchandises, capitaux, cadres de la *jet society*) et une liberté contrôlée pour les autres (main d'oeuvre d'exécution, sécurité, police), dont le modèle appelé des "trois cercles" en Suisse est une

[56] Voir Caloz-Tschopp, *op. cit.*, 2000.

illustration parmi d'autres. La liberté de penser et d'agir, de l'ontologie du mouvement est d'un autre ordre.

LE SISMOGRAPHE DE L'ASILE

Dans ce contexte, l'asile a une *place universelle et spécifique* très importante, non seulement par rapport à la protection, mais surtout par rapport à ce que deviennent les humains et l'Etre social-historique, en intégrant le passé, le présent et l'avenir, c'est-à-dire l'histoire. Il est certain que l'asile n'est pas une migration comme les autres. Il est certain qu'il faut en marquer la spécificité en la séparant de l'immigration. La décision du gouvernement français de la laisser volontairement en dehors de l'ordonnance sur l'entrée et le séjour est judicieuse. Le gouvernement suisse n'a pas la même pratique, même si il affirme distinguer l'asile de l'immigration. Mais une telle séparation n'est pas seulement liée à l'exercice des droits humains (les travailleurs migrants en seraient-ils privés ?). Elle a un soubassement ontologique. L'asile est ancré dans le mouvement d'hospitalité pour raisons extrêmes – sauvegarder la vie et la liberté. L'asile est ancré dans le mouvement d'hospitalité, en tant que l'hospitalité garantit la construction d'un espace public international de paix, comme l'a bien montré Kant, ce que nous allons examiner. L'asile ancré ontologiquement dans l'hospitalité est un des lieux prioritaires – l'autre lieu étant la place réservée aux femmes dans la société – où se joue, se décide, se lit constamment le mouvement dialectique, conflictuel de *l'infinitude/finitude*, de *l'ouverture/clôture* de l'Etre social-historique et de la pensée, un rapport ouvert ou clôt à la vérité.

L'asile dans son soubassement ontologique désigne ce qu'elle a de commun avec les autres modalités de migrations, le mouvement des êtres humains. L'asile concerne la protection de la vie et de la liberté dans le mouvement. L'asile est au centre et au bout de la chaîne des différentes formes de l'hospitalité qui concerne le mouvement des populations dans son ensemble et qui ne peut être réduit à une immigration de travail et aux catégories économiques. Considérée à ce niveau, l'asile n'est pas séparable de l'immigration. Depuis son lieu spécifique, il pointe la modalité ontologique du mouvement d'hospitalité pour toute personne et pour toute société qui à son tour pointe la modalité de l'action qui est la mise en œuvre de la liberté (comme commencement, événement) et de la pluralité (modalités relationnelles de création de l'espace public). Dans le lieu de ces modalités s'ancre, ce que H. Arendt a appelé le "droit d'avoir des droits".

L'asile – et non asile "politique" ce qui est une tautologie – est ainsi en quelque sorte *le sismographe irremplaçable* de la reconnaissance ou du déni du respect de la vie, de la liberté, de l'égalité, de l'action en tant que spontanéité humaine, mouvement, de l'ouverture, de la création politique ou alors de la clôture de l'Etre social-historique. La place de l'asile doit être considérée dans la radicalité du message de connaissance ontologique qu'il nous délivre. Dans les rapports socio-politiques, l'asile est un des lieux centraux où voir à l'œuvre le respect de la vie, de la liberté et de l'égalité, la nature de l'Etre social-historique en tant qu'il est mouvement (action, relation dans le temps et l'espace) et les résistances, les conflits concernant la reconnaissance ou le déni de ce mouvement.

L'asile est un des lieux symboliques majeurs de la *praxis* et de la création démocratique et philosophique, de l'imaginaire, de la pensée, de la conscience autonome – qui n'est pas l'apanage des philosophes professionnels. L'asile est un des lieux de la tragédie humaine où se joue à la fois la condition de naissance, de mortalité et aussi le travail de mémoire quant à un fait historique "sans précédent" concernant la "superfluité humaine" et la "banalité du mal" en tant que mal politique dont parle H. Arendt. Il implique des choix. Une responsabilité. Des conséquences. A propos de la vie, de la liberté, de l'égalité, du "droit d'avoir des droits", il existe donc un lien profond entre l'asile et la démocratie en tant que cadre, régime, projet, imaginaire (Castoriadis). Il existe un lien de l'asile avec la philosophie, la tragédie, la démocratie. Ce lien est précisément la lutte pour une inscription constante, conflictuelle du mouvement d'ouverture, d'infinitude instituant l'Etre social-historique dans l'histoire et l'espace, c'est-à-dire dans les principes, des lois, des droits, des règles codifiant l'action humaine politique etc.. On le voit dans le passage, les tensions entre asile et droit d'asile et dans la pratique du droit d'asile des Etats et des citoyens.

La place ontologique de "l'asile", ne peut donc être confinée au "droit d'asile", droit souverain des Etats-nations, même si c'est dans ce contexte qu'elle s'institutionnalise. Depuis l'échec de la Conférence de Genève où il avait été question de mettre à jour la définition du réfugié en 1977, évoquer la réalité de l'asile, c'est-à-dire élargir la définition juridique de la notion de réfugié est une question tabou et même dangereuse pour l'asile et même peut-être pour le droit d'asile ou si l'on veut pour l'Etat de droit dans ce domaine. C'est pourtant une exigence philosophique et politique incontournable. L'asile a une place ontologique universelle et spécifique du, de la politique. L'asile est donc par essence ontologique. Mais, dans la perspective d'une ontologie démocratique, c'est une face de l'Etre social-historique en mouvement, en création. Son mouvement révèle l'Etre social-historique lui-même, c'est-à-dire ce qu'est son mouvement réel dans la pratique. La place de l'asile est centrale dans la société, dans la mesure où il indique le mouvement d'ouverture-clôture, de finitude-infinitude toujours en train de se faire et de se défaire à la lisière de la démocratie.

Il est donc tout-à-fait compréhensible que le mouvement des populations et l'hospitalité à l'échelle de la planète, aient été les référents centraux de la politique envisagée comme construction de la paix dans la philosophie de Kant,[57] lorsqu'il réfléchissait à l'élaboration à la paix perpétuelle et à l'élaboration de principes et de règles pour le droit international. E. Kant a vu dans l'hospitalité le premier fondement du droit international et de la paix, tout en le mettant en rapport avec la visitation temporaire et non avec la résidence dans sa traduction effective en droit. Il

---

[57] Kant E., "Projet de paix perpétuel", *in* Oeuvres III, Paris, Gallimard, La Pléiade, 1795, 1986, pp. 326-383.

faudrait discuter cette contradiction entre le plan ontologique et le plan politique dans l'œuvre de Kant, ce qui n'est pas mon propos ici. Si Kant, malgré cette limite du *provisoire*[58] (qui soulignons-le nous renvoie au premier conflit de la place de l'étranger) a souligné l'importance de l'hospitalité, c'est que les atteintes à l'hospitalité apparaissent comme une des étapes fondamentales de la possibilité des autres droits et *qu'il dé-couvre* ainsi ce qui était l'enjeu ontologique pour la politique recouvert.

Quand l'asile est mis en danger, le sismographe de l'asile nous lance un avertissement. La place des humains, le mouvement de l'Etre social-historique en création, y compris par le travail de mémoire, est nié, effacé, rejeté dans l'ombre. La logique répressive et guerrière de l'identique gagne du terrain. La paix recule. Quand l'asile est touchée, le sismographe de l'asile nous avertit que la pratique démocratique aux frontières, la pratique philosophique en tant que puissance d'imagination, de pensée à la base de la conscience et de l'autonomie, la pratique de la tragédie humaine vécue comme choix, responsabilité d'ouverture devant l'infinie de l'incertitude sont atteints. Le conflit philosophique, quand on le décode montre l'exigence du dépassement d'une vision essentialiste de la mobilité des populations, pour ne pas perdre le sens, la valeur de l'asile et pouvoir le rendre effectif dans le droit d'asile.

En guise de conclusion

> *"L'esprit se débat, bute contre la réalité qui l'entoure, tente d'échapper à tout ce qu'il enregistre, comme un oiseau enfermé se jette contre les parois qui le retiennent prisonnier, il doit bien y avoir une issue."*
>
> Nadine Gordimer[59]

Quels enseignements pouvons-nous tirer de deux conflits de l'histoire présente réactualisés sur le terrain mouvant de l'asile et du droit d'asile à l'occasion de ce cinquantième anniversaire de la Convention de 1951 ? Il est évident que "la mémoire ne se transmet pas de façon héréditaire comme les gènes", disait récemment un prix Nobel de littérature exilé.[60] La mémoire et l'espace public se (dé)construisent quand les conflits parviennent à être arrachés à l'oubli et à la clandestinité et ainsi à se vivre. Qu'avons-nous découvert en plongeant dans l'oubli pour reconstruire la mémoire à propos de l'asile en lien avec l'histoire et la démocratie ?

Le premier conflit structurel de la place de l'étranger dans l'histoire de longue durée articulé au deuxième conflit de la rupture historique du XXème siècle

[58] Le sociologue algérien de l'é/immigration A. Sayad a analysé en quoi la distinction provisoire/ permanent est constitutive de la définition de l'immigré. Voir Sayad A., *L'immigration ou les paradoxes de l'altérité*, Bruxelles, de Boeck, 1991.

[59] Gordimer N., *L'arme domestique*, Paris, 10-18, 1998, p. 17.

[60] Gao Xingjian, *La raison d'être de la littérature*, Paris, l'Aube, 2001, p. 71.

conduisent à des degrés divers, à une prise de conscience insécurisante que tout humain rejette non seulement pour affirmer une identité fragile et oublier sa condition de mortalité, mais depuis un fait "sans précédent" pour oublier aussi (surtout ?) que les humains peuvent s'auto-détruire entre eux. La double prise de conscience est douloureuse et inquiétante. La souffrance, la crainte d'anéantissement nous engage à fuir dans le déni, le pessimisme, l'oubli. Dans les rapports de domination et la place des sans-Etats, ce lieu, la place accordée aux sans-Etat est un lieu sensible où ils se jouent de manière privilégiée. Dès lors, quel rapport optimiste est-il possible de construire pour créer une contemporanéité au monde ? Prendre sur soi, en tant qu'individu, en tant que société, les deux conflits implique une transformation de l'action, de la pensée, du savoir, de la politique.

Une des voix de survie et de reconstruction de la mémoire et de la pensée philosophique,[61] à mon avis, est de chercher, de retrouver l'asile que nous avons perdu et avec lui le contenu, le sens des deux conflits de l'histoire de longue durée et de l'histoire du XXème siècle. Où se trouve-t-il aujourd'hui ? Peut-être enfoui dans les luttes des sans-papiers et dans d'autres lieux de la société (chômage, politique du SIDA, "sécurité alimentaire", etc.). H. Arendt expliquait: nous avons pris conscience du "droit d'avoir des droits" quand nous l'avons perdu. Aujourd'hui, l'occasion de l'anniversaire et l'ampleur de la crise appelle à un travail de mémoire pour dégager le trésor de l'asile, dans ce qu'il nous montre, quand nous le perdons et nous le retrouvons.

L'asile est ontologique et donc politique, juridique, éthique. Il concerne le devenir de chaque être humain qui a besoin de protection et au-delà du devenir de l'Etre social historique. Kant nous a montré que l'asile est lié à l'hospitalité, l'hospitalité est liée à une politique de la paix. La paix aujourd'hui implique la prise en compte des faits structurels de l'histoire de longue durée (place des étrangers) et du fait "sans précédent" de l'histoire du XXème siècle (projet de la "Solution finale"). Le creux de l'oubli dans la mémoire a été occupé ces vingt dernières années par l'urgence et l'aide humanitaire et une approche bureaucratique, policière et même guerrière des populations mobiles en quête de survie et de protection. Il nous faut reprendre cette question dans sa radicalité, c'est-à-dire en tant que question *ontologique*. Aucune société ne construit la paix sans hospitalité, sans mémoire et sans asile.

Concernant la conjoncture politique, Ch. Blocher en Suisse et ceux qui lui ressemblent dans d'autres pays européens, y occupent une place visible. Dans leur

---

[61] De tous côtés, on investit dans les idées. Des "usines à penser" se créent aussi en Suisse, pourtant pas spécialement portée à reconnaître l'importance des intellectuels. Nous avons certes besoin d'idées dans le domaine du droit d'asile, mais les idées ne naissent pas "naturellement", spontanément. Nous devrions dire, plus que d'idées, peut-être avons-nous besoin de remettre en route, ce que Socrate appelait le *thaumazein*, l'étonnement philosophique, l'activité de pensée philosophique pour lier étroitement les décisions d'action à l'activité de pensée créatrice et critique, de compréhension, de jugement. Ce point mérite d'être signalé dans un apport philosophique même s'il n'est pas le propos central de ce colloque. Promenons-nous un instant avec W. Benjamin dans l'imaginaire kafkaïen qui évoque cette nécessité par son manque, que "parmi toutes les créatures de Kafka, ce sont les bêtes qui réfléchissent le plus", Benjamin W., *Oeuvres II, Franz Kafka*, Paris, Folio-Essais, p. 443.

mode de présence médiatique, on constate les tentatives de déplacement voire d'effacement des deux conflits et du travail de mémoire autour de l'asile, du droit d'asile, de la place des étrangers, notamment. D'autres oeuvrent pour la mémoire dans l'ombre sans nommer ce qu'ils font. Rappelons-nous que ce sont les ennemis de la démocratie qui ont identifié la découverte de la démocratie (Platon). Dans la Grèce de l'époque, ceux qui créaient la démocratie ne savaient pas nommer ce qu'ils faisaient. Leur invention a été "nommée" par leurs adversaires dans une tentative de la recouvrir. Ironie de l'histoire. De manière paradoxale, peut-être que les ennemis de l'asile et de la mémoire sont-ils en train de pointer l'importance d'un trésor qu'ils tentent d'effacer de l'histoire.

Dans ce colloque nous ne sommes pas à l'abri non plus des deux conflits qui traversent l'histoire présente et des tentations de déplacement, de recouvrement, d'oubli. L'humanisation de la politique nous appelle à (re)construire une histoire internationale, nationale, locale, fédérale, cantonale de la résistance, de la création dans le domaine de la paix, de l'hospitalité, de l'asile, du droit d'asile. C'est un objet scientifique qui concerne tout chercheur ancré dans la citoyenneté. A quand un colloque sur la résistance, la création démocratique dans l'asile, le droit d'asile ? En suivant récemment un colloque à l'Université ouvrière de Genève, j'ai appris des faits concernant la solidarité durant la deuxième Guerre mondiale, dont on ne parle pas assez. Une construction de la mémoire active est une construction de la démocratie aux frontières de la démocratie.

Le déni de la condition humaine de mortalité pourtant étroitement liée à la création politique,[62] de l'incertitude, de la fragilité, de la possibilité de l'auto-destruction, l'illusion de l'efficacité, du calcul, de la maîtrise, d'avoir tout sous contrôle, tout en diluant les responsabilités dans la division des tâches que l'on croise dans nombre de discours sur l'immigration et les pratiques bureaucratiques, renvoient à la recherche d'un "Dieu horloger" (Leibniz) sauveur d'un ordre qui serait immuable, figé. Ils cachent les nouveaux cyniques dans les anciens et nouveaux costumes de l'identité et du *new management* qui nous invitent sur le terrain de l'amnésie et de la mort. Pouvons-nous nous perdre dans le vertige de l'inconscience et de l'oubli avec eux ? Le travail incessant de la mémoire implique de fouiller l'ombre plus que la lumière de la société médiatique du spectacle, pour pratiquer la mémoire[63] et rétablir la responsabilité. "Notre monde court un double risque d'implosion et d'explosion. Il doit changer".[64] Le terrain des populations mobiles est un terrain passionnant, ouvert pour un changement de paradigme où l'asile, le droit d'asile gardent une place centrale.

---

[62] "La certitude de la mort a fait que de tout temps les hommes ont cherché à acquérir une immortelle renommée par leurs actes et leurs paroles, et c'est elle encore qui les a incités à instituer un corps politique immortel en puissance. Ainsi, la politique était-elle le moyen d'échapper à l'égalité devant la mort par une distinction assurance une mesure d'immortalité", Arendt H., *Du mensonge à la violence*, Paris, Agora, 1972, p. 168.

[63] Voir, Viñar M. et M., "Restablecer la verdad", *Brecha, Montevideo*, 14.4.2000, p. 8.

[64] Hobsbawn, *op. cit.*, 1994, p. 749.

STATE AND SOCIETY FACING MASS MIGRATION IN PAST AND PRESENT: THE SWISS EXPERIENCE

*Georg Kreis**

When we think about mass migration in the past what is the problem behind that operation? Do we have to analyse whether the countries confronted with that challenge behaved in a correct way? Correct in an absolute sense of universal ethics or only correct in the sense of the self-declared goals? Do we have to explain why the willingness to host refugees was as restricted as it was? Or do we have to explain, because restriction is the normal attitude, why a State, a society or specific groups were disposed to help which isn't the normal way of behaving? Many of these questions have often been discussed already. My paper tries to go down new paths and to compare two moments in Swiss refugee-history: the glorious and strong case of 1871 and the rather shameful and weak one of 1942. Comparison does not mean equalisation. By comparing we can discover the differences: difference in attitude and even further difference in historical context. Yet, the two cases have a common aspect: i.e. mass dimension. I have been puzzled by the term given by our Colloquium, for what does mass migration mean? What numbers are we talking about when we speak about mass migration? What are the characteristics of the opposite form of migration: small migration or individual migration? I promised to speak about migration in the past and present. Perhaps you were expecting that the past concerns the period of the Second World War and the present would deal with today. In this presentation, the past is a specific case of the 19th century and the present the chosen case of the 20th century.

CASE 1: THE ASYLUM POLICY IN 1870/71[1]

In January 1871 the French army of General Bourbaki which risked being either captured or destroyed by German troops, asked for asylum in Switzerland. In that

* Professor, University of Basel.

[1] For Case 1 there is only a very specialized small list of publications linked to the famous panorama picture of Edouard Castres in Lucerne, for e.g. the book of André Meyer and Heinz Horat (Berne 1981), of Peter R. Jezler, Elke Jezler and Peter Bosshard (Zürich 1986), Heinz Dieter Finck and Michael T. Ganz (Zürich 2000). Look also to Bernard Comment, *The Panorama*, London, 1999.

V. Chetail and V. Gowlland-Debbas (eds.),
Switzerland and the International Protection of Refugees
La Suisse et la protection internationale des réfugiés, 39-45.

situation 87,000 men were allowed to enter and to stay for a couple of weeks until the war was over. We should note several specific points:

(1) Switzerland wasn't threatened at all. She was respected by both sides of the military conflict.
(2) The asylum-seekers were soldiers.
(3) Everybody knew that the period of hospitality was very limited. The refugees returned after only six weeks.
(4) The payment of the costs was guaranted from the beginning by a contract with the General. Switzerland finally presented a bill of 12,154,396.90 francs, including the costs of the Swiss internment-troops of 1,6 million francs, about one-sixth of the annual budget of the Confederation. One estimates nonetheless that the value of the private gifts from the population superseded the amount of the official costs.
(5) Their arrival was a major event, largely reported in the newspapers with adverstisements demanding all sorts of support, collecting socks and shoes, offering French dictionaries, cheap wine for sick soldiers and so on.
(6) There were close relations between hosts and guests with drinks for all, with assistance committees especially of women washing and mending clothes, work- permits and at the end, farewell parties. The internees were spread all over the country: The canton of Vaud hosted 7,584 in total, 1,403 of which in Lausanne, 90 in Avenches, 16 in Aubonne, 18 in Nyon, 810 in Payerne and so on. The acceptance of these foreigners, among them also colonial troops i.e. North Africans, is even more astonishing if we consider the fact that 20% of them had to be hospitalised because of typhus and smallpox, also very contagious diseases. Terms like the "catarrhe Bourbaki" and the "toux de moblot" became part of the every-day vocabulary. 1,701 French soldiers died in Switzerland and were given prestigious tombs in Swiss churchyards in every part of Switzerland. The friendly relations were not the consequences of special political sympathy with France. We cannot say that at that time Switzerland stood closer to France than to Germany. The hosting of the 87,000 men in January 1871 was the very founding moment of humanitarian Switzerland. This internment strengthened or even created the myth of Switzerland as an asylum haven, and this more in the imagination of Swiss people than abroad.

CASE 2: REFUGEE POLICY IN THE SECOND WORLD WAR[2]

At the beginning of the War Switzerland hosted about 7,000 immigrants. In the following two and a half years until April 1942, a further 3,000 refugees were accepted. On 30th August 1942, when Switzerland had hosted about 10,000 civilian refugees and 12,000 military refugees, Federal Councillor Eduard von Steiger, the principal member of government responsible, declared: "Someone commanding a small, already crowded life-boat with limited capacity and equally limited supplies, as thousands of victims of a shipwreck are crying for help, must appear implacable if he cannot let everyone aboard. And yet it is humane if he warns against false hopes early enough and seeks to save at least those already accepted." This was in order to justify the closure of the borders for Jewish asylum-seekers. Nonetheless, about 7,400 refugees managed to enter, in part officially, in part also clandestinely.

At the end of the war Switzerland had about 65,000 civilian and 50,000 military refugees on its territory. For the purposes of our comparison with the Case of 1871, it is important to look closer at the different categories of refugees during1939–1945.

103,869	military refugees
55,018	civilian refugees
9,909	immigrants (before the war)
251	political refugees
66,549	population from the borders (for some days only)
59,785	children (for 3 months max.)
295,381	Total

As we can see from this table, the military internees were the largest group, and in general they were not considered a problem especially because of the reasons already mentioned in the first case: as members of a military body they were well organised, one could give them orders rather easily, the payment of the costs was guaranteed and it was guaranteed also that they would leave the country once the war was over. The temporary immigration in the Bourbaki Case of 87,000 men in a country of 2,7 million inhabitants can be characterised as mass migration. On the other hand, the presence of 10,000 or 20,000 in 1942, when Switzerland had a population of 4,3 million inhabitants, was not at all a mass phenomenon. Of course we have to consider that the restrictions in 1942 had as their main function to deter would-be refugees so that the small influx would not become a large torrent. It has often been said, and this is not contested by anyone, that small Switzerland would never have been able to host everyone who needed asylum. The point to discuss is when and to what degree the rigorous strategy of deterrence was applied. National councillor

2 For Case 2, see Georg Kreis; "Swiss Refugee Policy, 1933-1945", *in*: *Switzerland and the Second World War*. Georg Kreis (ed.), London, Frank Cass, 2000, pp. 103-131.

Albert Oeri described it suitably, when he said in 1942 that Switzerland practised cruelty in advance ("Grausamkeit auf Vorrat").

Besides the 50,000 civilian refugees, the other figures did not really concern refugees and had the function of presenting Swiss aid as larger and more generous than it was. We have the category of the population living close to the Swiss borders and entering Switzerland for a couple of days during the time in which hot conflicts covered their region. And we have especially the 60,000 French children hosted for three months on the condition that they were not Jewish and that they all returned without exception when the period was over. Of course we should not underestimate the real help this signified for the children in question, but on the other hand this kind of assistance had the function of preventing the acceptance of adults who could not be sent back after a short period of recovery.

The striking differences with the 19th century Case are that the contact between the foreigners and the indigenous population had to be very limited or even excluded. And – secondly – the foreigners were not allowed to work privately, but were forced to work in camps and homes. Here I should probably emphasize that refugee policy is always two-sided and that one should always discuss both: the attitude at the borders and the living conditions once the refugees are accepted. In the comparison between the 19th-century and the 20th-century Cases a third difference should be noted: in the Second World War, reports on refugees and refugee policy were under censorship. Yet perhaps because of other reasons also, the presence of the foreigners was hardly noticed by the public. In a special study, it has been stated that the link between the persecutions in other regions of Europe and the presence of the people persecuted in Switzerland was never openly reported by the newspapers. From an analysis of the weekly cinema newsreels, it has been established that the subject of refugee policy was not to be presented in order to demonstrate the needs of refugees but the generosity of the helping side. Again in contrast to the 19th-century-case, it was not clear to what degree public funds had to be used for financing the costs of the civilian refugees and, in 1942, it was not clear at all how long the conflict would last, and of course it was not very likely that the refugees would leave the country after the war. The final point: although neutral, Switzerland was in a way part of the conflict and in general under pressure from the surrounding powers – Nazi Germany and Facist Italy.

Although we have enumerated quite a large number of differences, the most important one has not been mentioned. By the 20th century, the foreigner had become a dangerous person – foreigners in general, but especially the foreign Jews considered as the most strange of the strangers. Surely most Swiss did not like too many foreign passengers in their boat, but they refused especially this category of foreign passengers. If I could make a remark at this juncture: probably we always need one particularly unpopular group of foreigners in order to maintain our general xenophobia. In the 1980's it was the Tamils, in the 1990's the Yugoslavs. In the first half of the 20th century it was – connected with the secular anti-semitism – the Jews.

To come back to the period of the Second World War: it was forbidden to have private contacts with refugees especially of the opposite sex and there was no question of allowing marriages between Swiss and refugees. Even the military refugees who were, as already mentioned, on the whole well accepted, were accused of seducing Swiss women, and a right-wing politician (Bircher) proposed in 1944 to cut the hair of such women as one does in cases of relationships with members of armies of occupation. I am convinced that there were also amorous relations during the stay of the French Bourbaki Army in the 19th century Case, but we have no evidence whatsoever that this was a public problem.

We have to consider the refugee policy not only as a result of the attitude of the State, but also as a consequence of the State in which the society is. Therefore the title of my contribution insists on the two categories: State and society. In a general way we can say that Swiss society felt itself more secure in the 19th century Case than in the 20th century one, and that this fact is very decisive for the willingness to help. The State adopts the security measures demanded by society. Of course we should never consider a society as a homogenous body; we almost always have mainstream and dissident attitudes. In the 19th-century Case, we know nothing about dissident attitudes. But in the 20th-century Case, it is very clear that there was a small but strongly humanitarian minority which was not given much room for manoeuver and was not permitted to be as humanitarian as it wished to be.

Fundamental changes in the attitude towards refugees and foreigners emerged in the last period of the First World War. In 1917, with the creation of the Federal Customs and Immigration Office, began the period of the modern refugee and aliens policy. Yet paradoxically, although naturally, the expansion of the security measures widened and strengthened the sentiments of insecurity. The main reason for this growing refusal was the fear that the so-called "foreign elements" could undermine the political order and cultural habits. Pictures of hygienic cleaning of wagons after the transportation of refugees illustrate the fear of contamination on the so-called real level, but they illustrate also on the symbolic level the fear of political and cultural contamination. Such kinds of fears did not exist at all in the 1870's. Neither were there fears of being a dying nation because of the small birth-rate, fears which became very strong in the 1930's, fears for which there was and still is used the term of "Überfremdung" (take-over by foreign human, capital and cultural forces). In the framework of the general fear of "Überfremdung", the special fear of the special "Überfremdung" by Jews, called "Verjudung", was the most developed. At the beginning of the war period, Switzerland had about 18,000 Jews of which 50% were non-Swiss in part because of the very restricted naturalization policy of the Swiss communities. The fact that only 0,44 % of the residents in Switzerland were Jewish did not deter Swiss officials like Rothmund from speaking about the danger of "Verjudung". Refugee policy was first of all a population policy, and this policy was not to be undermined by private humanitarian action.

Let me now in a final section say a few words about the historical background of Swiss refugee tradition and the myth of the humanitarian mission of Switzerland.

Switzerland has not decided by herself and by free choice to become a country for refugees. Switzerland became a campus for asylum because of two structural reasons: firstly because of the proximity to other countries from which people wanted to escape; secondly, because Switzerland was composed of different communities which were ready to host refugees if they belonged to the same religious, political and/or linguistic group. Only by the addition of different and separate emergency situations over the years was it realised what was later to be called a tradition of humanitarian policy. Yet Switzerland took eager advantage of this situation and with it formed an important element of her identity i.e. a justification of her being inward-looking with regards to the rest of the world. This element serves as proof of willingness to make some effort in order to compensate for the non-commitment as a neutral state in external conflicts between States.

This compensation deal was possible as long as war was considered permissible, and therefore did not have to be especially justified by arguing that it is a conflict between a good and a bad side. In a deep and definite fight between good and evil it is difficult to stand outside. Already the First World War and especially because of the participation by the United States from 1917, had been interpreted as a fight between the democratic and the despotic world. Yet to a much higher degree the same pattern was the deeper understanding of the opposed parties of the Second World War. To the same degree the need to justify the non-participation of a neutral state such as Switzerland also rose. Therefore special effort was made not so much in helping where real need existed but in promoting the image of a country with a very high humanitarian profile.

In the 19th century and earlier Switzerland paid a very low price for being labelled a humanitarian committed country. In the first half of the 19th century she even benefited in cultural and economic terms by accepting refugees because they were well skilled and Switzerland badly needed people like teachers, mechanics and other construction-workers. All these came in a rather ordinary way, and even if there was a continuous influx they came in rather small numbers and they could pay their living-costs themselves. Switzerland had another important advantage in hosting these refugees. She demonstrated her independence vis-à-vis the neighbouring countries who often asked for the expulsion of their people. When Switzerland resisted such demands – and she did it often – she resisted rather because she wanted above all to defend her sovereignty and only secondarily the refugees. The right of asylum was the right of the State to grant asylum and not the right of the refugee to obtain asylum.

The Bourbaki Case of the 19th century gave to Switzerland the welcome opportunity to demonstrate to herself and to the world how helpful and unselfish Switzerland was and is. On this basis, the myth of humanitarian Switzerland was built up, a myth which was strengthened and extended during the First World War in order to compensate for non-participation in the war; the myth was confirmed in 1939 in the national exhibition: "Switzerland is a haven for those in need of refuge, that is our tradition." Yet this slogan, based on the 1871 Case, did not correspond to the challenge of reality in 1942: a mass demand for asylum not by nice soldiers who soon went home, but by disregarded and disliked civilians who risked becoming a part of the ordinary population. And the national exhibition of 1964 in Lausanne showed once again the Bourbaki drama of 1871 as the very prominent refugee case, covering the less honorable attitude towards civilian refugees during World War II.

LA SUISSE ET LA PROTECTION INTERNATIONALE DES RÉFUGIÉS: DE LA PREMIÈRE GUERRE MONDIALE À LA CONVENTION DE GENÈVE (1914-1951)

*Marc Perrenoud**

INTRODUCTION

Les activités suisses en faveur de la protection internationale des réfugiés ont connu une histoire riche et mouvementée au cours de la première moitié du XXe siècle. Quatre dates pourraient être mentionnées comme repères: 1914, 1933, 1942, 1951. En d'autres termes, je souhaite évoquer les séquences historiques suivantes:

- La Première Guerre Mondiale: césure et conséquences (1914-1933)
- La Suisse et la protection des victimes du nazisme (1933-1942)
- La Suisse face à la Shoah: fermetures, protestations, ouvertures (1942-1945)
- La Suisse, l'Organisation internationale pour les réfugiés et la Convention de Genève (1945-1951).

Cette contribution se fonde sur les travaux de la Commission indépendante d'experts: Suisse – Seconde Guerre mondiale (CIE), plus connue sous le nom de "Commission Bergier",[1] complétés par des recherches spécifiques.[2]

---

* Conseiller scientifique de la Commission indépendante d'experts: Suisse – Seconde Guerre Mondiale.

1 Cf. son rapport intermédiaire publié en décembre 1999, intitulé *La Suisse et les réfugiés à l'époque du national-socialisme*, Berne, 1999. Ce texte a été réédité à Paris en 2000. La Commission termine ses travaux en décembre 2001 et publiera une version revue et corrigée de son rapport sur les réfugiés, ainsi que d'autres études et une synthèse de ses recherches. Sur mandat de la CIE, Walter Kälin et son équipe ont rédigé une étude juridique qui forme une annexe au rapport intermédiaire de la CIE: *Rechtliche Aspekte der schweizerischen Flüchtlingspolitik im Zweiten Weltkrieg*, Bern, 1999 et qui a été rééditée par la CIE, vol. 18, Zurich, 2001.

2 Le rapport intermédiaire de la CIE a suscité de nombreuses réactions, notamment dans les journaux (cf. par exemple la réponse de la CIE publiée dans *Le Temps* du 20 octobre 2000). L'Université ouvrière de Genève a organisé le 27 mai 2000 un colloque sur "L'autre Suisse" afin de retracer les activités des milieux antifascistes en faveur des réfugiés pendant la guerre. Les Archives d'Etat de Genève ont organisé, le 6 septembre 2000, une table ronde sur "Le passage de la frontière durant la Seconde Guerre Mondiale. Sources et méthodes". Mes contributions se trouvent dans les actes de ces colloques qui sont en cours de parution.

V. Chetail and V. Gowlland-Debbas (eds.),
Switzerland and the International Protection of Refugees
La Suisse et la protection internationale des réfugiés, 47-66.

1. La Première Guerre Mondiale: césure et conséquences

La pratique du droit d'asile au XIXe siècle en Suisse est très souvent évoquée et même célébrée comme un âge d'or du refuge au point de devenir un mythe selon certains historiens.[3] Néanmoins, la Suisse se définit comme terre d'asile aux yeux de sa population et du monde extérieur. Cette tradition imprègne profondément les mentalités et détermine les réactions au cours des décennies.

A la fin du XIXe siècle cependant, la possibilité de trouver refuge en Suisse (même limitée à une courte période et pour une population réduite) fut remise en cause dans un contexte de tensions sociales et politiques croissantes à travers le monde. L'écrasement de la Commune de Paris en 1871 poussa des adversaires des "Versaillais" à venir en Suisse. Ces réfugiés suscitèrent davantage de méfiance que ceux qui vinrent en Suisse quelques décennies plus tôt. Certains remettaient en cause non seulement les autorités politiques de leur pays d'origine, mais l'ensemble du système économique et social. Afin de protéger l'ordre menacé par ces réfugiés considérés comme des révolutionnaires, la création et le développement du Ministère public de la Confédération renforcèrent, dès les années 1890, la surveillance politique des étrangers, notamment des sociaux-démocrates et des militants venant d'Allemagne, d'Europe centrale, de Russie ou d'Italie. La mise en place d'une collaboration policière internationale permit un contrôle plus serré de l'activité des réfugiés en Suisse. Au début du XXe siècle, l'émergence de nouveaux problèmes suscita une évolution culturelle et idéologique, tandis que l'optimisme fondé sur la croyance au progrès était submergé par les mentalités de méfiance, de crispation et d'hostilité.[4]

Le premier conflit mondial marqua une césure dans l'histoire du refuge en Suisse.[5] Les troubles sociaux et politiques en Europe, l'effondrement des Empires centraux, les poussées révolutionnaires en Russie et en Allemagne, les conflits politiques et les difficultés économiques qui s'accentuèrent en Suisse, tout cela contribua à motiver des restrictions à la politique d'asile. Comme l'écrivit Augustin Macheret, c'est une législation née d'un droit d'exception qui se développa dans ces conditions.[6] Se fondant sur les pleins pouvoirs qui lui avaient été conférés en août 1914, le Conseil fédéral édicta des Ordonnances qui renforcèrent le contrôle à la frontière et sur le territoire de la Confédération. La création en 1917 d'un Office central de la Police

[3] Cf. le recueil d'articles édité dans la revue des Archives fédérales suisses, *Etudes et Sources*, n°25: "Le refuge en Suisse après les révolutions de 1848", Berne-Stuttgart-Vienne, 1999.

[4] Cf. Alain Clavien, *Les Helvétistes. Intellectuels et politique en Suisse romande au début du siècle*, Lausanne, 1993.

[5] Cf. Gérald Arlettaz, "La Suisse, une terre d'accueil en question. L'importance de la Première Guerre mondiale", *in*: *L'émigration politique en Europe aux XIXe et XXe siècles* (Colloque organisé par l'Ecole française de Rome et le Centro per gli studi di politica estera e opinione pubblica de l'Université de Milan, Rome, 3-5 mars 1988), Rome, 1991, pp. 139-159.

[6] Cf. Augustin Macheret, *L'immigration étrangère en Suisse à l'heure de l'intégration européenne*, Genève, 1969. Cf. aussi Lorena Parini, *La politique d'asile en Suisse. Une perspective systémique*, Paris, 1997.

des étrangers jeta les base d'une institution qui se renforcera au cours des décennies, sous la houlette de Heinrich Rothmund, chef de la Division de Police dès 1929.[7]

La fin des hostilités militaires signifia le démantèlement graduel du régime des pleins pouvoirs, mais la législation consacra durablement les nouvelles normes et institutions. Ce processus aboutit en 1931 à la loi fédérale organisant le séjour et l'établissement des étrangers, qui englobe la politique d'asile et qui inscrit la lutte contre la "surpopulation étrangère" comme objectif officiel. Le réfugié risquait donc d'être confronté à trois types de peur qui s'exprimaient dans tous les pans de la société suisse: la peur de la concurrence économique, la crainte d'une augmentation du nombre de Juifs, le refus du communisme.[8] Afin de pouvoir rester en Suisse, les réseaux de solidarités politiques ou religieuses devinrent une condition nécessaire.

L'impact de la révolution russe contribua à dramatiser la politique d'asile et à remettre en cause les effets réels des références humanitaires héritées du XIXe siècle. L'anticommunisme accentua la méfiance face à des réfugiés soupçonnés de menées subversives, tout en motivant une solidarité avec les victimes des bolcheviques: les autorités fédérales accordèrent des subsides à des réfugiés russes qui avaient été bloqués en 1917 en Suisse, souvent dans des lieux de villégiature, et qui étaient privés de revenus. C'est dans ce contexte politique international que la Suisse décida en 1920 d'adhérer à la Société des Nations (SdN) et de participer à des actions internationales en faveur de certaines catégories de réfugiés.

C'est grâce à une initiative du Comité international de la Croix-Rouge (CICR), constatant que l'aide privée ne suffira jamais à faire face au problème des réfugiés russes, que fut créé en 1921 un Haut-Commissariat de la SdN pour les réfugiés russes avec, à sa tête, le Norvégien Nansen. En 1930, le Secrétariat général de la SdN reprendra l'œuvre de protection juridique et politique des réfugiés, tandis qu'était créé un Office Nansen, autonome mais sous l'autorité de la SdN, chargé de l'aide matérielle aux réfugiés. Il est intéressant de relever que les deux premiers présidents du Conseil d'administration de l'Office sont des Suisses: Max Huber, président du CICR, puis le professeur Georges Werner, vice-président du CICR, qui lui succèda en février 1933 jusqu'à sa mort en 1935. Si l'on considère, en outre, que les agents du Haut-Commissaire étaient pour la plupart des agents du CICR et que ce dernier a mis son infrastructure à son service, on doit constater la part importante prise par des personnalités suisses dans cette œuvre de secours aux réfugiés russes et "assimilés". Les prestations, arrêtées dans une série d'arrangements internationaux, ont été successivement étendues aux réfugiés arméniens, assyriens, assyro-chaldéens et turcs. La Suisse a adhéré à tous ces arrangements.

---

7 Cf. Uriel Gast, *Von der Kontrolle zur Abwehr. Die eidgenössische Fremdenpolizei im Spannungsfeld von Politik und Wirtschaft 1915-1933*, Zürich, 1997.

8 Cf. Gérald Arlettaz et Silvia Arlettaz, "La politique suisse d'immigration et de refuge: héritage de guerre et gestion de paix", *in*: *Guerres et Paix. Mélanges offerts à Jean-Claude Favez*, Genève, 2000, pp. 661-684 et les autres publications de ces spécialistes de l'histoire des politiques migratoires en Suisse.

Fondamentalement, la Confédération est demeurée d'une grande prudence. Elle refusait de délivrer le certificat Nansen aux Russes apatrides qu'elle considérait comme "bolchevistes."[9] Elle n'envisageait pas de faciliter la procédure de naturalisation pour les réfugiés russes et "assimilés". Ce serait "compromettre gravement l'équilibre ethnique du peuple suisse dans son ensemble", répondit-elle sur ce point à un questionnaire de la SdN.[10]

La tentative la plus ambitieuse pour améliorer la condition des réfugiés russes et "assimilés" fut la conférence des 26-28 février 1933, qui aboutit à la Convention relative au statut international des réfugiés du 28 octobre 1933.[11] La Suisse y participa mais resta en retrait. Seuls cinq Etats furent signataires originaires, tous avec des réserves: la Belgique, la Bulgarie, l'Egypte, la France et la Norvège.[12] Invitée au printemps 1936 par le Haut-Commissaire à adhérer, la Suisse confirma que "les réfugiés russes et assimilés jouissent en Suisse de tous les droits prévus par la convention" mais refusa de transformer ce traitement volontaire en obligation de droit.[13] Certains obstacles à l'adhésion relevaient de la structure fédéraliste de la Suisse et de la compétence étendue des cantons dans certains domaines traités par la convention. Bref, cette phase de la politique suisse qui est déterminée par les effets de la Première Guerre Mondiale a impliqué l'émergence d'un discours et d'une pratique caractérisées par la lutte contre la "surpopulation étrangère", contre la "judaïsation" et contre le communisme ; la création et le rôle croissant de la Police fédérale des étrangers traduisent ces préoccupations sur le plan institutionnel. Ces facteurs vont déterminer la politique face aux victimes du national-socialisme.

2. La Suisse et la protection des victimes du nazisme (1933-1942)

Ce sont les Pays-Bas qui, lors de la XIVe Assemblée de la SdN, en octobre 1933, neuf mois après l'arrivée d'Hitler au pouvoir, proposèrent d'organiser sur une base internationale l'assistance aux réfugiés (israélites et autres) provenant d'Allemagne. Celle-ci, encore membre de la SdN, entendait faire opposition à ce projet d'internationalisation des conséquences de la politique nazie contre les Juifs, qui lui paraissait constituer une immixtion dans ses affaires intérieures. Sur intervention

---

9 "Le certificat (Nansen) n'est pas délivré aux personnes connues comme bolchevistes", Rapport du Conseil fédéral à l'Assemblée fédérale sur sa gestion en 1922, p. 371. Il s'agissait d'une sorte de carte d'identité reconnue par les Etats membres de la SdN.

10 Réponses au questionnaire relatif aux réfugiés russes, arméniens, assyriens, assyro-chaldéens et turcs, annexé à la lettre de Dinichert au Haut-Commissaire, 24 avril 1929, Archives fédérales, Berne (désormais: AF) E 2001 (C) 5, vol. 61.

11 Textes et documents internes de la Confédération dans AF E 2001 (C) 5, vol. 187.

12 Fin 1936, elle est ratifiée par la Bulgarie, le Royaume-Uni, le Danemark, la France, l'Italie, la Norvège et la Tchécoslovaquie, cf. Michael Hansson, "Le problème des réfugiés du point de vue international", AF E 2001 (C) 5, vol. 187.

13 DPF à Hansson, 30 juin 1936, AF E 2001 (C) 5, vol. 187.

du chef de la diplomatie suisse Giuseppe Motta,[14] l'Allemagne finit par se contenter de l'abstention, lorsque le compromis trouvé prit la forme d'un organisme autonome n'agissant pas au nom de la SdN et qui, de ce fait, devint plus tolérable pour les Allemands: le Haut-Commissariat pour les réfugiés (israélites et autres) provenant d'Allemagne. Le Haut-Commissaire fut l'Américain James McDonald.

Le Conseil de la SdN invita la Suisse à participer aux travaux du conseil d'administration chargé de collaborer avec le Haut-Commissaire. Le Conseil fédéral s'y fit représenté par Rothmund. En accord avec les conseillers fédéraux Häberlin et Motta, Rothmund en refusa cependant la présidence "et se ravisa même sur son acceptation de siéger au bureau restreint permanent" du Haut-Commissariat. Comme le dit André Lasserre à ce propos, "la communauté juive aurait eu tort de compter sur une collaboration dynamique de la Suisse."[15] Avec la démission protestataire de McDonald en décembre 1935[16] et la nouvelle formule qui place le Haut-Commissariat sous les auspices de la SdN, la question de la représentation suisse cessa de se poser.

Les remèdes envisagés par le nouveau Haut-Commissaire, l'Anglais Sir Neill Malcolm, pour améliorer le sort des réfugiés provenant d'Allemagne, s'inspirèrent de ceux mis en œuvre pour les réfugiés russes, arméniens et assimilés, notamment en ce qui concerne le statut juridique des réfugiés. Une conférence internationale à ce sujet fut convoquée à Genève en juillet 1936, qui mit au point un "Arrangement provisoire", du 4 juillet 1936. Rothmund y représenta à nouveau la Suisse.[17] Il intervint à plusieurs reprises dans un sens restrictif demandant de limiter, notamment, la délivrance de certificats d'identité aux seuls réfugiés entrés légalement dans le pays d'accueil, exigence trop stricte de l'avis d'autres délégués, puisque les réfugiés étaient souvent dans l'impossibilité de satisfaire cette condition. Rothmund parvint même à influencer la conférence vers des solutions plus défavorables aux réfugiés que ne le prévoyait le projet d'arrangement. Les Etats signataires originaires de l'Arrangement furent la Belgique, le Danemark, la France, la Norvège, les Pays-Bas et la Tchécoslovaquie. Rothmund l'a signé, sous réserve de confirmation.

> "Cet Arrangement prévoyait la délivrance aux réfugiés d'un titre d'identité et de voyage, leur assurait une certaine protection en interdisant, notamment, l'expulsion pure et simple de réfugiés sans une certaine période de délai; en un mot, il formulait un statut personnel et juridique des réfugiés qui leur assurait,

---

[14] Rapport du Conseil fédéral à l'Assemblée fédérale sur la XIVe Assemblée de la Société des Nations, *in Feuille fédérale*, 1934, I, p. 275.

[15] André Lasserre, *Frontières et camps. Le refuge en Suisse de 1933 à 1945*, Lausanne, 1995, p. 50.

[16] Lettre de démission de M. James G. McDonald, Haut-Commissaire pour les Réfugiés (israélites et autres) provenant d'Allemagne, 27 décembre 1935, AF E 2001 (C) 5, vol. 188, qui contient cette mise en garde: "Lorsque les effets d'une politique intérieure menacent de démoraliser et d'exiler des centaines de milliers d'êtres humains, les considérations de correction diplomatique doivent faire place à des préoccupations de simple humanité."

[17] Cf. Carl Ludwig, *La politique pratiquée par la Suisse à l'égard des réfugiés au cours des années 1933 à 1955*, Berne, 1957, pp. 55-57.

entre autres, une certaine protection devant les tribunaux des pays de refuge."[18]

Après un temps de réflexion afin d'observer l'application de l'Arrangement et pour vérifier le nombre et la qualité des adhésions, la Suisse finit par confirmer sa signature et fit le pas de l'adhésion le 18 août 1937.[19] A l'arrière-plan de ces hésitations, on retrouve la crainte de devoir assumer une présence à long terme de réfugiés provenant d'Allemagne. Cette attitude est exprimée à d'innombrables reprises par Rothmund. C'est ainsi qu'il prit la parole lors de l'Assemblée générale de l'Office central suisse d'aide aux réfugiés (OSAR) qui a été fondé en 1936 afin de regrouper et coordonner les nombreuses associations actives dans la solidarité:

> "D'une part, le caractère et le tempérament du peuple suisse le portent à témoigner d'une manière active sa sympathie à la misère d'autrui; notre pays a toujours considéré en effet comme un devoir sacré d'offrir un refuge aux fugitifs étrangers, et en particulier de donner asile à ceux d'entre eux qui l'en ont sollicité parce qu'ils étaient persécutés pour des motifs politiques. D'autre part, la Suisse qui compte des milliers de chômeurs est dans une situation économique extrêmement difficile, ce qui, à divers égards, restreint ses moyens de venir en aide aux malheureux."[20]

Rothmund insista pour que la Suisse, qu'il définit comme un pays de transit, limita les possibilités d'entrée et de séjour, poussa à l'émigration vers l'outre-mer, tout en rejetant "toute ingérence étrangère dans ses affaires, qu'elle vienne de droite ou de gauche." Il préconisa une collaboration étroite avec les associations afin de lutter contre l'immigration illégale, contre les interventions au détriment des chômeurs suisses et pour une collaboration internationale afin d'utiliser toutes les possibilités de faire repartir les réfugiés.

L'adhésion à l'Arrangement de 1936 sera le dernier engagement international formel de la Suisse dans la question des réfugiés. Invitée à la Conférence intergouvernementale de Genève (7-10 février 1938) pour l'adoption, cette fois, d'une Convention relative aux réfugiés provenant d'Allemagne, la Suisse estima ne pas pouvoir décliner l'invitation. Le Conseil fédéral délégua donc Rothmund à Genève, mais il était "entendu qu'il observera, à cette occasion, une attitude analogue à celle qu'avait adoptée la délégation suisse à la Conférence de 1933, au cours de laquelle avait été élaborée la convention sur le statut international des réfugiés" (réfugiés Nansen),[21] c'est-à-dire celle de la plus grande réserve.

[18] Résumé tiré du Mémorandum pour la Conférence d'Evian rédigé par le Comité de liaison du Haut-Commissaire de la Société des Nations pour les réfugiés provenant d'Allemagne, sans date, AF E 4800.1 (-) -/3, vol. 3.

[19] *Documents Diplomatiques Suisses* (désormais DDS), vol. 12, no 114.

[20] Exposé fait par M. Rothmund, chef de la Division fédérale de police, à l'Assemblée générale de l'Office central suisse d'aide aux réfugiés, à Olten, le 4 novembre 1936, AF E 4300 (B)1, vol. 12.

[21] Extrait du procès-verbal de la séance du Conseil fédéral du 25 janvier 1938, AF E 2001 (D) 4, vol. 41.

Le texte de la Convention du 10 février 1938, signée avec certaines réserves, par la Belgique, le Royaume-Uni, le Danemark, la France, la Norvège, l'Espagne et les Pays-Bas,

> "conservait, en les modifiant quelque peu, les principales dispositions de l'Arrangement provisoire, en y ajoutant d'importants paragraphes sur le droit de travailler sous des conditions se rapprochant sensiblement de celles que la Convention de 1933 avait fixées pour les réfugiés ressortissants de l'Office Nansen. En outre, la nouvelle Convention accordait aux émigrés le bénéfice des lois sociales selon le principe de la nation la plus favorisée."[22]

Les mêmes raisons qui avaient dissuadé la Suisse de signer la Convention de 1933 (réfugiés Nansen), l'amenèrent à renoncer à signer la Convention de 1938 (réfugiés provenant d'Allemagne), tout en déclarant vouloir "observer dans toute la mesure du possible les dispositions de cette dernière." Dans son rapport sur la Conférence de Genève, Rothmund concluait

> "qu'en raison de notre situation géographique, de la 'surpopulation étrangère' et du grand nombre d'étrangers vivant sur notre sol, comme de la situation de notre marché du travail, la Suisse ne peut être qu'un pays de transit pour les nouveaux réfugiés. Cette attitude est aujourd'hui tout spécialement aussi valable, vu le grand nombre de nouveaux réfugiés qui viendront probablement d'Autriche. Nous pouvons d'autant mieux persévérer dans cette manière de voir que nous avions adhéré aux arrangements antérieurs à la convention Nansen, élaborés par la Société des Nations, concernant le certificat Nansen et la situation juridique des réfugiés russes et assimilés et que nous avons signé l'Arrangement provisoire de 1936 concernant les réfugiés provenant d'Allemagne, et l'appliquons loyalement."[23]

Quelques jours après l'*Anschluss* de l'Autriche, le président Roosevelt lança l'initiative d'une conférence internationale en vue de mettre sur pied un organisme permanent chargé de faciliter l'émigration des réfugiés d'Autriche et d'Allemagne.[24] Cette initiative éveillera de grands espoirs dans les milieux juifs. La Conférence qui s'est tenue à Evian du 6 au 15 juillet 1938, n'aboutit malheureusement pas à grand

---

[22] Résumé tiré du Mémorandum pour la Conférence d'Evian rédigé par le Comité de liaison du Haut-Commissaire de la Société des Nations pour les réfugiés provenant d'Allemagne, sans date, AF E 4800.1 (-) -/3, vol. 3.

[23] Rothmund à Baumann, 21 mars 1938, AF E 2001 (D) 4, vol. 41.

[24] Sur la Conférence d'Evian et le Comité intergouvernemental pour les réfugiés, cf. notamment Weingarten, Ralph, *Die Hilfeleistung der westlichen Welt bei der Endlösung der deutschen Judenfrage. Das .Intergovernmental Committee on Political Refugees/(IGC) 1938–1939*, Bern, 1981. Les Handakten Rothmund, notamment, comprennent une série de cartons sur cette conférence et ses suites (AF E 4800.1 (-) -/3, vol. 2–3) de même que les dossiers de la Police des étrangers, AF E 4300 (B) 1, vol. 12-13. Le rapport des délégués suisses, H. Rothmund et H. Werner, se trouve entre autres dans AF E 2001 (D) 3, vol. 267. Un extrait est publié dans DDS, vol. 12, no 346.

chose, la plupart des trente-deux gouvernements représentés se montrant plus soucieux de se décharger de leurs réfugiés que de s'entendre sur des capacités d'accueil renforcées de chacun. Elle aboutit, toutefois, à la création d'un Comité intergouvernemental pour les réfugiés "qui entreprendra des négociations en vue de substituer, à l'exode actuel, une immigration ordonnée."[25] Ce "Comité de Londres", comme on l'appellera d'après son siège, devait en particulier obtenir la collaboration de l'Allemagne pour que les émigrants soient autorisés à emporter une partie de leurs biens. C'est sans enthousiasme que la Confédération accueillit l'invitation de Roosevelt à participer à cette conférence. Elle ne donna pas suite à la proposition américaine, flatteuse pourtant pour l'image humanitaire de la Suisse, d'organiser la conférence dans une ville suisse. Sur ce dernier point, le Département politique fédéral (DPF) exprima sa crainte que l'accueil de la conférence en Suisse risquât de préjuger de l'installation du futur Comité en Suisse; mais il ne pouvait décliner la participation de la Suisse.[26] Le Département fédéral de Justice et Police (DFJP) partageait cet avis, mais estimait que la participation suisse était indispensable. Il estimait que la Conférence aurait le mérite d'associer les Etats américains qu'il souhaitait voir accueillir les réfugiés.[27] Délégué suisse à Evian, Rothmund, outre son discours habituel sur la situation particulière de la Suisse, mit l'accent sur le rôle de ces "pays d'émigration", qui permettraient aux pays d'Europe de se contenter de jouer un rôle de transit et sur la nécessité de la collaboration entre la SdN et le Comité pour les réfugiés.[28] Dans un premier temps, la Suisse ne participera pas au travaux du Comité par crainte de frictions avec l'Allemagne et de devoir accueillir de nouveaux réfugiés.[29] L'échec des négociations du Comité avec l'Allemagne et la prise de conscience par Rothmund du rôle que celui-ci pouvait jouer pour l'aider à trouver une solution pour l'émigration des réfugiés juifs déjà en Suisse, devenue sa principale préoccupation, allait modifier son point de vue. En juillet 1939, il participera aux travaux du Comité, mais sans parvenir à trouver à Londres, malgré l'aide du Président de la Fédération suisse des Communautés israélites (FSCI), Saly Mayer, qui l'accompagne, les moyens de diminuer le nombre des réfugiés juifs en Suisse. Un glissement d'importance s'était opéré dans la politique suisse. Il n'était plus question de songer au sort des Juifs demeurant dans le Reich, dont on avait prévenu l'immigration avec l'accord de septembre 1938 prescrivant un "J" sur les passeports des Juifs allemands, mais bien de réduire le nombre de ceux qui étaient déjà en Suisse. C'est dans cette perspective que la Suisse participa à des organismes internationaux qui étaient susceptibles de la décharger des réfugiés.

---

25 Actes du Comité intergouvernemental des réfugiés politiques, Evian, 6-15 juillet 1938, Paris, 1938, p. 15, cité par Tirza Citrinbaum, *La participation de la Suisse à la Conférence internationale sur les réfugiés, Evian, juillet 1938*, mémoire de licence, Université de Genève, 1977, p. 38.

26 Cf. DDS, vol. 12, n° 247.

27 Cf. DDS, vol. 12, n° 262.

28 Cf. DDS, vol. 12, n° 346.

29 Cf. DDS, vol. 12, n°s 346 et 353.

Cette participation de la Suisse aux travaux de Londres, cependant, va permettre à Rothmund de développer ses liens avec le Suisse Gustave G. Kullmann, directeur-adjoint du Comité dès février 1939, et d'avoir ainsi un relais à Londres pendant la guerre. L'attitude très prudente de la Suisse ressort aussi des discussions sur un projet, datant du printemps 1938 et visant à rendre plus active la neutralité, en intensifiant la politique humanitaire. Le plan qui fut remis à ce sujet aux autorités prévoyait une série de mesures en faveur des victimes militaires d'un conflit éventuel et réservait également une place, quoique plus modeste, aux victimes civiles.[30] Cependant, les autorités dans leur ensemble émirent des réserves envers le projet. Les milieux de l'Armée surtout, en raison de l'implication des forces de la Croix-Rouge suisse pour des tâches civiles, plaidèrent contre le plan. La formule du Médecin en chef de la Croix-Rouge suisse résume l'argument:

> "Il s'agit avant tout de ne pas brûler toutes nos cartouches pour préserver nos propres besoins."[31]

Un bilan sur l'entre-deux-guerres

Si l'on considère les deux décennies couvertes par le système de la Société des Nations sous l'angle de son action envers les réfugiés, on retrouve les mêmes tendances générales que celles qui se manifestent au plan politique. On passe d'une capacité d'action certaine, bien que très insuffisante, à une incapacité grandissante à maîtriser les problèmes, qui deviennent gigantesques à partir de 1938. La Suisse n'échappe pas à cette évolution, elle anticipe même un peu le mouvement. Dans les années vingt et même encore dans les années trente, on la sent particulièrement à l'aise dans l'œuvre en faveur des "réfugiés Nansen". Elle héberge environ 2500 d'entre eux pendant la période considérée, s'autorise à prendre des engagements internationaux (les moins contraignants) à leur égard et défie les Soviétiques en leur faveur; enfin ses élites attachent du prix à présider le conseil d'administration de l'Office Nansen. Rothmund prend même prétexte de cette politique positive de la Suisse pour relativiser l'inertie du pays dans la question des réfugiés "israélites et autres" provenant d'Allemagne. Ce courant humanitaire conservateur, hérité de l'action du CICR dans l'immédiat après-guerre, centré sur les victimes du bolchevisme, perdure en Suisse durant toutes ces années.

En revanche, sur le plan de son discours et de ses initiatives, même si l'on peut considérer que l'Arrangement de 1936, auquel la Suisse adhère en 1937, est proche de

---

30 "Plan des activités humanitaires ayant été ou pouvant être exercées par la Suisse, en cas de guerre générale dans le cadre de la neutralité active/, cf. AF E 2001 (D) 2, vol. 179; Notice relative à la neutralité active/, DDS, vol. 12, n°s 305 et 312; aussi, DDS, vol. 13, n°s 99, 203 et 248. Pour une mise en perspective historique, cf. Jean-Claude Favez, "La ferveur du patriote et la volonté d'être un bon citoyen du monde", *in*: Reichen, Bernhard (Hrsg): *Gesellschaft und Gesellschaften. Festschrift zum 65. Geburtstag von Prof. Im Hof*, Bern, 1982, pp. 515-543.

31 Lettre du Médecin en chef de l'armée, Paul Vollenweider au DMF (citation originale en allemand), 31 décembre 1938, DDS, vol. 12, no 496, p. 1153.

ses engagements envers les "réfugiés Nansen", on observe que, dans la question des réfugiés provenant d'Allemagne, les autorités suisses font montre de beaucoup plus de réserve. Dans les enceintes internationales, elles n'abandonnent pas complètement le référentiel humanitaire dont elles aiment à faire état, mais celui-ci devient de plus en plus une formule sans portée pratique. La Suisse entend bien faire partie du club des Etats libéraux; elle participe aux conférences internationales sur les réfugiés mais elle ne cesse de souligner sa "situation spéciale".

Certes, une bonne dose d'hypocrisie emplit aussi le discours des autres Etats, en particulier des Etats-Unis qui ne veulent nullement libéraliser leurs lois d'immigration.[32] En Suisse même, les réseaux de solidarité ont permis d'accorder une protection même provisoire aux personnes fuyant le fascisme dès les années 20, puis aux victimes du nazisme. Ces actions de solidarité jouent un rôle décisif dans le fait que, malgré la volonté officielle de fermer les frontières, des milliers de réfugiés peuvent échapper aux nazis en 1938.[33] Toutefois, il faut admettre que la fameuse "question des étrangers" qui préoccupe les élites suisses depuis le début du XXe siècle, dès lors que les réfugiés juifs leur apparaissent comme un élément d'altérité radicale par rapport à l'"équilibre ethnique" cher à Rothmund, a fini par mettre la Suisse, plus que d'autres petits Etats européens assez semblables, en contradiction avec les efforts de la SdN et de son système en faveur des réfugiés d'Allemagne "israélites et autres". La Suisse ne renonce pas pour autant à toute collaboration avec ce système, dans la mesure où celui-ci peut l'aider à résoudre le problème du départ des réfugiés acceptés "en transit".

3. La Suisse face à la Shoah: fermetures, protestations, ouvertures (1942-1945)

Les fondements de la politique suisse face aux réfugiés aboutirent à des restrictions accrues dans le contexte de la guerre mondiale. Particulièrement dramatique, l'année 1942 marqua une césure en Suisse comme à l'étranger.[34] En effet, les informations sur l'extermination des Juifs parvinrent en Suisse par divers canaux, même si les nazis ont cherché à entourer leurs crimes du plus strict secret. La situation géographique et les relations internationales de la Suisse permirent la communication de renseignements de plus en plus précis et fiables. Les informations ont assez rapidement circulé et sont parvenues en Suisse par divers canaux: réseaux diplomatiques, renseignements militaires, déserteurs allemands, milieux d'affaires, organisations d'entraide politiques ou religieuses. Préservée par les opérations militaires, la Confédération abritait aussi, souvent malgré la volonté des autorités, des personnalités actives dans la solidarité internationale avec les réfugiés. C'est en particulier à Genève que

[32] Cf. Marc-André Charguéraud, *Tous coupables? Les démocraties occidentales et les communautés religieuses face à la détresse juive (1939-1940)*, Genève, Paris, 1998.

[33] Pour des statistiques, cf. Carl Ludwig, *op. cit.*, p. 59 et 80.

[34] Cf. la contribution de Georg Kreis dans la présent volume.

s'installèrent de plus en plus d'organisations (suisses et étrangères) qui pouvaient ainsi travailler à l'abri des autorités de l'Axe et de leurs complices.

En août 1942, les informations sur l'extermination systématique n'étaient pas encore de notoriété publique; mais le sort abominable réservé aux victimes des déportations ne faisait plus de doute pour les personnes impliquées dans la politique d'asile. C'est dans ce contexte que les autorités fédérales ont pris des décisions lourdes de conséquences. Le 4 août 1942, Rothmund rédigea une nouvelle directive: l'arrêté du Conseil fédéral du 17 octobre 1939 ordonnait l'expulsion des réfugiés entrés illégalement en Suisse, mais ces mesures n'avaient guère été appliquées par les cantons. Pour des raisons humanitaires et pour des motifs de politique extérieure ou intérieure, les personnes entrées illégalement ont été le plus souvent internées en Suisse. L'augmentation des arrivées organisées par des passeurs avides de gains, selon Rothmund, nécessitait une application draconienne de la décision de 1939.

"A l'avenir, il faudra envisager davantage de renvois en masse de réfugiés civils étrangers même si ces mesures doivent entraîner des conséquences graves pour les étrangers concernés (danger pour leur intégrité physique et leur existence)."[35]

Rothmund rédigea les instructions que le chef du DFJP entérina depuis sa résidence de vacances. En fait, le Conseil fédéral ne se réunit pas entre le 29 juillet et le 14 août 1942. C'est par une "décision présidentielle" du 4 août 1942 que ce resserrement fut décidé et approuvé ultérieurement par l'ensemble du Conseil fédéral. La Division de Police adressa, le 13 août, des circulaires aux autorités civiles et militaires afin de préciser les mesures décidées contre un afflux croissant de réfugiés. L'afflux de fugitifs, "en particulier de Juifs de nationalités les plus diverses" augmenta dans des proportions qui rappelaient la fuite des Juifs en 1938. Or, dit-on, la situation alimentaire du pays, la sécurité intérieure et extérieure ainsi que l'impossibilité de les héberger, de les surveiller et de leur trouver un nouveau pays d'accueil rendaient nécessaire le refoulement de ces fugitifs.

> "Ceux qui n'ont pris la fuite qu'en raison de leur race, les Juifs par exemple, ne doivent pas être considérés comme des réfugiés politiques."[36]

Il fallait donc les refouler en leur laissant une chance: lors du premier refoulement, ils ne seront pas remis aux mains des militaires ou des policiers qui surveillaient l'autre côté de la frontière. Mais pour les récidivistes, ce sera le cas, avec tous les risques que cela comportait, ces mesures devant avoir un effet dissuasif. Par contre, les déserteurs, les prisonniers de guerre évadés et autres militaires pouvaient être acceptés, de même que ceux qui correspondaient aux critères du "réfugié politique" selon la définition de l'administration fédérale. Rothmund réitéra la conception des autorités fédérales.

> "Le droit d'asile est et fut toujours le droit de l'Etat vis-à-vis d'autres Etats d'accueillir des persécutés politiques, de les protéger, y compris contre la

---

[35] DDS, vol. 14, no 222, p. 720. Cf. aussi AF E 4001 (C) 1, vol. 259 (citation originale en allemand).

[36] Circulaire de la Division de Police du 13 août 1942, AF E 4001 (C) 1, vol. 259 et E 4300 (B) 3, vol. 20.

> volonté d'un Etat persécuteur d'obtenir leur extradition, et de les préserver de telles mesures. Une obligation juridique de l'Etat d'accueillir des réfugiés n'existe pas et n'a jamais existé. De même, aucun réfugié ne peut prétendre avoir le droit d'être accueilli. En effect, le droit d'asile a depuis toujours été appliqué comme une maxime de l'Etat dans le cadre des possibilités existantes."[37]

Rothmund se montra attentif aux répercussions internationales des décisions suisses. Il tint Kullmann, directeur-adjoint du Comité intergouvernemental, informé des décisions fédérales par l'intermédiaire du ministre de Suisse à Londres Walter Thurnheer. Dans une lettre à celui-ci, il écrivit:

> "Nous tenons évidemment beaucoup à ce que l'Angleterre ne se méprenne pas sur nos intentions. J'aimerais donc encore te dire tout spécialement que nous n'agissons pas sous la pression quelconque d'un tiers. Je dois simplement veiller au bon ordre, de manière à pouvoir en tout temps repousser énergiquement notre voisin du Nord au cas où il tenterait un jour de s'immiscer dans la question juive ou tout autre domaine de mon ressort."[38]

Rothmund lui-même se rendra à Berlin du 12 octobre au 6 novembre 1942. Rédigé en janvier 1943, son long rapport atteste à la fois une certaine lucidité critique face aux rivalités qui déchirent l'Etat hitlérien, mais aussi une naïveté flagrante lors des visites, en particulier du camp de concentration d'Oranienburg. Durant son séjour, il exposa à ses interlocuteurs la politique fédérale face aux Juifs[39] et il négocia les modalités d'une collaboration helvétique avec des organisations internationales de police, ancêtre d'Interpol.

Les réactions aux mesures officielles

Loin de faire l'unanimité en Suisse, les décisions d'août 1942 provoquèrent des critiques dans les milieux les plus divers: non seulement les organisations politiques et religieuses, mais aussi des particuliers, des personnalités et même certains représentants des partis gouvernementaux lancèrent des appels à la protection des réfugiés et au respect du droit d'asile. La diversité et la vigueur de ces critiques étaient motivées à la fois par des sentiments de solidarité et par une fidélité aux traditions suisses d'asile et d'aide humanitaire. Fidèle à sa ligne de conduite adoptée dès 1933, Rothmund chercha à convaincre les dirigeants de la FSCI du bien-fondé de sa politique. Il affirma vouloir aussi préserver ses compatriotes israélites qui seraient menacés par une poussée d'antisémitisme en cas d'afflux trop massif, ou qui seraient en danger mortel si

---

37 Exposé "Zur Flüchtlingsfrage", de H. Rothmund, Chef de la Division fédérale de Police, 22 septembre 1942, AF E 4800.1 (-) 1967/111, vol. 95, dossier 412.

38 Lettre de Rothmund à Thurnheer, 23 août 1942 (citation originale en allemand), AF E 4800.1 (-) 1967/111, Akz. 1.17, dossier 498 [1942].

39 Cf. DDS, vol. 14, n° 260, Annexe.

l'Allemagne cherchait querelle à la Confédération. Des responsables des organisations juives contestèrent avec force cette argumentation en attirant l'attention sur les risques mortels encourus par les victimes des nazis et de leurs complices. Les débats de l'été 1942 provoquèrent une remise en cause des relations entre la FSCI et les autorités politiques. La discrétion et l'assimilation préconisées traditionnellement s'avèrent inadéquats. Cette volonté d'affirmer plus nettement des revendications motiva des interventions décidées par le Comité central de la Fédération.

C'est dans ce contexte que le professeur et juriste renommé Paul Guggenheim intervint dans les débats sur la politique d'asile. Le conformisme et le soutien aux autorités fédérales s'exprimaient dans plusieurs journaux. C'est ainsi que le quotidien *La Suisse* se rangea dans la ligne gouvernementale, tout en publiant des articles sur les massacres de centaines de milliers de personnes en Europe.[40] Le directeur de ce journal, Marc Chenevière nota que de nombreux confrères avaient protesté contre les décisions des autorités, mais il estima qu'il s'agissait d'une action concertée qui ne tenait pas compte de l'opinion publique, de l'intérêt national, des difficultés économiques et politiques:

> "Au moment de leur arrivée dans un pays "libre", les réfugiés sont presque toujours sympathiques. Puis ils s'installent, ils prennent souvent racine, sans idée de retour dans leur pays d'origine, surtout s'il s'agit de réfugiés "raciaux", ils envahissent même les professions où ils implantent des mœurs étrangères, bref ils finissent par se rendre odieux à l'ensemble de la population autochtone et provoquent de graves troubles sociaux de par leur seule présence. Voilà sans doute à quoi notre gouvernement a pensé en décidant de fermer nos frontières, plus encore peut-être qu'à certains inconvénients d'un ordre plus immédiat."[41]

Profondément blessé par cet article, Paul Guggenheim protesta auprès de Chenevière, précisant qu'il intervenait en ses qualités d'homme, de Suisse et de Juif pour fustiger les "sentiments violemment antisémites" exprimés sous la plume du rédacteur en chef d'un journal à grand tirage:

> "Vous savez pertinemment que les réfugiés fuyant de France et d'autres pays occupés en vue de préserver leur vie seront internés en Suisse et qu'ils ne peuvent considérer ce pays comme un refuge permanent. Ils ne participent nullement à notre vie nationale et ils n'ont pas droit au permis de travail. L'effort de toutes les organisations d'aide aux réfugiés ainsi que celui de leurs

---

[40] Pour une confrontation entre les souvenirs de jeunesse, la (re)lecture des journaux de l'époque, cf. Yvette Z'Graggen, *Les années silencieuses*, Vevey, 1998, en particulier pp. 71-99.

[41] *La Suisse*, 28 août 1942. Directeur de ce quotidien, Chenevière cite longuement un article de Pierre Béguin dans le *Journal de Genève* qui justifie les mesures fédérales au nom de l'intérêt national, de la souveraineté de la Confédération, de l'équilibre intérieur de la Confédération et des conditions internationales qui rendent nécessaire un pratique très restrictive du droit d'asile. Le souci de la générosité et la tradition humanitaire ne doivent pas amener la Suisse à accepter des charges qui l'accableraient. Il importe donc de garder son sang-froid.

parents qui ont le privilège de les accueillir et de les soutenir moralement et matériellement, tend à les faire émigrer aussi vite que possible dans les pays d'outre mer. Le résultat qui a été obtenu à ce sujet est impressionnant – je suis certain que les autorités fédérales vous le confirmeront.

Tout ce que je viens de dire, vous devez le savoir ou du moins il vous aurait été facile de vous renseigner avant d'écrire des lignes injurieuses et particulièrement peu chevaleresques à une époque où mes coreligionnaires se trouvent dans la situation la plus lamentable. J'ai eu l'illusion que la foi de la religion chrétienne est une source vivante en vous – je me suis trompé.

Les graves évènements m'ont incité à suivre de près l'attitude des journaux suisses. Je constate avec douleur que seul à Genève, ville de Calvin, siège de la Croix Rouge, se soit trouvé un rédacteur qui invoque en faveur de la thèse de la bureaucratie bernoise non seulement la très louable raison d'Etat, mais qui ne manque pas de jeter à cette triste occasion des pierres à des malheureux sans défense."[42]

Les évènements de l'été 1942 et la dramatisation de la situation en Europe amenèrent le professeur genevois à accroître ses activités en faveur des réfugiés. Il entreprit non seulement des actions pour des réfugiés, mais aussi des interventions politiques. Sans partager les convictions sionistes, il collabora avec des militants moins respectueux de la politique officielle. Avec d'autres responsables, Guggenheim intervint pour que Saly Mayer soit remplacé à la tête de la FSCI par une personnalité moins timorée.[43] Ses activités l'amèneront à participer du 25 février au 1er mars 1945 à un congrès qui réunit à Montreux des membres des autorités fédérales et des organisations d'entraide ainsi que des réfugiés afin de débattre des problèmes de gestion des séjours provisoires et des départs des réfugiés dans le contexte de la fin de la guerre.[44]

---

[42] Lettre du 28 août 1942 à Marc Chenevière, Directeur du quotidien *La Suisse*, Archives de Paul Guggenheim, Genève, Correspondance, volume 1942. Je remercie vivement les Professeurs Daniel et Thomas Guggenheim de m'avoir autorisé à consulter les archives de leur père.

[43] Guggenheim précisera son intention dans une lettre à Rothmund: "Es ist allerdings richtig, dass ich mich gegen die Politik von Herrn Saly Mayer im Gemeindebund gewendet habe. Dies geschah im Zusammenhang mit seiner Tendenz, die Politik der Fremdenpolizei zu unterstützen, welche, wie Sie wissen, sich der Aufnahme vieler, den Todesqualen des 3. Reiches ausgesetzten Menschen widersetzte. Ich glaube damals nicht gegen die Interessen unseres Landes gehandelt zu haben, wenn ich eine andere Stellung einnahm als Sie und Herr Saly Mayer. Die Pflichten der Humanität waren für meine Stellungnahme ausschlaggebend und nicht etwa nur die Glaubensgemeinschaft mit jenen Menschen.[...] Aber die Behauptung, wie Sie es tun, dass ich damit eine extreme Stellung in der Flüchtlingsfrage eingenommen habe, muss ich zurückweisen." (Lettre du 15 octobre 1948 à Rothmund, Archives de Paul Guggenheim, Correspondance, volume 1948). Sur le départ de Mayer et le rôle de Guggenheim en 1942, cf. l'article de Zsolt Keller et Michael Funk publié dans la NZZ du 5 juin 2001, sous le titre "Gegen eine "Politik des Schweigens". Zum 100. Geburtstag von Benjamin Sagalowitz".

[44] Cf. les textes réunis par l'OSAR, sous le titre *Flüchtlinge wohin? Bericht über die Tagung für Rück-und Weiterwanderungs-Fragen in Montreux. Aussprache zwischen Behörden, Hilfswerken und Flüchtlingen*, Zürich 1945. Cf. notamment l'exposé du professeur Paul Guggenheim "Völkerrechtspolitische Bemerkungen zum Flüchlingsproblem", pp. 114-129.

En fait, même si les mesures très contestées d'août 1942 restèrent en vigueur, l'été 1942 marqua une césure dans l'attitude des autorités suisses. Les informations abondantes, les débats animés, les pressions des organisations internationales et des gouvernements alliés incitèrent les dirigeants suisses à se montrer plus attentifs et plus actifs face aux persécutions. Par étapes, ce processus aboutit à ce que Rothmund accepte de devenir Délégué en Suisse du Comité intergouvernemental pour les réfugiés. A la fin de 1944, il renoua ainsi des relations avec cette organisation issue de la Conférence d'Evian. Depuis l'été 1939, la Confédération avait suspendu ses relations avec le Comité basé à Londres: le Conseil fédéral considérait que la neutralité impliquait de ne pas s'exposer à participer à un comité qui pouvait susciter les critiques de l'Axe. Aux yeux des autorités suisses, la fin de l'encerclement de la Suisse permettait de penser que la ré-émigration (*Weiterwanderung*) des réfugiés pouvait désormais coïncider avec les efforts du Comité. Le Délégué du Conseil fédéral aux œuvres d'entraide internationale, Edouard De Haller put ainsi écrire au Chef de la diplomatie suisse Marcel Pilet-Golaz en septembre 1944:

> "Il ne nous en coûtera pas beaucoup d'admettre le Comité à partager le moral du sauvetage de quelques centaines ou quelques milliers de Juifs, à supposer qu'il aboutisse. En revanche, s'il y a au monde une organisation qui peut nous aider efficacement après la guerre – dans l'hypothèse naturellement de la victoire des nations unies – à nous débarrasser des réfugiés auxquels nous donnons asile, c'est bien le Comité Intergouvernemental. Or, dans une certaine mesure, des fils peuvent déjà être tendus aujourd'hui en vue de la solution de ce problème de la "*Weiterwanderung*". La question de la compatibilité de cette collaboration avec notre neutralité ne paraît pas devoir soulever de difficultés. En effet, il s'agit d'un concours pratique à une tâche humanitaire, donc d'un acte bien différent de la participation à des réunions de représentants d'un groupe de belligérants se traduisant par des résolutions fortement teintées de polémique contre l'adversaire. Quant aux objections possibles du Reich, j'imagine qu'il pourrait être répondu que nous ne sommes pas responsables des mesures qui sont à l'origine de l'afflux, sur notre sol, de réfugiés dont nous devons songer à nous débarrasser d'une manière humaine."[45]

De Haller pensait que Suzanne Ferrière, membre du CICR et secrétaire générale de la section suisse de l'*International Migration Service*, pourrait représenter en Suisse le Comité intergouvernemental pour les réfugiés. C'est en fait Rothmund lui-même qui se proposa pour le poste. Sa candidature acceptée, le DFJP lui octroya un congé et nomma un chef *ad interim* à la tête de la Division de Police. Rothmund occupa ses nouvelles fonctions à Genève dès avril 1945.[46]

---

[45] Note de de Haller pour Pilet-Golaz du 15 septembre 1944, AF E 2001 (D) 1968/74, vol. 11.

[46] La décision du DPF date de février. Cf. Procès-verbal des séances du Conseil fédéral, 6 février 1945, AF E 1004.1 (-) 1, vol. 454.

4. La Suisse, l'Organisation internationale pour les réfugiés et la Convention de Genève (1945-1951)

Alors que la fin de la guerre s'annonçait comme imminente, les autorités fédérales estimèrent que leur conduite serait jugée surtout dans la seconde phase du conflit. De Haller l'affirma explicitement en mars 1945:

> "La façon dont nous nous sommes acquittés de notre rôle de puissance protectrice a certes été appréciée dans le camp des nations unies. Mais il est clair que si, à tort ou à raison, on en venait à considérer que nous n'avons pas fait tout ce que nous pouvions pendant les derniers mois de la guerre pour soustraire les prisonniers de guerre, internés et déportés, aux conséquences du pilonnage de l'Allemagne et à la désorganisation qui s'ensuit, ce n'est plus de la gratitude mais du ressentiment que les nations victorieuses de demain éprouveraient à notre endroit. Il s'agit là d'un phénomène psychologique si évident qu'il n'est pas nécessaire de le démontrer. Quelques témoignages que nous avons recueillis de compatriotes rentrés récemment de l'étranger corroborent, d'ailleurs, entièrement notre conviction que c'est sur ce que la Suisse fera au cours de la dernière phase de la guerre qu'elle sera jugée et non pas sur les mérites qu'elle s'est acquis jusqu'ici."[47]

Tandis qu'à fin 1938 et en automne 1942, une dizaine de milliers de réfugiés séjournaient en Suisse, on en comptait plus de 115'000 en mai 1945, la plupart ayant franchi la frontière au cours des derniers mois de la guerre.[48] Les actions humanitaires et les tentatives de sauvetage s'intensifièrent bel et bien, évoquant ce que Jean-Claude Favez a qualifié de "rattrapage humanitaire"[49] qui se prolongea au cours des années 1950.

La fin des hostilités militaires correspondit à une phase d'isolement diplomatique de la Suisse. Les Alliés lui reprochaient vivement ses relations économiques et financières avec l'Axe. La Confédération s'efforça de briser son isolement en multipliant les initiatives politiques. Les réfugiés étaient, à plusieurs titres, impliqués dans ces négociations: plusieurs dizaines de milliers de personnes purent pénétrer en Suisse pendant les derniers mois de la guerre, tandis que les informations sur les atrocités nazies se multipliaient. La volonté de venir au secours des victimes du IIIe Reich se trouvait limitée par les perspectives économiques: la reconstruction de l'Europe dévastée nécessitait l'aide des Etats-Unis qui exprimaient leur méfiance face à la Suisse avant que la Guerre froide ne déchire les anciens partenaires. Pour les milieux dirigeants de l'économie et de la politique suisse, les pronostics économiques se révélaient difficiles, car ils redoutaient une répétition de la grave crise économique

---

47 Notice de de Haller au chef du DPF, Max Petitpierre, DDS, vol. 15, n° 395, p. 997.

48 Cf. Carl Ludwig, *op. cit.*, p. 303, 307 ss.

49 Jean-Claude Favez: "Le Don suisse et la politique étrangère", *in*: Barbara Roth-Lochner, Marc Neuenschwander, François Walter (éd.), *Des archives à la mémoire. Mélanges d'histoire politique, religieuse et sociale offerts à Louis Binz*, Genève, 1995, p. 335.

et des troubles sociaux qui suivirent la fin du premier conflit mondial.[50] Cette volonté d'éviter que 1945 soit une répétition de 1918 incitait les autorités à considérer les réfugiés comme des charges économiques supplémentaires et comme des risques de troubles politiques. Il faudra attendre des années pour que les spectres du chômage et de l'agitation soient submergés par l'expansion économique et la stabilité consensuelle.[51]

La Suisse reste conçue comme un pays de transit qui peut accueillir des réfugiés mais qui ne peut les accepter définitivement. Le départ des réfugiés, par les rapatriements et par l'émigration vers l'outre-mer, occupa une place centrale dans les préoccupations des autorités. En décembre 1945, le Conseil fédéral demanda l'ouverture d'un crédit de deux millions pour assurer la participation de la Suisse aux opérations incombant au Comité intergouvernemental pour les réfugiés. Cette proposition sera approuvée par les Chambres en juin 1946.[52] En février 1946, lors d'une séance de la Commission des Affaires du Conseil national, le Chef de la diplomatie suisse, Max Petitpierre, exposa les raisons qui empêchaient la Suisse d'adhérer à l'ONU et celles qui l'amenaient à adopter une attitude très réservée face aux institutions de Breton Woods.

> "En revanche, dans un proche avenir, il est possible – même probable – que nous soyons appelés à adhérer à l'Organisation internationale des réfugiés. Ce sera une affaire assez coûteuse. Le Conseil fédéral n'a pas eu encore à s'en occuper. Mon opinion est qu'il sera peut-être difficile de nous tenir à l'écart de cette organisation, qui poursuit un but humanitaire et qui nous intéresse aussi directement."[53]

Cette attitude s'inscrivait dans le cadre d'une politique d'adhésion aux organisations spécialisées des Nations Unies. Comme l'a montré Claudiane Corthay, la Suisse observera, de loin et avec méfiance, la difficile mise en place de l'OIR. Elle attendra que celle-ci fasse ses preuves pour aborder sérieusement la question de son adhésion. Finalement, au mois de mars 1949, la Suisse deviendra membre de l'Organisation.[54] Les autorités fédérales espéraient ainsi "se débarrasser" plus rapidement des réfugiés accueillis provisoirement en Suisse, l'OIR pouvant faciliter leur émigration.[55] Les rivalités Est-Ouest ne dissuadèrent pas la Suisse de collaborer avec l'OIR. Le retrait

---

[50] Perrenoud, Marc: "La politique de la Suisse face à l'immigration italienne (1943-1945)", *in*: Dumoulin, Michel (éd.), *Mouvements et politiques migratoires en Europe depuis 1945. Le cas italien*, Bruxelles, 1989, pp. 113-141.

[51] Cf. Georg Kreis, "Die Schweiz wird zum Einwanderungsland", *in*: Leimgruber, Walter / Fischer, Werner (Hg.), *Goldene Jahre. Zur Geschichte der Schweiz seit 1945*, Zurich, 1999, pp. 33-57.

[52] Cf. Jörg Weidmann, "Der Schweizer Beitritt zur Internationalen Flüchtlingsorganisation (IRO) 1949. Ein Fallbeispiel schweizerischer Aussenpolitik der Nachkriegszeit", *in*: *Gouvernementale Aussenpolitik. Staatsverträge (1848-1996, Bundesratsentscheide zur Aussenpolitik (1918-1976) und Fallbespiele*, Bern, 1999, pp. 57-70.

[53] DoDiS-1960, consultable sur Internet: www.dodis.ch et publié dans DDS, vol. 16, doc. 111.

[54] Cf. Claudiane Corthay, *La Suisse et l'Organisation internationale pour les réfugiés*, mémoire de licence, Université de Genève, 1997.

[55] Cf. AF E 4001 (C) 1 / vol. 266 et AF E 4800.1 (-) 1967/111, vol. 87, dossiers 378 et 379.

de l'URSS et de ses satellites n'eut pas le même effet que la sortie de l'Allemagne et de l'Italie et de la SdN avant la guerre. Les autorités fédérales étaient plus préoccupées par les aspects financiers: d'une part le montant des cotisations à verser et d'autre part les avantages économiques que la Suisse pourrait exiger. En juillet 1947, le Conseil fédéral examina la question du financement des œuvres d'entraide et des relations avec l'OIR:

> "Nous sommes convaincus que, contrairement à un sentiment trop répandu dans la population et chez les parlementaires, la Suisse ne peut se dérober systématiquement à l'effort collectif de solidarité internationale en faveur des victimes de la guerre sous le prétexte qu'elle entretient largement ses propres œuvres."[56]

Le gouvernement avait donc l'intention d'adhérer en temps opportun à l'OIR mais estimait qu'il n'était pas nécessaire de prendre l'initiative d'un geste positif, car il était encore prématuré de s'engager dans une procédure d'adhésion. Le Département fédéral des Finances, dirigé par le socialiste Ernst Nobs depuis 1944, exprima à maintes reprises des réticences face aux montants des cotisations que la Suisse devrait verser.

En septembre 1947, le responsable du DPF justifia les relations avec l'OIR au nom de la tradition humanitaire de la Suisse qui a participé activement au Comité Nansen et au Comité intergouvernemental, même après la sortie de l'URSS en septembre 1946.

> "Le seul argument sérieux que l'on pourrait opposer à la participation de la Suisse à cette organisation internationale, est la cotisation exagérée. Elle atteint, en effet, 50% du budget du Département politique.[...] La Suisse n'étant pas un pays qui assimile facilement les étrangers, une aide financière me semble préférable à une obligation de recevoir et d'assimiler un nombre considérable d'étrangers qui n'ont rien de commun avec la mentalité suisse."[57]

En fait, les discours d'après 1945 reproduisaient souvent des arguments avancés avant la guerre (les ressources naturelles limitées, la surpopulation étrangère, les risques de crise économique, la nécessité du transit des réfugiés, etc.). Dans l'immédiate après-guerre, les autorités se préoccupaient en particulier de résoudre deux problèmes: gérer le sort des réfugiés entrés par milliers au cours des derniers mois de la guerre; éviter que les "Volksdeutsche" et les autres personnes déplacées que les Alliés ne souhaitaient pas nécessairement secourir ne cherchent à venir en Suisse.[58]

---

[56] DDS, vol. 17, p. 43.

[57] DDS, vol. 17, p. 144-145, doc. 40.

[58] Cf. notamment le rapport du délégué suisse Ph. Zutter au Conseiller fédéral Max Petitpierre sur la 4e session du Conseil général de l'Organisation internationale pour les réfugiés, 22 octobre 1947. AF E 4800.1 (-) 1967/111, vol. 95, dossier 417: Il écrit notamment: "[...] Le problème dit des "cas difficiles", c'est-à-dire celui des réfugiés dont l'émigration est impossible en raison de circonstances particulières, fut amplement débattu. J'exposai que la Suisse attache la plus grande importance au sort de ces réfugiés particulièrement déshérités, en indiquant avec détails à l'appui que nous en hébergions environ

Ces préoccupations sont analysées en ces termes par Jean-Claude Favez:

"les actions caritatives de l'après-guerre ne revêtent pas réellement une signification politique nouvelle, si ce n'est que l'aide s'accompagne d'un sentiment de culpabilité accru. [...] Elles sont l'expression de la neutralité du temps de guerre, elles n'annoncent pas un nouveau départ."[59]

Dans cette très prudente politique humanitaire, le concept d'asile durable est introduit en 1947. Toutefois, la loi fédérale de 1931 sur le séjour et l'établissement des étrangers est modifiée en 1948 en maintenant les objectifs fondamentaux et sans prévoir de législation spécifique pour les réfugiés dont un seul article précise le statut. Il faudra attendre 1979 pour qu'une loi sur l'asile soit adoptée.[60]

La Suisse et la Convention de Genève 1951-1954

Les efforts des uns et des autres entraînèrent une diminution du nombre des réfugiés: en 1953, il n'en restait guère qu'une dizaine de milliers en Suisse. Les autorités suisses

---

4'000 et que nos facultés d'absorption pour de nouveaux éléments sont, par ce fait épuisées. Dans la discussion générale, je mentionnai le danger que constitue l'existence, notamment en Allemagne et en Autriche, de plusieurs millions de réfugiés qui ne bénéficient pas de l'aide de l'OIR, notamment les "Volksdeutsche", et j'indiquai que la Suisse a mis certains fonds à disposition d'œuvres de secours privées pour venir en aide à une partie d'entre eux. La fin des débats fut marquée par une discussion très vive sur une proposition française tendant à lancer un appel du Conseil général à l'assemblée des Nations Unies et d'indiquer à cette dernière, de façon aussi circonstanciée que possible, les données du problème qu'elle aura à résoudre au cours de sa présente session. Les délégations de certains pays d'accueil, ainsi que celle de la Grande-Bretagne, se montraient fort réticentes et inclinaient à transmettre ce mandat d'information à l'administration de l'OIR, Estimant que ce mode de procéder enlèverait à notre appel sa force persuasive et directe, je fis remarquer à l'assemblée que seule une démarche pressante provenant des 18 pays qui jusqu'à présent supportent tout le poids de l'aide aux réfugiés aurait des chances de succès. En effet, la critique la plus généralement adressée aux organisations internationales vise la surabondance de textes administratifs. Vu leur trop grand nombre, ils provoquent souvent l'indifférence, la lassitude et même la suspicion. Après une discussion très serrée, notre point de vue finit par triompher." En novembre 1950, le Conseil fédéral proposa plusieurs mesures en faveur de l'aide internationale aux réfugiés, notamment un crédit de trois millions de francs suisses. Cf. AF E 4800.1 (-) 1967/111, vol. 95, dossier 416.

59 Favez, Jean-Claude: "La recherche d'une politique extérieure", *in*: *Itinera* 18 (1996), p. 176. Ce sentiment de culpabilité définit aussi l'attitude de Rothmund qui préconise une tolérance pour un réfugié qui fut fort actif dans le sauvetage de victimes des nazis: "Nachdem wir durch unsere strenge Praxis sehr viele jüdische Flüchtlinge dem Schicksal haben überlassen müssen, das ihnen von Seiten der Nazis zuteil wurde, dürfen wir gegen diejenigen, denen es dazumal gelungen ist, einige tausende dieser Leute vor dem Tod zu retten, nicht vorgehen wegen dieser streng genommen nicht legalen Tätigkeit." Notice de Rothmund pour Baechtold du 14.2.1948, AF E 4264/1988/2/592: Dossier P 54015. Ce document m'a été aimablement communiqué par Daniel Bourgeois, spécialiste éminent de l'histoire suisse des années 1930 et 1940. Cf. le recueil de ses travaux publié sous le titre: *Business helvétique et Troisième Reich. Milieux d'affaires, politique étrangère, antisémitisme*, Lausanne, 1998.

60 Pour une synthèse de la politique suisse depuis 1945, cf. Walter Kälin, "Die schweizerische Flüchtlings- und Asylpolitik, *in* A. Riklin/H. Haug/ R. Probst, *Neues Handbuch der schweizerischen Aussenpolitik*, Bern-Stuttgart-Vienne, 1992, pp. 761-775, en part. 768.

constatèrent les effets de la collaboration internationale afin de résoudre les problèmes posés par les réfugiés. Cette attitude est explicitée en 1954 dans le Message du Conseil fédéral proposant au Parlement de participer à la Convention du 28 juillet 1951 relative au statut des réfugiés.[61] Le Conseil fédéral exprima son intention en ces termes:

> "Les expériences de ces dernières années ont démontré que le problème des réfugiés à l'étranger ne saurait être résolu sans une aide internationale organisée sur une large base. Les fonds considérables qui sont nécessaires à cet effet exigent la collaboration de tous les Etats disposés à prêter leur appui. La Suisse ne s'est jamais soustraite au devoir de coopérer dans ce domaine; elle a contribué, dans la mesure de ces moyens, à soulager la détresse matérielle des réfugiés."[62]

Lors de sa session de décembre 1954, l'Assemblée fédérale approuva la proposition gouvernementale, avec quelques réserves. Le statut personnel des réfugiés et leur situation face aux tribunaux sont améliorés. Les réserves concernent les droits pour les réfugiés d'exercer une activité lucrative, de circuler librement, d'acquérir une formation professionnelle, de bénéficier des assurances pour les chômeurs et les personnes âgées.[63] Les arguments se répètent: petit pays aux ressources restreintes, la Suisse dépend du marché mondial, ne peut créer ou offrir des emplois aux réfugiés, d'autant plus que le financement des dépenses sociales n'est pas assuré pour la population suisse. Dans la discussion parlementaire, les fonctionnaires fédéraux montrèrent les améliorations en faveur des réfugiés, tout en soulignant que la Convention de Genève ne saurait dicter une nouvelle politique d'asile à la Confédération.

Il faudra de longues années pour que les autorités et la population suisses soient moins obsédées par la crainte du retour des crises et des conflits. La politique face aux travailleurs étrangers reste marquée par la volonté d'éviter l'installation en Suisse des populations attirées par la prospérité économique.

Certes, il est difficile d'anticiper et de prévoir l'avenir. Analyser le passé soulève aussi de nombreuses difficultés. La question des relations de la Suisse et des Suisses avec les réfugiés est loin d'être un problème simple pour les historiens; mais c'est une question essentielle car il s'agit d'hommes et de femmes qui fuient les causes de leurs malheurs et qui peuvent bénéficier des diverses protections, si d'autres personnes décident de les aider. Il résulte de l'enchevêtrement des décisions et des effets un ensemble complexe de situations qu'il convient d'analyser.

---

61 Cf. AF E 2001–04(-)1970/346/ vol. 218.

62 Cf. Message du Conseil fédéral à l'Assemblée fédérale du 9 juillet 1954 à l'appui d'un projet d'arrêté approuvant la convention du 28 juillet 1951 relative au statut des réfugiés, publié dans la *Feuille fédérale*, n° 28, 1954, vol. II, pp. 49-65.

63 Cf. Carl Ludwig, *op. cit.*, p. 345.

LE CHOIX ENTRE L'ACTION HUMANITAIRE NATIONALE ET LA COOPÉRATION INTERNATIONALE

*Antoine Fleury**

Notre propos consiste à formuler quelques observations au sujet de la politique d'accueil de réfugiés pratiquée par la Suisse, en situant cette dernière dans une perspective de longue durée.[1] Les quatre séquences exposées par Marc Perrenoud[2] nous permettent de limiter le propos à l'essentiel; nous nous contenterons d'y ajouter trois séquences ou cas d'actions spécifiques et urgentes d'accueil de réfugiés que nous mentionnons en fonction des observations de caractère général au sujet de la politique menée par le Conseil fédéral à chaque fois qu'il a été interpellé à prendre position face à l'afflux de réfugiés. Il s'agit en premier lieu du cas hongrois[3] où plus de 13'000 réfugiés ont été accueillis en quelques mois à la fin de l'année 1956 et au début 1957; il faut mentionner aussi les réfugiés tchécoslovaques[4] accueillis à la suite de l'échec du "printemps de Prague" en 1968, qui commencent à arriver en Suisse à la suite de l'intervention soviétique, totalisant un nombre pratiquement équivalent aux Hongrois; enfin il faut évoquer la dernière séquence, massive et pratiquement ininterrompue des afflux de réfugiés résultant des conflits de post-guerre froide en Europe, cumulés aux victimes de conflits plus lointains et durables: Kurdistan, Sri Lanka, Afrique centrale notamment. Faisons d'emblée remarquer que les chiffres relatifs à ces dernières catégories de réfugiés accueillis en Suisse constituent des proportions modestes par rapport aux masses de réfugiés dans le monde, évalués à plus de 27 millions à la fin du 20ᵉ siècle; ces contingents apparaissent encore plus

---

* Professeur, Faculté de Lettres, Université de Genève.

1 Cf. Vuilleumier M., *Immigrés et réfugiés en Suisse. Aperçu historique*, Zürich, Pro Helvetia, 1987. Pour l'introduction à un débat fondamental sur la pratique de l'asile en Suisse au 19ᵉ siècle, cf. *Le refuge en Suisse après les révolutions de 1848*, Edit. Arlettaz G., Revue des Archives fédérales suisses, Etudes et Sources N° 25, Berne, Haupt, 1999.

2 Voir la contribution de Marc Perrenoud dans le présent recueil.

3 Nous renvoyons à Lanz R., *Flüchtlingspolitik zwischen Vergangenheitsbewältigung und nationaler Selbstdarstellung: Die Schweiz und die Aufnahme ungarischer Flüchtlinge 1956–57*, Zürich, Historiches Seminar, Lizentiatarbeit, 1996.

4 Cf. Steffen Gerber T., *The Reactions of the Swiss Government Toward the Prague Spring under the Specific Consideration of the Czecoslovaquian Refugees* (non publié), Berne, 1999.

V. Chetail and V. Gowlland-Debbas (eds.),
Switzerland and the International Protection of Refugees
La Suisse et la protection internationale des réfugiés, 67-75.

modestes comparés aux centaines de milliers de travailleurs étrangers engagés en Suisse depuis la fin des années quarante.

Une première observation peut être faite à propos de l'argumentation avancée par le Conseil fédéral chaque fois qu'il est placé devant la nécessité d'offrir un accueil massif ou groupé à des réfugiés dont le nombre ne s'élève à vrai dire qu'à quelques milliers de personnes. Il est en effet intéressant de noter que l'ampleur des "masses" en question qui sollicitent un refuge en Suisse a été relativement constante. Ainsi les groupes spécifiques accueillis au 19ème siècle – Polonais, Allemands, Italiens – comptaient entre 10 et 15'000 personnes par période. L'exception notable a été l'accueil de l'armée Bourbaki, lors de la guerre franco-prussienne de 1870, soit environ 80'000 personnes, mais pour une brève période, ces soldats internés en Suisse étant rentrés en France, dès la fin du conflit. Or, durant une grande partie du 20ème siècle, on retrouve ces proportions relativement modestes, puisque l'on compte un nombre oscillant entre 12'000 et 20'000 personnes résidant en Suisse durant le second conflit mondial, auxquelles s'ajoutent des internés militaires, totalisant à la fin de la guerre en 1945 environ 120'000 réfugiés civils et militaires en séjour en Suisse; ce chiffre signifie un record absolu de la politique d'accueil de la Confédération suisse jusqu'à ce jour, même si l'accueil successif, mais quasi permanent de dizaines de milliers de réfugiés de provenances et de catégories très diverses constitue incontestablement un défi incessant pour les autorités, tout au long des dernières décennies du 20ème siècle.

Si l'on examine les arguments employés par le Conseil fédéral pour justifier sa politique d'asile dans les contextes successifs d'urgence, il est régulièrement fait mention d'une "politique traditionnelle" d'asile, faite d'accueil des persécutés de régimes arbitraires et des victimes de guerres et autres malheurs.[5] On y ajoute comme l'obligation d'un devoir moral du peuple suisse, privilégié par son statut de neutralité, de porter secours aux autres, surtout d'abord aux voisins, victimes de régimes autoritaires ou de guerres destructrices. C'est l'image chrétienne du "Bon Samaritain" qui s'impose et dont tout Suisse doit se faire un devoir d'intérioriser la valeur et de la mettre en œuvre, chacun à son échelle. Les conflits contemporains ont en effet contribué à renforcer non seulement cette image d'une Suisse solidaire, mais ont permis à des milliers de Suisses de déployer des activités confortant la conviction d'une vocation humanitaire de la Suisse, épargnée par les guerres. En effet, les tâches déployées sous le drapeau de la Croix-Rouge suisse ou sous l'emblème du Comité international de la Croix-Rouge ont contribué à répandre à l'échelle de la planète la réputation d'une Suisse solidaire.[6]

---

5 Pour un développement sur la dimension mythique de l'image humanitaire de la Suisse, cf. Busset T., "La politique du refuge en Suisse 1820-1830, réalité et mythe", *Etudes et Sources*, N° 25, pp. 29-64.

6 Cf. notre contribution: "A propos de l'engagement humanitaire de la Suisse: de l'action unilatérale à la politique multilatérale", *Guerres et Paix. Mélanges offerts à Jean-Claude Favez*, Genève, Georg, 2000, pp. 561-575.

A vrai dire, si la référence récurrente dans les discours à une tradition d'asile ou de refuge, d'une Suisse terre d'accueil, participe largement d'une mystification qui écarte justement toutes les décisions de refus d'accueil de certaines catégories de réfugiés, voire d'expulsion, dont l'histoire reste encore à écrire. Il n'en demeure pas moins que le recours à cet argument depuis plus d'un siècle a procuré à la politique intérieure et extérieure le profil de pays humanitaire par excellence, qui dépasse largement sa fonction de gardien des conventions de Genève sur la protection des blessés et des prisonniers de guerre de 1864, et des conventions qui ont successivement élargi les compétences du CICR au cours du 20ème siècle. Ce profil humanitaire, s'il est caractérisé sur le plan intérieur par une disponibilité du peuple suisse à porter assistance aux victimes de tous ordres, sur le plan international, il représente le plus souvent une Suisse accueillante, perçue à tort ou à raison comme un refuge en cas de guerre ou de persécutions.[7] On le sait, la politique d'asile pendant le second conflit mondial a connu des pratiques contradictoires, qui ont fait l'objet, surtout rétrospectivement d'intenses critiques et d'un important examen de conscience nationale.[8] En effet, si la Suisse a accueilli les réfugiés de l'armée française en déroute, en été 1940, ainsi que de nombreux évadés militaires des camps de prisonniers, elle s'est montrée restrictive à l'égard des réfugiés civils et en particulier des réfugiés juifs auxquels elle refusa de reconnaître la qualité de réfugié politique. Certes, si elle en accueillit sans doute plus de vingt mille, elle en refoula plusieurs milliers dont le nombre est actuellement encore l'objet de divergences entre spécialistes, sans oublier les mesures de dissuasion que les autorités ont adoptées dans le but de détourner de la Suisse les flots potentiels de réfugiés en provenance de pays européens qui passèrent progressivement sous la coupe du Reich hitlérien ou qui mirent en œuvre des politiques discriminatoires incitant des milliers de personnes à quitter leur pays. En dépit des restrictions de tous ordres édictées par les autorités fédérales, c'est tout de même environ 300'000 personnes qui ont trouvé refuge en Suisse pour une durée de séjour très variable selon les catégories, durant le second conflit mondial.[9]

Même si la politique d'accueil a été importante, la contribution est demeurée toujours modeste et insuffisante par rapport aux millions de réfugiés qui vont se trouver sur les routes d'Europe, en 1945, et sur les routes du monde depuis le développement de nombreuses crises dans d'autres continents. Il est vrai que dans l'appréciation qu'il porte sur ses activités en faveur des réfugiés, le gouvernement fédéral ainsi qu'une partie importance de l'opinion publique reconnaissent volontiers que l'assistance aux réfugiés est toujours insuffisante par rapport au grand nombre de personnes en détresse dans le monde; en même temps, les autorités fédérales

---

7 Pour une analyse critique de ces représentations, cf. Fricker Y., *Helvetia au Miroir. Regards des autres et image de soi*, Genève, Georg, 1996.

8 Cf. *La Suisse et les réfugiés à l'époque du national-socialisme*, Rapport de la commission indépendante d'experts Suisse-Deuxième Guerre mondiale. Berne, 1999; aussi sur les conditions d'accueil en Suisse, André Lasserre, *Frontières et camps. Le refuge en Suisse de 1933 à 1945*, Lausanne, Payot, 1995.

9 Pour des tableaux cumulatifs des personnes accueillies en Suisse, cf. A. Lasserre, *op. cit.*, p. 357ss.

doivent tenir compte de la partie de la population qui exprime tout aussi ouvertement et démocratiquement son opposition à la présence d'un trop grand nombre de réfugiés auxquels on reproche de vouloir s'installer pour longtemps dans le pays.

Parallèlement à la formulation d'un discours se référant à une tradition humanitaire, destinée à justifier une politique d'accueil, la politique humanitaire est invoquée comme un élément important de renforcement de la politique de neutralité, voire comme un argument de poids pour la justifier face aux critiques de divers côtés qui stigmatisent l'égoïsme du pays neutre. Cette instrumentalisation de la politique humanitaire par rapport à la politique générale du pays, même si on peut la faire remonter loin dans le temps, a été formulée de façon de plus en plus explicite au cours et à la suite de la Seconde Guerre Mondiale.[10] En effet, conscient des écueils, voire des entorses qu'a subis la politique de neutralité du pays, notamment dans les conflits majeurs du 20ème siècle, le Conseil fédéral a recouru de façon de plus en plus intense à l'argument d'une indispensable politique de solidarité avec les victimes de quelque côté qu'elles soient, dans le but non seulement de maintenir la neutralité, voire de la justifier, mais aussi de l'universaliser, de la rendre en quelque sorte utile à l'ensemble des peuples en guerre. En conséquence, s'il est important d'une part d'opérer une distinction entre le discours assez constant sur la neutralité, dont les références sont massivement d'ordre historique remontant aux origines les plus lointaines, il est aussi nécessaire d'autre part de distinguer les propos humanitaires de l'action humanitaire elle-même, définie de plus en plus explicitement comme un instrument majeur de la politique étrangère.[11] On se convainc de plus en plus à Berne que l'ensemble des activités humanitaires inspirées par la neutralité et la solidarité peuvent contribuer à rétablir une reconnaissance internationale du statut unique de la Suisse dans le nouvel ordre mondial auquel il est censé apporter un élément original et irremplaçable d'équilibre et de paix. En outre, une politique humanitaire faisant appel aux images les plus généreuses et traditionnelles du pays vise à réunir tous les Suisses au nom d'une grande action et d'amener ainsi le peuple suisse à donner son appui à la politique extérieure du gouvernement dans une période particulièrement exposée aux récriminations de Grandes Puissances.

Convaincre le gouvernement et le peuple de l'importance, voire de l'urgence de déployer une action humanitaire à l'extérieur du pays qui soit à la hauteur du propos et de l'ambition de la rendre à la fois visible et efficace est une chose; les conditions ou le cadre de la mise en œuvre, est une autre chose ! En effet, convient-il d'accorder

---

[10] Pour un développement de cette dimension de la politique étrangère suisse, cf. notre contribution: "La Suisse et la Seconde Guerre mondiale: de l'action humanitaire à la solidarité internationale", *Le passé du présent. Mélanges offerts à André Lasserre*, Lausanne, 1999, pp. 293-302.

[11] Pour les textes fondamentaux relatifs aux arguments du Conseil fédéral et notamment du Chef de la diplomatie suisse après la Deuxième Guerre Mondiale, Max Petitpierre, nous renvoyons aux volumes 16, 17 et 18 des *Documents diplomatiques suisses*, Zürich, Chronos, publiés respectivement en 1997, 1999 et 2001 ainsi qu'aux subtantiels documents accessibles par internet: www.dodis.ch, mots clés: neutralité, politique humanitaire ou Petitpierre.

la priorité à l'action humanitaire particulière, exécutée par ses propres moyens et réseaux ou faut-il l'envisager en collaboration avec les organisations internationales qu'il s'agisse d'abord de l'Administration des Nations Unies pour l'œuvre de secours et de relèvement (UNRRA) ou du Fonds des Nations Unies pour le Secours à l'Enfance (UNICEF) ou plus tard du Haut Commissariat des Nations Unies pour les Réfugiés (HCR), voire d'autres organisations spécialisées?

En effet, étant donné l'importance que revêt la politique humanitaire dans l'invention d'une identité suisse depuis le 19ème siècle et par rapport au positionnement de la Suisse dans les relations internationales à travers l'affirmation d'une neutralité volontaire au regard d'un statut de neutralité qui ne dispose plus, depuis la disparition de la Société des Nations en 1946, de soubassement conventionnel ni sur le plan européen, ni sur le plan universel, on comprend d'autant mieux la réticence qu'éprouva le gouvernement à s'associer aux initiatives d'autres Etats, voire aux organisations internationales naissantes en vue de relever collectivement le grand défi humanitaire du 20ème siècle. Contrairement à certaines perspectives sur l'établissement d'une paix et d'une justice universelles après la grande catastrophe humaine du second conflit mondial, le défi humanitaire n'a cessé de prendre de l'ampleur, ne serait-ce que pour porter secours aux réfugiés des guerres sans parler des victimes des nombreux conflits locaux et régionaux et de diverses catastrophes à travers le monde.

Par rapport à cette problématique, une césure significative apparaît après la Première Guerre Mondiale. Dès ce moment-là, on entre dans une période où la question du réfugié change à la fois de nature et de dimension.[12] Il ne s'agit plus tant de s'occuper de l'accueil des réfugiés qui se présentent aux frontières – bien que ceci demeure un des aspects permanents – mais de prendre en charge des millions de personnes déplacées à la suite des grands bouleversements politiques et territoriaux résultant notamment des deux grands conflits mondiaux: Asie mineure (Grecs, Arméniens, Turcs, etc. transférés par centaines de milliers) les Russes victimes de la Révolution, de la Guerre civile et des famines qui s'en sont suivies, puis après la Seconde Guerre Mondiale, les millions d'Allemands, d'Européens de l'Est, etc., enfin tous les réfugiés de la Paix, privés de leur pays ancestral, déracinés, dénationalisés. En d'autres termes, le défi est devenu énorme et dépasse de loin les moyens d'une politique traditionnelle, discrétionnaire des Etats.

Certes, la Suisse va participer aux initiatives prises notamment à Genève ou ailleurs visant à trouver des solutions. Mais que de lenteurs rencontrées dans la mise en œuvre des projets, tant en Suisse que dans d'autres pays ne serait-ce déjà que pour entériner le statut international de ce nouveau type de personne ou de réfugié qu'est l'apatride ! A vrai dire, ce concept d'apatridie fait peur; il est peu apprécié des

---

[12] Cf. D. Kevonian, "Les réfugiés de la Paix. La question des réfugiés au début du XXe siècle", *Matériaux pour l'Histoire de notre temps*, No 36 (0ct.-Déc. 1994); aussi sa contribution: "Aux origines de la diplomatie humanitaire: la Société des Nations et les réfugiés. Etude du cas syro-libanais et considérations générales", *Relations Internationales*, N° 74, été 1993, pp. 171-189.

chancelleries aussi bien à Berne qu'ailleurs, car il signifie que ce nouveau type de réfugié, contrairement aux réfugiés politiques ou militaires, ne peut retourner un jour dans son pays d'origine, puisque par définition aucun État ne le revendique et aussi parce qu'il est une victime tragique de la disparition de l'Etat auquel il avait appartenu.

Au début des années trente, les gouvernements jugent enfin nécessaire de créer un Office international pour les réfugiés qu'on dénommera Office international Nansen, à la mort du Norvégien qui avait été désigné par la Société des Nations Haut Commissaire en 1921 pour s'occuper en priorité des réfugiés et apatrides de l'ancien empire russe. Une des activités novatrices du Haut Commissariat, qui sera reprise par les organismes qui lui ont succédé a été de procurer aux apatrides le célèbre passeport Nansen, qui permettait à ces derniers, dépourvus de papiers officiels d'un État, de voyager et de séjourner dans un pays d'accueil. Relevons cependant que même cet Office international pour les réfugiés est établi en vue d'une action limitée dans le temps. Par ailleurs, et il s'agit ici d'une étape importante sur le plan juridique, les Etats conviennent enfin, en octobre 1933 d'adopter un statut international des réfugiés; faisant obligation aux Etats contractants d'appliquer aux réfugiés établis sur leur territoire les droits concédés aux étrangers les plus favourisés, bénéficiant notamment des droits civils, des lois d'assistances médicales et sociales et d'ester en justice.[13] A vrai dire, la signature de cette convention constitue avant tout une avancée du droit international du statut du réfugié, mais elle n'a pas été un succès diplomatique dans la mesure où seule huit Etats l'ont ratifiée. La Suisse s'est elle-même tenue à l'écart de cette convention. Néanmoins, la convention de 1933 servira de référence aux documents ultérieurs que produira la communauté internationale.

Bien avant la fin du second conflit mondial, devant l'ampleur du phénomène humanitaire, les promoteurs d'un nouvel ordre international avancent à nouveau l'idée d'une gestion commune de la question des réfugiés; mais il faudra encore attendre plusieurs années, pour que la communauté internationale adopte enfin une structure permanente. Ainsi, l'Organisation internationale des réfugiés (OIR), créée par les Nations Unies en 1946, en remplacement du Comité intergouvernemental pour les réfugiés (CIR) mis sur pied en 1938, à la suite de la Conférence internationale réunie à Evian, en juillet 1938, pour tenter de trouver une solution aux réfugiés allemands et autrichiens, fuyant les persécutions du régime hitlérien, n'a encore qu'un caractère provisoire et ponctuel avant que ne soit mis en place le Haut Commissariat des Nations Unies pour les réfugiés, en 1952.

Pour sa part, la Suisse a apporté un appui ponctuel, mais apprécié aux nouvelles institutions, d'abord au CIR, surtout à partir de 1945, puis à l'OIR, dès son entrée en action en 1948, en remplacement de l'UNRRA, à laquelle la Suisse fut réticente à apporter son soutien, tant que la guerre n'était pas terminée. Ainsi, la Suisse adhéra

[13] Sur cette convention, cf. P. Tager, "La Convention relative au statut international des réfugiés du 28 octobre 1933", *Journal du droit international*, n° 63, 1936, pp. 1136-1167.

formellement à l'OIR, en mars 1949, préparant, ce faisant, son entrée au nouvel organisme permanent, le HCR, en 1952.

Dans l'intervalle, les responsables suisses avaient pleinement pris la mesure de l'importance d'une action humanitaire dans le cadre multilatéral, dans la perspective de consolider la position internationale de la Suisse. Elle devrait même, estime-t-on à Berne avoir l'ambition de contribuer pour des montants qu'elle déterminerait elle-même, sans référence aux quotas déterminés au sein de chaque organisation, dans la mesure où la Suisse a été épargnée par la guerre et dispose non seulement de possibilités d'actions non négligeables, mais aussi pour confirmer sa réputation humanitaire.[14] Ainsi la participation de la Suisse au HCR entérinait finalement un processus allant d'une préférence marquée pour l'action humanitaire conduite isolément à la participation de la prise en charge des réfugiés sur une base multilatérale et désormais permanente; la Suisse y occupa d'ailleurs une position privilégiée puisqu'elle s'honora d'y voir des Suisses désignés à la tête du Haut Commissariat et à d'autres fonctions importantes.

Dans ce passage vers la poursuite de l'activité humanitaire, non plus sur une base strictement suisse, mais dans un cadre international, il fallait en convaincre le peuple suisse. L'argument qui ne peut laisser aucune personne indifférente, c'est l'ampleur inimaginable par rapport aux expériences du passé que pose le problème des réfugiés en 1945. Face à quelque 14 millions de réfugiés, déclare Carl Ludwig, Président du "Don Suisse", puis de l'Aide suisse à l'Europe, qui le remplace en été 1947, "la solution véritable du problème des réfugiés ne peut être trouvée que dans la collaboration internationale. La Suisse, si elle entend rester fidèle à ses traditions, ne peut se détourner purement et simplement d'une question d'une telle importance pour le maintien de la paix et pour l'avenir de l'Europe; et puis, il est vain de nier que notre pays possède en fait la possibilité de participer activement à l'accomplissement de sa tâche".[15]

Si de tels propos sont tenus en 1949, c'est bien qu'il n'était pas évident de convaincre l'élite et l'opinion publique suisse qu'il était plus approprié de prendre une pleine part à l'action internationale de solidarité que de se limiter à la poursuite des activités traditionnelles sous l'égide de la Croix-Rouge et de divers comités en vue d'actions spécifiques sous contrôle suisse.

Enfin, il convient de faire une dernière observation au sujet de la politique gouvernementale en matière d'asile et d'accueil. Il faut peut-être rappeler qu'il n'y a pas de droit subjectif de quiconque à être accueilli. En effet, l'asile et la disponibilité d'accueil relèvent d'abord du droit de l'Etat à l'accorder, soit par référence à ses traditions, à la sauvegarde de son indépendance, mais aussi à l'opportunité d'ouvrir

[14] Cf. notamment la lettre de Lindt au Département politique fédéral du 28 juin 1951 *in*: *Documents diplomatiques suisses*, vol. 18, N° 101, pp. 292-294, ou www.dodis.ch DoDis.8704

[15] Extrait d'une conférence de Carl Ludwig, du 12 décembre 1949, Cf. Brochure de la Société de statistique et d'économie publique, Bâle, 1949.

ses frontières en fonction des possibilités d'accueil et d'intégration.[16] Autrement dit, personne ne peut imposer au gouvernement sa politique d'asile, selon la conception dominante en doctrine; il n'en demeure pas moins que le gouvernement suisse a pris ses décisions, au-delà de l'argument d'une obligation morale découlant de la neutralité et de sa justification par rapport à un contexte international devenu peu réceptif à l'argument de la neutralité.

A vrai dire, ses décisions ont été aussi inspirées en fonction d'arguments liés à la conjoncture économique, voire à la compétition internationale. Ainsi le besoin de main-d'œuvre dans les années cinquante est tout à fait favorable à l'accueil de milliers de Hongrois et à nouveau dans le cas des Tchèques accueillis à la fin des années soixante, et ceci de façon d'autant plus explicite en évoquant l'apport en cadres utiles à l'économie suisse parmi les flux de ces deux groupes de réfugiés, pour justifier aux yeux du Conseil fédéral l'ouverture des frontières en leur faveur.

En revanche, on cherche vainement dans les décisions d'accueil ou de refus d'accueil l'argument de la nécessité, voire de l'urgence à prêter assistance à des personnes en danger de mort. La crainte d'un reproche de non-assistance à personnes en danger ne semble pas intervenir lors des délibérations des plus hautes instances du pays, notamment quand il s'agit de groupes de réfugiés; en revanche, les délibérations au sujet des requérants d'asile à titre personnel attachent une grande importance au risque de condamnation, de privation de liberté, voire de mort en cas de retour dans leur pays respectif.

Il est évident que le principe de non-assistance à des groupes de population, maltraités, voire en danger de mort n'a guère, à notre connaissance, été invoqué par les Etats, pas plus au 19ème qu'au 20ème siècle; certes, des voix morales se sont élevées en ce sens, qu'il s'agisse de l'abandon du peuple arménien dans les années vingt du siècle passé, des Juifs pourchassés dans presque toute l'Europe durant la Deuxième Guerre Mondiale ou d'autres peuples ou groupes de population, déportés ou massacrés au cours de ces dernières décennies que ce soit en Asie, en Afrique, en Europe et notamment dans l'ex-Yougoslavie et dans le Caucase plus récemment.

En conclusion, la position du gouvernement fédéral suisse a été considérablement conditionnée, ces dernières années, par la confusion grandissante entre requérants d'asile et travailleurs étrangers. On a beaucoup discuté dans le pays des "vrais" ou "faux réfugiés". D'où l'aboutissement de la loi sur l'asile de juin 1999, qui vise à éviter que la Suisse ne devienne "une terre d'émigration attrayante aux yeux de travailleurs qui n'ont pas été recrutés dans un but déterminé".[17]

On le sait, plus que jamais la politique d'asile est de plus en plus liée pour ne pas dire modulée à la problématique plus vaste des flux migratoires à l'échelle mondiale

16 Pour un développement de ces critères relatifs au droit d'asile, cf. Gérald et Silvia Arlettaz, "La politique suisse d'immigration et de refuge: héritage de guerre et gestion de paix", *Guerres et Paix. Mélanges offerts à Jean-Claude Favez*, Genève, Georg, 2000, pp. 661-684.

17 Cf. Rapport du Conseil fédéral sur la politique à l'égard des étrangers et des réfugiés du 15 mai 1991, *Feuille fédérale*, 1991, III, p. 325.

dont aucun gouvernement n'a plus seul la maîtrise. Pour la Suisse comme pour les autres Etats, notamment en Europe, il s'agit de s'associer à des normes et à des pratiques nouvelles concertées soit au niveau européen (Schengen et ses prolongements) soit au niveau des institutions internationales. Toute action proprement nationale dans ce domaine hautement sensible, parce que touchant au respect des droits fondamentaux de l'homme, s'est révélée illusoire et sans proportion face à l'ampleur du phénomène !

GENÈSE ET ÉVOLUTION DU DROIT D'ASILE EN SUISSE ET DE LA PRATIQUE EN LA MATIÈRE

*Urs Hadorn**

Datant du 5 octobre 1979,[1] la première loi suisse sur l'asile entrait en vigueur le 1er janvier 1981. Le projet de loi remonte à la motion déposée le 19 septembre 1973 par Monsieur Walter Hofer, Conseiller national, qui était également, à l'époque, professeur d'histoire à l'Université de Berne. Ceux qui s'intéressent d'un peu plus près à la politique souriront peut-être en apprenant que l'auteur de cette motion n'était autre qu'un membre de l'Union Démocratique du Centre (UDC), soit le parti au pouvoir qui a, ces dernières années, le plus remis en question la politique suisse en matière d'asile et celle à l'égard des étrangers. Lors du vote final, la loi fut adoptée par le Conseil national par 137 voix contre 2 et fit l'unanimité au Conseil des Etats.[2] Ces résultats occultent pourtant la polémique soulevée par cette loi. Parmi les points controversés, on relèvera notamment l'extension automatique de la qualité de réfugié au conjoint et la compétence attribuée au Conseil fédéral d'édicter, en cas de circonstances extraordinaires, des dispositions s'écartant de la lettre de la loi, s'agissant de l'admission de réfugiés sous certaines conditions. La question de l'étendue des compétences du Conseil fédéral et de l'administration sera présente dans les débats du début à la fin. Pour une majorité, il était impératif de délimiter strictement la marge de manœuvre de l'exécutif, car ce qui s'était produit lors de la Seconde Guerre Mondiale ne devait jamais plus se reproduire. La publication du rapport Bonjour en 1970 avait, en effet, éveillé les consciences sur les zones d'ombre de la politique suisse de l'asile à l'époque du national-socialisme.[3]

La première loi sur l'asile fut donc conçue de façon, somme toute, assez ouverte et libérale. Elle prévoit, en substance:

- d'inclure dans les critères de reconnaissance du statut de réfugié les mesures entraînant une pression psychique insupportable, outre les atteintes physiques portées à l'intégrité d'une personne;

* Directeur suppléant de l'Office fédéral des réfugiés.

[1] RO 1980 II 1718.

[2] BO 1997 III 1351 (CN), resp. III 496 (CE).

[3] Bonjour Edgar, *Geschichte der schweizerischen Neutralität*, Helbling & Lichtenhahn, Basel, 1970, resp. Histoire de la neutralité suisse, vol. 4-6, Payot, Lausanne 1974.

V. Chetail and V. Gowlland-Debbas (eds.), Switzerland and the International Protection of Refugees
La Suisse et la protection internationale des réfugiés, 77-84.

- d'étendre la qualité de réfugié au conjoint du réfugié et à ses enfants mineurs;
- de subordonner le rejet d'une demande d'asile à la condition que les autorités de première instance aient préalablement entendu l'intéressé personnellement;
- d'accorder aux requérants d'asile un droit *sui generis* de rester en Suisse pendant la durée de la procédure de même que le droit plus ou moins illimité d'accéder au marché du travail;
- de placer, dans une large mesure, les réfugiés reconnus sur un pied d'égalité avec les ressortissants suisses dans le domaine des assurances sociales;
- et, enfin, d'octroyer aux réfugiés reconnus résidant en Suisse depuis au moins cinq ans un permis d'établissement, leur accordant, par là même, la libre circulation.

La liste de ces normes montre, à elle seule, que la loi suisse sur l'asile ne s'intéresse pas uniquement aux questions de procédure, mais qu'elle réglemente aussi bien, d'une façon étendue, les intérêts des personnes à protéger et des réfugiés.

Vingt ans se sont écoulés depuis l'entrée en vigueur de cette loi, qui a subi depuis pas moins de dix révisions de plus ou moins grande envergure. Quatre projets de révision ont fait l'objet de référendums, dont certains n'ont pu être rejetés que de justesse après des campagnes souvent lourdes d'émotions. Les citoyens suisses ont, en outre, été appelés à se prononcer par quatre fois sur des initiatives touchant les domaines de l'asile et des étrangers. Enfin, les sessions des Chambres fédérales se sont rarement terminées sans que des interventions parlementaires ne soulèvent de houleux débats sur l'asile.

Pour comprendre le rythme, sans pareil ou presque, auquel évolue la législation sur l'asile et donc les modifications qui s'ensuivent, une rétrospective s'impose sur le développement du domaine des migrations au cours des vingt dernières années.

La politique suisse en matière d'asile de l'après-guerre est assurément bien antérieure à l'entrée en vigueur de la loi. Peu après l'adoption à Genève de la Convention relative au statut des réfugiés, le 28 juillet 1951,[4] le Conseil fédéral propose aux Chambres fédérales de ratifier le texte. Sa ratification intervient ainsi le 14 décembre 1954, sur arrêté fédéral.[5] Les demandes d'asile déposées à titre individuel seront ensuite examinées et tranchées à la lumière de cette convention de droit international. Le nombre des requêtes enregistrées se situera, jusqu'à la moitié des années soixante-dix, autour de 1'000 par an. En 1970 encore, 97% des requérants proviennent de l'ex-Bloc de l'Est. Si le taux de reconnaissance de la qualité de réfugié, qui se situait alors à plus de 90%, était peut-être discutable du point de vue strictement juridique, il reflétait d'autant mieux la position de la Suisse face à l'ennemi communiste, à l'époque de la guerre froide.

Précisons tout de même que notre pays a également accueilli, à côté des personnes admises à titre individuel, des groupes plus importants. Quelque 14'000 personnes

---

4 RS 0.142.30.
5 FF 1954 II 73.

provenant de Hongrie ont ainsi été admises après 1956 et environ 12'000 de l'ancienne Tchécoslovaquie en 1968.

La situation allait se modifier fondamentalement dans les années qui suivirent, sur le plan des demandes d'asile présentées à titre individuel. Tout d'abord, la part des requérants originaires des anciens pays de l'Est allait diminuer continuellement pour devenir insignifiante après l'effondrement du communisme. Parallèlement, d'autres régions de provenance devaient revêtir une importance croissante à mesure que les possibilités de déplacement sur de longues distances se multipliaient. Au cours des années 70, une première vague de requérants d'asile provenant en particulier de Turquie touche la Suisse. A la moitié des années 80, ce sont des requérants tamouls venus du Sri Lanka qui arrivent dans notre pays. D'autres régions de provenance gagnent également de l'importance, tels le Sous-continent indien, la Corne de l'Afrique, l'Afrique de l'Ouest et, enfin, certains Etats d'Amérique du Sud sous régime dictatorial.

Dans le même temps, le nombre des demandes enregistrées devait connaître une hausse spectaculaire à partir des années 80, avec un premier pic en 1991 à 41'629. En 1999, à la suite du conflit au Kosovo, le nombre des requêtes allait atteindre, à 46'068, un chiffre inégalé depuis la Seconde Guerre Mondiale.

A cet égard, il est intéressant d'analyser le rôle qu'a joué l'ex-Yougoslavie en tant que pays de provenance des requérants. Avant 1990, le nombre des requêtes émanant de cet Etat était quasiment insignifiant, peut-être parce que le régime de Tito avait laissé aux Yougoslaves une certaine liberté, notamment celle de travailler à l'étranger. Rappelons que la Suisse recrutait, depuis les années 70, un grand nombre de travailleurs originaires de cet Etat des Balkans. Si l'on additionne à ce chiffre le nombre des personnes soumises à la loi sur l'asile, les ressortissants de l'ex-Yougoslavie constituent aujourd'hui la plus importante communauté étrangère dans notre pays. En fait, ce n'est qu'après la levée de l'autonomie partielle du Kosovo, sous Monsieur Milosevic, mais aussi et surtout suite aux conflits en Bosnie Herzégovine et au Kosovo que l'ex-Yougoslavie devient la première région de provenance des requérants d'asile entrant en Suisse. Cette évolution peut également s'expliquer, en partie, par le fait que le Conseil fédéral n'autorise plus, depuis 1991, le recrutement de main-d'œuvre provenant de cet Etat.

Sur cette toile de fond, la politique suisse de l'asile allait devenir de plus en plus importante à l'échelle nationale. Ainsi, des sondages révèlent que la question de la politique de l'asile figure depuis des années parmi les dix premières préoccupations de l'opinion publique et qu'elle a même été longtemps en tête de liste. Il est donc évident que des voix s'élèvent, en période de tension, pour demander que l'Etat prenne des mesures légales. Rappelons que sur les dix révisions évoquées, trois ont été déclarées urgentes par le Parlement et sont donc à l'abri d'un référendum, provisoirement du moins.

Si l'on recherche les points communs entre les différentes révisions, deux constantes se dessinent: les révisions visent, d'une part, à optimiser et à accélérer la procédure tout en améliorant la protection juridique et en empêchant les abus; et, d'autre part, à assurer le retour des requérants déboutés. A noter aussi la question du financement du domaine de l'asile, qui a pris une importance croissante au cours des dernières révisions de la loi.

Si la teneur de l'article 69ter de l'ancienne Constitution fédérale n'est pas tout à fait claire à ce sujet, la compétence de la Confédération en matière d'octroi de l'asile n'a jamais été sérieusement mise en doute. Jusqu'en 1986, il appartenait à l'Office fédéral de la police (OFP), anciennement Division de la police, d'examiner les demandes d'asile. La nomination, en 1986, d'un Délégué aux réfugiés (DAR) retirait cette compétence à l'OFP, et allait déboucher, en 1990, sur la création d'un office à part entière au sein du Département fédéral de justice et police. Sur le plan des effectifs, le nombre de postes passa de 17,5 en 1980 à plus de 600 en 1999.

Comme je l'ai mentionné plus haut, sous l'empire de la première loi, une demande d'asile ne pouvait pas être rejetée si le requérant n'avait pas été personnellement entendu par les autorités fédérales. Ce principe fut modifié en 1983, en ce sens qu'il était possible de renoncer à une audition du requérant si sa demande était manifestement infondée. La révision de 1986[6] marquait un nouveau pas, puisqu'elle habilitait les autorités fédérales à trancher sur la seule base du dossier constitué par le canton. Mais c'est l'arrêté fédéral urgent de 1990 sur la procédure d'asile (APA) qui aura le plus d'impact sur le déroulement de la procédure.

Le message du Conseil fédéral du 25 avril 1990[7] (ch. 21.05) dit à cet égard: "Une procédure simple et équitable doit permettre d'accélérer la procédure de première instance. Elle est fondée sur le principe selon lequel tout requérant est entendu en général le plus tôt possible après son arrivée (principe de l'immédiateté) par le collaborateur qui préparera la décision et en présence d'un représentant d'une œuvre d'entraide. Un tri s'effectuera sur la base de cette audition, qui permettra de régler rapidement les cas où la situation est claire (octroi ou refus de l'asile) et d'écarter le plus tôt possible de la procédure les personnes qui cherchent protection en Suisse non pas en raison de persécutions, mais pour échapper à une guerre, une guerre civile ou aux troubles intérieurs que connaît leur pays. Dans ces derniers cas, le Conseil fédéral peut prononcer l'admission provisoire... ".

Afin de faciliter la mise en œuvre du principe de l'immédiateté, deux cas de figure ont été prévus: soit les requérants étaient entendus directement par les autorités fédérales, sans passer d'abord par les autorités cantonales; soit des fonctionnaires cantonaux se chargeaient de préparer les décisions sous la direction de l'office. Compte tenu des chiffres records enregistrés à l'époque, cette mesure devait également permettre d'assurer une meilleure répartition des tâches. Mais les cantons n'ont pas été nombreux à opter pour la deuxième solution, puisqu'ils étaient sept au départ et qu'il n'en reste plus un seul aujourd'hui.

Selon l'ancienne législation, les demandes d'asile pouvaient être déposées auprès de toutes les autorités de police cantonale des étrangers. Cette réglementation a

[6] FF 1986 I 1.
[7] FF 1990 II 537.

abouti à une concentration des requêtes dans des régions bien précises, se traduisant par une surcharge de certains cantons. La révision de 1986 a ainsi introduit une clé de répartition, prévoyant de répartir les requérants d'asile entre les cantons au prorata de leur population. Mais la répartition des requérants exige un certain nombre de mesures d'ordre organisationnel. C'est ainsi que la révision de 1990 prévoit la création, près des frontières, de quatre centres d'enregistrement gérés par la Confédération, qui se chargeront d'accomplir les premières démarches liées à la procédure d'asile, à savoir recueillir les données personnelles du requérant, procéder à un certain nombre de mesures d'identification et entendre l'intéressé sur les motifs qui l'ont poussé à quitter son pays, ainsi que sur les circonstances de sa fuite.

Au cours des deux dernières décennies, la procédure d'asile a de plus en plus souvent été engagée pour des motifs qui ne sont pas prévus dans la législation sur l'asile. Je ne parle pas ici des réfugiés de la violence, qui ne répondent pas, pour la plupart, aux critères définis par la Convention de Genève, mais qui ont besoin d'une protection temporaire. Je veux parler des personnes qui entrent en Suisse, généralement de manière illégale et incontrôlée, dans l'espoir d'y trouver une vie meilleure. Et qui, n'ayant pas la moindre chance d'obtenir un permis de séjour et de travail en application des dispositions régissant le séjour et l'établissement des étrangers, déposent, en dernier recours, une demande d'asile. Mais la Suisse n'est pas la seule touchée par cette situation insatisfaisante et par la question, ouverte, d'une politique globale des migrations. Il est connu que l'Allemagne a récemment constitué, pour y répondre, un groupe d'experts de haut niveau chargé de rechercher des solutions (Kommission "Süssmuth").

Dans le cas de la Suisse, cette situation a notamment conduit, dans le cadre de la révision de 1990, à définir légalement un certain nombre de motifs dits de non-entrée en matière. Ceux-ci permettent de rejeter, dans des cas bien précis, une demande d'asile sans motiver matériellement cette décision. Il n'est, depuis lors, plus entré en matière sur une demande d'asile lorsque le requérant ne dépose manifestement pas une demande d'asile ou cache son identité, lorsqu'il peut se rendre dans un Etat tiers sûr ou encore, s'il a déjà fait l'objet d'une procédure d'asile en Suisse qui a débouché sur une décision négative, à moins que de nouveaux faits propres à justifier la qualité de réfugié ne soient intervenus entre temps.

La révision de 1990 a, en particulier, introduit un principe décisif, selon lequel il ne serait pas entré en matière sur les requêtes déposées par des personnes provenant d'Etats tiers réputés sûrs ou exempts de persécution. Cette nouvelle disposition légale permet au Conseil fédéral de déterminer les Etats qui, selon ses informations, sanctionnent en vertu de principes constitutionnels les atteintes portées aux droits de l'homme. Pour ces Etats, il est présumé qu'aucun préjudice de nature à fonder une demande d'asile n'émane de leurs instances, sauf en présence d'indices spécifiques de persécution.

Croyant à des abus massifs dans le domaine de l'asile, d'aucuns exigèrent la définition de nouveaux motifs d'irrecevabilité, supposant, souvent à tort, qu'une décision de non-entrée en matière permettrait d'éloigner les requérants indésirables de la Suisse, quasiment sans engager de procédure. Quoi qu'il en soit, le projet de révision totale de la loi sur l'asile du 4 décembre 1995[8] envisagea de nouveaux motifs de non-entrée en matière, dont l'urgence paraissait telle, au sein du Parlement, qu'ils entrèrent en vigueur par arrêté fédéral, en date du 26 juin 1998.[9] Un nouveau motif s'est ajouté à la liste depuis lors: la non-remise aux autorités, dans un délai de 48 heures suivant le dépôt de la demande, de documents permettant d'identifier le requérant d'asile, pour autant que ce dernier ne donne pas de raisons vraisemblables. Il n'est d'ailleurs plus entré en matière sur les requêtes dont le seul but est manifestement de se soustraire à l'exécution d'un renvoi.

Dans la première mouture de la loi sur l'asile, la protection légale était réglementée de telle sorte que, conformément aux dispositions générales de la loi sur la procédure administrative, les requérants d'asile déboutés pouvaient saisir deux instances de recours: le Service des recours du DFJP en première instance et le Conseil fédéral en deuxième instance, le Service juridique de l'Administration fédérale des finances assumant le rôle d'autorité d'instruction. Le nombre croissant des décisions d'asile négatives se traduisit par une surcharge au niveau du Conseil fédéral, à tel point qu'il fallut abroger la disposition introduite par la réforme de 1983, conférant au Conseil fédéral la fonction d'instance de recours. Celui-ci ne conserva plus que le droit de donner des instructions au DFJP.

A long terme, cette situation était bien sûr insatisfaisante sous l'aspect des principes d'un Etat de droit, d'autant plus que l'instance de recours restante n'était autre que le département habilité à édicter les directives en la matière. Il a donc été décidé, au cours de la révision de 1990, de regrouper les compétences en une seule instance de recours, mais en une instance entièrement indépendante de l'exécutif, à savoir la Commission suisse de recours en matière d'asile, qui est, depuis le 1er avril 1992, seule habilitée à examiner les recours.

Il n'en reste pas moins que l'on ne saurait parler de procédure d'asile sans évoquer le rôle tout particulier des œuvres d'entraide associées à l'Organisation suisse d'aide aux réfugiés. Bien avant l'entrée en vigueur de la loi sur l'asile, le secrétaire central de l'aide aux réfugiés assistait personnellement aux auditions, du moins lorsque l'issue de la procédure s'annonçait négative, mais c'était là chose plutôt rare. Il est assez difficile de reconstituer exactement à quelle époque et dans quelles circonstances les œuvres d'entraide ont commencé à assumer cette fonction. Mais, cette pratique était déjà tellement répandue, lorsqu'elle fut consacrée par la loi, que la participation d'un représentant d'une œuvre d'entraide aux auditions menées par les autorités fédérales était expressément convenue, en prévision d'une décision négative, à condition que le requérant concerné ne s'y oppose pas. Le rôle des œuvres d'entraide dans la procédure d'asile devait se préciser au cours des révisions qui suivirent. En 1986, une nouvelle disposition prévoit de rémunérer les œuvres d'entraide dans le cadre de ces activités et, plus important, d'instaurer la participation systématique des représen-

8 FF 1996 II 1.
9 FF 1998, 2829.

tants d'œuvres d'entraide aux auditions, quelle que soit l'issue escomptée. En 1990, leur participation sera étendue aux auditions menées par les autorités cantonales. Même si les premiers contacts ont été un peu timides, l'accompagnement des requérants par les œuvres d'entraide aura indiscutablement contribué à légitimer la procédure d'asile et il n'est d'ailleurs plus remis en question.

La législation suisse en matière d'asile ne se réduit pas à une procédure d'asile et mon exposé serait incomplet si j'en excluais les aspects liés au retour et à l'exécution des renvois. Vous serez peut-être étonnés d'apprendre que l'ODR est responsable non pas seulement des affaires ayant trait au domaine de l'asile, mais aussi de la coordination, notamment des mesures d'éloignement, qui touchent toutes les catégories d'étrangers. La responsabilité de négocier les accords de réadmission et de transit interétatiques revient, par exemple, à notre office. Cette attribution un peu singulière peut-être, tient au développement organisationnel de notre office qui est, comme je l'ai dit, issu des autorités de police. Cette activité, par exemple, occupe le 30% environ de mas effectifs.

Les questions du retour et de l'exécution des renvois ont souvent été plus difficiles à gérer que l'examen des demandes d'asile. Certainement parce que ce sont des questions que l'opinion publique suit de plus près et qu'elle est y plus critique.

Une décision d'asile négative a, en principe, pour conséquence l'obligation de quitter la Suisse, à condition que le retour de l'intéressé soit admissible au regard du droit international, qu'il soit raisonnablement exigible du point de vue humanitaire et réalisable sur le plan technique. En dépit de cela, de nombreux étrangers tentent de se soustraire à cette obligation – on peut d'ailleurs comprendre leur démarche dans une certaine mesure. Toutefois, pour renforcer la crédibilité des décisions prises par l'Etat, un certain nombre de mesures répressives ont été préconisées dans un premier temps au cours des différentes révisions.

La révision de 1983 introduit une nouveauté fondamentale puisque les autorités chargées de l'asile n'auront pas seulement à se prononcer sur la qualité de réfugié du requérant, mais aussi à décider de son renvoi ou non de Suisse. Cette décision relevait auparavant de la compétence des cantons, ce qui signifiait que le requérant débouté pouvait éviter d'être éloigné de Suisse en changeant souvent de domicile et de canton, puisqu'il pouvait ainsi épuiser toutes les voies de recours cantonales. Petite anecdote: le tenant du record a saisi pas moins de dix-sept instances avant de quitter définitivement le pays.

La révision de 1986 introduira une disposition permettant de détenir les étrangers pendant une durée maximale de 30 jours en vue de leur refoulement, sur ordre des autorités judiciaires cantonales. Disposition que viendra renforcer la loi fédérale du 18 mars 1994 sur les mesures de contraintes en matière de droit des étrangers.[10] La détention en vue du refoulement est portée à neuf mois. Parallèlement, il sera possible, à certaines conditions, de détenir des étrangers au cours d'une procédure (il s'agit de la "détention en phase préparatoire"). Si l'étranger constitue une menace à

[10] FF 1994 I 301.

la sécurité ou à l'ordre public et qu'il ne peut pas être expulsé une fois la durée de détention maximale écoulée, il peut être contraint à ne pas quitter une région précise ou à ne pas se rendre dans telle autre. Si l'intéressé enfreint cet interdit, il sera alors passible d'emprisonnement, les peines prévues pouvant aller jusqu'à un an.

Il était prévu, à l'origine, d'inclure un certain nombre de dispositions y afférentes dans le cadre de la réforme de la loi sur l'asile. Au vu de l'augmentation de la criminalité, notamment de la recrudescence de toxicomanes au début des années 90 à Zurich et de la forte pression politique, le Parlement a approuvé la réglementation présentée en tant que projet séparé. Compte tenu de la matière, il n'est pas étonnant de constater qu'un référendum ait été lancé. Mais ce référendum n'a pas résisté au vote populaire puisqu'il a été rejeté, le 4 décembre 1994, à 72,9% des voix. Ce résultat reflète sans conteste la pensée de l'époque.

Déjà au milieu des années 80, le Conseil fédéral avait clairement compris que les mesures répressives ne suffiraient pas à imposer le retour aux requérants concernés. C'est pourquoi il prévoit, dans le cadre de la révision de 1986, la possibilité de soutenir financièrement le retour volontaire. C'est ainsi que dans tous les cantons, les "services-conseils en vue du retour" ont vu le jour. Ces services sont en partie gérés par les cantons eux-mêmes, par les œuvres d'entraide ou des organisations tierces. Le but de ces services est de rendre les requérants attentifs non seulement à une éventuelle issue négative de leur demande d'asile et partant, à la décision de renvoi qui deviendra exécutoire, mais également aux possibilités de retour. Outre l'aide financière modeste que perçoivent toutes les personnes retournant dans leur pays, des programmes spéciaux sont actuellement mis en place en faveur des requérants déboutés provenant de certaines régions. Permettez-moi à cet égard de souligner la collaboration étroite entretenue avec la Direction pour le développement et la coopération (DDC) du DFAE et avec l'OIM. A titre d'exemple, je ne citerai que le programme d'aide individuelle au retour au Kosovo, qui a fait école.

A l'heure actuelle, nous préparons la 11ème révision de la loi sur l'asile. Il est prévu de présenter un message y afférent aux Chambres fédérales et ce, avant les vacances d'été 2001. La révision portera vraisemblablement sur le domaine financier. En effet, la pression politique est importante, notamment pour diminuer les frais dans le domaine de l'asile et les réduire, à moyen terme, à moins d'un milliard. Pour atteindre cet objectif, je ne citerai que quelques mots, tels enveloppes budgétaires, modèles incitatifs et simplification de l'obligation de fournir des sûretés.

Comme pour les anciennes révisions, il s'agira de veiller à ce que le droit d'asile suisse demeure eurocompatible. Une coopération formelle dans les domaines de la migration et de l'asile, notamment avec l'Union européenne, deviendra tôt ou tard incontournable dans le cadre de l'immigration en Europe.

DEBATE

under the chairmanship of Professor Liebich Graduate Institute of International Studies

DEBATS

sous la présidence du Professeur Liebich Institut universitaire de hautes études internationales

ROUND TABLE/TABLE RONDE:

Walter Kälin (Université de Berne)
Madame Feller nous a indiqué que nous – c'est à dire les Suisses parmi nous – avons de bonnes raisons d'être fiers des contributions suisses dans le domaine de la protection des réfugiés. C'est vrai qu'il y a beaucoup d'aspects positifs mais en même temps le Professeur Fleury et Marc Perrenoud nous ont rappelé qu'il y a eu aussi des périodes de refus d'accueil. Je ne suis pas historien, je suis juriste et je pense que l'on m'a invité pour faire des commentaires d'un point de vue juridique. La question qui m'intéresse depuis un certain temps est de savoir quels étaient les éléments dans l'ordre juridique qui ont contribué à ce refus d'accueil. Quatre éléments méritent d'être mentionnés:

On peut tout d'abord constater en Suisse une certaine tendance à défendre des notions traditionnelles dans des circonstances qui ont fondamentalement changé. Prenons par exemple la notion du réfugié. Cette notion – Messieurs Fleury et Perrenoud l'ont déjà dit – s'est développée dans le 19ème siècle. Le réfugié politique était l'homme – et non la femme – qui a lutté contre le pouvoir politique, qui a fait la révolution. Le droit de l'extradition prévoyait qu'on ne l'extrade pas, et qu'on lui accorde l'asile. C'était exactement cette notion du réfugié que l'on a utilisée lors de la période de la Deuxième Guerre Mondiale et qui explique que ceux qui étaient persécutés pour des raisons de race et de religion n'étaient pas considérés comme des réfugiés. C'était à cause de cette notion restrictive qui ne correspondait plus à la réalité des formes des persécutions, que l'on a pu exclure les personnes persécutées en raison de leur race. Actuellement – et Madame Feller l'a indiqué – on peut observer de nouveau cette tendance à défendre une notion dépassée du réfugié, lorsque l'on discute de la question des victimes des persécutions non étatiques. Aujourd'hui, la majorité de ceux qui cherchent la protection en dehors de leur pays sont probablement des victimes des persécutions par des agents non étatiques. On doit dès lors se demander si notre notion suisse du réfugié, qui est limitée à des persécutions d'origine étatique, peut continuer à être défendue dans des circonstances qui ont fondamentalement changé.

Le deuxième point que je souhaiterais mentionner était l'absence des *checks and balances*, c'est-à-dire: l'absence de séparation des pouvoirs au sens large. Lorsque j'ai étudié le régime des pleins pouvoirs de la Seconde Guerre Mondiale dans le cadre de mon étude pour la Commission Bergier sur les aspects juridiques de la politique suisse face aux réfugiés pendant la Seconde Guerre Mondiale, ce qui m'a frappé n'était pas le fait que l'on ait ce régime des pleins pouvoirs, mais le rôle du Parlement. Il avait la possibilité de discuter et de critiquer la mise en place de ce régime, mais il a abandonné son rôle. C'était un facteur important pour expliquer pourquoi on a pu adopter des solutions beaucoup plus restrictives que les circonstances ne le justifiaient. Naturellement aujourd'hui, la séparation des pouvoirs fonctionne en Suisse, mais il y a le risque que la majorité démocratique soit parfois plutôt menée par des émotions que par une analyse réaliste de la situation. Dans le même ordre d'idée, il faut aussi défendre aujourd'hui un équilibre des pouvoirs entre le niveau national et le niveau international. Par exemple le rôle du HCR qui peut et doit critiquer les Etats s'avère très important à mon sens.

La troisième question porte sur une certaine tentation en Suisse de traiter le droit des réfugiés comme un domaine juridique à part des autres domaines du droit. Par exemple, le législateur n'a pas toujours pu résister à la tentation de créer des règles procédurales spéciales qui ont limité la portée des normes de la procédure administrative de droit commun. Naturellement, il y a des cas très précis où cela est nécessaire; mais il est un peu facile de faire une révision de la loi chaque fois que l'on est confronté à un problème spécifique et d'écarter les règles générales, les principes et les normes qui s'appliquent dans les autres domaines du droit.

Finalement, je m'adresse aussi aux étudiants ici présents, car je pense que les universités et les académiciens ont un rôle important dans ce domaine. Ce qui m'a frappé quand j'ai préparé mon étude pour la Commission Bergier était le fait que toute discussion juridique sur le droit des réfugiés et des étrangers dans la période de la Seconde Guerre Mondiale était dominée par des auteurs qui travaillaient pour les autorités et occupaient des positions importantes dans le cadre de la police des étrangers. Il est très important que les autorités réfléchissent à leurs positions et c'est aussi pourquoi je suis vraiment heureux que Monsieur Hadorn soit présent parmi nous. Mais en même temps, il est aussi important de porter un regard externe sur le problème des réfugiés. Lors de la Seconde Guerre Mondiale, l'absence totale de toute discussion juridique dans le cadre universitaire est assez frappante. Je suis très heureux de constater qu'en tous cas cela a bien changé depuis. Il convient à cet égard de féliciter l'Institut universitaire de hautes études internationales de Genève pour avoir organisé cette conférence.

Ivor Jackson (Ancien Directeur Adjoint de la Protection internationale, HCR)
Monsieur le Président, j'ai été impressionné par le tableau brossé par le Professeur Fleury qui montre l'évolution en Suisse vers une compréhension plus claire et plus profonde de la notion de réfugié. En effet, lorsque j'ai été amené à traiter des questions de protection avec les autorités suisses, j'ai toujours eu des discussions très

fructueuses et j'ai pu rencontrer une compréhension profonde de tous les aspects humanitaires de ces questions. Déjà en 1951 lors des travaux préparatoires à la Convention de Genève, le délégué suisse a rappelé – face aux différentes propositions restrictives – que le but essentiel de cette Convention était de venir en aide aux réfugiés. Mais à partir des années 1985-1987, la situation a commencé à devenir plus difficile – comme on le sait – à cause des problèmes matériels et concrets qui se posent dans ce domaine, notamment dus à l'augmentation du nombre des demandeurs d'asile et à la complexité accrue des problèmes connexes. L'histoire nous montre une évolution très importante: la création de principes destinés à la protection des réfugiés; et je crois que notre problème actuel est précisément de veiller à ce que ces principes soient maintenus intacts face aux difficultés matérielles et concrètes auxquelles nous sommes confrontés. Il est d'une importance essentielle de veiller à ce que les principes de la protection internationale des réfugiés ne soient pas érodés. Je crois que si on concentre la discussion sur les problèmes et les difficultés matérielles de mise en œuvre, il y a un danger de perdre de vue la composante humanitaire. En d'autres termes, il ne faut pas à aucun moment perdre de vue cette composante humanitaire en se focalisant sur ces problèmes matériels connexes.

Je souhaiterais dire un mot sur la question de la persécution parce que Madame Feller a fait ce matin une réflexion qui nous a fait tous un peu sourire lorsqu'elle a dit que la persécution est "une vieille tradition". Cela est sans doute le cas, mais je crois que les raisons de la persécution ne sont peut-être pas les mêmes qu'elles étaient en 1951. En plus de cela, la persécution ne doit pas être perçu comme un phénomène exclusivement individuel, mais elle peut être aussi un phénomène collectif, touchant un groupe entier. Il est très important d'appliquer la notion de persécution à ces nouveaux phénomènes et de ne pas faire une distinction entre les réfugiés de la Convention et les réfugiés de la violence, pour écarter ces derniers et les mettre dans une catégorie séparée le cas échéant avec un moindre degré de protection. Il faut veiller à ce que la définition de la Convention de Genève de la persécution soit pleinement appliquée sans exclure à *priori* certaines catégories de personnes. Je voudrais parler à ce sujet de la notion de bons offices, qui a été développée déjà dans les années 1960. Sans entrer trop dans les détails, parce que cela prendrait trop de temps, il convient de rappeler que la notion de bons offices a été appliquée par le HCR avec l'accord de la communauté internationale à des groupes qui ont été considérés comme étant *prima facie* des groupes de réfugiés relevant du mandat du HCR. Le Haut Commissaire de l'époque, l'ambassadeur Schnyder, a même défini des critères pour déterminer quand un groupe doit être ou non considéré comme un groupe de réfugiés *prima facie* en vue de bénéficier de ses bons offices. Il a précisé que la compétence du HCR *ratione personae* s'applique à des personnes qui sont obligées par des événements politiques de quitter leurs pays et qui ont raison de craindre pour leur sécurité si elles devaient être obligées d'y retourner. La détermination individuelle est maintenue, mais on applique parallèlement un critère objectif pour déterminer si un groupe particulier doit être considéré comme un groupe de réfugiés.

Cela est un aspect très important quand il s'agit de la protection temporaire. La protection temporaire pour des groupes est une excellente chose, mais il ne faut jamais perdre de vue la possibilité que les groupes de personnes à qui la protection temporaire est accordée puissent tomber sous le coup de la Convention de 1951.

J'aimerais mentionner un dernier point. Le contexte matériel de l'application des principes de la protection a changé au vu de tous les facteurs qu'on connaît : le nombre, la complexité et ainsi de suite... Il est essentiel – et je crois qu'on ne le soulignera jamais assez – de braquer notre attention sur la notion du partage du fardeau, du *burden sharing*, pour créer un contexte pratique favorisant l'application des principes comme ils étaient appliqués auparavant au vu de leurs objectifs humanitaires. Il faudrait attacher plus d'importance à cet aspect là; car si le contexte matériel rend plus difficile la mise en œuvre des principes relatifs à la protection des réfugiés, ces principes seront par la force des choses affaiblis et érodés. Il a souvent été dit que l'asile est la protection contre la persécution. Personne ne dira le contraire. Mais, historiquement, l'asile a toujours été lié à la possibilité de trouver une solution dans le cadre du partage du fardeau. Le réfugié a droit à deux choses : à une protection internationale et à une possibilité de commencer une nouvelle vie. Il faut lui donner cette chance, étant donné que le fait d'être obligé de quitter son pays représente un grand traumatisme. Dans cette optique, le partage du fardeau facilitera certainement la mise en œuvre des principes fondamentaux de la protection internationale des réfugiés.

DISCUSSIONS:

Boël Sambuc (Vice-présidente de la Commission fédérale contre le racisme)
Un aspect institutionnel n'a pas été mentionné: nous sommes en démocratie semi-directe en Suisse. Cela signifie que l'élaboration de toute politique officielle vis-à-vis de l'étranger doit passer devant le peuple régulièrement. L'usage qui est fait de cet appel au peuple peut être extrêmement ambivalent et il n'a pas toujours été dans le sens d'une plus grande ouverture. Au regard de l'histoire, il est pourtant difficile de conclure que la volonté dite populaire, sacrée, tabou même, s'est réellement située de façon systématique du côté du rejet de l'étranger. On peut néanmoins s'interroger sur l'influence de la démocratie semi-directe. Je crois qu'il y a chez nous un réel problème des droits fondamentaux, des libertés fondamentales de la personne: comment pouvons nous les maintenir, voire éduquer et sensibiliser l'opinion publique tout en respectant une volonté populaire qui est parfois soumise à des mouvements populistes extrémistes ? Cette question joue un grand rôle dans toute l'élaboration non seulement des règles de l'asile mais de la mise en œuvre quotidienne de la politique d'asile. Monsieur Kälin a parlé du fait qu'il avait été admis des exceptions procédurales par rapport au droit administratif. Je pense que l'on a peut-être agi ainsi pour éviter que ces dispositions ne soient soumises ensuite à une votation populaire comme peut l'être, théoriquement, tout projet de loi dans ce pays.

Otto Hieronymi (Université Webster, programme migration et réfugié)
J'aimerais remercier l'Institut universitaire de hautes études internationales de Genève pour avoir organisé ce colloque. J'ai deux ou trois petites remarques. Tout d'abord, étant ancien réfugié en Suisse en 1947, je suis un tout petit peu gêné par le ton un peu défensif que prend toute la discussion sur la question des réfugiés et de l'humanitaire en Suisse depuis quelques années; cela n'est pas favorable à la cause des nouveaux réfugiés. La deuxième question que je trouve très importante est la question de l'appui populaire démocratique, dont a besoin toute politique d'immigration et de réfugiés en démocratie directe et en démocratie indirecte. Je ne suis pas tout à fait d'accord avec Monsieur Jackson quand il parle de contexte matériel plus difficile. Nous n'avons jamais été aussi riches, et nous n'avons jamais eu une démographie aussi déclinante ou stable. Donc de la place il y en a. C'est une question politique. La perception de l'autre, la perception des réfugiés et des étrangers, est une question politique. On ne peut pas discuter cette question là actuellement en Suisse ou à l'époque de la Deuxième Guerre Mondiale sans le contexte international. L'attitude de la Suisse à l'égard des réfugiés est bien plus favorable que n'importe quel autre pays européen. Les chiffres nous le montrent. Nous avons encore le rapport le plus favorable, le plus élevé parmi les pays de l'OCDE. Cela m'amène à une question fondamentale à laquelle il n'a y a pas eu de réponses de la part du groupe Bergier. Dans les faits, la caractéristique de la situation actuelle dans le monde industrialisé, qui était également la situation de la Suisse pendant la guerre, est imposée par la démocratie. En Europe aujourd'hui, la politique de la tolérance et de l'asile temporaire est plus généreuse que le discours. Le dernier point que j'aimerais soulever et que l'on oublie toujours c'est que lorsqu'on parle de l'asile, on parle aussi de l'asile politique. Mon ami Antoine Fleury a parlé de la longue durée et il n'a pas parlé des guerres de religion.

Robert Iselin (un participant)
Je regrette que le rapport Bergier ait beaucoup noirci la Confédération helvétique et, par la même occasion, un peuple qui s'est battu pour essayer de sauver des gens. C'est vrai qu'il y avait le discours officiel mais ce que les gens ont fait, dans le rapport Bergier, on n'en voit pas la moindre trace.

Urs Hadorn (Directeur suppléant, Office fédéral des réfugiés)
Je répondrai à la première question. Si j'ai bien compris, vous craignez que l'opinion publique influence négativement la politique de l'asile. De ce point de vue là, vous avez tout à fait raison. J'aimerais tout de même rappeler que dans toutes les votations qui ont eu lieu ces dernières années, le bon sens de la population l'a toujours emporté. Les propositions avancées par la droite ont été toujours refusées. Donc de ce point de vue là, je suis assez positif et je ne pense pas qu'il y ait ici un danger. Ce qui me semble important aujourd'hui, c'est le rôle des mass médias. Or d'une manière générale, la grande majorité des médias est favorable aux réfugiés et à l'asile en Suisse. En tout, cas c'est ce que j'ai constaté.

Marc Perrenoud (Conseiller scientifique de la Commission indépendante d'experts: Suisse – Seconde Guerre Mondiale)
Il y a plusieurs questions qui ont été posées concernant le rapport Bergier. Je vous dirais seulement qu'effectivement cette période était incroyablement dure. Je suis tout à fait d'accord avec vous, mais la situation était dure non seulement en Suisse mais dans l'ensemble de l'Europe et particulièrement pour certaines populations qui étaient victimes de persécution. La commission Bergier doit se situer dans une perspective internationale et examiner les choses non pas seulement avec les œillères d'une classe d'âge ou d'une nation mais aussi dans le contexte de l'ensemble de problèmes qui se sont posés à cette époque là. C'est dans ce cadre là que les recherches ont été menées et que le rapport a été publié. Vous dites que l'on ne trouve pas d'allusion au fait que la population locale a aidé les réfugiés. Il faut relire le rapport, vous verrez les statistiques citées, les statistiques sur le nombre de personnes qui ont été accueillies, et sur toutes les actions plus ou moins spontanées, plus au moins organisées qui ont été faites pour venir en aide aux réfugiés. Vous auriez pu venir aussi à la journée organisée le 27 mai 2000 par l'Université ouvrière de Genève sur "Une autre Suisse": avec d'autres historiens et contemporains, j'ai rappelé à cette occasion les multiples activités de solidarité en faveur des réfugiés. La question qui était soulevée par le Professeur Hieronymi de cette dichotomie entre une pratique généreuse et un discours très dur est une hypothèse qui peut être avancée. Mais on ne trouve jamais cette dichotomie dans les archives. Pourtant, on trouve toutes sortes de considérations qui ne sont pas publiées à l'époque et qui expliquent la politique telle qu'elle a été menée. C'est pour cela que les analyses qui ont été reproduites dans le rapport doivent pointer le doigt sur une série de problèmes qui se sont posés. La commission Bergier n'est pas la première ni la dernière à avoir abordé ces questions dans cette perspective.

Antoine Fleury (Université de Genève)
C'est vrai qu'il s'agit d'un problème fondamental pour notre démocratie et pour toutes les autres. Une véritable politique extérieure doit avoir un soutien intérieur et dans ce domaine humanitaire, qui touche intimement la politique intérieure parallèlement à la politique extérieure, il est évident que le soutien du peuple, ou en tout cas la tolérance du peuple à l'égard de certaines décisions doit être assurée pour éviter d'autres catastrophes, des difficultés internes, voire des manifestations contre les étrangers qui seraient extrêmement contre-productives par rapport à l'objectif d'assistance. Lorsque l'on examine l'histoire, ce besoin d'assise populaire est présent dès le début, même avant l'Etat fédéral. Le mythe du bon samaritain ne devrait pas être trop déconstruit parce qu'effectivement c'est une image forte qui sollicite aussi la population à agir de façon ponctuelle en cas de malheur ou catastrophe de toute autre nature. Ce mythe que l'on a fabriqué par toutes sortes de moyens (médias, auteurs et historiens aussi) peut être critiqué comme phénomène construit et artificiel. Il a eu néanmoins un effet extrêmement positif; il a pu servir en quelque sorte de béquille au gouvernement pour asseoir sa politique en la matière.

De façon plus précise, on voit très bien que le gouvernement n'a eu aucune crainte à accueillir les réfugiés polonais, hongrois et tchécoslovaques. Le gouvernement a été poussé par une opinion publique sensibilisée au sort de ces deux peuples en pleine période de Guerre froide. Bien entendu, en plus de la Guerre froide, nous étions dans une conjoncture économique favorable. On voit là un autre type d'appréciation qu'il faut prendre en considération: le coût matériel. C'est pour moi clair comme de l'eau de roche en tant qu'historien dans la longue durée que les difficultés interviennent quand il y a une mauvaise conjoncture économique. Les années 1990 se sont terriblement compliquées, alors que nous aurions pu accueillir cinq cent mille ex-yougoslaves au lieu des quatre-vingt mille environ, quand on pense au demi-million d'Italiens qu'on a fait venir après la Deuxième Guerre Mondiale. Tous ces éléments doivent être pris en considération par rapport à l'accueil des réfugiés. Le jeu de la mémoire est extrêmement important aussi, c'est vrai qu'il y a eu rupture à partir de 1945. Le premier test de cette instrumentalisation de la mémoire de la Deuxième Guerre Mondiale demeure le cas hongrois. Cette image que les Suisses avaient intériorisée de leur rôle d'excellence en matière humanitaire a profondément facilité la décision relative au cas hongrois: il ne faut pas devenir, se montrer mesquin; il faut être particulièrement ouvert, a-t-on déclaré en 1956 et en 1968. C'est pour cela que face à certains raisonnements que j'ai entendus au cours de cette dernière décennie, j'ai l'impression d'un retour en arrière. Il y a certes progrès – j'en suis conscient – mais il y a aussi un pas en avant et parfois deux pas en arrière, ensuite un nouveau pas en avant: mais suivant les circonstances on peut reculer ! Rien n'est définitivement gagné dans le domaine de l'asile et en cela je suis tout à fait d'accord avec Monsieur Hadorn. Il faudrait que les académiques suivent de très près toutes ces questions pour faire avancer ces problèmes de longue durée. Je ne crois pas que l'élite de l'entre-deux-guerres jusqu'en 1945, et même encore en 1949, aurait appuyé une institution permanente d'aide aux réfugiés. Parce qu'on concevait le problème des réfugiés comme ponctuel, on n'entreprenait que des actions conçues comme provisoires, tandis que déjà depuis la Première Guerre Mondiale, il était devenu un problème permanent, ce qu'avaient entrevu les promoteurs des institutions d'aide aux réfugiés, voici déjà plus d'un demi-siècle !

Walter Kälin (Université de Berne)
Je suis tout à fait d'accord avec vous, M. Iselin, qu'on ne peut pas réduire la politique suisse de la période de la Deuxième Guerre Mondiale aux seuls aspects juridiques. Mais il faut quand même constater que le discours officiel a utilisé des arguments juridiques, et que le discours actuel utilise encore beaucoup d'arguments juridiques. C'est pourquoi il est utile d'examiner les questions pertinentes non seulement sous un angle politique mais aussi juridique. Dans mon étude pour la Commission Bergier, je suis arrivé à la conclusion qu'à part quelques violations ponctuelles, la politique était compatible avec l'ordre juridique contemporain. Mais je pense qu'en tant que juriste, on ne peut pas s'arrêter là. On doit se demander, par exemple, pourquoi tous ceux qui ont aidé les réfugiés ont si bien compris que la notion de réfugié n'était pas

limitée aux réfugiés politiques, pourquoi cela, et quelles sont les conclusions pour nous, pour notre génération qui est née après la Deuxième Guerre Mondiale?

II

ACCESS TO REFUGEE STATUS DETERMINATION UNDER THE NEW SWISS ASYLUM LAW/ L'ACCÈS À LA DÉTERMINATION DU STATUT DE RÉFUGIÉ SELON LE NOUVEAU DROIT SUISSE DE L'ASILE

NON-STATE AGENTS OF PERSECUTION

*Volker Türk**

1. Background

There is no doubt that the international system has been transformed significantly since the end of the Cold War. There was hope that these changes would result in the strengthening of international law and of multilateral approaches to address international problems. Indeed, there is a tendency towards increased globalisation and integration in a number of areas, such as international trade, in recognition of the fact that international issues are better addressed within a framework of international co-operation and through predictable multilateral processes. Also, the position of the individual under international human rights law or international criminal law, of multinational corporations or of non-governmental organisations has gained increased importance and recognition not only in international relations but also on the international legal plane. There are other examples, however, where it is less clear whether States have adopted an integrated international response to different realities, which have (re-)emerged not least as a result of the demise of the bipolar international power structure. The non-State agent of persecution issue illustrates, to some extent at least, the hybrid nature of international developments in the post-Cold War era.

In this context, Kosovo is an interesting case in point since it illustrates some of the dilemmas and tensions of these developments. Let us, for instance, go back to the situation of June 1999: NATO troops had just entered Kosovo. The Serb armed forces and paramilitaries, who had launched a particularly cruel campaign of ethnic displacement directed against the Kosovo Albanian population, withdrew into Serbia and Montenegro, followed shortly afterwards by large sections of the Serbian civilian authorities.[1] An unprecedented spontaneous return movement took place despite a seriously dilapidated infrastructure and no more than a fledgling

---

* Chief, Protection Policy and Legal Advice Section, Department of International Protection, UNHCR Geneva.

The views expressed are the personal views of the author, and may not necessarily be shared by the United Nations or by UNHCR. My thanks go to Frances Nicholson and Alexander Beck for helpful comments.

1 See Organisation for Security and Cooperation in Europe (OSCE)/Office for Democratic Institutions and Human Rights (ODIHR), *Kosovo/Kosova: As Seen, As Told, An Analysis of the Human Rights Findings of the OSCE Kosovo Verification Mission, October 1998 to June 1999*, Warsaw, 1999.

V. Chetail and V. Gowlland-Debbas (eds.),
Switzerland and the International Protection of Refugees
La Suisse et la protection internationale des réfugiés, 95-110.

international civilian presence. For us working in the humanitarian field, the euphoria of the returns was accompanied by a less visible but all the more gruesome development: the persecution of parts of the non-ethnic Albanian population of Kosovo, and in particular the Serb and Roma communities. Some saw in this signs of "reverse ethnic cleansing". Others referred to it as the collateral damage of the pacification of Kosovo. Cruel murders, arson attacks and violent evictions were part of the almost daily pattern of human rights abuses directed against the Serbs and the Roma.[2] They suffered at the hands of individual extremists or, at most, certain radical groups none of which exercised any control over territory in Kosovo. The massive international presence that was building up in Kosovo tried its utmost to prevent these violations and to create a safe and secure environment for all the inhabitants of Kosovo.[3] For many victims, refuge outside Kosovo was the only way to reach safety despite the massive and benevolent international presence, which exercised *de facto* control over Kosovo.

My personal experience of these events during my assignment to Kosovo in 1999 sadly fits into a much larger picture. Kosovo is one of several examples in the world today where individuals are persecuted by private actors totally unaffiliated to the state or *de facto* state structures in an environment where the State or *de facto* State is either not able to protect them effectively or has in effect ceased to function. Afghanistan, Colombia, Liberia, Northern Iraq, Sierra Leone, Somalia and Sri Lanka are other such examples, at least as far as certain parts of their recent history are concerned. According to the yearbook of the Stockholm International Peace Research Institute, 27 major armed conflicts occurred in 25 countries throughout the world in 1999. Only two of these conflicts were between States. Ethnic identity played a major factor in the majority of these conflicts.[4]

The proliferation of internal armed conflict in many parts of the world has often led at least to the weakening of State structures and a breakdown of law and order but more often in fact to the total collapse and even wholesale disappearance of functioning State structures. Local mafia groups, guerrilla forces, and extremist groups benefit from such anarchic and chaotic situations, which allow them to inflict serious harm on individuals and local communities with impunity. Not surprisingly, terms such as "failed States" or "fragile State structures" have become part of

---

2 See UNHCR/OSCE, Preliminary Assessment of the Situation of Ethnic Minorities in Kosovo, 26 July 1999; UNHCR/OSCE, Second Assessment of the Situation of Ethnic Minorities in Kosovo, 6 September 1999; UNHCR/OSCE, Overview of the Situation of Ethnic Minorities in Kosovo, 3 November 1999, as well as subsequent reports (the most recent being the eighth assessment released in October 2001).

3 See Security Council resolution 1244 (1999). As of 31 October 1999, the total strength of the NATO-led international security force in Kosovo (KFOR) amounted to 43,728 troops. The UN Interim Administration in Kosovo (UNMIK) police strength numbered 1,756 as of 31 October 1999. For more details, see OSCE Mission in Kosovo, *Kosovo/Kosova: As Seen, As Told, Part II, A Report on the Human Rights Findings of the OSCE Mission in Kosovo, June to October 1999*, Pristina, 1999.

4 See Stockholm International Peace Research Institute, *Yearbook 2000, Armaments, Disarmament and International Security*, 2000, pp. 15, 48.

today's vocabulary. Recent history has also demonstrated that intra-State conflicts are less likely to result in successful external intervention. This brings to the fore the necessity of international refugee protection for those fleeing such circumstances.

The purpose of this paper is to explain UNHCR's position on the non-State agent of persecution issue, to provide a brief overview of current State practice in this area, and to set out the rationale behind the views of UNHCR from an international law perspective.

2. UNHCR's Position

If there is one theme that has permeated the discussions and indeed UNHCR's international protection work in the 1990s, it is the issue of the source of the persecution feared by the refugee and its relevance to the refugee definition, as contained in Article 1A(2) of the 1951 UN Refugee Convention relating to the Status of Refugees. Discussions surrounding this issue go to the very essence of the principles of international refugee law and UNHCR's mandate.

To exercise its international protection function, UNHCR resorts to the whole body of universal and regional refugee law and standards, complemented by relevant international human rights and humanitarian law instruments, as well as by relevant national legislation and key jurisprudence. This body of law and standards constitutes the international refugee protection regime. It is a dynamic set of explicit or implicit rules. These rules have durability, allowing states and UNHCR to point to specific rules at a given point in time. Inherent in this regime is a certain legal authority that states have vested in UNHCR's international protection function. It is on the basis of this regime and its supervisory responsibility that UNHCR pronounces on questions of interpretation and application of specific provisions of the 1951 Refugee Convention.

One of the most important authoritative sources of UNHCR's position on the non-State agent of persecution issue remains the UNHCR *Handbook on Procedures and Criteria for Determining Refugee Status*, which was published in 1979. It recognises that persecution could also emanate from sections of the population or the local populace if persecutory acts are knowingly tolerated by the authorities, or if the authorities refuse, or prove unable, to offer protection.[5]

UNHCR has consistently taken the position that persecution which does not involve direct or indirect State complicity is nonetheless persecution within the meaning of the 1951 Refugee Convention.[6] An essential element necessary to qualify

---

5 See UNHCR, *Handbook on Procedures and Criteria for Determining Refugee Status*, Geneva, 1979 re-edited 1992, paragraph 65.

6 See, for instance, UNHCR's position paper on agents of persecution, 1995; UNHCR, 'An Overview of Protection Issues in Western Europe: Legislative Trends and Positions Taken by UNHCR', *European Series*, vol. 1 no. 3, September 1995, pp. 28-30. See also UNHCR's opinion provided to the Committee on Human Rights and Humanitarian Aid of the lower house of the German parliament, hearing on non-State agents of persecution, 29 November 1999.

for refugee status is the absence of effective national protection, irrespective of the reasons for it. In such cases, it needs to be demonstrated that the State was either unwilling or unable to provide effective protection against persecutory acts stemming from non-State agents. Such an interpretation is in line with the letter, object and purpose of the 1951 Refugee Convention. In short, it is an appropriate interpretation of its Article 1.

3. State Practice

The literature has identified essentially two theoretical approaches to the non-State agent of persecution issue based on the jurisprudence developed in this context: the "accountability approach" (requiring a firm link between persecution and the State) and the "protection approach" (focusing on the absence of national protection).[7]

The vast majority of countries agree, to a greater or lesser extent, that persecution within the meaning of the 1951 Refugee Convention may emanate not only from the State but also from private groups or individuals in situations where the national authorities are either unwilling or unable in practice to provide the persons concerned with effective protection.[8] The primary motivation is the recognition of

---

[7] See, in particular, Ben Vermeulen, Thomas Spijkerboer, Karin Zwaan and Roel Fernhout, *Persecution by Third Parties*, Centre for Migration Law, University of Nijmegen, 1998, p. 11. See also, the conclusions and recommendations of the Expert Workshop on Human Rights and Refugees, held in Athens, 17-20 December 1998. As early as 1992, Walter Brill made a similar dogmatic distinction between a 'State complicity' standard and a 'state incapacity' standard. See Brill, *The 1951 Convention Definition of Refugee Status and the Issue of Agents of Persecution: A Comparative and Human Rights Based Analysis*, mémoire, Graduate Institute of International Studies, University of Geneva, 1992, pp. 22-47.

[8] As for the jurisprudence see, for instance: *Canada (Attorney General)* v. *Ward* [1993] 2 SCR 689; for the United States cf. *Rosa* v. *Immigration and Naturalization Service*, 440 F.2d 100, 102 (1st Cir. 1971); *In re McMullen* v. *INS*, 658 F.2d 1312 (9th Cir. 1981); *Arteaga* v. *INS*, 836 F.2d 1227, 1231 (9th Cir. 1988); *In re Villalta*, 20 I. & N. Dec. 142, 147 (Board of Immigration Appeals 1990); for Australia cf. High Court in *Chan Yee Kin* v. *Minister for Immigration and Ethnic Affairs* (12 September 1989) 169 CLR 379; *Minister for Immigration and Multicultural Affairs* v. *Ibrahim* [2000] HCA 55 (26 October 2000); for New Zealand cf. Refugee Status Appeals Authority, Refugee Appeal N°. 11/91 (5 September 1991) and Refugee Appeal N°. 71427/99 (16 August 2000), paras. 56-61; for the United Kingdom cf. House of Lords in *Islam* v. *Secretary of State for the Home Department* and *Regina* v. *Immigration Appeal Tribunal and Another Ex Parte Shah* (conjoined appeals) [1999] 2 AC 629; *Horvath* v. *Secretary of State for the Home Department* [2000] 3 WLR 379; for Belgium cf. Commission Permanente de Recours des Réfugiés (1 ch.), 21 November 1991, F035; for Denmark cf. Refugee Appeals Board 1 February 1994, N°. 21-0486 and 24 June 1994, N°. 21-0435. A number of countries have changed their jurisprudence to extend Convention refugee protection to individuals suffering at the hands of private actors. for the Netherlands cf. Rechtseenheidskamer (REK) Den Haag, 27 August 1998, Ref. N°. AWB 98/3068 VRWET and Ref. N°. 98/3057 VRWET; Norway (1998) and Sweden (1997) introduced new legislation recognising persecution irrespective of the agent. Also, for both the 1969 OAU Convention Governing the Specific Aspects of Refugee Problems in Africa and the 1984 Cartagena Declaration on Refugees it is not relevant who is behind the acts or human rights abuses. For a detailed survey of current State practice, see in particular Anja Klug, *Rechtserheblichkeit nichtstaatlicher*

the international protection need as compensation for the lack of effective national protection, including in situations where the state is willing but unable to provide such protection.

There is, however, also a minority view, subscribed to by some countries, according to which persecution emanating from non-State agents may, under certain circumstances, not be considered sufficient to meet the refugee definition criteria of the 1951 Refugee Convention. This divergence in the interpretation of the refugee definition is related in essence to situations where the State is unable to provide effective protection. The theoretical underpinning of this position is the 'accountability/complicity view' according to which persecution only exists when the State can be held accountable for human rights violations.[9] This position is somewhat softened by the concept of quasi-State or *de facto* authorities, which recognises the existence of *de facto* State control over territory and population, but there is no uniform agreement on the criteria for considering certain groups as exercising *de facto* authority.

This so-called "accountability approach" is particularly developed in German case law. One reason is related to the fact that the granting of asylum is not based on the 1951 Convention refugee definition but on Article 16a of the German Constitution (the Basic Law), which uses the term "political persecution". Solely focusing on the interpretation of this provision of the Basic Law, the German Constitutional Court, in 1989, elaborated on the nexus between political persecution and "State accountability".[10] Following this logic, harm originating from private actors was considered 'attributable' if the State failed to offer protection despite its ability to do so. However, in cases where the State was unable to provide protection, harm inflicted by private groups was not deemed attributable to the State.[11]

From a purely national legal perspective the reasoning of the Constitutional Court may have some validity. It is quite another matter though, and indeed highly problematic for the Federal Administrative Court to take the view that the domestic notion of political persecution stemming from the State is also inherent in the refugee definition contained in Article 1A(2) of the 1951 Refugee Convention.[12] This view influenced decision-making on claims made by "civil war refugees" in the sense that persecution unrelated to the State because of its loss of control over territory was no

---

Verfolgung bei der Flüchtlingsanerkennung nach der Genfer Flüchtlingskonvention, Teil I, Staatenpraxis (unpublished draft manuscript); European Legal Network on Asylum, *Research Paper on Non-State Agents of Persecution*, European Council on Refugees and Exiles, London, November 1998, updated in autumn 2000, available at www.ecre.org.

9 Cf. Vermeulen et al, *Persecution by Third Parties*.

10 See 80 Bundesverfassungsgericht Entscheidungssammlung (BVerfGE) pp. 315, 333-4, 336 (10 July 1989).

11 See 80 BVerfGE pp. 315, 333-4, 336 (10 July 1989).

12 See 95 Bundesverwaltungsgericht Entscheidungssammlung (BVerwGE) pp. 42, 44-5 (18 January 1994).

longer considered to be relevant under the Convention criteria.[13] A mitigating factor of this strongly State-oriented bias is the concept of *de facto* State structures. The criteria applied in Germany to define groups as exercising *de facto* authority are, however, particularly stringent and do not apply in a number of situations where persecution is prevalent.[14] This may, however, have changed for the better through a recent Constitutional Court decision on Afghanistan.[15] Most recently, the Federal German government has announced its intention to include the possibility of persecution originating from non-State actors in legislation in early 2002.

Switzerland is another country where the doctrine in relation to non-State agents of persecution follows the view that refugee recognition under the 1951 Refugee Convention is not provided unless a State, or a *de facto* authority assimilated to the State, can directly or indirectly be held accountable for the persecution.[16] For the determination of *de facto* authority, Swiss jurisprudence uses the criteria of a certain duration, stability and effectiveness of control over territory.[17] This State-centred view thus excludes persecution by non-State agents, who have no links with the State and whose activities the State is unable to control, as valid grounds for granting refugee status.

Similarly, in France[18] and in Italy, the terms of the refugee definition – in particular the elements "a well-founded fear of being persecuted" – are interpreted as requiring either a threat of persecution by the State/quasi-State or the deliberate or implicit denial of protection by that State/quasi-State to the individual concerned. In practice, however, this doctrine is not always applied rigorously, and refugee recognition occurs in both countries where States are unable to offer protection. In

---

13 See Ulrike Davy, "Refugees from Bosnia and Herzegovina: Are they Genuine?", *Suffolk Transnational Law Review*, 1995, pp. 53-131. See also, for instance, the key decisions of the Federal Administrative Court during the 1990s in relation to Bosnia and Herzegovina (BVerwG, 6 August 1996, 9 C 172.95 – InfAuslR 1997.37) and to Afghanistan (BVerwG, 4 November 1997, 9 C 34.96 – InfAuslR 1998, 145).

14 The criteria used by the Federal Administrative Court to define *de facto* authorities are effective control of the entire country or part of it; establishment of certain administrative and judicial structures; a certain stability. See BVerwG 15 April 1997, 328 InfAuslR 1997, 379; BVerwG 4 November 1997 9 C 34.96.

15 See BVerfG, 2 BvR 260/98, 10 August 2000. The Federal Administrative Court seems to follow suit. See BVerwG, 20 February 2001, 9C20.00; 9C21.00; 1C30.00, 31.00, 32.00 (available on the Court's website: www.BverwG.de).

16 See Christina von Gunten, "Die Staatlichkeit der Verfolgung – eine Voraussetzung der Anerkennung als Flüchtling? – Materialien und Position der Schweizerischen Flüchtlingshilfe", *Asyl (Schweizerische Zeitschrift für Asylrecht und -praxis)*, 1/01, pp. 22-35.

17 Cf. Entscheidungen und Mitteilungen der Asylrekurskommission (EMARK) 1995 N°. 2, para. 4.d) bb) – approved for the Croats in Mostar in January 1995, EMARK 1996 N°. 42, EMARK 1996 N°. 6, EMARK 1997 N°. 14, all in relation to the situation in Bosnia and Herzegovina during the time of armed conflict; EMARK 1997 N°. 6 in relation to the Taleban in Afghanistan, cf. also decision of 12 July 2000, EMARK 2000 N°. 15 in relation to Northern Iraq, para. 9.

18 The French practice has recently been summarised by Michel Combarnous, the President of the *Commission des Recours des Réfugiés* (CRR), in his presentation "Persécutions par des agents non étatiques – La pratique française", at the Berne meeting of judges organised by the International Association of Refugee Law Judges, Berne, 25-27 October 2000.

France, for instance, a more liberal conceptualisation of *de facto* authority has enabled individuals fleeing many civil war situations, such as in Afghanistan, Croatia, Bosnia and Herzegovina, Liberia, and recently Somalia and Kosovo, to gain refugee status.[19]

The "accountability view" is also reflected in the non-binding Joint Position of the Council of the European Union of 4 March 1996 on the harmonised application of the refugee definition.[20] While the text as a whole contains a number of positive elements, it does not address the issue of persecution by non-State agents who have no links with the State and whose activities the State is unable to control. In the specific context of armed conflicts and civil war, persecutory acts perpetrated by non-State agents, whom the State is unable to control, may be considered "persecution", but only where the perpetrators control part of the State territory.

UNHCR is concerned that this definition of persecution in the Joint Position could exclude those escaping countries or areas where there is a general breakdown of governmental authority, but where the persecuting agent (an individual or a group) is not necessarily linked with the State or a *de facto* authority in control of territory and where the State is unable to offer effective protection from persecution (including, but not solely, in situations of civil war).[21] This position was made public in a UNHCR press release of 24 November 1995.

Following the entry into force of the Amsterdam Treaty on 1 May 1999, asylum law and policy are to be harmonised and moved from an area of non-binding intergovernmental co-operation to become binding European law within five years from that date.[22] This now strengthened harmonisation process will provide an opportunity to revisit the issue and bring it more in line with international protection needs under the 1951 Refugee Convention and the overwhelming practice of EU Member States.[22*bis*]

---

19 See, for instance, decision CRR/SR, 31 March 2000 by the Refugee Appeal Board in relation to Kosovo.

20 See Joint Position of 4 March 1996 defined by the Council on the basis of Article K.3 of the Treaty on European Union on the harmonized application of the term 'refugee' in Article 1 of the Geneva Convention of 28 July 1951 relating to the status of refugees, Official Journal L 63/2, 13 March 1996, pp. 2-7.

21 In an annex to the Joint Position the Danish and Swedish delegations made a statement on persecution by third parties, saying that they "are of the opinion that persecution by third parties falls within the scope of the Convention in other cases, when the authorities prove unable to offer protection". The text on persecution by third parties also states "the persons concerned may be eligible in any event for appropriate forms of protection under national law".

22 See Article 63(1)(c) of the Treaty of Amsterdam.

22*bis* It is a positive development that the European Commission in its proposed Council Directive on the refugee definition (Articles 9(1) and 11(2)(a)) recognizes explicitly persecution from non-State actors as valid for qualifying as a refugee under the 1951 Refugee Convention. See Commission of the European Communities, "Proposal for a Council Directive on minimum standards for the qualification and status of third country nationals and stateless persons as refugees or as persons who otherwise need international protection", Brussels, 12 September 2001, COM(2001), 510 final, 2001/0207 (CNS).

An immediate result is that asylum applications in countries where this minority view is held, made by refugees fleeing, for instance, ethnic persecution in the midst of anarchy or internal armed conflict in which State or *de facto* State structures have ceased to exist have been rejected under the 1951 Refugee Convention. This is especially so in Germany with its particularly narrow interpretation of "quasi-State structures". Whilst these individuals have been denied recognition as refugees under the 1951 Refugee Convention, their protection need is acknowledged in that they are provided with an alternative status or at the very least tolerated to stay.[23] However, this is unsatisfactory because these forms of protection are not subject to international scrutiny and involve different standards of treatment; the conditions under which protection can come to an end are also at the discretion of States. It furthermore begs the question why such an interpretation has been adopted in the first place if in the end those concerned are allowed to stay anyway.

4. The International Law Perspective

Given the controversies surrounding this subject, it is indeed useful to recapitulate briefly the basic rules of treaty interpretation in international law. According to Article 31(1) of the 1969 Vienna Convention on the Law of Treaties, which reflected the state of customary international law at the time, a treaty is to be interpreted in good faith in accordance with the ordinary meaning to be given to the terms of the treaty in their context and in light of its object and purpose.[24]

4.1. Historical Context

At the time when the definition was adopted in the wake of the Second World War, it was indeed a reality that, in terms of the immediate factual context, persecution emanated primarily from the State or a system approved by the State. This did not, however, lead to any specific deliberations on the issue of the originator of the persecution during the drafting process. The idea of refugees fleeing civil war, the effects of revolutions or the chaos surrounding the disintegration of empires from the time prior to the Second World War must equally have been part of the collective memory and on the minds of the drafters.

---

[23] For Switzerland, see Article 44(2) of the Asylum Law and Article 14a of the Law on Stay and Residence of Aliens. In Germany, such cases are "tolerated" in accordance with Article 53(6) of the Aliens Act. With regard to the situation of civil war refugees in Germany, see Zentrale Dokumentationsstelle der freien Wohlfahrtspflege für Flüchtlinge e.V., *Kriegs- und Bürgerkriegsflüchtlinge in Deutschland*, vol. 59, Bonn, 1995 and see also Reinhard Marx, "Nichtstaatliche Verfolgung und deutsches Ausländerrecht", Zeitschrift für Ausländerrecht und Ausländerpolitik, 1/2001, pp. 12-18.

[24] See also Executive Committee Conclusion on International Protection No. 77 (XLVI), 1995, para. e, which stresses the importance of interpreting and applying international refugee instruments "in a manner consistent with their spirit and purpose".

It is therefore not surprising that the *travaux préparatoires* are basically silent on the agent of persecution issue and do not reflect a discussion on a possible restriction that would stem from any tight correlation between the risk of persecution and the State.[25] The drafters were aware of this issue in the sense that they did not see the necessity of circumscribing persecution further, thus enabling an inclusive interpretative process to reflect a changing environment in the light of broader values underlying the international refugee protection regime. One should not forget that the 1951 Refugee Convention has been applied in all types of situations that did not exist in 1951. An examination of the historical context would support the view that a literal interpretation should be more than adequate to cover the circumstances around certain aspects of persecution that may have changed over time.

4.2. Literal Interpretation

Article 31(1) of the Vienna Convention stresses the primary importance of the "ordinary meaning" of the legal text for its interpretation. On the face of it, nothing in the actual wording of Article 1A(2) of the 1951 Refugee Convention or, for that matter, Article 33 of the Convention suggests that persecution needs to emanate from the State. In fact, a plain reading of the refugee definition and the *non-refoulement* principle would actually lead to the conclusion that the wording encompasses all forms of persecution, irrespective of its source or the actual condition of State structures. The main elements of the refugee definition are that the person is outside his or her country of origin and has a well-founded fear of persecution. The refugee definition focuses on the act of persecution but does not deal with the identity of the "persecutor". The element of persecution is central to the refugee definition but no definition of this term exists under international law.

The fact that persecution was not circumscribed more closely illustrates its open and flexible character, which allows the conclusion that what is meant is the type of persecution prevailing in the individual circumstances of the case at the time of application of the definition. If the environment within which persecution takes place changes, the wording enables an adaptation to changing circumstances so that it applies and covers new forms of persecution.

Had the intention been to limit the source of persecution to States, the wording would have indicated this. This is, however, not the case.[26] In this connection, it is interesting to note that Article 1 of the 1984 Convention Against Torture and Other Cruel, Inhuman or Degrading Treatment or Punishment establishes a relationship between the act and the agent, who has to be a public official or other person acting

---

[25] See Guy Goodwin-Gill, *The Refugee in International Law*, 2nd edn, Oxford, 1996, pp. 71-72; J. van der Veen, "Does Persecution by Fellow-Citizens in Certain Regions of a State Fall Within the Definition of "Persecution" in the Convention Relating to the Status of Refugees of 1951? Some Comments Based on Dutch Judicial Decisions", 1980, 11, *NethYBIL*, p. 167 at 170.

[26] The German Federal Administrative Court tacitly acknowledges this (E 95, 42 at 46, cf. for that point Vermeulen et al., *Persecution by Third Parties*, p. 13, fn.12).

in an official capacity. So in this case there is an explicit clarification concerning the identity of the torturer. Interestingly, the UN Committee Against Torture has interpreted the "agent issue" to extend also to *de facto* exercise of government functions, applying it to the situation in Somalia.[27]

In addition, the argument has been advanced that the reference in the refugee definition to the person's inability or unwillingness to avail himself or herself of the protection of the state is indicative of the potentiality that there are situations where States may be willing but unable to provide effective protection to victims of persecution.[28]

4.3. Teleological Perspective (Including in the Light of Other International Law Developments)

Any interpretation that read into the refugee definition a clear indication of the identity of the "persecutor" would in essence formulate an additional requirement, which was not foreseen originally and cannot be justified with reference to the actual wording of the refugee definition. Such an additional requirement articulated outside the actual text would in effect restrict the scope of protection of the 1951 Refugee Convention. The question is whether such a departure from the actual text of the refugee definition would be in accordance with the object and purpose of the 1951 Refugee Convention.

The object and purpose of the 1951 Refugee Convention is to protect refugees and to assure them the widest possible exercise of human rights.[29] Consequently, the Convention is tailored precisely to respond to and address the international protection needs of all victims of persecution where there is an absence of effective national protection.[30] The values that underlie this particular legal regime and define its very nature are universality, impartiality and fundamental notions of humanity. It is also important to bear in mind that treaties for the protection of human rights, which obviously include the 1951 Refugee Convention,[31] are not to be construed as static instruments. They are by definition dynamic, and it is important to take into account changed factual circumstances that have occurred in the period since their

[27] Committee Against Torture, decision of 25 May 1999.

[28] For a discussion and review of this argument and in particular the Horvath case (*Horvath* v. *Secretary of State for the Home Department* [2000] 3 WLR 379), see Walter Kälin, "Non-State Agents of Persecution and the Inability of the State to Protect", Georgetown Immigration Law Journal, 2001, vol. 15 n. 3, pp. 415-431.

[29] See Preamble of the 1951 Refugee Convention; Goodwin-Gill, *The Refugee in International Law*, p. 367.

[30] See, for instance, the third preambular paragraph of the 1951 Refugee Convention.

[31] That the 1951 Refugee Convention is a human rights instrument is not least evidenced by the reference in its Preamble to the Universal Declaration of Human Rights and the importance of human rights in the refugee context.

conclusion, as well as the entire legal regime prevailing at the time of interpretation.[32]

4.3.1. Law of State Responsibility

The State-centred view of persecution (the accountability approach) imports notions of the law of the responsibility of States, such as due diligence, into the international refugee law context. This complex area of international law is still under discussion by the General Assembly[32bis]. It is related to inter-State relationships to regulate the consequences of internationally wrongful acts, committed by one state against another or against the community of States.[33] Analysing whether someone is a refugee and fulfils the refugee definition is, however, not meant to pass judgement on the behaviour of States, most certainly not from the perspective of the law of State responsibility. This would contravene the humanitarian nature of the 1951 Refugee Convention and thus its very object and purpose.[34]

4.3.2. Factual Background

While State-sponsored persecution continues unabated, persecution outside the realm of the State has emerged as an additional facet of persecution that has come more to the fore in the 1990s for the reasons mentioned earlier. These include the stronger role of non-State actors and groups who are at times in a position to challenge the monopoly of power vested in the State. Non-State actors take numerous forms, ranging from organised armed groups exercising *de facto* control over territory and population; to uncontrollable extremists in a situation of unrest and anarchy; to international terrorists not affiliated with any State.

The fact that non-State actors do not necessarily exercise *de facto* control does not make them less dangerous or less able to inflict serious harm on individuals. Persecutory acts perpetrated by non-State agents often take place in the context of internal armed conflicts or in times of serious public disorder and internal tension. It should also be noted that a considerable number of internal conflicts indubitably engender a destabilisation of State structures and an eventual loss of effective control over territory by the State. Today's international protection needs will therefore need to be interpreted in the context of these factual developments that appear likely to continue to generate refugees.

---

[32] See Alfred Verdross and Bruno Simma, *Universelles Völkerrecht: Theorie und Praxis*, 3rd edn, Berlin, 1984, pp. 498-9.

[32bis] Please note that the International Law Commission adopted on second reading a complete text of the Articles on Responsibility of States for Internationally Wrongful Acts. They were referred to the General Assembly for consideration in 2001. See Official Records of the General Assembly, Fifty-Sixth Session, Supplement N. 10 (A/56/10), chap. V.

[33] See Karl Zemanek, "Responsibility of States: General Principles", *EPIL*, 10, 1987, pp. 362-72.

[34] See the fifth preambular paragraph of the 1951 Refugee Convention.

4.3.3. Human Rights Law Developments

In terms of legal developments with a bearing on the interpretation of this issue, international human rights law has undergone a tremendous development over the past fifty years. It has, for instance, allowed the dynamic interpretation of human rights norms, with a view to advancing the protection of individuals often beyond the ordinary meaning of its legal texts.

The interpretation of Article 3 of the 1950 European Convention for the Protection of Human Rights and Fundamental Freedoms is one example where a dynamic interpretation by the Strasbourg institutions enabled a consideration of Article 3 in expulsion cases of aliens, including in the present context. In *Ahmed*,[35] for instance, the European Court of Human Rights reached the conclusion that the applicant's deportation to Somalia would breach Article 3 of the European Convention on Human Rights for as long as he faced a serious risk of being subjected to torture or inhuman or degrading treatment there. The lack of State authority in Somalia was not relevant to the Court reaching this conclusion. In *H.L.R.* v. *France*,[36] the Court did not rule out the possibility that Article 3 of the European Convention on Human Rights might also apply where the danger emanated from persons or groups of persons who were not public officials. It had to be shown, however, that the authorities of the receiving country, in this case Colombia, were not able to obviate the risk by providing sufficient protection. The Court elaborated its considerations further in *D.* v. *United Kingdom*[37] by reserving to itself sufficient flexibility to address the application of Article 3 in other contexts that might arise. It could not therefore be prevented from scrutinising an applicant's claim under Article 3 where the source of the risk of proscribed treatment in the receiving country lay in factors which could not engage either directly or indirectly the responsibility of the public authorities of that country, or which, taken alone, did not in themselves infringe the standards of that Article.

4.3.4. International Criminal Law

Another important legal development is related to international criminal law, which entails individual criminal responsibility for particularly atrocious crimes, such as genocide, crimes against humanity and war crimes. These crimes are in fact persecutory acts compelling people to flee abroad and to seek international protection. Since the Nuremberg Trials at the end of the Second World War specific international criminal tribunals, as well as the Rome Statute of the

---

35 See *Ahmed* v. *Austria*, 1996, 24, EHRR, p. 278; see also *Chahal* v. *United Kingdom*, 1996, 23 EHRR, p. 413, where the Court implied that the state's inability to protect was sufficient to invoke Article 3 protection.

36 See *H.L.R.* v. *France*, 1997, 26, EHRR, p. 29; see also *T.I.* v. *United Kingdom*, Application No. 43844/98 (7 March 2000).

37 See *D.* v. *United Kingdom*, 1997, 24, EHRR, p. 423.

International Criminal Court have now further reinforced the position that individuals can be prosecuted under international law for such crimes, irrespective of any link with the State. The logical deduction from this development is that if non-State actors of persecution are responsible under international law an even stronger case can be made that their victims must be entitled to international protection under the 1951 Refugee Convention.

4.3.5. Summary

A teleological interpretation, taking into account the changing nature of persecution and subsequent international legal developments, will therefore need to advance the protection provided by the 1951 Refugee Convention and extend its scope to all persons at risk, irrespective of the origins of the risk, provided of course that the various criteria of the refugee definition are met.

4.4. Subsequent Practice and Protection Policy Arguments

In line with the rules of treaty interpretation (in this case Article 31(3) of the Vienna Convention on the Law of Treaties), it is telling and persuasive that, as outlined earlier, the vast majority of States have adopted the same interpretation of the persecution element as UNHCR. In addition, most eminent lawyers in the area of international refugee law agree that this interpretation is sound and in line with general international law.[38]

From UNHCR's perspective, there is also a more general policy argument to make. In view of its responsibility to supervise international refugee instruments and given the refugee definition contained in the UNHCR Statute, any restrictive interpretation of the Convention refugee definition may widen the "gap" in international protection between persons considered as refugees by UNHCR, on the one hand, and those persons in respect of whom States accept explicit refugee protection responsibility. This undermines the coherence and predictability of the international refugee protection regime.

While it is recognised that most asylum-seekers obtain some form of at least rudimentary protection in Europe, narrowing the legal definition restricts their legal protection, and means that many of them have a lesser status, with fewer basic rights than refugees are entitled to. It is also likely to influence adversely the development of refugee status determination in other regions, especially Central and Eastern Europe and Central Asia.[39]

---

[38] See Goodwin-Gill, *The Refugee in International Law*, pp. 70-;4; Walter Kälin, *Grundriss des Asylverfahrens*, Basel/Frankfurt a.M., 1990, p. 66 *et seq.*; James Hathaway, *The Law of Refugee Status*, Toronto, 1991, pp. 125-133; Geoffrey S. Gilbert, "Right of Asylum: A Change of Direction", 1983, 32, *ICLQ*, p. 633 at 645.

[39] See, for instance, Poland (judgement by the Supreme Administrative Court, 5 November 1999, VSA 497/99).

In summary, a narrow interpretation excluding non-State persecution would constitute a setback for the legal basis of refugee protection, and international refugee law, and would be at variance with the object and purpose of the 1951 Refugee Convention.

5. Outlook

There are some indications auguring well for a resolution of this issue. UNHCR argued in a paper on complementary forms of protection,[40] submitted to the Standing Committee session in July 2000, that the criteria for refugee status in the 1951 Refugee Convention should be interpreted in such a manner that individuals who fulfil the criteria are so recognised and protected under that instrument, rather than being treated under complementary protection schemes. The paper referred explicitly to the diverging views on the non-State agent of persecution issue, arguing for refugee recognition under the Convention in such cases.

In response to this paper, the Swiss delegation announced the formation of a working group to examine the issue further, which is a welcome development. Recent decisions of the Swiss Asylum Commission cast doubt, albeit in a cautious manner, on the continued relevance of the old doctrine concerning non-State agents of persecution.[41] The German Constitutional Court has also softened its criteria for considering non-State actors as *de facto* authorities in relation to Afghanistan.[42] In the EU context, the Presidency Conclusions of the European Council held in Tampere (Finland) in October 1999 recognised the primacy of the 1951 Refugee Convention, including its full and inclusive application. This is not least reflected in the draft Council Directive on the refugee definition, as proposed by the European Commission.[42*bis*] Clearly, the declared intention is to move beyond minimum levels of harmonisation and to aim for a common system both in terms of asylum procedures and, eventually, a uniform refugee status.[43] Most recently, as mentioned above, the German government has moved to accept the concept of non-State persecution.

---

[40] See UNHCR, "Complementary Forms of Protection: Their Nature and Relationship to the International Refugee Protection Regime", 9 June 2000, UN document EC/50/SC/CRP.18.

[41] See Swiss Asylum Appeals Commission decision, 12 July 2000, p. 14.

[42] See BVerfG 2 BvR 260/98, 10 August 2000. As for the Federal Administrative Court that seems to follow suit, see footnote 15.

[42*bis*] For more details, see footnote 22*bis*.

[43] See also, UNHCR, "Note on International Protection", 7 July 2000, UN document A/AC.96/930, para. 42: "... European States have played an important role in crafting the international refugee protection regime, which places a special duty on these States to harmonize substantive and procedural aspects of asylum law and policies in a manner that enhances, not reduces refugee protection globally. In line with a Declaration to the Final Act of the Treaty of Amsterdam relating to consultations with UNHCR, the Office actively contributes to the harmonization process by providing detailed policy and legal opinions on the various draft texts, as well as by preparing substantive background documentation both on State practice and on relevant international refugee law standards."

6. Conclusion

International law, and in particular international human rights and refugee law, is a living phenomenon and its application constantly needs to be adapted to new types of situations. The 1951 Refugee Convention creates a general and universal legal regime for persons who are in need of international protection. For fifty years, this instrument has proven sufficiently adaptable to respond to different and changing circumstances for people who leave their country in fear of persecution.

Given the changing nature of persecution, it is indeed both a legal and a policy challenge to ensure that any perceived dichotomy between the institutional responsibilities conferred on UNHCR, and the obligations accepted by States is reduced. Recognising non-State persecution within the 1951 Refugee Convention regime is a sound interpretation of the refugee definition from an international law perspective and a valuable contribution to bridging an important "protection gap" created by the failure to apply existing international refugee law. It is also necessary if the aim is to strengthen the role of international human rights and refugee law as a coherent and predictable multilateral response to people at risk and in need of international protection.

GENDER-RELATED PERSECUTION

*Walter Kälin**

INTRODUCTION

When the 1978 Swiss Asylum Act[1] entered into force, gender[2] was not much of an issue in Swiss asylum practice. The very large majority of asylum-seekers were men. If married couples or families arrived, wives and daughters were included in the procedure granted to the husband or father; if he received asylum, the rest of the family was automatically granted refugee status, too.[3] This so-called "family asylum" reflected very traditional notions of women being dependents of men. It is true that there were some women arriving on their own, but these were often political activists[4] whose cases did not raise particular issues related to the gender of the applicant. As late as 1987, the Federal Council responded negatively to the question from Parliament as to whether persecution because of the gender of the victim could be relevant for the granting of refugee status; it stressed that the refugee definition did not have the function of making up for problematic social developments in other countries.[5] However, cases of gender-specific persecution often led to a decision that the woman concerned could not be returned to the country of origin and, therefore, had to be "provisionally admitted".[6]

---

* Professor Dr. iur., LL.M. University of Bern.
I would like to thank Ms. Judith Wyttenbach, Fürsprecherin for her assistance in preparing this article.

1 Loi fédérale du 5 octobre 1979 sur l'asile, RS (Recueil systematique) 143.31.

2 The notion of "gender" is to be distinguished from "sex", as it relates not to biological differences between men and women but to "socially-defined roles that are assigned to one sex or another" (*Gender-related Persecution*, UNHCR Position Paper presented by the Department of International Protection, CIREA Meeting, 24 November 1999, Brussels, at 1).

3 Article 3 para. 3 1978 Asylum Act.

4 E.g., trade unionists or members of radical left-winged parties from Turkey after the military coup of September 1980.

5 Christina Hausammann, "Die Berücksichtigung der besonderen Anliegen der Frauenflüchtlinge in der laufenden Asylgesetzrevision", *ASYL*, 1996/2, at p. 43, quoting 87.436, Motion Gurtner vom 10.6.1987, Antwort des Bundesrates vom 2.9.1987.

6 See Hausammann, "Die Berücksichtigung der besonderen Anliegen der Frauenflüchtlinge in der laufenden Asylgesetzrevision", (supra note 5) at 43. Provisional admission (admission provisoire) is a substitute form of protection for rejected asylum-seekers whose removal to the country of origin is not possible, not admissible according to international law (especially Article 3 ECHR) or may not be imposed because of specific risks in the country of origin (see Article 14a of the Swiss Aliens Act: Loi fédérale du 26 mars 1931 sur le séjour et l'établissement des étrangers, RS 142.20).

V. Chetail and V. Gowlland-Debbas (eds.),
Switzerland and the International Protection of Refugees
La Suisse et la protection internationale des réfugiés, 111-128.

It was only in the late 1980s and early 1990s that international debates about gender related issues in asylum practice started to have an impact on Swiss discussions.[7] Pressure for a more gender-sensitive approach to asylum mounted when the Federal Council (i.e., the Swiss Executive) decided to submit a draft for a new Asylum Act to Parliament. In its report of 4 December 1995 on this proposal,[8] the Federal Council addressed the issue of gender-specific persecution: it declared its willingness to proclaim, at the level of an ordinance, specific procedural norms for asylum applications involving women.[9] Accordingly, Article 17(2) of the 1998 Asylum Act entrusts the Federal Council with enacting additional procedural provisions that have to take into account the specific situation of women and minors.[10]

At the same time, the Federal Council rejected demands to include "gender" as a motive of persecution in the list of relevant grounds in Article 3(1) Asylum Act:[11] it stressed that Switzerland would not only go beyond the notion of refugee as contained in Article 1A(2) CSR51,[12] but also that it would send out a signal that would attract women from countries with fundamentalist tendencies; finally, such a move would not be in line with European trend to harmonize the application of the refugee definition.[13] The Federal Council also underlined that the 1951 Convention already covers cases of gender-specific persecution.[14] During parliamentary debates the issue of gender-specific persecution was raised on several occasions.[15] Proposals to introduce gender as an additional motive of persecution were defeated in the National Council.[16] A change came when the Council of

---

7 In Switzerland, Christina Hausammann has made particularly important contributions to this discussion. See Christina Hausammann, "Bestrebungen des UNHCR zum Schutze von Frauenflüchtlingen", *ASYL*, 1990/2, pp. 3-7; *id.*, "Die Beurteilung frauenspezifischer Verfolgung im Asylverfahren", *ASYL*, 1991/4, pp. 7-10 and *ASYL*, 1992/1, pp. 3-7; *id.*, "Frauenverfolgung und Flüchtlingsbegriff", Eidg. Büro für die Gleichstellung von Mann und Frau (Hrsg.), Bern, April 1992; *id.*, "Die Berücksichtigung der besonderen Anliegen der Frauenflüchtlinge in der laufenden Asylgesetzrevision", *ASYL*, 1996/2, pp. 39-51.

8 Message du Conseil fédéral du 4 décembre 1995 concernant la révision totale de la loi sur l'asile ainsi que la modification de la loi fédérale sur le séjour et l'établissement des étrangers, FF (Feuille fédérale) 1996 II 1.

9 Message (supra note 8), at 50.

10 Article 17(2) Asylum Act reads: "Le Conseil fédéral édicte des disposition complémentaires concernant la procédure d'asile, notamment pour qu'il soit tenu compte dans la procédure de la situation particulière des femmes et mineurs".

11 This provision enumerates race, religion, nationality, membership of a particular social group and political opinion as relevant motives of persecution.

12 Convention on the Status of Refugees of 28 July 1951.

13 Message (*supra* note 8), at 40.

14 *Id.*

15 See, e.g., Bull. off. CN (Bulletin officiel de l'Assemblée fédérale, Conseil national), 1997, pp. 1002-1003 or Bull. off. CE (Bulletin officiel de l'Assemblée fédérale, Conseil des états), 1997, pp. 1184-1186 and at 1195.

16 Bull. off. CN, 1997, at 1005.

States, upon the recommendation of its preparatory committee,[17] decided to amend the definition of persecution in Article 3(2) Asylum Act with a reference to gender by adding: "...Motives of flight specific to women shall be taken into account".[18]

This article first describes some of the gender-related procedural issues addressed by the new Article 17(2) Asylum Act (Part 1). It then proposes an understanding of Article 3(2) Asylum Act as an obligation to interpret the notion of refugee in a gender-sensitive manner (Part 2), followed by a short description of relevant Swiss case law illustrating different categories of gender-based persecution (Part 3). The discussion ends with an outlook regarding the specific problems raised by applications of women who fear domestic violence or similar dangers in the private sphere (Part 4).

1. Procedural Issues

It is acknowledged in general that women may have particular needs regarding the asylum procedure.[19] They may be reluctant to open up to male asylum officers if they come from a culture where women are expected not to tell everything to someone they do not know, especially if he is a man; they may be suspicious because they have experienced particularly bad treatment by officials in the country of origin due to their gender, and therefore, be even more intimidated to speak openly if men are present at the asylum hearing; if they come from societies with strong codes of honor, they may not be ready to talk about being a victim of sexual violence because they fear the negative reaction of male relatives; finally, they might have a tendency to adapt their own testimony to the presentation made by the husband or father and fail to highlight clearly enough their own experiences.

It is for such reasons that ExCom Conclusion No. 64 urged States to "[p]rovide, wherever necessary, skilled female interviewers in procedures for the determination of refugee status and ensure appropriate access by women asylum-seekers to such procedures, even when accompanied by male family members."[20] Similarly, Conclusion No. 73 called upon States "to ensure the equal access of women and men to refugee status determination procedures",[21] further recommended "that in procedures for the determination of refugee status, asylum-seekers who may have suffered sexual violence be treated with particular sensitivity"[22] and suggested "the

---

17 Bull. off. CE, 1997, pp. 1184f.

18 *Id.* at 1195; confirmed by the National Council, Bull. off. CN, 1998, pp. 1246 f. The full text of Article 3 Asylum Act is reproduced in the text accompanying note 37.

19 The following list summarizes the overview in: Hausammann (supra note 5), at 45-46.

20 Executive Committee, Conclusion No. 64 (XLI), 1990 entitled "Refugee Women and International Protection", para. a(iii).

21 Executive Committee Resolution No. 73 (XLIV), 1993 entitled "Refugee Protection and Sexual Violence", para. c.

22 *Id.*, para. g.

establishment by States of training programmes designed to ensure that those involved in the refugee status determination process are adequately sensitized to issues of gender and culture".[23]

In its Asylum Ordinance 1 relating to the procedure,[24] the Federal Council has incorporated these recommendations to a large extent. According to Article 5 of the Ordinance, each member of a married couple or a family has the right to a separate examination of his or her reasons for requesting asylum, i.e. to a separate procedure. Family asylum in the sense of an inclusion of the wife and children into the asylum granted to the husband and father still exists,[25] but it only plays a subsidiary role where the other members of the family either do not claim to be refugees themselves or are not recognised as such. Article 6 Ordinance 1 provides that the asylum hearing has to be conducted by a person of the same sex if there are concrete indications that the asylum-seeker has been sexually abused or if the general situation prevailing in the country of origin allows for that conclusion.[26] The non-applicability of this provision to the preliminary hearing at the registration centers ("centres d'enregistrement")[27] has been criticised on the basis that traumatized women or women from traditional backgrounds will often have insurmountable difficulties in speaking about their suffering during a summary interrogation conducted by a male officer.[28] This criticism is justified, as the outcome of this preliminary hearing might be decisive for the opening of an accelerated procedure.[29]

Asylum requests of traumatized victims of rape and other forms of sexual violence raise particular problems because such victims often tell about their experiences in a contradictory or inconsistent manner or inform authorities only late in the procedure about them. On the one hand, inconsistent, contradictory or belated presentations affect the credibility of asylum-seekers to a very considerable extent. On the other hand, it is well known that victims of torture and similar experiences of violence often suffer from so-called Post Traumatic Stress Disorder Syndrome. In the context of its case law regarding the prohibition on forcible return to situations of torture as embodied in Article 3 CAT,[30] the Committee Against Torture, when faced with the problem of contradictory statements and belated submissions of torture, stresses convincingly "that this behaviour is not uncommon for victims of

23 *Id.*, para. j.
24 Ordonnance 1 sur l'asile relative à la procédure du 11 août 1999, RS 142.311.
25 Article 51 Asylum Act.
26 The asylum hearing is conducted by a cantonal authority (Article 29 Asylum Act). According to Mario Gattiker, *Das Asyl- und Wegweisungsverfahren*, Bern 1999, at 106, the hearing is conducted by federal authorities if a canton does not have staff specialized for this task.
27 Article 26(2) Asylum Act.
28 Gattiker (*supra* note 26) at 106.
29 See *id.*
30 Convention against Torture and Other Cruel, Inhuman or Degrading Treatment or Punishment of 10 December 1984.

torture" and that it is therefore irrelevant unless it concerns (and that it is therefore irrelevant unless it concerns) essential aspects of their asylum claim.[31]

In Switzerland, the Asylum Appeals Commission took a similar approach in two 1996 landmark decisions regarding victims of rape and other forms of violence from Kosovo.[32] It noted that victims of very serious violence may be traumatized to an extent which makes it impossible for them to immediately declare what has happened,[33] and concluded on the basis of medical evidence regarding the serious mental health problems caused by these events that the incomplete and belated depositions could not affect the overall credibility of these asylum-seekers.[34] It also took note of the socio-cultural background of these women and the culture of shame that made it impossible for them to speak openly about their experiences to foreigners.[35]

It can be concluded that as a matter of law and jurisprudence much progress has been made in Switzerland regarding the procedural rights of female asylum-seekers in recent years, although problems may still occur in practice, in particular in Cantons without a sufficient number of specialized and qualified staff.

2. Gender-specific Motives of Flight

2.1. Interpretation of the Law

In the area of substantive law, the main innovation in recent years has been, as mentioned above, the inclusion of the notion of gender-specific motives of flight in

---

31 Views of the Committee Against Torture under Article 22, paragraph 7, concerning Communication No. 15/1994 submitted by Mr. Tahir Hussain Khan, para. 12.3. Date of communication: 4 July 1994; Date of Views: 15 November 1994 (Annual Report 1995 (UN Doc. A/50/44), at 46; HRLJ 1994, at 426); Views concerning Communication No. 21/1995 submitted by Mr. Ismail Alan, para. 11.3. Date of communication: 31 January 1995; Date of Views: 8 May 1996; Views concerning Communication No. 41/1996 submitted by Ms. Pauline Muzonzo Paku Kisoki, para. 9.3; Date of communication: 12 February 1996; Date of Views: 8 May 1996. See also Views concerning Communication No. 65/1997 submitted by I.A.O., para. 14.3; Date of communication: 21 March 1997; Date of Views: 6 May 1998 and Views concerning Communication No. 89/1997 submitted by Ali Falakaflaki; Date of Communication: 3 September 1997; Date of views: 8 May 1998 where the Committee rejected arguments of the government about the lack of credibility by referring "to the existence of medical evidence demonstrating that the author suffers from Post Traumatic Stress Disorder" (para. 6.5). See also Views of the Committee against Torture under Article 22, paragraph 7, concerning Communication No. 43/1996 submitted by Mr. Kaveh Yaragh Tala. Date of communication: 7 March 1996; Date of Views: 15 November 1996, where the Committee noted "that complete accuracy is seldom to be expected by victims of torture and that the inconsistencies as exist in the author's presentation of the facts do not raise doubts about the general veracity of his claims, especially since it has been demonstrated that the author suffers from Post Traumatic Stress Disorder".

32 *JICRA* 1996/16, pp. 136-149 and 1996/17, pp. 150-158.

33 *JICRA* 1996/16, at 140 and 1996/17, at 155.

34 *JICRA* 1996/16, at 142-144 and 1996/17, at 156-157.

35 *JICRA* 1996/16, at 139.

the refugee definition of Article 3(2) Asylum Act. This definition does not replace, but rather clarifies, the notion of refugee in Article 1A(2) CSR51.[36] It reads:

> "Art. 3 Définition du terme de réfugié
>
> 1 Sont des réfugiés les personnes qui, dans leur État d'origine ou dans le pays de leur dernière résidence, sont exposées à de sérieux préjudices ou craignent à juste titre de l'être en raison de leur race, de leur religion, de leur nationalité, de leur appartenance à un groupe social déterminé ou de leurs opinions politiques.
>
> 2 Sont notamment considérées comme de sérieux préjudices la mise en danger de la vie, de l'intégrité corporelle ou de la liberté, de même que les mesures qui entraînent une pression psychique insupportable. *Il y a lieu de tenir compte des motifs de fuite spécifiques aux femmes.*"[37]

During parliamentary debates, speakers stressed that this amendment would not change the definition of refugee but just highlight what was already inherent in Article 3 Asylum Act.[38] This raises the question as to whether the amendment has any legal consequences. The drafting history is inconclusive in this regard. The issue has not been clarified yet by the Swiss Asylum Appeals Commission in its published case law.[39] Nevertheless, it is possible to highlight the following:

It is clear that systematically, the sentence "Motives of flight specific to women shall be taken into account" refers to the *forms* of persecution mentioned in paragraph 2 of this provision. The amendment thus acknowledges that gender specific persecution is relevant persecution as long as all other requirements of the refugee definition are met. This is important because in the past a proper understanding of the gender-specificity of persecutory measures has sometimes been absent from Swiss asylum practice.[40] In this context, gender-specific persecution can be defined as "any act of gender-based violence that results in, or is likely to result in, physical, sexual or psychological harm or suffering to women, including threats of such acts, coercion or arbitrary deprivation of liberty, whether occurring in public or private life."[41]This definition provides useful guidance for the interpretation of the amendment.

---

36 On the relationship between Article 3 Asylum Act and Article 1A(2) CSR51 see Walter Kälin, *Grundriss des Asylverfahrens*, Basel, 1990, pp. 26f.

37 Emphasis added by author.

38 See the statements by Councillor of State Bruno Frick and Federal Councillor Koller, Bull.off. CE, 1997, at 1195.

39 Claudia Cotting-Schalch, *Pratique de la Commission relative aux motifs de fuite spécifique aux femmes*, présentation du 16 octobre 2000 (unpublished manuscript, on file with author), at 1.

40 See Hausammann, "Die Beurteilung frauenspezifischer Verfolgung im Asylverfahren", (supra note 7) at 3-5.

41 Article 1 of the 1993 Declaration on the Elimination of Violence against Women, quoted in: UNHCR Division of International Protection, Gender-Related Persecution: An Analysis of Recent Trends, *International Journal of Refugee Law*, Special Issue 1997, at 82.

The relevant motives of persecution enumerated in paragraph 1 of the Asylum Act have not been amended. Thus, the requirement of a nexus with the race, religion, nationality, membership of a particular social group or political opinion is still required in all cases of persecution of a woman. It is clear from the drafting history of the amendment that "gender" should not become a new and independent motive of persecution.[42] Grammatically, however, the words "motives of flight" refers to the reasons why women have to flee. These reasons relate both to the form and the motive of persecution. In that sense, the amendment suggests a gender-sensitive interpretation not only of relevant forms of persecution but also of the notion of refugee as such as long as this interpretation respects all the requirements of that definition. This understanding is confirmed by the insistence of the Federal Council and speakers during parliamentary debates on the inherent gender-sensitivity of Article 3 Asylum Act.[43] Thus, it can be concluded that Article 3(2) Asylum Act highlights the obligation to interpret the refugee definition in a gender-sensitive manner.

2.2. Towards a Gender-sensitive Interpretation of Article 3 Asylum Act

What is a gender-sensitive interpretation of the notion of refugee? UNHCR answers this question by first recalling that "[a]ll the elements of the refugee definition have to be fulfilled for a person to be recognised as a refugee – a well-founded fear of persecution, and because of one or a combination of the five grounds" and then by stressing that

> "[w]hile gender is not specifically referenced in the definition, it should be accepted that it can influence, or dictate, the type of persecution or harm suffered and the reasons for this treatment. In order to improve the quality of refugee status determination, and to protect refugee women, it is of paramount importance to refrain from approaching refugee claims by women along the lines of the more traditional, and familiar, situation of refugee men. There needs to be a recognition of the fact that through a proper interpretation of the refugee definition, certain gender related claims can and do fall within the ambit of the 1951 Convention."[44]

In this sense, a gender-sensitive interpretation of the refugee definition means that the examiner must at least:

- not use stereotypes and accept that women too have political opinions and religious beliefs (many cases of "gender-specific" persecution are in fact cases of political, religious, ethnic, etc. persecution);

---

42 See the references in the introductory part of this article.

43 *Supra* note 38.

44 *Gender-related persecution*, UNHCR Position Paper presented by the Department of International Protection, CIREA Meeting, 24 November 1999, Brussels, at 2.

- not disregard the seriousness of certain measures of persecution primarily or exclusively imposed on women;
- not conclude too quickly that certain forms of gender-specific persecution are just "private" or without nexus to relevant motives.

3. Gender-Sensitivity of Swiss Case Law?

This approach can lead to appropriate solutions, as the published case-law of the Swiss Asylum Appeals Commission has often, although not always, shown. An analysis of the case law allows distinguishing among the following five situations:

(1) *Women are persecuted for reasons of race, religion, nationality or political opinion unrelated to their gender, but the form of persecution is gender-specific.* Examples include the rape of a female member of a prohibited political party by an agent of the State during an interrogation, or forced sterilization of women by governmental health authorities for the only reason that these women belong to an ethnic minority. Such cases must and can be decided on the basis of the usual criteria used for the determination of asylum requests, but they call for taking into account, in accordance with Article 3(2) Asylum Act, the particular seriousness of gender-specific forms of persecution. The Swiss Asylum Appeals Commission, in a 1996 case, granted asylum to a woman from Kosovo who had been raped and seriously beaten by Serb police forces who suspected her of hiding arms.[45] The Commission concluded that rape constitutes a serious form of ill-treatment and that it amounted to relevant persecution in the specific case because it was motivated by a policy of ethnic hatred implemented by Serb security forces in Kosovo during that time.[46]

(2) *Women experience or fear sufficiently serious harm imposed by agents of the State who want to target male relatives for relevant motives of persecution.* A typical example is the wife of a political activist who is arrested or maltreated because she does not give information on his whereabouts, or the daughter of the leader of a political party who is raped in order to intimidate him. Gender sensitivity requires in such cases either accepting the "collective" nature of political, religious or ethnic persecution, or classifying the persecution of female relatives of the main target as persecution by reason of their membership in the particular social group "family". In this sense, a young woman from Kosovo who had been repeatedly raped by Serb policemen looking for her brother was granted asylum since the Asylum Appeals Commission took it for granted that the victim had been persecuted both

[45] *JICRA*, 1996/17, pp. 150-158.
[46] *Id.* at 157-158.

because of her religion and ethnic origin and her membership to a particular social group (i.e., her family).[47]

(3) *Women experience or fear sufficiently serious harm imposed by or with the consent or acquiescence of State authorities because they deliberately violated traditions and social mores.* This is, for example, the case if a woman is punished by agents of the State because she has violated a dress code or similar legal, religious or social norms. While it is true that punishment for a violation of the law, as such, normally does not amount to relevant persecution, a gender-sensitive approach requires accepting that a qualified breach of such norms may in fact constitute a gender-specific expression of political or religious opinion and is sanctioned because the women concerned are regarded as dissenters and enemies of the State and its religion.[48] Disproportionate punishment in a particular case should be considered as an important factor in determining whether sanctions by the State reach the level of political or religious persecution. The Federal Court of Canada, for example, held that punishment for the violation of a dress code for women in Iran amounted to persecution in the case of a woman who was arrested, detained and interrogated on eight or nine occasions. The Court identified the reactions of the authorities as being "so Draconian as to be completely disproportionate to the objective of the law".[49]

(4) None of the published decisions of the Swiss Asylum Appeals Commission deals with such a situation. However, existing case law suggests that it would have to take a similar approach. The Commission accepts in general that punishment for violations of laws of general application constitutes relevant

---

47 *Id.* at 146.

48 See *Australian Guidelines on Gender Issues for Decision Makers*, Department of Immigration and Multicultural Affairs, July 1996, para. 4.30:
"...the role ascribed to women may be attributable to the requirements of the state or official religion. The authorities or other agents of persecution may perceive the failure of women to conform to this role or model of behaviour as the failure to practice or to hold certain religious beliefs and as such as an attempt to corrupt the society or even as a threat to the religion's continued power ... ".
Similarly, Canadian Guidelines (Immigration and Refugee Board, Guideline 4: *Women Refugee Claimants Fearing Gender-Related Persecution*, Ottawa, Update 1996) para. 5:
"The political nature of oppression of women in the context of religious laws and rituals should be recognised. Where tenets of the governing religion in a given country require certain kinds of behaviour exclusively from women, contrary behaviour may be perceived by the authorities as evidence of an unacceptable political opinion that threatens the basic structure from which their political power flows."
In the US case of *Fatin v. INS*, 12 F.3d. 1233 (3d Cir., 1993), the Court concluded in the case of an Iranian woman who refused to wear the chador that she was not persecuted on account of membership in a particular social group. For a convincing critique of the "social group" approach in such cases and a defense of an approach using the motive of political (or religious) opinion see Susan Musarrat Akram, "Orientalism Revisited in Asylum and Refugee Claims", *IJRL*, 2000, at 27-30.

49 Federal Court of Canada, *Farideh Fathi-Rad v. Secretary of State for Canada*, 13 April 1994, quoted in UNHCR Division of International Protection: An Anlysis of Recent Trends, *IJRL*, 1997, pp. 93-94.

persecution if it is disproportionate and that, therefore, it cannot be justified by legitimate motives; in such situations, the absence of legitimate motives is regarded as a clear indication that the punishment is imposed on account of one of the Convention grounds.[50] In this sense, the Commission indicated in a gender-related case that the discrimination of a homosexual man could have amounted to relevant persecution had it been more serious than it actually was in the specific case.[51]

(5) *Women experience or fear sufficiently serious harm by non-State actors for Convention or non-Convention reasons but are left without protection by the State, which is unwilling to protect them for relevant motives of persecution.* Such cases include not only the abduction and forced marriage of women belonging to a religious minority by members of the majority with the consent or acquiescence of the State which regards such abductions as an appropriate measure to punish and oppress the minority, but also victims of domestic or other "private" violence in situations where the law protects the perpetrator. In such cases it is necessary to recognise the seriousness of domestic and other "private" violence and to accept that the decision of the State not to protect may be based on relevant motives. While the category of domestic violence raises particular problems which are discussed below (part 4 of this article), other situations have been recognised by the Asylum Appeals Commission as relevant for granting refugee status. Thus, it held that the Turkish State refused to protect young Christian women of Aramaean origin from South-Eastern Turkey against abduction by and forced marriage to neighbouring Muslim men as part of a deliberate policy to discriminate against and destroy a religious minority.[52] While in this case the private perpetrators and the Turkish authorities had similar motives of persecution, private motives were irrelevant for granting refugee status in the case of a young Turkish woman of Kurdish origin and Alevite faith who was sold into prostitution by a friend for monetary reasons and who was repeatedly denied protection by the police. The Commission held that such protection was denied because the victim belonged to an ethnic and religious minority that stood in opposition to the Turkish State and thus was regarded as a potential political opponent not worthy of protection.[53]

(6) *Women experience or fear sufficiently serious harm by non-State actors for non-Convention reasons and are left without protection by the State because of its inability to protect.* A typical example is the victim of domestic violence who cannot get protection from State authorities because these are absent or too weak to protect. In Switzerland, persecution by non-State agents in situations

[50] E.g., *JICRA*, 1996/29, at 281; *JICRA*, 1996/34 pp. 213-221.
[51] *JICRA*, 1996/30, pp. 284-295.
[52] *JICRA*, 1993/9, pp. 54-60.
[53] Asylum Appeals Commission, Decision of 5 December 1995, *ASYL*, 1996/2, pp. 64-65.

of an inability of the State to provide protection is still not considered to be persecution in the sense of Article 1A(2) CSR51.[54] Therefore, a woman from Algeria who had received death-threats from Islamic fundamentalists was not granted asylum because the danger emanated from non-State agents of persecution in a situation where the State had lost its ability to protect.[55] A change of practice would require that the Commission first accepts the relevance of persecution by non-state agents and, second, comes to the conclusion that the private perpetrators in fact based their actions on relevant motives.

4. The Question of "Social Group" in Cases of Domestic and Similar Violence

Cases of domestic and similar violence in the private sphere raise particularly difficult questions, not because of the lack of a sufficient seriousness of the degree of violence often experienced by the victims but because the motive of persecution is unclear in situations where the State is unwilling to offer protection. Apparently, the Swiss Asylum Appeals Commission has not yet decided how to approach such cases.[56] In several cases of women claiming that they would fall victim to genital mutilation, the Commission concluded that either the presentation of facts was not credible or that the fear was not well-founded,[57] so the question of motive was not relevant for the decision. Appeals by Chinese women claiming to fear forced sterilization or forced abortion were rejected on the basis of a lack of credibility with some indications that such violence probably would not fulfill the conditions of Article 3 Asylum Act since the relevant laws were valid for all women and, therefore, the victims were not singled out for persecution.[58] There is no information available about cases of asylum-seekers claiming that a denial of protection against domestic violence constitutes relevant persecution, partly because at least in some cases provisional admission is granted by the Federal Office for Refugees (the first instance in the asylum-procedure).[59]

---

[54] Therefore, a woman from Algeria who had received death-threats from Islamic fundamentalist was not granted asylum because the danger emanated from non-State agents of persecution in a situation where the State had lost its ability to protect (*JICRA*, 1996/28, pp. 267-273). For a critique of this so-called accountability-theory see Walter Kälin, "Non-State Agents of Persecution and the Inability of the State to Protect", *Georgetown Immigration Law Journal* (forthcoming).

[55] JICRA 1996/28, pp. 267-273.

[56] Cotting-Schalch (supra note 39) at 14.

[57] *Id.* at 11-12 (referring to several unpublished cases, including the case of a thirty-year-old woman who already had been a victim of excision at the age of ten and claimed to have to undergo such treatment for a second time, and cases of women who could not show that State authorities would be unwilling to protect them).

[58] Id. at 12-13 (referring to decisions of 17 July 1998 and 6 May 1998).

[59] See *supra* note 6.

What should be the appropriate approach of the Swiss authorities in the future? A relevant point of departure is provided by the 1985 Executive Committee Conclusion No. 39 recognising

> "that States, in the exercise of their sovereignty, are free to adopt the interpretation that women asylum-seekers who face harsh or inhuman treatment due to their transgression to the social mores of the society in which they live may be considered as a "particular social group" within the meaning of Article 1 A(2) of the 1951 United Nations Refugee Convention."

Despite the reluctance of some courts to follow this approach,[60] it has been accepted and confirmed in recent times by a number of important courts in countries such as Canada,[61] New Zealand,[62] Australia[63] and the United Kingdom. Of particular interest in this context is the UK House of Lords' 1999 decision in *Shah and Islam*,[64] dealing with the cases of two married women from Pakistan who were forced by their husbands to leave their homes and who risked being falsely accused of and severely punished for adultery without any chance of getting protection from the authorities.

An important feature of this decision is the clear distinction between the private perpetrators and the role of the State. In this regard, Lord Hoffmann pointed out that the fear of the appellants

> "is made up of two elements. First, there is the threat of violence to Mrs. Islam by her husband and his political friends and to Mrs. Shah by her husband. This is a personal affair, directed against them as individuals. Secondly, there is the inability or unwillingness of the state to do anything to protect them. There is nothing personal about this. The evidence was that the state would not assist them because they were women. It denied them a protection against violence which it would have given to men. These two element have to be combined to constitute persecution within the meaning of the convention."[65]

---

60 Examples are mentioned in UNHCR, *Gender-Related Persecution*, (*supra* note 41), at 105-107.

61 E.g., Canada v. Mayers, Federal Court of Canada, A-544-92 – (1992) 97 DLR (4th) 729; *Cheung v. Minister of Employment and Immigration* (1993) 2 FC 314.

62 Refugee Status Appeals Authority, 5 April 1995 – 915/92, quoted in Thomas Spijkerboer, *Gender and Refugee Status*, Nijmegen, 1999, at 119, note 79.

63 In *A. v. Minister of Immigration and Ethnic Affairs* (1997) 142 A.L.R. 331 (the High Court of Australia examined whether a couple from China fearing sterilization under the "one child policy" belonged to a social group; a 3–2 majority came to the conclusion that couples wishing to have more than two children do not constitute a social group); Minister for Immigration & Multicultural Affairs v. Khawar [2000] FCA 1130 (23 August 2000).

64 House of Lords, *Islam v. Secretary of State for the Home Department, Regina v. Immigration Appeal Tribunal and Another ex parte Shah* (conjoined appeals), 25 March 1999, [1999] 2 W.L.R. 1015, reprinted in IJRL 1999, pp. 496-527. See Mavelyn Vidal, "'Membership of a Particular Social Group' and the Effect of Islam and Shah", *IJRL*, 1999, pp. 528-536; Guy Goodwin-Gill, "Judicial Reasoning and 'Social Group' after Islam and Shah", *IJRL*, 1999, pp. 537-543.

65 *Islam and Shah* (*supra* note 64) at 513-14.

This can be generalized: in cases where the State is unwilling to provide protection against "private" harm, it is necessary to distinguish

(1) between (a) the behaviour of perpetrator, and (b) the behaviour of the State and its authorities, and
(2) between (a) the personal (and irrelevant) motives of the perpetrator, and (b) the relevant motives of the State and its authorities.

What were the motives of the Pakistani authorities in denying protection to the two women? The Lords were unanimous in identifying "membership of a particular social group" as the crucial motive.

But what was the "social group" in these cases? More generally: what criteria determine whether or not a "social group" exists? There is common agreement that a social group in the sense of Article 1A(2) CSR51 cannot be constituted by those that are persecuted.[66] Beyond this, different theories have been developed. In 1986, the U.S. Court of Appeals for the 9th Circuit stressed in *Sanchez Trujillo v. INS* that "'particular social group' implies a collection of people closely affiliated with each other, who are actuated by some common impulse or interest" as well as "a voluntary associational relationship" that imparts "some common characteristic that is fundamental" to the identity of its members.[67] This requirement of a voluntary association or sense of belonging together was not mentioned one year earlier in the influential *Acosta* Decision by the US Board of Immigration Appeals[68] where the emphasis was put on common immutable characteristics of the group. The Board held:

> "The shared characteristic might be an innate one such as sex, colour or kinship ties (...) it must be one that the members of the group cannot change, or should not be required to change because it is fundamental to their individual identities or consciences. Only when this is the case, does the mere fact of group membership become something comparable to the other four grounds of persecution (...), namely that it is either beyond the power of an individual to change or that is so fundamental to his identity or conscience that it ought not be required to be changed."[69]

The *Sanchez Trujillo* approach requiring, as a necessary element, a voluntary association plays an important role in US case law[70] but was rejected as too narrow

---

66 See, e.g., UNHCR Position Paper, *Gender-related Persecution*, supra note 2, at 7; Federal Court of Australia, *Minister for Immigration supra note 63), Opinion of Justice Hill, para. 45; House of Lords,* Islam and Shah, *(*supra *note 64),* IJRL, *1995, at 504 and 510.*

67 *Sanchez Trujillo v. Immigration and Nationality Service* (9th Cir. 1986) 801 F.2d 1571.

68 Int. Dec. No. 2986 (1 Mar. 1985) – (1985) 19 I.&N. 211.

69 *Id.* at 233.

70 Deborah E. Anker, *Law of Asylum in the United States*, Third ed., Boston 1999, pp. 382-385 and at 389.

in other jurisdictions, inter alia by the Canadian Supreme Court,[71] the High Court of Australia,[72] and the UK House of Lords.[73] In *Ward*,[74] a case not related to gender issues, the Canadian Supreme Court defined as social groups the following three categories:

(1) "groups defined by an innate or unchangeable characteristic;
(2) groups whose members voluntarily associate for reasons so fundamental to their dignity that they should not be forced to forsake the association; and
(3) groups associated by former voluntary status, unalterable due to its historical permanence."

Ward has been adopted by many courts as the relevant test for gender-related cases,[75] and women victimized by private parties and denied protection by the State have been granted refugee status especially in common-law countries.[76] Whereas the result is often the same in these countries, differences can be noted regarding how widely ("women in country X"; "married women of religious background X") or how narrowly (e.g. "wives of abusive men", "teenage girls belonging to tribe X") the particular social group should be defined.[77] In this regard, the case law often appears to be rather *ad hoc* and to lack coherence.

A convincing and principled approach has been presented by Lord Hoffmann who regards narrow definitions as problematic and not necessary.[78] His argument in *Shah and Islam*, which is shared by the majority of the Lords, is rooted in the idea that "the concept of discrimination in matters affecting fundamental rights and freedoms is central to an understanding of the Convention".[79] Therefore, "[d]iscrimination against women in matters of fundamental human rights on the ground that they are women is plainly in pari materiae with discrimination on grounds of race. It offends against their rights as human beings to equal treatment and respect".[80] The judge then explores the relationship between race and social group as relevant motives of persecution by using the following example:

---

71 *Attorney General of Canada v. Ward* (1993) 103 D.L.R. (4th) 1.

72 *A. v. Minister for Immigration and Ethnic Affairs* [1998] I.N.RL.R. 1.

73 *IJRL* 1999 at 502 (Lord Steyn) and 510 (Lord Hoffmann)

74 *Supra* note 71.

75 See, e.g., the overview in UNHCR, *Gender-related Persecution*, supra note 41.

76 See Federal Court of Australia in *Khawar, supra* note 63.

77 See, e.g., the case law quoted in House of Lords, *Islam and Shah* (*supra* note 64).

78 See Lord Hope of Craighead, *IJRL*, 1999 at 517, Lord Hoffmann, at Lord Millet, at 522.

79 Id. at 511. Similarly Justice Hill in Khawar, supra note 663, para. 77:
"The persecution complained of must involve some serious detriment, disadvantage or harm involving an element of attitude or motivation expressed in the requirement that the persecution arise by reason of the Convention ground. It is not so much the nature of the conduct but the discriminatory nature of it which marks out conduct as persecutory."

80 *Id.* at 512.

"Suppose oneself in Germany in 1935. There is discrimination against Jews in general, but not all Jews are persecuted. Those who conform to the discriminatory laws, wear yellow stars out of doors and so forth can go about their ordinary business. But those who contravene the racial laws are persecuted. Are they being persecuted on grounds of race? In my opinion, they plainly are. It is therefore a fallacy to say that because not all members of a class are being persecuted, it follows that persecution of a few cannot be on grounds of membership of that class. Or to come nearer to the facts of the present case, suppose that the Nazi government in those early days did not actively organise violence against Jews, but pursued a policy of not giving any protection to Jews subjected to violence by neighbours. A Jewish shopkeeper is attacked by a gang organised by an Aryan competitor who smash his shop, beat him up and threaten to do it again if he remains in business. The competitor and his gang are motivated by business rivalry and a desire to settle old personal scores, but they would not have done what they did unless they knew that the authorities would allow them to act with impunity. And the ground upon which they enjoyed impunity was that the victim was a Jew. Is he being persecuted on grounds of race? Again, in my opinion, he is. An essential element in the persecution, the failure of the authorities to provide protection, is based upon race. It is true that one answer to the question 'why was he attacked?' would be 'because a competitor wanted to drive him out of business'. But another answer, and in my view the right answer in the context of the convention, would be 'he was attacked by a competitor who knew that he would receive no protection because he was a Jew'."[81]

From this comparison, Lord Hoffmann draws the following conclusion:

"In the case of Mrs Islam, the legal and social conditions which according to the evidence existed in Pakistan and which left her unprotected against violence by men were discriminatory against women. For the purposes of the convention, this discrimination was the critical element in the persecution. In my opinion, this means that she feared persecution because she was a woman. There was no need to construct a more restricted social group simply for the purpose of satisfying the causal connection which the convention requires."

This approach is convincing for several reasons. First, it brings the motive of "social group" back in line with the other four relevant motives of persecution. The notion of discrimination in a wider, non-technical sense[82] is inherent in the concept of persecution as embodied in the 1951 Convention. Already the first preambular paragraph explicitly refers to "the principle that human beings shall enjoy

[81] *Id.* at 514-515.

[82] As Guy Goodwin-Gill, (*supra* note 64), at 539 correctly stresses, "persecution is not the same as discrimination" and, therefore, refugee status has to be granted if all conditions are met even if there is no showing of discrimination in a legal sense in the particular case.

fundamental rights and freedoms *without discrimination*".[83] More importantly, the list of relevant motives of persecution makes clear that not every serious human rights violation constitutes persecution. In fact, refugee status is granted to those who experience such harm simply because they have – or are believed to have – certain criteria which belong to one's identity as a person. Everybody has a racial background or a nationality (at least in the sense of ethnic origin) and the vast majority of us harbors at least some political opinions or ideas about the existence or non-existence of a transcendental power or being and its relevance for our lives. Everyone, too, has a specific position in society and, thus, is a member of one or several social groups. All of this determines to a very large extent who each of us is, and we suffer if our identity is not only despised by others but is taken as the reason for imposing harm on us. As Charles Taylor has put it, "our identity is partly shaped by recognition or its absence . . . , and so a person or group of people can suffer real damage, real distortion, if the people or society around them mirror back to them a confining or demeaning or contemptible picture of themselves".[84] What distinguishes persecution in the sense of Article 1A(2) CSR51 from other forms of human rights violations is exactly the fact that one becomes a victim for reasons that objectively cannot provide any valid justification for an infringement of human rights. In that sense, women in a society and State that discriminate against them systematically by seriously violating their human rights or by denying protection from such violations by non-State actors are in exactly the same position as were, for example, the intellectuals or members of the "bourgeois" class persecuted in postwar communist countries who were in the minds of the drafters of the Convention when they added the "social group" clause.[85]

Another strength of the approach to gender as a social group in *Shah and Islam* is its flexibility. It allows for an understanding of the notion of social group as a social construct. In fact, the perception by others (i.e., the State or dominant groups in society) of certain persons as a distinct and inferior social group is what creates "social groups" in the sense of Article1A(2) CSR51.[86] Social groups in this sense are nothing ontological, but are rather the result of the line that society draws between "us" and "them" or between "friends" and "enemies". Such a concept of social group is immune to the possible criticism that by equalizing women with "social group" it introduces secretly but effectively gender as a motive of persecution although the Convention provides no basis for such a new and independent motive. Thus, it depends on the particular circumstances (i.e., the social reality, in each case whether the group is wide or not and to what extent the fact of being a woman is

83 Emphasis added.

84 Charles Taylor, "The Politics of Recognition", in: id., *Multiculturalism and "The Politics of Recognition*", Princeton 1992, at 25.

85 For the drafting history and its background see Guy Goodwin-Gill, *The Refugee in International Law*, Second ed., Oxford 1996, at 46-47.

86 See Guy Goodwin-Gill, (*supra* note 64), at 542, emphasizing "the idea of the social group as group *in* society and therefore defined *by* that society".

sufficient or must be complemented by other characteristics. As in *Shah and Islam*, where the House of Lords accepted as a fact that in Pakistan wives who do not totally comply with the wishes and whims of their husbands are left without protection, it is possible that the relevant social group includes a countrywide, very large number of women.

On the other hand, it is conceivable that the relevant group is smaller. This is the case whenever only women with some specific shared additional characteristics that cannot be changed, or that they "should not be required to change because it is fundamental to their individual identities or consciences"[87] are discriminated against. If, for example, women in a given society are well-respected as long as they can bear children but are discriminated against once they reach a certain age, the social group would be "women past the childbearing age". Exactly like in the case of race, religion, nationality and political opinion, it is the social and political reality and not some legal construction of the notion of "social group" that determines whether the persecutor commits a serious human rights violation for Convention reasons or other motives that are irrelevant for granting refugee status. Therefore, one should not ask whether or not women theoretically can constitute a social group, but one should analyse whether *in a given situation* women in general or women sharing certain characteristics are treated as such by State and society. How large or how small the relevant social group is, thus, is a question of fact and not of law.

Finally, the *Shah and Islam* approach is realistic and does not open up the floodgates. As Lord Hoffmann stressed, to draw the lines of the social group wide does not mean that every member of that group is automatically entitled to refugee status: "Each case must depend on the evidence".[88] In cases of an unwillingness of the State to protect women against private harm, two requirements must be met: the applicant must be able to make credible that she really is a victim of persecution herself or has a well-founded fear of becoming a victim; and the applicant is obliged to show that in her case, it was her membership in a relevant social group and not some other reason that motivated the State and its authorities. These requirements are exactly the same as in the case of persecution on account of race, nationality, religion or political opinion where the nexus between the persecution and the motive must be established and where, too, it is not sufficient to show merely that one belongs to a particular racial, ethnic, religious or political group.

What is the relevance of all of this for Swiss Asylum law and practice? At a minimum, Swiss authorities have to analyse the recent case law of the House of Lords and other courts in common-law countries thoroughly. The new Article 3 (2) of the 1998 Swiss Asylum Act imposes a duty on decision-makers to take seriously the specific forms of persecution that affect women and thus requires them to look beyond traditional approaches to these questions. This provision makes it not only

[87] Acosta decision (*supra* note 68).

[88] *IJRL*, 1999, at 516.

possible for Swiss decision-makers and judges to follow the principles developed in *Shah and Islam* and similar decisions, but provides good reasons for doing so.

ÉVOLUTION ET PERSPECTIVES DE LA NOTION DE PAYS TIERS SÛR DANS LA LÉGISLATION SUISSE SUR L'ASILE

*Mario Gattiker**

1. Introduction

Lorsqu'on observe l'évolution de la législation des années 90 dans les Etats d'Europe occidentale, centrale et orientale, on constate que presque tous ces Etats ont introduit – sous une forme ou une autre – une réglementation sur le renvoi dans des pays tiers[1] dans leur droit national sur l'asile.[2] Ces réglementations permettent aux pays d'accueil d'ordonner des renvois sans devoir procéder à l'examen matériel de la demande d'asile dans une procédure d'asile parfois coûteuse.

La législation suisse sur l'asile connaît aussi depuis longtemps une réglementation du renvoi dans des pays tiers.[3] Les dispositions de la loi suisse sur l'asile permettent – il faudra y revenir – un renvoi dans un pays tiers seulement lorsqu'il existe une *relation* d'une certaine intensité entre le requérant d'asile et le pays tiers en question. Cette condition limite d'autant le champ d'application de la réglementation.[4] Cette limitation a du reste notamment donné lieu ces derniers mois à des interventions au

* Chef du service juridique de Caritas Suisse.

1 La notion de "réglementation du renvoi dans des pays tiers" décrit les dispositions du droit d'asile qui permettent aux autorités de renvoyer un requérant d'asile vers un pays qui ne soit pas son pays de provenance ou d'origine. En règle générale, un tel renvoi intervient au début de la procédure d'asile avant l'examen matériel des motifs d'asile. Comme d'une part il peut s'agir de réfugiés et comme d'autre part l'interdiction du refoulement de l'article 33 de la Convention de Genève relative au statut des réfugiés s'applique préventivement aux requérants d'asile, les autorités doivent s'assurer que le renvoi n'ait lieu que dans un pays tiers qui soit "sûr". Sur la notion conceptuelle de la réglementation du renvoi dans des pays tiers, voir, parmi d'autres, Alberto Achermann/Mario Gattiker, "Sichere Drittstaaten – Überlegungen aus schweizerischer und europäischer Sicht", *ASYL*, 1994, n° 2, p. 23 ss.

2 La situation juridique actuelle dans les pays européens est résumée par le HCR, *Reception Standards For Asylum Seekers in the European Union*, Genève, 2000; Fabrice Liebaut, *Legal and Social Conditions for Asylum Seekers and Refugees in Western European Countries*, Copenhague, 2000; Fabrice Liebaut, *Legal and Social Conditions for Asylum Seekers and Refugees in Central and Eastern Europe*, Copenhague, 1999.

3 Voir sous chiffre 4.

4 Il s'agit toutefois de souligner dans ce contexte que la mise en œuvre d'une réglementation du renvoi dans des pays tiers dépend surtout de la manière dont sont résolus les problèmes pratiques d'exécution. Un renvoi dans un pays tiers ne peut avoir lieu que lorsqu'on peut connaître l'itinéraire suivi par le

V. Chetail and V. Gowlland-Debbas (eds.),
Switzerland and the International Protection of Refugees
La Suisse et la protection internationale des réfugiés, 129-144.

sein du parlement et en dehors en vue d'un durcissement du droit en vigueur.[5] A l'exemple du droit allemand,[6] il a été proposé qu'un renvoi dans le pays tiers puisse être entrepris dès que le requérant d'asile est *entré* en Suisse depuis un pays tiers sûr.[7] De son côté, le Conseil fédéral a annoncé une révision de la notion suisse de "pays tiers sûr" dans le cadre d'une prochaine révision de la loi sur l'asile.[8]

On peut donner raison à toutes ces voix, mais sur *un seul* point: la réglementation suisse en vigueur nécessite effectivement une révision – pour les motifs qui seront exposés ci-après.

La présente contribution se limite cependant à *un seul* aspect du débat sur une possible révision partielle de la loi sur l'asile: comment la réglementation du renvoi dans des pays tiers doit-elle être révisée pour que soit garanti que les réfugiés ne soient pas privés de leur protection? Dans cette optique, il s'agit d'examiner d'un œil critique la situation juridique actuelle et de relever les exigences – en particulier du droit international – auxquelles doit satisfaire une réglementation révisée du renvoi dans des pays tiers.

---

requérant d'asile depuis son pays. Même les conceptions "restrictives" sur les pays tiers se heurtent à ce problème de preuve comme l'ont montré les expériences dans l'application du traité de Dublin (qui, à l'intérieur des pays de l'UE, a des effets analogues à ceux d'une réglementation du renvoi dans des pays tiers). En 1998, la part des "transferts de Dublin" pour tout le territoire de l'UE s'est élevée à seulement 1,5% de toutes les demandes d'asile déposées; voir à ce sujet le rapport de la Commission européenne du 21 mars 2000, *Revisiting the Dublin Convention.* Voir aussi Friedrich Löper, "Das Dubliner Übereinkommen über die Zuständigkeit für Asylverfahren", *ZAR*, 2000, p. 16 ss.

5 Voir la question du Conseiller national Heberlein, 00.5040 ainsi que la motion du Conseiller aux Etats Merz, 00.3069. A son assemblée des délégués du 20 février 1999, l'Union démocratique du centre a décidé à l'unanimité de lancer une initiative populaire demandant – sous le titre 'contre les abus dans le droit d'asile' – une réglementation du renvoi dans des pays tiers au niveau constitutionnel. Elle formule ce point de la manière suivante: "L'autorité n'entre pas en matière sur une demande d'asile présentée par une personne entrée en Suisse au départ d'un Etat tiers réputé sûr, lorsque cette personne a déposé ou aurait pu déposer une demande dans cet Etat." L'initiative a abouti dans l'intervalle avec le nombre requis de signatures.

6 Art. 16a al. 2 phrase 2 GG (Grundgesetz); § 26a AsylVfG (Asylverfahrensgesetz). Sur la situation juridique en Allemagne, voir, parmi bien d'autres, Ralph Göbel-Zimmermann, *Asyl- und Flüchtlingsrecht*, Munich, 1999, p. 90 ss., p. 149 ss.; Reinhard Marx, *Kommentar zum Asylverfahrens-gesetz*, 4ème édition, 1999, p. 190 ss. et 365 ss.

7 Voir la teneur de l'initiative de l'UDC à la note 5. La proposition de l'UDC s'inspire du droit allemand et suit largement une proposition de révision faite par Kay Hailbronner, *Kompatibilität des Schweizerischen Asylverfahrens mit Harmonisierungsbestrebungen im Asylrecht der Europäischen Union*, Zurich, 2000, p. 37 ss.

8 Voir la réponse du Conseil fédéral à l'heure des questions du Conseil national du 20 mars 2000 (CN 00.5040) et sa prise de position sur la motion du Conseiller aux Etats Merz (CE 00.3069). Voir aussi les allusions faites dans Walter Kälin, "Das neue schweizerische Asylgesetz", *ZAR*, 2000/4, p. 158.

2. "Pays Tiers Sûr" dans la loi sur l'asile du 26 juin 1998

La loi suisse actuelle sur l'asile[9] ne connaît pas moins de 9 cas[10] où les autorités d'asile peuvent renoncer à examiner la demande d'asile et à accorder leur protection au requérant d'asile et renvoyer celui-ci à demander protection dans un Etat tiers. Les dispositions correspondantes permettent dans le cadre des conditions légales aux autorités d'asile d'ordonner des *refoulements* à la frontière, d'ordonner des *renvois préventifs* dans des "Etats tiers sûrs" pendant la procédure et aussi à l'aéroport, de rendre une *décision de non-entrée en matière* si une procédure d'asile est pendante dans un autre pays et même de retenir un motif d'exclusion de l'asile et de *rejeter* une demande d'asile sur le fond en cas d'admission possible dans un Etat tiers. Cependant, si le requérant d'asile se trouve en Suisse, il faut que son renvoi dans un pays tiers soit possible, raisonnablement exigible et en particulier *licite*, c'est-à-dire conforme aux obligations de la Suisse relevant du droit international.[11]

3. Questions controversées dans la pratique

L'application de la réglementation du renvoi dans des pays tiers reste numériquement très limitée: il n'y a eu que 738 cas de renvois dans un Etat tiers en 1999 et 806 en 1998 alors que le nombre total des décisions rendues a été de 35'886, respectivement de 24'355.[12] En feuilletant l'organe de publication de la Commission suisse de recours en matière d'asile (JICRA[13]), il apparaît en revanche que les décisions concernant la réglementation litigieuse occupent relativement beaucoup d'espace, ce qui est un indice de l'existence de bien des questions non clarifiées à

---

9 Loi sur l'asile du 26 juin 1998, RS 142.31, FF 1996 II 1.

10 Art. 20 LAsi, Demande d'asile présentée à l'étranger et autorisation d'entrer en Suisse; art. 21 LAsi, Demande d'asile présentée à la frontière et autorisation d'entrer en Suisse; art. 23 al. 1 LAsi, Renvoi préventif à l'aéroport; art. 24 LAsi, Interception en Suisse lors de l'entrée illégale près de la frontière; art. 32 al. 2 let. d LAsi, Non-entrée en matière en cas de demande d'asile pendante dans un Etat tiers ou de compétence de cet Etat en vertu d'une convention; art. 42 al. 2 LAsi, Renvoi préventif; art. 52 al. 1 LAsi, Admission dans un Etat tiers (pour les personnes se trouvant en Suisse) et art. 52 al. 2 LAsi (pour les demandes d'asile présentées à l'étranger).

11 Sur l'ensemble de la question, voir Mario Gattiker, *Das Asyl- und Wegweisungsverfahren*, Berne, 1999, pp. 22 ss., 39 s., 47, 82 s. Sur la situation (passablement identique) sous l'empire de l'ancienne loi, soit avant le 1er octobre 1999, voir Alberto Achermann/Mario Gattiker, "Das Konzept des sicheren Drittstaats in der Schweiz", *in*: Barwig/Brill, *Aktuelle asylrechtliche Probleme der gerichtlichen Entscheidungspraxis in Deutschland, Österreich und der Schweiz*, Baden-Baden, 1996, p. 165 ss.

12 Chiffres tirés de la statistique annuelle de 1999 de l'Office fédéral des réfugiés. La statistique sur l'asile de l'année 2000 fait apparaître 533 cas de renvoi dans des pays tiers sur 32'112 décisions en tout. Pour les chiffres des années précédentes, voir les données statistiques chez Achermann/Gattiker, "Das Konzept des sicheren Drittstaats in der Schweiz", p. 165 ss. (Voir note 11 ci-dessus).

13 Jurisprudence et informations de la Commission suisse de recours en matière d'asile.

propos de la notion suisse de "pays tiers sûr". Cette intuition se renforce lorsqu'on examine la jurisprudence non publiée de la Commission.[14]

Les *controverses* portent notamment sur deux questions:

– *Quelles exigences faut-il poser à la "sécurité" de l'Etat tiers?*

En règle générale, la CRA (Commission de recours en matière d'asile) et l'ODR (Office fédéral des réfugiés) retiennent comme critère le fait que le pays tiers ait ratifié la Convention relative au statut des réfugiés et – dans le contexte européen – la CEDH et qu'il respecte effectivement ses obligations. Dans certains cas exceptionnels, la CRA considère aussi qu'une protection de fait contre les refoulements suffit.[15] Cependant, la jurisprudence de l'autorité de première instance (ODR) ne suit pas toujours une ligne claire sur les critères selon lesquels elle mesure la "sécurité" de l'Etat tiers.[16] Ainsi, la CRA a dû corriger notamment des décisions de l'ODR ordonnant des renvois dans des Etats tiers où n'existaient ni loi sur l'asile ni procédure d'asile (Inde)[17] ou dont les délais légaux de déchéance ne garantissaient pas un accès à une procédure d'asile (Turquie)[18] ou encore où un renvoi en chaîne était imminent parce que l'Etat tiers avait déjà refusé l'accès au requérant d'asile.[19] En cas de renvois préventifs vers l'Allemagne, la jurisprudence de l'ODR tout comme celle de la CRA ne laisse guère apparaître – tant qu'on peut le constater – la problématique posée par les articles 16a GG et 26a AsylVfG du droit allemand en

14 Maître Walter Lang, Chef du secrétariat présidentiel de la CRA, m'a permis de consulter des décisions non publiées. Je l'en remercie.

15 Voir à ce sujet Walter Lang, "Das Flughafenverfahren", *ASYL*. 2000, n° 3, p. 3 ss. en particulier p. 13 ainsi que *JICRA*, 2000, n° 10.

16 Voir par ex. ODR, N 384 043, Décision du 6.9.1999 dans le cadre de la procédure à l'aéroport. L'ODR se contente de constater que le requérant d'asile d'origine iranienne a la possibilité de se rendre en Arménie où sa vie, son intégrité et sa liberté ne sont pas menacées pour un motif relevant de l'article 3 LAsi et qu'il n'y a pas de risque qu'il soit renvoyé ensuite dans un pays où des persécutions sont à craindre. Les rapports de l'*US State Department* sur la situation des droits de la personne en 1998 et 1999 font cependant état du manque d'expérience et de formation des fonctionnaires douaniers arméniens pour les relations avec les requérants d'asile ainsi que de cas concrets d'arrestations de personnes à qui on avait refusé de continuer de séjourner dans le pays.

17 CRA, Décision du 18.4.2000 dans la cause H.R., Iran (procédure à l'aéroport). L'Etat tiers était l'Inde qui n'a pas ratifié la Convention relative au statut des réfugiés. L'ODR avait néanmoins considéré le renvoi préventif comme raisonnablement exigible et licite.

18 Voir *JICRA*, 2000, n° 10 au sujet de la disposition de la législation turque qui stipule qu'une demande d'asile ne peut être déposée que dans les 10 jours suivant l'entrée dans le pays.

19 CRA, Décision du 3.6.1999 dans la cause Q.J., Rép. féd. de Yougoslavie. Le requérant d'asile avait une première fois été renvoyé en Allemagne parce qu'il était entré illégalement en Suisse (sur la base de l'article 24 LAsi; Interception en Suisse près de la frontière). En application de la réglementation du renvoi dans des pays tiers, il fut immédiatement renvoyé en République tchèque par les autorités allemandes. Voir aussi CRA, Décision du 21.8.1998 dans la cause K.S., Turquie; possibilité d'un renvoi en chaîne: Autriche-Hongrie-Roumanie-Turquie. La question de la licéité du renvoi en Autriche a été laissée ouverte car le renvoi préventif devait être cassé pour d'autres motifs (pas de séjour préalable d'un "certain temps").

matière de renvoi dans des pays tiers bien que cette réglementation telle qu'elle est conçue peut ouvrir la porte à des renvois en chaîne.[20] Et de tels cas existent.[21]

– *Les autorités sont-elles tenues de contrôler dans les cas d'espèce la "sécurité" de l'Etat tiers qui est généralement considéré comme "sûr"?*

La loi répond clairement à cette question. Elle ne comprend pas une description générale et abstraite de la sécurité de l'Etat tiers, qui permettrait de tirer des conclusions pour les cas d'espèce. Elle impose aux autorités – contrairement à la règle relative aux "pays de provenance sûrs"[22] – de mener une procédure probatoire et même de prouver que le renvoi dans un pays tiers est licite, raisonnablement exigible et possible.

En dépit de cette réglementation tout à fait claire qui est énoncée dans des décisions aussi bien publiées[23] que non publiées[24] de la CRA, la jurisprudence notamment de l'instance inférieure donne l'impression que la licéité du renvoi dans les cas particuliers résulte souvent sans autre du fait que l'on considère en général le pays tiers comme "sûr". L'autorité semble parfois aussi omettre de contrôler la "sécurité" du pays tiers dans des cas d'espèce lorsqu'il s'agit de pays, comme par exemple l'Arménie, qui ne disposent que de peu d'expérience et de structures en matière de procédure d'asile.[25] La même tendance à s'abstenir d'une vérification dans le cas d'espèce si l'Etat tiers est réputé "sûr" de manière générale se retrouve cependant aussi dans certaines décisions non publiées de la CRA.[26]

---

20 Selon la loi allemande sur l'asile, des personnes étrangères qui entrent en Allemagne en passant par un "Etat tiers sûr" (Etats de l'Union européenne, Suisse, Norvège, Islande, République tchèque et Pologne selon le pargraphe 26a alinéa 2 de la loi et l'annexe 2) peuvent y être renvoyées sans qu'une procédure d'asile soit ouverte et par la seule décision des autorités douanières (par. 18 et 19 en relation avec par. 26 de la loi). Les requérants d'asile renvoyés de Suisse en Allemagne risquent ainsi d'être refoulés immédiatement d'Allemagne lorsqu'il peut être établi qu'ils ont passé par un "Etat tiers sûr" avant de se rendre en Allemagne puis en Suisse.

21 Voir CRA, Décision du 3. 6. 1999 dans la cause Q.J., Rép. féd. de Yougoslavie. La décision repose sur des faits qui comprennent un renvoi en chaîne de la Suisse, vers l'Allemagne puis vers la République tchèque.

22 Art. 34 LAsi, Non-entrée en matière sur la demande d'asile déposée par un requérant venant d'un Etat où il ne risque pas d'être persécuté.

23 *JICRA* 1997/no 16.

24 Par ex. CRA, Décision du 2.3.1999 dans la cause A.C., Iran (procédure à l'aéroport).

25 Par ex. ODR du 6.9.1999, N 384 043, renvoi préventif, Etat tiers étant l'Arménie (voir note 16 ci-avant).

26 Par ex. CRA, Décision du 9.11.1998 dans la cause X., Rép. féd. de Yougoslavie; Etat tiers étant l'Allemagne (renvoi préventif); CRA, Décision du 12.8.1999 dans la cause Z.R. et famille, Rép. féd. de Yougoslavie; Etat tiers étant l'Allemagne (non-entrée en matière).

4. Défauts conceptuels de la réglementation en vigueur sur le renvoi dans des pays tiers

Les domaines abordés reviennent tous à se poser une question centrale: comment les renvois dans des "pays tiers sûrs" peuvent-il se faire de manière compatible avec le principe de *non-refoulement*?[27] Les multiples controverses que l'on trouve dans la jurisprudence permettent de conclure que la *conception* de la réglementation du renvoi dans des pays tiers est elle-même *défectueuse* dans la loi.

Les dispositions actuelles ont pour *dénominateur commun* que l'on n'applique les règles sur le renvoi dans un pays tiers que s'il existe déjà entre l'intéressé et le pays tiers une relation "d'une certaine intensité", en particulier en raison d'une séjour préalable d'une certaine durée (en règle générale d'au moins 20 jours) ou en raison de la présence de proches de l'intéressé dans ce pays.[28] Cette conception se trouvait déjà dans une *Circulaire du DFJP de 1969*[29] et a été reprise aussi bien dans la loi sur l'asile de 1979[30] que dans la nouvelle loi entièrement révisée de 1998. Le législateur *historique* est parti de l'idée – certes adaptée aux circonstances de l'époque – qu'un réfugié qui a entretenu une relation assez étroite avec un pays tiers avant d'entrer en Suisse pourra aussi y trouver protection *à l'avenir*. Cela permet d'expliquer pourquoi le législateur a renoncé à préciser davantage les *conditions d'admissibilité* d'un renvoi.[31]

L'évolution de la législation sur l'asile dans tous les pays européens – notamment aussi sous l'aspect de l'association d'un grand nombre de nouveaux pays dans le "système européen de l'asile"[32] depuis le début des années 1990 – fait apparaître de sérieux doutes sur la pertinence de la conception actuelle: compte tenu de l'évolution

---

[27] Voir à ce sujet l'article 33 de la Convention de Genève relative au statut des réfugiés (interdiction du refoulement en cas de menace de persécution politique) et l'article 3 CEDH (interdiction du refoulement en cas de menace de traitement inhumain ou de torture); voir aussi art. 25 al. 2 et 3 Const. féd. Sur le principe de non-refoulement, voir, parmi bien d'autres, Walter Kälin, *Grundriss des Asylverfahrens*, Bâle/Francfort, 1990, p. 210 ss.; sur la portée de l'interdiction de refoulement dans le contexte d'une réglementation du renvoi dans des pays tiers, voir Reinhard Marx, "Non-Refoulement, Access to Procedures and Responsibility for Determining Refugee Claims", *IJRL*, 1995, n°. 3, p. 383 ss. avec de nombreuses références à la doctrine.

[28] Voir art. 42 al. 2 LAsi (renvoi préventif); art. 52 LAsi (admission dans un Etat tiers). Fait exception la réglementation du renvoi dans des pays tiers dans la procédure à l'aéroport (modifiée substantiellement lors de la révision totale de la loi sur l'asile) en vigueur seulement depuis le 1er octobre 1999. Le critère est ici simplement un séjour préalable de fait dans le pays tiers même de très courte durée, mais la loi exige de manière précise et explicite, comme condition du renvoi, qu'il soit possible d'y retourner et d'y avoir accès à une procédure d'asile. Cela revient à dire qu'un renvoi peut se faire à l'aéroport lorsque l'entrée en Suisse a eu lieu par un pays tiers qui soit aussi "sûr" à l'avenir.

[29] Circulaire du DFJP du 29.12.1969 basée sur l'article 21 RSEE (RO 1949 232); voir Viktor Lieber, *Die neuere Entwicklung des Asylrechts im Völkerrecht und Staatsrecht*, Zurich, 1973, p. 271ss.

[30] Loi sur l'asile du 5 octobre 1979 (FF 1977 III 105).

[31] Voir art. 14a al. 3 LSEE.

[32] Il s'agit de relever la collaboration qui s'est intensifiée dans le cadre du Conseil de l'Europe – largement agrandi après la chute du rideau de fer; voir à ce sujet Mario Gattiker, "Der Beitrag des Europarates zur Entwicklung des Asylrechts", *ASYL*, 1998, n° 4, p. 87 ss.

restrictive de la législation sur l'asile dans presque tous les pays d'accueil européens,[33] on ne peut plus admettre dans un cas concret que le réfugié pourra sans autre trouver protection dans un pays tiers s'il y a préalablement séjourné un certain temps (au sens de la règle des 20 jours) ou s'il y a des liens familiaux.

Cette situation est nettement favorisée par les *réglementations du renvoi dans des pays tiers* qui – s'appuyant sur ce qu'on appelle la Résolution de Londres[34] des ministres de l'immigration de la Communauté européenne sur les "pays d'accueil tiers sûrs" de 1992 – retiennent le critère d'une entrée dans le pays par un pays tiers sûr et qui ont été inscrites sous cette forme notamment dans la législation allemande sur l'asile, mais aussi dans les lois d'autres pays d'Europe de l'ouest, du centre et de l'est. L'application de ce type de réglementations est facilitée par l'existence d'un réseau intense de *traités de réadmission* bilatéraux ou multilatéraux que bien des Etats ont conclu entre eux.[35]

Ainsi, un réfugié entré illégalement en Suisse en étant passé par la Russie, les pays baltes, la Pologne et l'Allemagne peut, si la Suisse le repousse en Allemagne, être renvoyé immédiatement en Pologne et, de là, en Lituanie sans qu'aucun de ces pays ne soit tenu par sa législation nationale d'examiner la demande d'asile quant au fond.[36] Il va sans dire que de telles *réglementations se renvoyant les unes aux autres* augmentent le risque que des réfugiés soient victimes de renvois en chaîne ou qu'ils soient renvoyés dans l'Etat persécuteur en violation du principe de non-refoulement. Un rapport de l'Assemblée parlementaire du Conseil de l'Europe de décembre 1999,[37] mais aussi des exemples tirés de la pratique suisse en matière d'asile[38] montrent que de tels cas se produisent effectivement.

---

33 Pour une vue d'ensemble et une analyse, voir Jens Vedsted-Hansen, *Europe's Response to the Arrival of Asylum Seekers: Refugee Protection and Immigration Control*, Genève, 1999, HCR.

34 Résolution des ministres de l'immigration de la Communauté européenne du 30.11/1.12.1992 en vue d'une conception uniforme en ce qui concerne les pays d'accueil tiers, voir à ce sujet Achermann/Gattiker, op. cit., note 1 ci-avant.

35 Sur la signification de ces traités en relation avec la réglementation du renvoi dans des pays tiers, voir Alberto Achermann/Mario Gattiker, "Safe Third Countries – European Developments", *IJRL*, 1995, p. 35 ss.; Achermann/Gattiker, op. cit, note 1 ci-avant.

36 Cela résulte des réglementations de droit d'asile dans les pays de la chaîne possible des renvois (Allemagne, Pologne et Lituanie). Sur la situation juridique en *Allemagne*, voir note 6 ci-avant. Sur celle en *Pologne* (réglementation du renvoi dans des pays tiers), voir Fabrice Liebaut, *Legal and Social Conditions for Asylum Seekers and Refugees in Central and Eastern Europe*, Copenhague 1999, p. 144 s. Sur celle en *Lituanie* qui est un "pays tiers sûr" selon l'optique polonaise du droit des étrangers, voir Wladyslaw Czaplinski, *Etude comparative des législations et des procédures en matière d'asile et de réfugiés dans certains Etats d'Europe centrale et orientale*, Document du CAHAR (99) 2, 1999, en particulier p. 32 s. La législation lituanienne connaît aussi une réglementation du renvoi dans des pays tiers liée à l'itinéraire suivi. La Lituanie dispose en outre avec l'Estonie, la Lettonie et l'Ukraine de traités de réadmission qui pourraient constituer la base d'une poursuite de la chaîne des renvois.

37 Rapport de l'Assemblée parlementaire du Conseil de l'Europe du 21 décembre 1999 concernant les restrictions à l'asile dans les Etats membres du Conseil de l'Europe et de l'Union européenne.

38 Voir les faits rapportés dans CRA, Décision du 3.6.1999 dans la cause Q.R. (Etat tiers: Allemagne); CRA, Décision du 21.8.1998 dans la cause K.S. (Etat tiers: Autriche).

Une réglementation du renvoi dans des pays tiers adaptée à *ces* exigences devrait ainsi – pour concrétiser le principe de non-refoulement – contenir des critères qui permettent un *pronostic* suffisamment fiable de la sécurité future du pays tiers. De tels critères sont cependant le plus souvent absents dans les dispositions légales. Seule la réglementation révisée sur le renvoi préventif à l'aéroport contient un élément *ayant trait au futur* dans la mesure où l'article 23 alinéa 1 lettre b LAsi exige expressément la possibilité d'un retour dans l'Etat tiers et de l'accès à une procédure d'asile.

En sorte de compensation de l'absence de critères d'admissibilité, la Commission de recours en matière d'asile exige que le pays tiers offre la possibilité d'un séjour plus que simplement temporaire ("séjour durable"). Cette jurisprudence a été développée dans le cadre de cas où les requérants d'asile disposaient déjà d'un titre de séjour dans le pays tiers et où ce titre de séjour pouvait être réactivé en cas de renvoi dans ce pays.[39] Elle ne parvient cependant pas à palier suffisamment les défauts de la loi. En particulier, elle ne parvient pas (encore) à résoudre la question centrale des exigences *qualitatives* à poser en ce qui concerne les conditions d'accueil dans le pays tiers (et ainsi pour ce qui a trait à l'aménagement concret du "séjour durable") pour que ce pays tiers puisse être qualifié de "sûr". La jurisprudence de la CRA ne peut en outre pas remplacer la force obligatoire dont dispose une réglementation légale contenant des injonctions claires aux autorités d'application.

Il s'agit ainsi de suivre la voie d'une révision pour adapter le droit en vigueur aux nouvelles conditions cadres de la réglementation du renvoi dans des pays tiers. La manière dont les choses doivent se faire se déduit des instruments de droit international public qui ont été élaborés par exemple dans le cadre de l'Union européenne[40] et du Conseil de l'Europe à propos de la notion de "pays tiers sûr".

5. Exigences de droit international public pour une réglementation du renvoi dans des pays tiers

5.1. "Pays tiers sûr"

L'instrument qui représente un intérêt particulier pour la Suisse est la Recommandation du Comité des ministres du Conseil de l'Europe[41] sur la notion de "pays tiers sûr" adoptée avec elle en 1997:

[39] Autorisation limitée en Italie, voir *JICRA*, 1994, n° 12; statut de personne tolérée en Allemagne, voir les références données dans *JICRA*, 1998, n° 24, p. 215; autorisation ordinaire de séjour en Bosnie, voir *JICRA*, 2000, n° 10.

[40] Voir note 34 ci-avant.

[41] Recommandation N°. R (97) 22 du Comité des Ministres aux Etats membres énonçant des lignes directrices sur l'application de la notion de pays tiers sûr.

Selon cette Recommandation, il y a "pays tiers sûr" lorsque, dans le cas d'espèce, le pays tiers

- offre une garantie qu'il respecte les obligations de droit international découlant des *instruments* régionaux et universels *des droits de la personne*[42];
- observe les principes internationaux régissant la *protection des réfugiés* tels qu'ils sont énoncés dans la Convention de 1951 et dans le Protocole de 1967 relatifs au statut des réfugiés, en particulier dans un respect effectif du principe de non-refoulement;
- offre la possibilité aux personnes voulant demander l'asile de le *demander* et également – si leur qualité de réfugiés est reconnue – d'en *bénéficier*.

Cette Recommandation – que la jurisprudence des autorités suisses en matière d'asile n'invoque étonnamment guère – permet de dégager les critères suivants pour déterminer si un pays tiers est "sûr":

(a) Dans le pays tiers, le requérant d'asile ne doit risquer ni une *persécution politique* au sens de la Convention de Genève relative au statut des réfugiés ni un *traitement inhumain* ou une expulsion ou un renvoi contraire au principe de non-refoulement.

(b) Le pays tiers doit offrir l'accès à une procédure d'asile qui garantisse du point de vue qualitatif que les réfugiés aient une protection effective contre le refoulement.

L'importance d'une procédure d'asile qui mette en œuvre le principe de non-refoulement a été évoqué en particulier par la *Cour constitutionnelle fédérale allemande* dans son arrêt du 14 mai 1996 au sujet de la réglementation du renvoi dans des pays tiers selon l'article 16a de la Loi fondamentale.[43] Selon cet arrêt, un requérant d'asile doit "pouvoir, dans la situation de l'Etat tiers telle qu'elle se présente en droit et en fait, effectivement déposer une demande de protection et fonder ainsi l'obligation d'une instance compétente de rendre une décision sur sa demande à l'issue d'une procédure préalable".

En ce qui concerne l'*aménagement* concret d'une procédure d'asile "propre à examiner correctement la question du refoulement", on peut renvoyer aux exigences

[42] Dans le préambule de la Recommandation N°. R (97) 22, il est fait référence en particulier à la CEDH, à la Déclaration universelle des droits de l'homme des Nations Unies ainsi qu'à l'importance d'un respect sans réserve et global de la Convention relative au statut des réfugiés et de son protocole de 1967.

[43] Arrêt de la Cour constitutionnelle fédérale allemande (Bundesverfassungsgericht) du 14 mai 1996 concernant la réglementation du renvoi dans des pays tiers, publié dans Reinhard Marx, *Urteile des BVerfG vom 14. Mai 1996 mit Erläuterungen*, Berlin 1996. Voir aussi Walter Kälin, "Das Urteil des Deutschen Bundesverfassungsgerichts vom 14. Mai 1996 über die Drittstaatenregelung", *ASYL*, 1996, n° 3, p. 73 ss.

qui ressortent des Recommandations du *Comité exécutif du HCR*,[44] du *Comité des ministres du Conseil de l'Europe*[45] ainsi que de celle sur les "garanties minimales à accorder dans la procédure d'asile" de l'*Union européenne*.[46] Font notamment partie de ces exigences le droit d'être entendu personnellement par l'autorité de décision, le droit à la participation d'un interprète, la possibilité d'être représenté par un mandataire ou de prendre contact avec des représentants du HCR.

Si la procédure de l'Etat tiers[47] prévoit aussi une *réglementation du renvoi dans des pays tiers*, l'interdiction de refoulement engendre l'obligation de s'enquérir de manière particulière de son aménagement et de son application.[48]

(c) Selon la teneur de la Recommandation du Conseil de l'Europe, un "pays tiers sûr" doit enfin offrir la garantie qu'un réfugié puisse "*bénéficier de l'asile*".

Cela suppose d'abord que les autorités d'asile du pays tiers donnent aux dispositions applicables à la reconnaissance de la qualité de réfugié une *interprétation* soutenable dans le cadre de la Convention relative au statut des réfugiés. En effet, ce n'est qu'ainsi qu'il peut être garanti que les réfugiés sont reconnus en tant que tels et sont mis au bénéfice des droits qui leur sont reconnus par la Convention – en particulier la protection contre le refoulement. Il ne suffit cependant pas que la pratique du pays tiers soit différente de celle du pays où se trouve l'intéressé pour que le pays tiers en question ne soit pas "sûr". L'interprétation des dispositions de la Convention relative au statut des réfugiés dans la jurisprudence (constante) des autorités d'asile du pays tiers doit en outre – comme le relève la Cour d'appel

---

44 UNHCR ExCom No. 8 (XXVIII), 'Détermination du statut de réfugié'; ExCom No. 30 (XXXIV), 'Demandes d'asile manifestement infondées ou abusives'.

45 Recommandation No. R (81) 16 sur l'harmonisation des procédures nationales relatives à l'asile. On trouve des principes minimaux pour les procédures accélérées aux *aéroports* dans la Recommandation No. R (94) 5 sur les lignes directrices pour inspirer la pratique des Etats membres du Conseil de l'Europe concernant l'arrivée de requérants d'asile dans les aéroports européens.

46 Résolution sur les garanties minimales dans les procédures d'asile du 20 juin 1995 *in*: Feuille officielle C 274, Vol. 39, S. 13-17; voir aussi à ce sujet A. Terlouw/P. Boeles, "Minimum Guarantees for Asylum Procedures", *in*: Meijers et al. (éd.), *Democracy, Migrants and Police in the European Union: The 1996 IGC and beyond*. Utrecht 1997, p. 89 s. Voir actuellement aussi l'initiative de la Commission européenne du 21.9.2000 – élaborée sur la base du traité d'Amsterdam –, "Proposition de ligne directrice du Conseil sur les normes minimales applicables aux procédures dans les Etats membres visant à la reconnaissance ou à la dénégation de la qualité de réfugié".

47 Voir § 4 al. 3 de la loi autrichienne sur l'asile qui attribue la compétence au ministre de l'intérieur de désigner les "pays tiers sûrs" par voie d'ordonnance. Le législateur a cependant posé des critères clairs et détaillés pour les exigences auxquelles doit satisfaire une procédure dans le pays tiers. L'aménagement de la procédure dans l'Etat tiers occupe un large espace dans la jurisprudence sur la réglementation autrichienne du renvoi dans des pays tiers. Voir par exemple l'arrêt de l'instance de recours en matière d'asile UBAS du 19 juillet 2000, Zl. 212.584/13-VII/19/00 sur la question d'un recours effectif et de la protection contre le refoulement en Slovénie.

48 Les pays qui renvoient les requérants d'asile dans un pays tiers sont tenus dans ce cas de dresser un pronostic au-delà du pays tiers sur la possibilité de renvois en chaîne. Voir l'arrêt du BVerfG cité à la note 43 et ci-dessous, chiffre 5.2.

britannique[49] – être différente au point de se situer en dehors de la marge de tolérance de ce qu'un Etat signataire de la Convention peut attendre de bonne foi d'un autre Etat membre.[50] Dans ce sens, les questions controversées (par exemple dans les relations de la Grande-Bretagne, respectivement des Pays-Bas avec l'Allemagne) qui ont conduit dans la pratique au refus d'un renvoi concernaient l'admission de la *persécution non-étatique*[51] ou celle d'un *refus de servir*.[52]

Il s'agit de procéder de la même manière en ce qui concerne les pays tiers qui, de jurisprudence constante, ont des exigences trop élevées et totalement inappropriées à la situation d'un réfugié au sujet de la *preuve* de la persécution subie ou redoutée.

(d) "Bénéficier de l'asile", selon la Recommandation du Conseil de l'Europe signifie ensuite aussi que le pays tiers est au moins potentiellement en mesure d'accorder à une personne reconnue comme réfugié à l'issue d'une procédure d'asile un statut juridique qui comprenne les *droits statutaires* prévus par la Convention de Genève relative au statut des réfugiés.[53]

5.2. Nécessité d'un examen dans les cas d'espèce

Les réponses à la question si – et, si oui, dans quelle mesure – la "sécurité générale" du pays tiers constatée doit être vérifiée dans les cas d'espèce découlent du principe de non-refoulement selon l'article 33 de la Convention relative au statut des réfugiés et de l'article 3 CEDH. Ces dispositions contiennent aussi l'interdiction du "refoulement indirect" et sont aussi applicables dans les réglementations du renvoi

---

49 *Regina v. The Secretary of State for the Home Departement ex parte Mohammed Kerrouche*, Court of Appeal, arrêt du 31 juillet 1997.

50 Voir également Bundesverfassungsgericht, arrêt du 14 mai 1996. Selon cette instance allemande, un Etat n'observe pas la Convention relative au statut des réfugiés "lorsque, selon l'ordre juridique national ou selon des conceptions de nature politique, des groupes de personnes ne sont d'emblée pas pris en considération comme des réfugiés que ce soit que la Convention de Genève relative au statut des réfugiés n'ait été signée qu'avec une réserve régionale (...) ou que ce soit que – pour des motifs d'égard politique – on n'accorde généralement pas refuge aux réfugiés venant de certains pays." (cité d'après Marx, cité à la note 43 ci-avant, p. 32 [traduction]).

51 Vgl. *Queen v. Secretary of State ex parte Adan; ex parte Subsakaran; ex parte Aitsequer*, Court of Appeal, arrêt du 23 juillet 1999, selon lequel l'Allemagne ne vaut pas comme "pays tiers sûr" par rapport à sa pratique relative à la persécution non-étatique.

52 District Court of Zwolle, 10 août 1999, AWB 99/6236 VW. Ce jugement a suspendu le renvoi prévu selon le traité de Dublin car l'Allemagne a une pratique plus restrictive et (supposée) nettement différente en ce qui concerne la prise en considération du risque de sanction pour les déserteurs.

53 Sur le contenu et la portée des droits statutaires selon la Convention relative au statut des réfugiés, voir Guy S. Goodwinn-Gill, *The Refugee in International Law*, Oxford, 1996, p. 296 ss.; Christine Ammann, *Die Rechte des Flüchtlings*, Baden-Baden, 1994, p. 84 ss.

dans des pays tiers.[54] Selon la conception de l'article 3 CEDH, c'est le *pays qui renvoie* qui agit de manière "*inhumaine*" lorsqu'un renvoi a pour résultat que la personne concernée est exposée à une mise en danger contraire à la Convention.[55] La responsabilité attribuée par l'article 3 CEDH au pays qui renvoie ne peut pas être déléguée, ni dans le cadre d'une réglementation du renvoi dans des pays tiers ni en application d'un traité sur la compétence. Tel en a jugé expressément et instamment la Cour européenne dans le cadre d'une décision de recevabilité du 7 mars 2000 où il s'agissait d'un transfert de Grande-Bretagne en Allemagne sur la base du traité de Dublin.[56]

La Recommandation déjà citée du Comité des ministres du Conseil de l'Europe souligne aussi que les critères devant être appliqués pour reconnaître un pays tiers sûr doivent être remplis *dans chaque cas particulier*.[57] Un renvoi ne peut ainsi pas se faire de manière schématique pour le motif que le pays tiers est *en général* réputé "sûr". Même dans le cas d'un pays tiers normalement respectueux de l'état de droit et digne de confiance, il s'agit de renoncer à un renvoi lorsque le cas d'espèce présente des indices que le pays tiers en question n'est exceptionnellement pas "sûr".[58]

Si la législation de ce pays tiers contient elle-même une clause de renvoi dans des pays tiers, le pays qui renvoie est tenu – comme l'a décrit de manière pertinente la Cour constitutionnelle fédérale allemande dans son arrêt du 14 mai 1996 – d'émettre un pronostic sur le cours probable de la chaîne des renvois. S'il ne peut pas prédire de manière fiable que l'extrémité de cette chaîne est "sûre", il doit s'abstenir de procéder au renvoi.[59]

Une réglementation légale du renvoi dans des pays tiers doit ainsi permettre aux autorités de contrôler la sécurité du pays tiers dans les cas d'espèce lorsque leurs propres connaissances ou les déclarations du requérant d'asile font apparaître des indices concrets d'une possible violation directe ou indirecte de l'interdiction de refoulement.

---

54 Kälin, Grundriss, cité à la note 27 ci-avant, p. 222; voir aussi les considérants de la Cour constitutionnelle fédérale allemande dans son arrêt du 14 mai 1996 sur la réglementation du renvoi dans des pays tiers, chez Marx, cité à la note 43 ci-avant, p. 34.

55 Cour européenne des droits de l'homme dans la cause *D. vs. Grande-Bretagne*, Reports 1997-III n° 49, p. 792.

56 Cour européenne des droits de l'homme, A No. 43844/98, *T.I. vs. Grande-Bretagne*, décision sur la recevabilité du 7 mars 2000.

57 Recommandation N° R (97) 22 du Comité des Ministres aux Etats membres énonçant des lignes directrices sur l'application de la notion de pays tiers sûr, par. 1.

58 Apparemment dans ce sens JICRA 1998/n° 24.

59 Voir à ce sujet les considérants de la Cour constitutionnelle fédérale allemande en relation avec le devoir de diligence du législateur lors de l'établissement de listes de pays réputés "pays tiers sûrs". Voir Marx, cité à la note 44 ci-avant, p. 33 s.

5.3. Exigences pour la procédure

Une réglementation du renvoi dans des pays tiers qui respecte le principe de non-refoulement doit poser des garanties de procédure. Des exigences de droit international en ce qui concerne la protection juridique de l'individu découlent notamment de l'article 13 CEDH qui exige un "recours effectif" dans les procédures où est invoquée une violation des droits conventionnels. L'article 13 CEDH ne peut cependant être invoqué que lorsque la personne concernée dispose d'un "grief défendable" ("arguable claim") en ce qui concerne une mise en danger possible.[60] Selon la jurisprudence de la Cour européenne des droits de l'homme, il y a lieu d'admettre en règle générale l'existence d'un "grief défendable" dans la procédure d'asile, ce qui signifie qu'en principe, l'effet suspensif doit être accordé.[61]

En ce qui concerne le bénéfice de l'article 13 CEDH, il s'agit toutefois de nuancer dans le cadre d'une réglementation du renvoi dans des pays tiers car un renvoi dans le prétendu Etat persécuteur n'entre (d'abord) pas en question et une violation de l'article 3 CEDH peut momentanément être exclue. Ainsi, si par exemple les autorités suisses ordonnent un renvoi vers la France et s'il existe dans le cas d'espèce une garantie que la demande d'asile y soit examinée sur le fond dans une procédure d'asile équitable, on ne peut pas retenir dans le renvoi ordonné une violation de l'interdiction de refoulement. Un grief défendable au sens de l'article 13 CEDH serait dans ce cas aussi inexistant que dans le renvoi d'une personne qui dépose une demande d'asile dans une intention manifestement abusive.

Cependant, à mon avis, il y a toujours un droit à un recours effectif dans la procédure de renvoi dans des pays tiers, lorsque:

- la demande d'asile n'a pas fait l'objet d'un examen matériel avant un renvoi[62] et que
- la demande d'asile ne doit être considérée ni comme constitutive d'un abus de droit ni – pour un autre motif que le retour possible dans un pays tiers – comme manifestement infondée[63] et en outre qu'

60 Voir Cour européenne des droits de l'homme, arrêt du 25.3.1983, *Silver et al. vs. Grande-Bretagne*, voir EuGRZ 1984, p. 155.

61 Voir *Vilvarajah et al. vs. Grande-Bretagne*, arrêt de la Cour européenne du 30 octobre 1991, Series A, No. 215. Sur l'incidence de l'effet suspensif d'un recours sur le caractère "effectif" du recours, la Cour écrit ceci au par. 125: " la pratique est qu'un requérant d'asile ne sera pas renvoyé du Royaume Uni avant la fin des procédures suivant le moment où il a obtenu la permission de demander une révision judiciaire." (traduction)

62 L'absence d'un examen matériel des motifs d'asile a pour effet que le requérant d'asile se trouve au bénéfice de la protection préalable de l'interdiction de refoulement.

63 L'abus de droit manifeste et le caractère manifestement infondé d'une demande d'asile ou de protection ne donnent pas naissance à une protection de l'interdiction de refoulement. Dans de tels cas, le requérant ne peut ainsi pas invoquer l'article 13 CEDH dans le contexte de la CEDH.

- il n'est pas établi de manière certaine quel pays tiers en principe "sûr" procédera dans un proche avenir à l'examen matériel de la demande d'asile en accordant un droit de résidence sur son territoire pendant toute la durée de la procédure.

Il s'ensuit que la procédure précédant un renvoi dans un pays tiers doit au moins toujours être conforme au sens de l'article 13 CEDH lorsque le droit interne du pays tiers comprend aussi une réglementation du renvoi dans des pays tiers pouvant s'appliquer dans les cas concrets.

Un recours n'est cependant "effectif" au sens de l'article 13 CEDH que s'il permet à la personne concernée de faire réellement valoir ses droits. En ce qui concerne le délai de recours de seulement deux jours contre les décisions de renvoi prises en application du paragraphe 4 AsylG 1997 (réglementation du renvoi dans des pays tiers), la Cour constitutionnelle autrichienne a considéré que ce délai ne garantissait pas le "minimum d'effectivité de fait" requis pour un recours.[64] Dans son jugement, la Cour constitutionnelle a accordé une importance particulière d'une part au fait que les requérants d'asile ne maîtrisent en général pas la langue allemande et sont déjà souvent contraints à demander de l'aide pour comprendre la décision et d'autre part au degré particulier de difficulté lié à l'analyse nécessaire de la situation juridique et de la situation générale du pays tiers. La Cour constitutionnelle fédérale allemande a suivi une argumentation semblable dans son arrêt concernant la procédure à l'aéroport où il s'agissait d'un délai d'appel de trois jours seulement.[65]

Du point de vue du droit international, il faut ainsi que la personne concernée par un renvoi dans un pays tiers dispose aussi du *temps* de prendre conscience des conséquences de la décision de l'autorité, de formuler ses objections et de les motiver.

Les règles de procédure[66] de la législation suisse actuelle sur l'asile, en particulier le retrait systématique de l'effet suspensif des recours et le délai de 24 heures seulement pour en obtenir la restitution[67] suscitent ainsi les plus grands doutes en regard à ce qui vient d'être dit.[68]

---

64 "Mindestmass an faktischer Effizienz": formulation de la Cour constitutionnelle autrichienne dans son arrêt du 24 juin 1998, BGBl. I 106/1998.

65 Cour constitutionnelle fédérale allemande, arrêt du 14 mai 1996 concernant la procédure accélérée de protection/procédure à l'aéroport, considérants publiés par Marx, cité à la note 43 ci-avant, p. 129 ss., en particulier p. 159 s.

66 Voir art. 45 al. 2 LAsi (exécution immédiate des décisions de non-entrée en matière); art. 42 al. 3 LAsi (exécution immédiate des décisions ordonnant le renvoi préventif) et art. 23 al. 2 LAsi (exécution immédiate du renvoi préventif dans un pays tiers dans le cadre de la procédure à l'aéroport).

67 Art. 112 LAsi.

68 Comme exposé, l'application de la réglementation du renvoi dans des pays tiers suppose parfois une analyse axée sur le cas d'espèce et portant sur une situation de droit d'asile pouvant être complexe et largement voire totalement inconnue dans le pays tiers. Dans les circonstances décrites – en particulier le délai de 24 heures pour obtenir la restitution de l'effet suspensif selon l'article 112 LAsi -, une représentation effective se révèle d'emblée impossible dans bien des cas pour des motifs objectifs. Voir à ce sujet les explications de Ursina Stgier, "Rechtsschutzdefizite im Empfangsstellenverfahren", *ASYL*, 2000, n° 3, p. 27 s., et de Peter Niederöst, "Rechtsschutzdefizite im Flughafenverfahren", *ASYL*, 2000, n° 3, p. 21 s.

6. Conclusions

L'environnement juridique et géographique de la réglementation de droit d'asile suisse sur le renvoi dans des pays tiers s'est durablement modifié depuis le début des années 1990. Les limitations d'accès à la procédure d'asile et les réglementations du renvoi dans des pays tiers axées sur l'itinéraire des requérants d'asile dans la législation sur l'asile de bien des pays, les traités sur la compétence en matière d'asile[69] et les traités de réadmission ainsi que l'agrandissement de l'"espace d'asile européen" qui comprend désormais de nombreux nouveaux pays augmentent le risque que, dans le cadre de renvois dans des pays tiers, des réfugiés deviennent les victimes de renvois en chaîne interdits.

Les dispositions de la loi sur l'asile qui permettent un renvoi dans un pays tiers sont insuffisantes au vu de ce changement des conditions-cadres. Les autorités d'application ne sont pas tenues par la loi de rendre une *décision de pronostic* sur la sécurité future du pays tiers visé et elles ne disposent pas *ex lege* d'un *programme d'examen* suffisant pour leur servir de référence dans leurs décisions relatives à la "sécurité" des pays tiers. Enfin, les dispositions *de procédure* ne tiennent aucunement compte de la problématique de bien des renvois vers des pays tiers. Autant de bons motifs pour ne pas s'opposer d'emblée à l'idée d'une révision de la réglementation du renvoi dans des pays tiers.

Une révision devrait – dans le sens d'un programme minimum – tenir compte notamment des réflexions suivantes:

- Les exigences auxquelles un pays tiers peut être qualifié de "sûr" doivent être fixées dans la loi. Les critères retenus doivent tenir compte des exigences posées par le droit international public pour les réglementations du renvoi dans des pays tiers.
- Les dispositions légales devraient contraindre les autorités à prendre une décision de pronostic sur la "sécurité" du pays tiers. Pour accélérer la procédure, on pourra – comme dans la réglementation sur les "pays de provenance sûrs" selon l'article 34 LAsi – renverser le fardeau de la preuve en donnant au Conseil fédéral la compétence de désigner des pays tiers réputés "sûrs".[70]
- Toutefois, la présomption devra pouvoir être renversée dans les cas d'espèce.[71]
- Dans le cadre des constellations évoquées ci-avant, il s'agirait enfin de prévoir en principe que les recours ont un effet suspensif et de fixer un délai de recours adapté aux circonstances spécifiques de la situation.

La présente contribution conclut à la nécessité de réviser la réglementation suisse du renvoi dans des pays tiers du point de vue du droit des réfugiés. Il ne faut cependant pas méconnaître le danger qu'une révision partielle de la loi sur l'asile pourrait

69 Dans le cadre de la clause d'ouverture de son article 3 alinéa 5, le traité de Dublin permet aussi des renvois dans des "pays tiers sûrs", voir à ce sujet Achermann/Gattiker, cités à la note 2 ci-avant, p. 78.

70 Voir cette proposition chez Hailbronner, cité à la note 8 ci-avant, p. 83.

71 Dans ce sens également le projet de lignes directrices de la Commission de l'Union européenne du 21.9.2000, voir note 47 ci-avant.

alléger les conditions du renvoi dans un pays tiers sans prévoir les garanties de fond et de procédure alors plus nécessaires que jamais. Or, un tel résultat serait extrêmement préjudiciable à la fonction de protection du droit d'asile.

LES PROCÉDURES URGENTES PRÉVUES PAR LA LOI DU 26 JUIN 1998 SUR L'ASILE (LASI)

*Claudia Cotting-Schalch**

1. INTRODUCTION

Cette analyse a pour objectif de mettre en lumière, dans l'optique de la Commission, quelques aspects particuliers liés aux procédures urgentes prévues dans la loi sur l'asile, dont la révision totale est entrée en vigueur le 1er octobre 1999.[1] Force est toutefois de rappeler que certaines procédures urgentes avaient déjà été introduites dans le cadre de l'arrêté fédéral sur la procédure d'asile (APA) du 22 juin 1990, lequel a sur ce point été révisé partiellement par l'arrêté fédéral du 24 juin 1998 sur les mesures d'urgence dans le domaine de l'asile et des étrangers (AMU), entré en vigueur le 1er juillet 1998.

Les procédures urgentes sont celles dites d'aéroport prévues aux art. 22 et 23 LAsi, celles permettant à l'Office fédéral des réfugiés (ODR) de prendre une décision de non-entrée en matière sur une demande d'asile selon les art. 32ss LAsi, et enfin celles aboutissant à une décision de renvoi préventif vers un Etat tiers prise sur la base de l'art. 42 al. 2 et 3 LAsi. Le but de ces procédures est d'accélérer considérablement le traitement d'une partie des demandes d'asile d'emblée manifestement non fondées et de pallier les abus les plus fréquents apparus dans ce domaine.

L'accélération de la procédure intervient tout d'abord au niveau de l'ODR à travers la sélection des cas.[2] Lorsqu'une décision est prise sur la base de l'une des dispositions précitées, le retrait de l'effet suspensif à un éventuel recours est, dans la pratique, la règle.[3] L'accélération de la procédure intervient également au stade du recours, notamment par le biais des délais fixés tant à l'intéressé pour requérir la restitution de l'effet suspensif à un éventuel recours[4] qu'à la Commission pour se

* Présidente de chambre de la Commission suisse de recours en matière d'asile (CRA).

1 RS 142.31

2 En vertu de l'art. 37 LAsi, une décision de non-entrée en matière doit, en règle générale, être prise dans les 20 jours ouvrables qui suivent la date du dépôt de la demande d'asile. Quant aux procédures d'aéroport, il va de soi que la limitation de la durée du séjour dans la zone de transit impose également un examen rapide de telles demandes (cf. art. 22 al. 2 LAsi).

3 Art. 23 al. 2 LAsi pour le renvoi préventif à l'aéroport, art. 45 al. 2 LAsi pour les décisions de non-entrée en matière sur la demande d'asile et art. 42 al. 3 LAsi pour les renvois préventifs.

4 Art. 112 al. 1 LAsi

V. Chetail and V. Gowlland-Debbas (eds.),
Switzerland and the International Protection of Refugees
La Suisse et la protection internationale des réfugiés, 145-152.

déterminer sur une demande en restitution de l'effet suspensif introduite par ce dernier.[5]

Le requérant débouté par l'ODR dans le cadre d'une procédure urgente ne disposant, lorsque l'exécution immédiate du renvoi a été ordonnée, que de 24 heures afin de requérir la restitution de l'effet suspensif,[6] les demandes introduites dans ce délai ne sont en règle générale pas motivées et fréquemment rédigées dans une langue étrangère. Saisie d'une telle requête, laquelle comprend parfois une seule phrase,[7] la Commission ne peut toutefois pas statuer sur celle-ci avant d'avoir reçu le dossier de l'autorité de première instance et, lorsqu'elle est rédigée dans une langue étrangère, avant d'en avoir obtenu une traduction. Face à une telle situation, la pratique de la Commission consiste à ordonner immédiatement des mesures provisionnelles afin de maintenir intact l'état de fait ou de droit. Le délai de recours étant par ailleurs plus long que celui prévu pour requérir la restitution de l'effet suspensif, il arrive que le requérant d'asile débouté n'introduise une telle demande que plus tard, conjointement au recours, cela bien sûr à ses risques et périls dans la mesure où, après 24 heures, les autorités chargées de l'exécution du renvoi sont alors en droit d'intervenir. Le délai de 24 heures pour requérir la restitution de l'effet suspensif n'étant pas péremptoire, la Commission aura également à les examiner dans les meilleurs délais.

Si en vertu de l'art. 112 al. 2 LAsi, la Commission doit en principe statuer dans les 48 heures sur les demandes en restitution de l'effet suspensif, il arrive en pratique qu'en dehors de mesures provisionnelles urgentes tendant à bloquer provisoirement l'exécution du renvoi, une décision ne puisse pas être prise sur ce point avant l'échéance de ce délai. Par exemple, une décision au sens de l'art. 112 al. 2 LAsi ne peut pas intervenir sans que le juge chargé de l'instruction soit en possession du dossier de l'ODR, ce qui peut dans certains cas prendre plusieurs jours. Dans ces conditions, si la Commission peut certes ordonner des mesures provisionnelles urgentes dès réception d'une demande en restitution de l'effet suspensif ou d'un recours introduits dans le cadre d'une procédure urgente, la décision de restituer ou non l'effet suspensif ne pourra, en principe, intervenir qu'après les 48 heures.

S'il est donc indéniable que les procédures urgentes ont contribué, en soi, à accélérer la procédure d'asile, il est cependant illusoire de penser qu'une autre réduction des délais légaux pourrait encore en raccourcir la durée. En particulier au stade de la procédure de recours, une réduction des délais a ses limites à défaut desquelles un recours effectif, tel que garanti notamment par l'art. 13 CEDH, pourrait être mis en cause. En pratique, une des conséquences pourra être que plus les droits de la partie seront limités, plus la Commission sera amenée à accorder l'assistance judiciaire totale.

---

[5] Art. 112 al. 2 LAsi

[6] Art. 112 al. 1 LAsi

[7] Exemple concret d'une télécopie adressée à la CRA : "ripristino dell'effetto sospensivo" signée XY.

2. Procédures à l'aéroport (art. 22 et 23 LAsi)

Les nombreuses questions juridiques soulevées par ce type de procédures ont déjà donné lieu à plusieurs publications, notamment dans *Jurisprudence et informations de la Commission suisse de recours en matière d'asile*[8] (JICRA),[9] l'organe de publication propre à la Commission, et tout récemment dans la revue ASYL.[10]

Pour les requérants d'asile qui ont introduit une demande d'asile dans un aéroport suisse et auxquels l'ODR a notifié une décision d'assignation à la zone de transit,[11] la procédure dite d'aéroport aboutira, en l'absence d'une autorisation d'entrée en Suisse donnée subséquemment, soit à une décision de renvoi préventif vers un Etat tiers (art. 23 al. 1 LAsi), soit à une décision de renvoi dans l'Etat d'origine ou de provenance si l'ODR et le HCR admettent d'un commun accord l'absence manifeste de persécution (art. 23 al. 3 LAsi). L'exécution immédiate du renvoi dans le pays d'origine présuppose toutefois que la qualité de réfugié a été déniée au requérant et que sa demande d'asile a été rejetée.[12] De telles décisions sont donc très similaires à celles prises en vertu des art. 32ss LAsi dans lesquelles on examine les indices de persécution. C'est surtout la procédure à suivre qui est différente.

Pour les procédures à l'aéroport, la qualité et l'étendue des auditions effectuées soit par un collaborateur de la police de l'aéroport,[13] soit par un collaborateur de la police des étrangers[14], revêtent une importance capitale. En effet, ces auditions ne sont pas soumises aux exigences des art. 29 et 30 LAsi, applicables à celles effectuées dans le cadre de la procédure ordinaire pour les demandeurs d'asile qui se trouvent déjà en Suisse. Ainsi, l'audition effectuée à l'aéroport n'ayant pas la forme d'un procès-verbal mais uniquement d'un compte rendu, celui-ci n'est ni relu dans une langue compréhensible pour le requérant ni même signé par ce dernier. De plus, dite audition s'effectue en l'absence d'un représentant d'une œuvre d'entraide. Ce n'est que depuis peu que la police de l'aéroport de Zurich a commencé à retranscrire les propos tenus par les requérants d'asile assignés à l'aéroport dans de véritables procès-verbaux. Cette initiative doit être saluée dans la mesure où elle offre des garanties supérieures non seulement aux personnes directement concernées, mais également aux autorités appelées à statuer.

Dans une décision de principe de 1993,[15] la Commission avait approuvé l'interprétation donnée par l'ODR aux dispositions légales applicables aux procédures aéroportuaires, interprétation donnée en particulier sur la base d'une directive interne sur la procédure à l'aéroport de cet Office. Selon la décision précitée,

---

8 *JICRA* 1998 n° 6 p. 36ss; 1997 n° 19 p.155ss; 1997 n° 16 p. 134ss; 1995 n° 3 p. 24ss; 1993 n° 30 p. 201ss
9 Partiellement publié sous www.ark-cra.ch
10 W. Lang, "Das Flughafenverfahren", *ASYL* 2000, n°3, p. 3ss
11 Art. 22 LAsi
12 *JICRA* 1993 n° 30 consid. 3 p. 207ss
13 Telle est la pratique à l'aéroport de Zurich
14 Telle est la pratique à l'aéroport de Genève-Cointrin.
15 *JICRA* 1993 n° 30 p. 201ss

les auditions effectuées dans ce contexte ne doivent donc pas répondre aux conditions des art. 29 et 30 LAsi. Dans la pratique, il y a toutefois lieu d'admettre qu'en principe, la qualité et l'étendue de telles auditions sont assez bonnes, de sorte qu'il n'est pas fréquent que la valeur probante des comptes rendus qui s'y rapportent soit, en tant que telle, contestée au stade du recours.

Un autre aspect de ce type de procédure qui a retenu l'attention de la Commission est celui de l'effectivité de l'accès à une procédure de recours pour les requérants d'asile assignés à la zone de transit d'un aéroport. Si les polices des deux principaux aéroports suisses leur ont aménagé des moyens de communication pour entrer en contact avec le monde extérieur, entre autres avec l'autorité de recours,[16] et si elles leur ont mis à disposition également des listes de mandataires potentiels, en particulier des œuvres d'entraide, il arrive très fréquemment que la Commission soit saisie de recours rédigés par les intéressés eux-mêmes, dans une langue étrangère. Face à une telle situation, il serait certainement plus aisé pour la Commission de désigner d'emblée un mandataire professionnel chargé d'intervenir au nom du recourant, ce dernier ne connaissant pas les langues officielles de la Confédération et encore moins le droit suisse. Dans la pratique, cela comporte toutefois plusieurs difficultés. Tout d'abord, au vu de l'art. 65 al. 2 de la loi fédérale du 20 décembre 1968 sur la procédure administrative (PA),[17] le mandataire commis d'office doit être un avocat. Or, la Commission ne pouvant en principe pas, contrairement aux juges cantonaux, obliger les avocats inscrits au barreau à intervenir en qualité d'avocat commis d'office,[18] et les mandataires professionnels intéressés par de telles procédures n'étant, expérience faite, pas nombreux,[19] il a été nécessaire de trouver d'autres solutions. Cela d'autant plus que la durée du séjour en zone aéroportuaire doit être limitée dans le temps, une telle rétention pouvant, en fonction de sa durée, se transformer en détention.[20] C'est la raison pour laquelle la Commission, consciente que les retards imputables à des obstacles formels peuvent conduire les autorités à autoriser le recourant à entrer en Suisse, a instauré une pratique qui se caractérise par une "certaine souplesse". Cela l'amène très fréquemment à entreprendre des démarches qui, dans le cadre d'une procédure ordinaire, incomberaient à la partie. Ainsi, tout écrit adressé à la Commission et rédigé par un requérant assigné à un aéroport est en règle générale traduit d'office. Même si les

[16] Accès gratuit à des télécopieurs (fax) et des téléphones, ces derniers uniquement pour des communications régionales.

[17] RS 172.021

[18] Cette problématique n'est pas propre à la CRA mais à toutes les commissions fédérales de recours.

[19] La CRA s'est adressée, hélas sans grand succès, notamment au barreau genevois dans le but d'établir une liste de mandataires professionnels disposés à intervenir, sur requête de la Commission, dans le cadre des procédures aéroportuaires.

[20] *JICRA* 1998 n° 6 consid. 4 p. 41ss ; 1997 n° 19 consid. 3a, p158ss

conditions formelles d'un recours ne sont pas toutes remplies,[21] une régularisation n'est généralement pas requise. De plus, les juges de la Commission, même en l'absence d'un grief soulevé par la partie, instruisent d'office toutes les questions incertaines, en particulier par l'entremise du HCR,[22] et examinent l'ensemble des pièces du dossier afin de s'assurer du bien-fondé de la décision entreprise. S'il ne s'agit certainement pas d'une solution optimale, cette pratique permet à tout le moins de préserver les droits de la partie. En moyenne, la Commission est saisie annuellement d'une centaine de procédures de recours dites à l'aéroport.

Contrairement aux années précédentes, les recours introduits contre les décisions d'affectation à l'aéroport suite à un refus d'entrée en Suisse ont presque disparu,[23] compte tenu notamment des aménagements effectués à l'aéroport de Genève. De plus, tant le délai de 48 heures prévu à l'art. 22 al. 3 LAsi, dans le cadre duquel l'ODR doit notifier au requérant la décision de refus provisoire d'entrée en Suisse et d'assignation à l'aéroport, que celui de quinze jours prévu aux art. 22 al. 2 et 23 al. 4 LAsi ont également contribué à réduire le nombre de tels recours. Il suffit en effet que l'ODR ne parvienne pas à prendre une décision dans le cadre de ces délais pour que l'entrée en Suisse soit autorisée.

3. Décisions de non-entrée en matière (art. 32 à 35 LAsi)

A ce propos, la pratique de la Commission a également fait l'objet de plusieurs publications dans JICRA.[24] Les dispositions de l'AMU ayant été intégrées dans la loi sur l'asile actuellement en vigueur, il est possible de s'y référer même lorsque la décision a été prise sous l'ancien droit.

Par rapport aux différents motifs permettant à l'ODR de prendre une décision de non-entrée en matière, ceux prévus à l'art. 32 al. 2 let. a et b LAsi méritent une attention particulière.

Sous l'angle de l'art. 32 al. 2 let. a LAsi – disposition qui a fait l'objet de nombreuses discussions au cours des débats parlementaires et donné lieu à diverses publications[25] –, la Commission a confirmé dans JICRA 1999 n° 17 p. 112ss que la notion d'indices de persécution, correspondant à celle des art. 18, 23 al. 2, 33 al. 3 et

---

21 Par exemple, la signature figurant sur les demandes et recours expédiés par télécopie est considérée comme juridiquement valable, à condition qu'il n'existe aucun doute quant à son auteur. En l'absence de conclusions formelles et de signature, le recours est tout de même admis si l'on peut partir de l'idée qu'il a été introduit par le recourant et qu'il peut "implicitement" être considéré et traité comme tel.

22 Dans le cadre des renvois préventifs vers un Etat tiers, la pratique de la Commission consiste, même si dans ce cas de figure la loi ne le prévoit pas expressément, à solliciter l'avis du HCR pour déterminer si le principe du non-refoulement est respecté par le pays en question.

23 1998 n° 6 p. 38ss ; 1997 n° 19 p. 155ss

24 *JICRA* 2000 n° 8 p. 59ss ; 1999 n° 20 p. 127ss ; 1999 n° 19 p. 122ss ; 1999 n° 18 p. 117ss ; 1999 n° 17 p. 112ss ; 1999 n° 16 p. 105ss ; 1998 n° 34 p. 280ss ; 1998 n° 33 p. 272ss ; 1998 n° 32 p. 262ss ; 1994 n° 23 p. 167ss ; n° 6 p. 50 ; 1993 n° 16 p. 102ss

25 W. Kälin, "Das neue schweizerische Asylgesetz", *ZAR*, 2000, n°4, p. 156ss ; J. Schertenleib, "Die neuen Nichteintretensgründe", *ASYL* 1999 n°3 p. 3ss et références citées.

34 LAsi,[26] comprend non seulement les sérieux préjudices au sens de l'art. 3 LAsi mais également les obstacles relatifs à l'exécution du renvoi prévus aux art. 44 al. 2 LAsi et 14a al. 3 et 4 LSEE.[27] Du point de vue du degré de la preuve, la Commission a estimé que lorsque les indices de persécution n'apparaissent pas prima facie comme étant dépourvus de crédibilité, la qualité de réfugié doit être examinée au fond et la vraisemblance des allégués du recourant appréciée au regard des critères plus sévères de l'art. 7 LAsi.[28] Pour savoir si l'on est en présence d'indices de persécution, une force probante réduite est donc suffisante.[29] Par contre, un examen matériel à titre préjudiciel de la qualité de réfugié ne saurait être admis. Dans une décision du 3 mai 2000 se rapportant à l'art. 32 al. 2 let. e LAsi,[30] la Commission a retenu le principe d'un examen matériel succinct de la crédibilité du requérant. Ainsi, si un examen succinct permet d'admettre la crédibilité d'un motif qui fait par exemple obstacle à l'exigibilité de l'exécution du renvoi, cela implique que l'ODR entre en matière sur la demande d'asile. Cas échéant, la Commission doit casser la décision de non-entrée en matière prise sur la base de l'art. 32 al. 2 let. a LAsi et renvoyer la cause à l'ODR en vue d'une décision au fond.

Sur la base de l'art. 32 al. 2 let. b LAsi, il est possible, à condition d'admettre une tromperie sur l'identité, de ne pas entrer en matière sur une demande d'asile. Cette disposition ne prévoyant pas un examen d'éventuels indices de persécution, le degré de la preuve exigé pour admettre une éventuelle tromperie a toute son importance. Si dans la décision JICRA 1999 n° 19 p. 122ss, la Commission a estimé que la preuve de la tromperie pouvait également être rapportée grâce à des moyens qui, par comparaison avec l'examen dactyloscopique, ont une fiabilité moindre – par exemple les analyses "Lingua" effectuées par l'ODR, à condition que l'expert parvienne à la conclusion que le requérant n'a "sans aucun doute" pas la nationalité alléguée -, la fiabilité ainsi définie a été déniée très récemment aux examens osseux auxquels procède cet Office dans le but de déterminer l'âge chronologique du requérant. Dans une décision de principe du 12 septembre 2000, la Commission a considéré que pour déterminer l'âge réel d'une personne, on ne pouvait tirer de conclusions absolues de la radiographie des os de la main, l'âge osseux pouvant varier d'un individu à l'autre notamment en fonction de la race ou du sexe. Ainsi, un adolescent de race noire qui présenterait un âge osseux de 19 ans ou plus pourrait encore être âgé de 16 ans sans pour autant échapper à la normalité (écart standard de trois ans). Un adolescent de race blanche dans les mêmes conditions pourrait encore être âgé de 16 ans et 5 mois (écart standard de deux ans et 7 mois). Ainsi, lorsque l'âge déclaré par le requérant se situe dans les limites standard reconnues en matière de détermination de l'âge osseux, l'examen radiologique n'a pas de valeur probante suffisante pour permettre à l'ODR

[26] Selon l'ancien droit, art. 13, 13d al. 4 et 16 al. 2 LAsi

[27] Cela comprend à la fois l'examen de la licéité de l'exécution du renvoi (art. 3 CEDH et 3 Conv. torture) et de l'exigibilité de cette mesure.

[28] *JICRA* 1999 n° 17 p. 112ss

[29] *JICRA* 1999 n° 16 p. 105ss

[30] *JICRA* 2000 n° 14 consid. 2 c et d, p. 104ss

de refuser d'entrer en matière sur la demande d'asile, en application de l'art. 32 al. 2 let. b LAsi. En effet, sur la base de cette disposition, le fardeau de la preuve permettant d'admettre une tromperie incombe à l'autorité qui ne saurait limiter l'objet du litige sans motifs pertinents.

Dans le cadre de cette décision de principe, la Commission n'a cependant pas tranché la question de savoir s'il existe ou non une base légale suffisante permettant d'imposer, à un requérant d'asile dont l'ODR conteste la minorité, une radiographie osseuse de sa main.[31]

4. Renvois préventifs

Contrairement aux dispositions légales applicables au renvoi préventif prononcé dans le cadre d'une procédure à l'aéroport, celles régissant le renvoi préventif prononcé une fois que le requérant se trouve en Suisse n'ont pas subi de modifications. Dans ce contexte, la Commission a été amenée à se prononcer, dans une décision de principe du 29 décembre 1999,[32] sur la question de savoir si la présomption prévue à l'art. 31 al. 1 de l'ordonnance 1 du 11 août 1999 sur l'asile relative à la procédure (OA 1) était compatible avec l'art. 42 al. 2 let. b LAsi.

C'est la première fois que la Commission a admis sa compétence pour décider si les dispositions d'application des actes législatifs respectent le principe de la légalité et interdire leur application si tel n'est pas le cas. Constatant que les dispositions de l'ordonnance d'exécution précitée du Conseil fédéral, émise sur la base de l'art. 119 LAsi, ne pouvaient pas étendre le champ d'application de la loi, la Commission a considéré que la présomption contenue à l'art. 31 al. 1 OA 1 ne correspondait ni au sens ni au but de l'art. 42 al. 2 let. b LAsi. Non seulement une telle présomption limite la libre appréciation des moyens de preuve par le juge, ce qui est contraire à l'art. 40 de la loi fédérale du 4 décembre 1947 sur la procédure civile fédérale (PCF), mais elle a surtout pour effet de renverser le fardeau de la preuve prévu à l'art. 42 al. 2 let. b LAsi. Contrairement à l'art. 31 al. 1 OA 1, il n'appartient donc pas au requérant d'asile de rendre vraisemblable qu'il a cherché à venir en Suisse sans tarder, mais c'est à l'autorité de prouver, conformément à l'art. 42 al. 2 let. b LAsi, que celui-ci a séjourné au moins 20 jours[33] dans un pays tiers.

---

[31] M. Gattiker, "Rechtliche Probleme der Altersbestimmung bei minderjährigen Asylsuchenden", *ASYL* 2000 n°1 p. 18

[32] *JICRA* 2000 n° 1 p. 1ss

[33] *JICRA* 1995 n° 3 consid. 8 p. 31ss ; 1994 n° 12 p. 94ss

5. Conclusion

Un peu plus d'une année après l'entrée en vigueur de la nouvelle loi sur l'asile, si les questions clés soulevées par les procédures urgentes ont été résolues par une confirmation de la jurisprudence antérieure ou sur la base de nouvelles décisions de principe ou de coordination, d'autres, plus spécifiques, restent encore ouvertes.[34] Il appartient à la Commission de les résoudre à brève échéance dans le respect du droit interne et du droit international public.

L'évolution du point de vue législatif allant vers une procédure d'asile toujours plus rapide, ce qui en soi est à saluer, il y aura lieu de veiller au maintien d'une procédure équitable et donc respectueuse des droits de la partie tout en assurant un suivi rapide des cas. Comme par le passé, nul doute que la Commission saura faire face à ces défis.

[34] La Commission n'a pas encore tranché définitivement la question de savoir s'il est possible de mettre en doute la nationalité d'un recourant en vertu de l'art. 32 al. 2 let. a LAsi, et si oui, à quelles conditions, pour ainsi nier d'emblée l'existence d'indices de persécutions.

DEBATE

under the chairmanship of Philippe Leclerc Head of UNHCR Liaison Bureau for Switzerland and Lichtenstein

DEBATS

sous la présidence de Monsieur Philippe Leclerc Chef du Bureau de Liaison du HCR pour la Suisse et le Liechtenstein

ROUND TABLE/TABLE RONDE:

Guy S. Goodwin-Gill (Wolfson College, Oxford University)
It does give me a great pleasure to be here and to see how things have moved on since the last time I lived in the proximity of Geneva. I thought I would take this opportunity to comment in particular on some of the international legal dimensions, which appear to me to come out of the discussions that we have had today, and of the contributions that we had this afternoon. What strikes me again is the importance of the links between national laws and procedures and international laws and standards. What comes through also is this essential complementarity of laws in defining protection and groups entitled to protection on the one hand, and in implementing obligations and identifying responsibilities on the other. I was particularly interested to hear what Volker Türk had to say about nonsstate agents of persecution, having been somewhat involved in the United Kingdom decisions which led to both France and Germany being found to be "not safe" third countries, for persons whose claims are based on fear of persecution by non-State agents. Volker gave us a very good picture of the international law elements that I think are relevant here, the importance of the Vienna Convention on the Law of Treaties and basic tenets of treaty interpretation. And quite clearly if you take, as article 31 of the Vienna Convention invites you to, the words of article 1 of the 1951 Convention in their ordinary meaning you do not end up with a manifest absurdity if you interpret them so as to include persecution by non-State agents. On the contrary, it seems to me that the alternative interpretation, excluding persecution by non-State agents, actually lacks any rational basis. Clearly we cannot prove in the *travaux préparatoires* that persecution by non-State agents was in the mind of the drafters. But historically persecution has been frequently a matter of mobs, sometimes with and sometimes without the approval of Churches and States. It is not exclusively a State matter as a matter of history. To read in the idea of accountability in the refugee definition is to add an extraneous element which is not justified by the words of the definition itself. It is also important to stress the perhaps regrettable situation which emerges from the UK case law, namely, that there will necessarily be some variation in interpretation, especially in the absence of any supervisory authority with the power to have the last word. This is regrettable, but it is unavoidable.

Nonetheless what comes through in the jurisprudence, is that words do have their limits and that there are some interpretations of international criteria which are beyond the range of the permissible.

It is also useful when we think about persecution to remember that article 3 of the Convention against Torture does expressly link torture to actions by official authorities. In that sense it was certainly open to the drafters of the 1951 Convention to make an equivalent link, but they chose not to. Turning now to the relation of international law to Swiss law, it struck me once again how article 3 of the *loi sur l'asile* recognises serious prejudice or fear of serious prejudice in a way which is open to a general and liberal interpretation. But I know that it does not link such fear of serious prejudice or the serious prejudice itself to the lack or absence of protection, and in this sense it differs from article 1 of the 1951 Convention. Now that could clearly be good; in one sense it means there is something less to be argued about, although I suppose lawyers could regret the absence of that. But I think it is also bad, in the sense that the protection element may therefore tend to be ignored and perhaps this has something to do with the position hitherto taken on persecution by non-State agents.

Let us move on and consider some of the other contributions of today. I wanted to mention a corollary argument which sometimes appears in this context, which gives some cause for concern. If we are to take account of persecution by non-State agents, should we not also take account of protection by non-State agents? Some of you have already come across the argument that persons otherwise refugees are said to be returnable to areas under the control of *de facto* authorities. Now there is also something worrying about that argument. It is dangerous obviously for States at any time to engage in quasi-official dealings with quasi-official entities. But also there is a distinction between this aspect of protection by non-state agents and persecution by non-State agents, namely, that article 1 talks of the availability of protection by an individual's country of nationality; clearly, in so far as protection may be available from non-State entities, it is not equivalent to protection by the country of an individual's nationality.

I need to make a few comments also on Walter Kälin's paper on gender-related persecution, which I think has laid down the path for thinking and reasoning in decision-making. Obviously the protection needs of women pose particular challenges to the 1951 Convention, which the words of the Convention do not meet. And quite clearly also traditional responses on the part of States to claims by refugee women have failed women. They failed to take account of the place of women in society. I am rather pleased by the decision of the House of Lords in the *Islam and Shah* cases, which Walter mentioned and describes in some detail in his paper. It is helpful that the focus in these cases was precisely on the question of women in society, rather than particular groups or sub-social groups of women in any particular context. I am pleased because that reminds us that certain categories, like domestic violence, frequently beg the question that needs to be answered, and that a refugee claim by a women cannot be simply dismissed by characterising the violence or treatment feared as domestic. If we do that, then we fail to acknowledge the obvious structures of power as they relate to women in certain societies. And we fail very often, as we have done in the past, to recognise that rape is a gender-specific crime. In so far as men may be raped they are not raped because they are men, they are raped for the purposes of torture. In the case of women though, it is different.

I was also impressed by one of the first words mentioned by Mario Gattiker when he talked about the seductive (*séduisante*) nature of regulations on removals to safe third countries. To me, it seems that very often States and authorities view these regulations as a way of decision avoidance. It means they do not have to go and take a decision on the facts, which is always very difficult, but they can pass it on to someone else. Again, from an international perspective, I ask myself how do these regulations for safe third countries removals relate to the principles of international solidarity and co-operation, and how do they relate to what the International Law Commission and its recent work on State responsibility under James Crawford has noted as the integral obligations of a multilateral treaty system in particular? There is some interesting thinking in these new developments on State responsibility, so far as the present Special Rapporteur has pointed to the obligations that are owed to all Parties to a particular regime, so-called obligations *erga omnes partes*. He mentions specifically the case of an international regime in the maintenance and implementation of which all States parties have a common legal interest. He goes on to mention that it includes in particular those obligations that are expressed, or necessarily implied, to relate to matters of the common interest of the parties. I do not think it takes much imagination to see that in the context of an international refugee regime there is a clear collective interest of States and indeed of course a clear common interest in the protection of the individuals, the beneficiaries, the refugees. Mario Gattiker's paper also invites us to consider the strong emphasis that is required on the international context when we review national measures on safe third countries removals. That international context applies as much to solution and resolution as it does to principles and obligations. I was glad to be reminded that obligations cannot be delegated, and that the effective performance of international obligations is ultimately a question to be determined by international law. We do not have a supervisory authority, but that is not an end to the question.

Back in October 1996, on behalf of UNHCR I did a small study on the treatment of airport cases in Geneva and Zurich. I focused then not only on the approach adopted to so-called manifestly unfounded cases, which is not the characterisation used in Swiss law, but also the degree of involvement of the UNHCR, the agency charged with international protection. Already in 1996, under the old law, we could see that there were distinct merits by comparison with other national approaches in the way in which Swiss law was phrased and in the explicit recognition that what was involved in airport decision-making for the most part was not a procedural matter but a substantive matter. Decisions were being taken on whether someone did or did not have a well-founded or indeed any fear of persecution. Of course, we discovered then, and some of these have been clearly remedied as I have now learned, that there were problems of treatment of airport arrivals. I recall that in July 1996 the *tribunal administratif* of the canton of Geneva looked at the issue of detention and found that there were indeed implicit legal limitations to holding anyone at the airport. In a rather innovative move, the tribunal went to the airport and looked at the conditions of detention and found that the physical conditions were actually unacceptable. Also I hear that those have now been remedied. What we discovered, UNHCR and myself, on this occasion was the importance of ensuring that those who are involved in decision-making at frontiers or airports are well trained and have good knowledge. But what I think I've also learnt again and I was very pleased to hear it, was the important role of the CR, the *Commission de recours,* in improving significantly the substantive control on procedure. Already in 1996, and I am sure this has not ceased, the *commission* was bringing in the European Convention on Human Rights, and the Convention Against Torture, as a basis for ruling that certain standards of proof ought to be applied, standards of proof which applied in particular to the benefit of the asylum-seekers. So overall what I have to come away with in this Colloquium is the strong impression of the continuing relevance of international legal standards in the formulation of national law, in the application of procedures, and in the evolution of standards.

Urs Hadorn (Directeur suppléant, Office fédéral des réfugiés)
Les quatre contributions sur l'accès à la détermination du statut de réfugié nous ont présenté un catalogue de vœux et de propositions à l'adresse du législateur suisse. Je ne suis malheureusement pas autorisé à dire que l'on va tenir compte de vos propositions lors de la onzième révision de la loi, qui va se dérouler probablement au cours de l'année 2001. Vu ma fonction professionnelle, j'aimerais m'abstenir de qualifier de bonnes ou de mauvaises les propositions faites dans ce Colloque. Je vous prie de me comprendre. Pour moi, il est incontestable que dans les quatre domaines présentés, il est nécessaire de remplacer, préciser ou même améliorer les dispositions de la législation actuelle. La question va se poser de savoir comment et sous quelle forme cela va se faire. J'ai constaté dans le passé – et je passe une bonne partie de ma vie professionnelle avec des politiciens, dans des commissions parlementaires par exemple – une certaine tendance à réglementer tous les détails au niveau du droit formel, approuvée par le Parlement. Déjà lors de l'adoption de la première loi, il y avait une forte tendance à limiter la compétence de l'exécutif, du Conseil fédéral et surtout de l'administration telle que notre office. Cette manière de légiférer dans le détail présente un certain danger. On est très vite confronté dans la pratique à des cas qui ne sont pas prévus dans la loi, et tout le monde qui travaille dans notre domaine, le domaine de l'asile, a déjà rencontré de telles situations. C'est pour cela que je suis plutôt partisan de dispositions générales, équilibrées, fermes. Cela nous donne beaucoup plus de flexibilité; et je pense qu'avec une instance de recours indépendante comme la Commission de recours en matière d'asile, nous avons la garantie que la jurisprudence peut couvrir aussi des cas qui ne sont pas expressément prévus dans la loi. L'exposé de M. Kälin, en ce qui concerne la persécution liée au sexe, a très bien

montré qu'on peut par l'interprétation aussi, faire beaucoup, même si cela n'est pas défini d'une manière précise dans la loi même. Pour terminer, j'aimerais souligner encore une fois, comme a dit Monsieur Türk, l'importance ou même la nécessité de l'harmonisation non seulement des lois écrites mais aussi de l'interprétation de certaines notions. Je dis toujours aussi dans des assemblées publiques, devant des personnes qui ne sont pas professionnellement intéressées ou liées à l'asile et aux étrangers, que ce n'est pas la petite Suisse qui est touchée par les problèmes, mais l'Europe comme espace d'immigration qui a finalement les mêmes problèmes, et pour trouver des solutions ensemble, il faut tôt ou tard harmoniser le droit et les procédures.

Christian Levrat (Porte-parole et responsable du Département Protection, Organisation Suisse d'Aide aux Réfugiés)
Les exposés qui nous ont été présentés ont un point commun: ils discutent des pratiques politiques plus au moins restrictives, introduites par certains Etats en réponse à l'augmentation du nombre des requérants d'asile en Europe au cours des années écoulées. Ainsi, la notion de persécution étatique a pour conséquence d'exclure de l'asile les requérants somaliens, les victimes de l'intégrisme islamique en Algérie ou les tamouls qui fuient les persécutions des Tigres au Sri Lanka. Le fait que la Suisse et l'Allemagne, ainsi que peut-être de manière moins nette la France et l'Italie, soient aujourd'hui sur ce point parmi les Etats les plus restrictifs, s'explique sans doute par la très forte pression politique qu'ont à subir les autorités de l'asile dans ces pays là. De même, les discussions autour de la notion des pays sûrs reposent sur la conviction, un peu étrange, que les requérants d'asile cherchant refuge en Suisse constituent une charge excessive pour notre pays et que celui-ci doit chercher à contraindre ses voisins à assumer leur part de cette charge. Que ceux-ci fassent de même et que nous soyons confrontés régulièrement à des renvois en cascade, ne me semble pas trop préoccupé pour l'heure le discours politique dominant. Il faut espérer que les travaux de Mario Gattiker sur cette question apportent un peu de la lumière nécessaire dans le débat qui s'annonce assez controversé. Plus évidente encore semble être l'introduction toujours plus fréquente des procédures accélérées; Madame la Juge Cotting-Schalch vient de nous faire la liste de celles pratiquées aujourd'hui en Suisse. Celles-ci sont destinées à renvoyer, aussi rapidement que possible, les requérants qui abusent – ou dont on pense qu'ils abusent – de notre système. Cette volonté politique est légitime, elle est légitime parce qu'il serait dangereux pour la protection de ceux qui ont véritablement besoin de protection, que la procédure d'asile serve de voix cachée à une politique migratoire inexistante ou insatisfaisante. Cependant, l'action des politiques dans ce domaine ne saurait conduire à une interprétation par trop restrictive des obligations internationales de la Confédération, outre ses propres textes législatifs, ni du reste à une pratique aussi dure qu'elle mette en danger les réfugiés véritables. Des garde-fous sont nécessaires, de manière à mettre un système de protection en place qui échappe aux pressions de l'heure et garantisse un accueil effectif à ceux qui en ont besoin. Pour l'essentiel, ces

limites à l'arbitraire de l'action étatique existent, ce sont les règles de l'Etat de droit, ces fameux *checks and balances* dont le Professeur Kälin parlait précédemment.

Vous me permettrez de m'arrêter à l'une d'elles en particulier, le droit à un recours effectif garanti par l'article 13 de la Convention européenne des Droits de l'Homme. Mario Gattiker nous a déjà dit, en conclusion de son exposé, combien il était douteux que les procédures de non-entrée en matière, élargies pour l'essentiel avec la dernière révision de la loi sur l'asile, répondent à ces exigences, en particulier si on pense que les requérants n'ont dans la plupart des cas qu'un délai de 24 heures pour introduire une demande de restitution de l'effet suspensif, qui dans les faits – nous l'avons entendu par Madame la Juge Cotting-Schalch – doit être correctement motivée de telle sorte qu'elle s'apparente à un recours. Je souhaiterais m'arrêter à deux autres points. D'abord, la position de la Commission suisse de recours en matière d'asile, dans le discours politique et ensuite l'assistance juridique aux requérants d'asile.

La Commission suisse de recours en matière d'asile, comme nous l'avons entendu, est une commission fédérale indépendante de l'administration: en tant qu'organisme judiciaire ou quasi judiciaire, elle a pour tâche fondamentale de censurer les décisions de l'Office fédéral des réfugiés, lorsque celles-ci sont contraires à la loi sur l'asile, à la Convention de 1951, ou à d'autres instruments internationaux. De son bon fonctionnement dépend donc l'efficacité de ce contre-pouvoir aux pressions politiques éventuelles. Or que constatons-nous aujourd'hui? D'abord, qu'elle est elle-même l'objet de pressions particulièrement violentes. Que certains dans ce pays – nous avons mentionné plusieurs fois l'UDC – demandent sa suppression, lorsqu'elle rejette l'introduction par voix d'ordonnance d'une disposition autorisant le renvoi presque inconditionnel vers un pays tiers ne saurait nous étonner, que par contre, le plus grand parti de Suisse, un parti de tendance libérale, demande comme nous l'avons vu récemment par la preuve du secrétaire central du parti radical, qu'elle soit placée directement sous l'autorité du Conseil fédéral et qu'il souhaite dès lors retirer l'indépendance qui doit caractériser la fonction judiciaire, voilà qui est extrêmement dangereux. Le premier garde-fou indispensable à la crédibilité d'une vraie politique de l'asile, quels que soient les aléas du temps, réside dans l'existence d'une instance judiciaire indépendante. La Commission européenne l'a reconnu récemment en inscrivant cette exigence dans sa proposition de directive sur des garanties minimales en matière de procédure d'asile. Cette instance judiciaire ne remplit pas toutefois encore sa tâche par le seul fait qu'elle existe, encore faut-il qu'elle ait le courage malgré les pressions d'accomplir son devoir et d'interpréter avec toute la rigueur exigée par les textes sur lesquels elle base son activité. Je dois bien avouer de ce point de vue ne pas comprendre exactement comment la Commission refuse encore aujourd'hui de modifier sa position sur la question des agents de persécution et de ne pas suivre les propositions du HCR et de l'écrasante majorité de la doctrine dans ce domaine là. Le requérant peut donc compter pour l'heure à tout le moins sur un organe suffisamment indépendant pour contrôler les décisions de l'instance inférieure à la condition qu'il puisse saisir cette instance.

La plupart de nos voisins européens connaissent à un titre ou à un autre, un système de représentation juridique d'office des requérants d'asile en particulier, lorsque ceux-ci sont l'objet des procédures accélérées. Madame la Juge Cotting-Schalch a expliqué auparavant que ce n'était pas vraiment le cas en Suisse, pas même lorsque les requérants sont confinés dans la zone de transit dans nos aéroports, ni lorsqu'ils sont retenus dans les centres d'enregistrement de la Confédération. Elle a indiqué les expédients insuffisants malheureusement en pratique auxquels les juges devaient avoir recours pour garantir aux intéressés l'examen de leur dossier malgré des lacunes formelles. J'aurais simplement deux remarques sur la pratique de la Commission telle que l'a décrite Madame la Juge Cotting-Schalch. La première est qu'il semble qu'une possibilité relativement simple d'augmenter les garanties juridiques dont bénéficient les requérants serait d'appliquer plus systématiquement les dispositions de l'article 65 de la loi sur la procédure administrative. Il serait beaucoup plus simple d'accorder sur une base presque systématique l'assistance judiciaire lorsque le requérant se trouve retenu dans une zone aéroportuaire. Un autre aspect, et c'est là malheureusement une des faiblesses de la Commission des recours actuelle, est la diversité de sa jurisprudence. Ainsi une des chambres de la Commission de recours, à savoir la troisième chambre, persiste à exiger des requérants retenus en zone de transit, une avance de frais pour procéder à l'examen de leur demande d'asile, ce qui est de notre point de vue regrettable. La situation générale de la représentation juridique des requérants d'asile n'est pas acceptable en Suisse. Si l'on veut accélérer le traitement des demandes d'asile, optimiser – vous l'avez dit Monsieur Hadorn – notre procédure, nous devons avoir une attention équivalente à la notion de correction de cette procédure, au *fair play* de cette procédure. Cette nécessité doit faire l'objet d'un débat qui doit avoir lieu soit dans le cadre de la prochaine révision de la loi sur l'asile, soit en dehors de ce cadre là, lors des procédures individuelles, mais cette nécessité a également été retenue, s'agissant en particulier de procédure accélérée, par la Commission européenne dans sa proposition mentionnée ci-avant pour des garanties minimales en matière de procédure d'asile. Au-delà de l'asile, cette carence de la représentation juridique des requérants soulève pour nous la question de la place que nous accordons à la raison d'Etat, cet impératif qui dissimule souvent mal les contingences de la politique de l'instant et la place que nous accordons à l'Etat de droit. Il s'agit pour nous du socle de l'équilibre du pouvoir et du gardien de nos libertés.

DISCUSSIONS:

Philippe Leclerc (Chef du Bureau de Liaison du HCR pour la Suisse et la Liechtenstein)

Je voudrais ajouter un commentaire concernant le catalogue qui vous a été présenté pour les législateurs ou pour éclairer les juges. Il me semble que les deux éléments qui ont été évoqués par M. Volker Türk et par le Professeur Kälin n'ont pas besoin de l'intervention du législateur. L'article 3 concernant la définition du statut des réfugiés dans la loi sur l'asile permet une interprétation conforme à celle du HCR en ce qui concerne les agents de persécution non étatique. De la même manière, le Professeur Kälin a montré que là aussi, le paragraphe 2 de l'article 3 de la loi d'asile restait encore à être interprété et que cette tâche incombait à la Commission de recours en matière d'asile. Pour les aspects de la procédure, je pense effectivement que la prochaine révision de la loi d'asile pourrait certainement faire des propositions en ce sens, tant pour la question des tiers pays sûrs que pour les autres d'aspects de la procédure. J'aimerais maintenant laisser la parole au public.

Michel Ottet (Membre de l'association ELISA)
Je fais partie d'une association qui s'appelle ELISA, l'anagramme d'asile, et je m'occupe principalement des demandes d'asile aux aéroports, la procédure dont Madame Cotting-Schalch a parlé tout à l'heure. J'ai à ce propos une ou deux questions. La première question s'adresse à Monsieur Hadorn. Je n'ai pas encore tout à fait bien compris, pourquoi lorsqu'on se trouve en face des décisions claires de la Commission de recours, l'Office fédéral des réfugiés continue à prendre des décisions allant nettement contre la jurisprudence pourtant claire et qui a provoqué – dans l'exemple précis des conditions de détention à l'aéroport de Genève – plusieurs dizaines de recours; elle compte peut-être éventuellement sur l'absence d'un mandataire ou l'absence d'un recours du requérant se trouvant en face de ce genre de décision. Une autre question qui s'adresse plus probablement à Madame Cotting-Schalch et à Monsieur Leclerc, concerne les décisions d'aéroport de l'ODR, caractérisées par l'intervention d'un préavis du HCR. Compte tenu du crédit dont bénéficie le HCR en la matière, ce préavis demeure très difficile à renverser. Mais quels sont les moyens qui sont donnés au HCR et sur quelle base le HCR prend-t-il ces préavis? Il est arrivé même récemment que la Commission ait annulé une décision de renvoi après avoir constaté que dans le préavis du HCR favorable au renvoi du requérant, il y avait une coupure de presse datée de plusieurs mois auparavant qui concernait directement le frère du requérant, et le site internet d'*Amnesty International* contenait des remarques assez sérieuses concernant les persécutions faites à l'encontre du groupe auquel appartenait le requérant en question. Quels sont les moyens qui sont donnés au HCR pour pouvoir faire un préavis fondé compte tenu du crédit important que ce préavis dispose dans la procédure d'asile?

Ivor Jackson (Ancien Directeur Adjoint de la Protection internationale, HCR)
Je souhaiterais revenir au point rapporté par Monsieur Gattiker. La notion de pays tiers sûr est une notion très inquiétante du point de vue de l'automatisme qui semble diriger sa mise en oeuvre. Il y a – si j'ai bien compris – une marge de manœuvre en ce qui concerne la question de savoir si le pays tiers est oui ou non un pays sûr. Mais on s'est écarté – il me semble – de la philosophie qui existait dans le temps, selon laquelle les intentions des demandeurs d'asile devraient être respectées dans la mesure du possible. Désormais le demandeur d'asile, qui a le désir de demander l'asile dans un

pays quelconque, est exclu de cette possibilité du simple fait qu'il a pu transiter par un autre pays. Mais il peut avoir des raisons tout à fait valables pour vouloir demander l'asile dans un pays donné: par exemple s'il a fait ses études dans ce pays, ou s'il a des liens familiaux dans ce pays. Tout ceci – d'après les explications de Monsieur Gattiker – semble être complètement exclu. Pourtant, la conclusion n° 15 du Comité exécutif du HCR prévoit qu'une demande d'asile ne peut pas être rejetée pour le seul motif qu'elle aurait pu être déposée auprès d'un autre Etat, et indique également que les désirs des demandeurs d'asile doivent être dans la mesure du possible respectés. Ceci ne semble plus être le cas. Du point de vue humanitaire cet automatisme est un phénomène inquiétant. La notion de pays tiers sûr impose un fardeau aux pays tiers, qui risque de fausser tout le tableau. Je ne peux pas m'empêcher de penser qu'il n'y a rien de honteux pour un demandeur d'asile d'avoir une préférence pour un pays X pour des raisons, qui du point de vue humain sont tout à fait valables. Pourquoi exclure cette possibilité? Pourquoi un demandeur d'asile qui veut demander l'asile en Allemagne et qui par hasard a transité par la Pologne doit être reconduit dans ce pays pour cette simple raison?

Philippe Leclerc (Chef du Bureau de Liaison du HCR pour la Suisse et la Liechtenstein)
Je souhaiterais prendre maintenant la parole concernant la procédure d'aéroport. Nous sommes effectivement trois institutions à intervenir sur le retour de personnes requérantes d'asile dont nous examinons le caractère manifestement infondé de la demande: l'Office fédéral des réfugiés examine la demande de l'intéressé, puis soumet cette demande au HCR à notre bureau de liaison pour la Suisse qui examine le procès-verbal et donne ou non son agrément à la position de l'Office fédéral des réfugiés. S'il donne son agrément à un retour dans le pays d'origine, à ce moment là le requérant d'asile a encore la possibilité de demander la restitution de l'effet suspensif pendant une période de 24 heures et la Commission de recours en matière d'asile peut encore sanctionner la décision qui a été prise conjointement entre l'Office fédéral des réfugiés et le Haut Commissariat des Nations Unies pour les réfugiés. Dans un certain nombre de cas cette sanction est effectuée. L'annulation s'explique surtout par le fait que nous n'examinons pas forcément les mêmes instruments. Nous regardons essentiellement, pour notre part, la Convention de Genève sur le statut de réfugié, tandis que la Commission de recours en matière d'asile examine également l'article 3 de la Convention européenne des droits de l'homme et la Convention des Nations Unies contre la torture.

Concernant les moyens qui sont mis à la disposition du HCR pour prendre cette décision, deux juristes du bureau de liaison pour la Suisse sont amenés à prendre ces décisions sous ma responsabilité et avec les conseils qui peuvent être donnés par l'ensemble du bureau géographique du Haut Commissariat pour les réfugiés et dans un certain nombre de cas avec un contact direct de la délégation du HCR sur le terrain. Voilà les moyens qui sont mis à la disposition du HCR pour rendre cet avis, afin de renvoyer des personnes dans leurs pays d'origine lorsque du point de vue de l'Office fédéral des réfugiés et du Haut Commissariat pour les réfugiés elles ne seraient pas menacées de persécution. C'est une décision importante, car contrairement à une décision dans le cas d'une procédure d'asile ordinaire, la personne est retenue à l'aéroport et on sait que dans la plupart des cas la décision sera exécutée, c'est-à-dire que les personnes déboutées seront mises dans l'avion à destination de leurs pays d'origine. C'est donc une décision lourde que nous pensons prendre en notre âme et conscience avec toutes les compétences nécessaires.

Mario Gattiker (Chef du Service juridique, CARITAS Suisse)
Concernant la question de la prise en compte de l'intention du requérant d'asile dans le choix du pays d'asile, il convient de rappeler que la pratique constante jusqu'à la fin des années quatre-vingt était de tenir compte de l'intention du requérant d'asile. Cette pratique a été reflétée dans diverses décisions du Comité exécutif du HCR, mais la Convention de Dublin a opéré un changement de paradigme, parce que les Etats européens ont défini des critères objectifs pour déterminer l'Etat dans lequel le requérant d'asile doit déposer sa demande d'asile. La Convention de Dublin n'est pas seulement une Convention de protection mais aussi une Convention de régulation de l'immigration où l'intention du requérant d'asile n'est pas un élément vraiment important. Le concept du pays tiers sûr moderne énoncé dans la définition de la résolution de l'Union européenne adoptée à Londres en 1992 suit cette logique. Elle est un instrument de gestion de la migration. Il est aussi important de rappeler que globalement les tentatives des Etats de réguler la migration par la définition de critères objectifs ne fonctionnent pas. On le voit clairement: la Convention de Dublin est applicable dans 1,5 % de tous les cas d'asile en Europe, ce qui prouve que malgré tous les critères objectifs, les requérants d'asile voient leurs demandes examinées dans les pays où ils se trouvent réellement. Il y a actuellement une discussion très intéressante à l'intérieur de la Commission européenne sur la révision de la Convention de Dublin. On est entrain de réfléchir d'une manière très critique sur ces critères objectifs et on peut espérer que les Etats reviendront à des pratiques plus humaines et plus raisonnables, parce que le respect de l'intention du demandeur d'asile est un avantage aussi bien pour les réfugiés que pour l'Etat, puisque les réfugiés ont davantage de chances de s'intégrer dans un pays qu'ils ont choisi et avec lequel ils ont des liens particuliers. La Suisse qui est en dehors de la Convention de Dublin a peut-être la chance de réfléchir sur cette conception lorsque l'on procédera à la révision de la loi d'asile. Ce serait souhaitable que d'une manière ou d'une autre l'intention du demandeur d'asile qui a des liens forts avec la Suisse soit toujours prise en compte.

Cotting-Schalch (Présidente Chambre V, Commission Suisse de recours en matière d'asile)
Une petite précision pour M. Jackson. Sur la base de l'article 42 alinéa 2 lettre b LAsi, il n'est pas juridiquement possible de renvoyer préventivement en Pologne une personne qui y a transité pendant seulement deux jours. Si le requérant a séjourné un

certain temps auparavant, de jurisprudence constante de la Commission, ce certain temps doit comporter une durée d'au moins vingt jours.

Volker Türk (Chief of the Standards and Legal Advice Section, UNHCR)
Just perhaps to say that from UNHCR's perspective, we have always held the position that mere transit should not be used as a criterion to send someone back to a so-called safe third country. One thing that is quite interesting to notice is that often asylum-seekers, in a way because of this safe third country rule, are pushed to destroy documentation, for instance in order to make sure that they were not sent back to any third country. So one perhaps should also take that perspective into account as well as the whole discussion that is currently taking place on smuggling and trafficking of persons; because if there are certain restrictive criteria used to excess, either in relation to the territory or to the procedure, then very often asylum-seekers who seek safety are pushed into areas that are unlawful such as the smuggling and trafficking areas, but are in fact for some of them the only possible way to reach safety.

Peter Tschopp (Directeur, Institut universitaire de hautes études internationales)
Je suis intrigué par cette histoire aéroportuaire, et surtout par le côté un peu paroissial que la discussion prend, qui est peut-être suggéré par le thème d'aujourd'hui. En tant qu'utilisateur occasionnel des aéroports, je ne peux pas vous dire que j'ai l'impression, lorsque je fréquente ces lieux là, d'être entouré des qualités de confort et de sécurité juridique auxquelles je suis habitué lorsque je ne suis pas dans un aéroport. C'est vraiment un *no man's land.* J'aimerais connaître le nombre de personnes qui sont retenues dans les aéroports, et leurs conditions de détention. La rétention des demandeurs d'asile dans les aéroports n'est pas une spécialité helvétique. Cette problématique se présente partout en Europe et aussi aux Etat-Unis. Comment la question est-elle envisagée au niveau international?

A participant

I have a question for Ms. Cotting-Schalch. concerning the contribution made by Volker Türk concerning non-State agents of persecution. I had the pleasure to go over the decision by that Commission of the 12 July 2000. It was something like the first chamber on the situation in Northern Iraq territories, where there was an interesting paragraph in which I had the impression that the chamber questioned why we still need the quasi-state doctrine. Of course UNHCR is interested to know, when we have the opportunity to speak to somebody from the Commission, whether there is perhaps some movement, some development, going on inside the Commission. I have another question. I would like to ask Professor Goodwin-Gill about this problem of accountability. I was wondering what is the accountability standard when looking at article 1 of the 1951 Convention. It is certainly not the accountability standard that we know from the law on State responsibility as Volker

Türk explained. Is it what we know from human rights law when we think of article 2 paragraph 1 of the International Covenant on Civil and Political Rights, where it is said that a State has not only to respect but to ensure that human rights are guaranteed to the persons on its territory, or is it just none of this, i.e. that we do not have any accountability standards when we are talking about the provisions of somebody as a refugee?

Marie-Claire Caloz-Tschopp (Université de Genève, Programme plurifacultaire Action humanitaire)
J'aimerais poser une première question concernant les renvois et la centralisation des renvois forcés depuis l'aéroport de Zurich en Suisse. Je ne suis pas juriste, je suis philosophe politique, je m'intéresse aux régimes, aux structures, aux dynamiques politiques de domination et d'émancipation. La question que je me pose est de comprendre à quelle vision politique correspond la nécessité d'une centralisation des renvois forcés à Zurich ? La richesse du système politique suisse repose sur le système fédéraliste d'une part et sur la démocratie semi-directe d'autre part. Nous avons chacun et chacune en principe le droit, la chance de pouvoir avoir un lien direct en tant que population de ce pays aux problèmes de la vie politique qui intéressent directement notre vie. N'est-il pas opportun qu'en tant que citoyennes et citoyens, dans tous les endroits de la Suisse, nous soyons en mesure de continuer à être informés, à être concernés par l'application de la politique d'asile, y compris dans les décisions d'accès au territoire suisse et pour les renvois et en particulier pour les renvois forcés ? La question de centralisation de la mise en œuvre des décisions dans un système politique n'est pas seulement une question technique, financière ou bureaucratique, c'est une question qui concerne la vie politique de tout le monde. Il faut d'autant plus le souligner qu'on assiste au développement de ce qui a été appelé en Allemagne "l'industrie de l'asile", ou en Suisse, en France, en Italie, le "marché de l'asile". En même temps qu'on assiste à un durcissement des mesures dans le domaine du droit d'asile, on assiste à une privatisation de leur mise en œuvre et on peut légitimement se poser la question des intérêts engagés dans l'accomplissement de ces tâches. En ce sens, si on allait au bout d'une telle tendance, il y aurait alors une double privation du politique pour toute citoyenne, pour tout citoyen, par le fait que le droit d'asile se restreint à une peau de chagrin dans la cascade des mesures prises et par une privatisation insidieuse qui profite à certains, avec un contrôle plus aléatoire de l'application des mesures qui devraient pourtant s'inscrire dans un Etat de droit. Si la population suisse, si les autorités législatives, parlementaires prennent des décisions, ne doivent-elle pas être en mesure de constater ce qu'il en est réellement de l'application des décisions prises et dans l'usage de l'argent public ? La question du professeur Peter Tschopp posée précédemment suffit à montrer qu'il y a des lacunes dans l'information publique à ce sujet. Ces remarques s'inscrivent dans ma première question.

Ma deuxième question est une remarque d'ordre philosophique plus général. Elle concerne des problèmes, des faits qui touchent à ce que C. Castoriadis thématise à propos du régime, du projet, de l'imaginaire démocratique,[35] à ce que J. M. Ferry[36] appelle la civilisation (civilité, légalité, publicité) ou que E. Balibar a appelé la possibilité de la civilité.[37] Il n'est pas difficile de constater une pression terrible sur la pratique juridique du droit d'asile qui met en péril à terme le droit d'asile lui-même. De quelle nature est cette pression trop circonscrite et à quoi nous renvoie-t-elle? Manifestement, beaucoup de phénomènes qui concernent la mobilité des populations dans le monde, en Europe, en Suisse, aboutissent sur le terrain du droit d'asile considéré comme l'entonnoir des migrations dans les pays d'immigration. Et pourtant les phénomènes de la mobilité des populations ne sont pas tous de l'ordre de l'asile et du droit d'asile. Ils ne nous renvoient pas seulement à des peurs d'envahissement ou encore à la "crainte des masses".[38] Ils renvoient aux principes, aux choix du "vivre ensemble" d'une société dans une planète finie. Dans ce contexte, rappelons que l'asile et le droit d'asile concernent la protection de la vie et de la liberté. L'asile et le droit d'asile ne peuvent pas répondre à toutes les questions qui concernent la mobilité de la population et l'hospitalité à la base d'un "vivre ensemble", d'une politique de la paix comme l'a bien montré Kant.[39] Le philosophe républicain allemand, grand admirateur de la Révolution française, réfléchissait aux bases du droit international et de la paix à un moment historique où la planète apparaissait comme une planète finie aux humains de son époque, les découvertes, la *Conquista* des contrées inconnues et continents considérés comme vierges ayant eu lieu pour la plus grande part. Il a placé l'hospitalité[40] à la base d'une réflexion sur la paix, ce qui est très intéressant. En deça, au-delà de l'hospitalité, il y a la question des rapports économiques et politiques internationaux dans leur ensemble avec les questions de respect de la nature et de la responsabilité vis-à-vis des générations futures,[41] d'équilibre des richesses, du développement, d'échanges égaux, du trafic d'armes, ou en d'autres termes, des "sans parts" et de la "mésentente"[42] existant entre les humains de la planète. Faut-il pour autant liquider la question, comme on le voit dans le clivage connu de la pensée individuelle et sociale, en parlant de "vrais" et "faux" réfugiés, de réfugiés "économiques" et de réfugiés "politiques", de requérants d'asile "délinquants", etc. Dans nos pays, la logique argumentative varie peu et se

[35] Il s'agit d'un des thèmes récurrents de l'œuvre de ce philosophe grec contemporain. Citons notamment, Castoriadis C. "La *polis* grecque et la création de la démocratie", *Domaines de l'homme*, Paris, Seuil, 1986, pp. 261-307.

[36] Ferry J.-M., *Civilité, Légalité, Publicité*, Paris, Cerf, 2001.

[37] Balibar E., "Une politique de la civilité est-elle possible?", *Transeuropéennes*, 2000, 18, pp. 33-45.

[38] Balibar E., *La crainte des masses*, Paris, Galilée, 1997.

[39] Voir Kant, Troisième article définitif pour la paix perpétuelle. Le droit cosmopolitique doit se borner aux conditions d'une hospitalité universelle, *Oeuvres philosophiques*, Vol. III, Paris, Gallimard, pp. 350-376.

[40] Voir aussi, Scherer R., *Zeus hospitalier, éloge de l'hospitalité*, Paris, Armand Colin, 1993.

[41] Le philosophe Hans Jonas a thématisé la question, voir Jonas H., *Le principe responsabilité. Une éthique de la civilisation technologique*, Paris, Cerf, 1990 ; *Evolution et liberté*, Paris, Rivages, 2000.

[42] Rancière J., *La Mésentente*, Paris, Galilée, 1995.

situe autour du noyau dur d'un apartheid[43] post-colonial en vigueur dans nos pays qui s'est installé avec l'institutionnalisation des politiques d'immigration au tournant du XXème siècle,[44] qui est devenu structurel et que l'on décrypte notamment dans les politiques d'immigration, du droit d'asile mais aussi – quoique de manière moins visible – dans les politiques de sécurité, d'échanges scientifiques et culturels (ce thème de recherche mériterait d'être développé). S'engager dans la question structurelle que je me pose et que je pose aux autorités fédérales suisses implique un changement de paradigme philosophique et politique, un déplacement imposé par les impasses de la modernité et par le confinement de la mobilité des populations à une question de police. Elle est la suivante: quelles sont les catégories, les structures de notre vie et de notre pensée politique qui permettent de "voir", d'imaginer, de penser, qui pourraient prendre en compte sérieusement la mobilité des populations dans le cadre de ce qui est appelé la "mondialisation" en français et la "globalisation" en anglais ? Comment ne pas rester enfermés dans un paradigme sécuritaire basé sur une illusion de maîtrise et de maîtrise par la force et sur l'opposition "ami-ennemi" de Carl Schmitt appliqué aux populations et non plus seulement aux nations dans les rapports internationaux ? Comment changer de paradigme de pensée et d'action et aborder de front les contradictions, les conflits qui résultent d'un confinement de la mobilité des populations presque exclusivement sur le terrain du droit d'asile ? Je pense à l'exemple du modèle dit "des cercles" de la Suisse et de l'Union européenne[45] où l'on passe d'une vision de forteresse à une vision de guerre dans la manière de définir, d'aborder les échanges entres les populations du monde. Je constate un vide de pensée, un manque philosophique à ce niveau. Après des années où l'urgence a prévalu, au risque d'effacer la tradition et la place du droit par l'humanitaire, le moment historique n'est-il pas venu de reprendre en élargissant et en déplaçant le regard, un travail de fond avec des commissions stratégiques interdépartementales, interparlementaires, fédérales, cantonales, des trois pouvoirs démocratiques (législatif, exécutif et judiciaire) en ne déléguant plus nos responsabilités à la seule police (certains rêvent de l'armée)... etc, pour que puissent êtres abordées ces questions d'une manière plus vaste que sur le terrain d'une philosophie d'apartheid qui, rappelons-le en terme étymologique signifie "séparation". Le moment n'est-il pas venu de choisir un paradigme d'action basée sur une culture politique de la liberté avec l'auto-limitation, la fameuse *phronesis* (prudence dans la responsabilité

[43] Balibar E., "Le droit de cité ou l'apartheid ?", *Nous citoyens d'Europe ? Les frontières, l'Etat, le peuple*, Paris, La Découverte, 2001, pp. 68-93.

[44] Voir les travaux des chercheurs suisses, G. et S. Arlettaz, dont notamment : La première guerre mondiale et l'émergence d'une politique migratoire /, in P. Bairoch, P. Körner, *La Suisse dans l'économie mondiale*, Genève, Georg, 1990 ; voir aussi, Noiriel G., *La tyrannie du national, le droit d'asile en Europe*, Paris, Calmann-Lévy, 1990.

[45] Caloz-Tschopp M.C., .Ce qui fait... Ceux qui font le lit du totalitarisme néolibéral à venir ? Réflexions suscitées par une invention suisse (1990) reprise par l'Union européenne (1998) dans la stratégie et les dispositifs des politiques d'immigration et du droit d'asile /, *Revue québécoise de droit international*, 2001, 13, p. 1 et suiv.

partagée) d'Aristote intrinsèquement lié à une culture démocratique impliquant la *relation* (Hannah Arendt[46] parlait de pluralité) dont se réclame le droit d'asile, plutôt que sur une culture guerrière de *séparation*, avec un enchaînement de clivages illusoires qui sont autant de mécanismes défensifs et qui ne sont ni alternatifs, ni prospectifs, ni positifs ?

Un participant

Je voudrais répondre à Monsieur Tschopp. Je suis membre d'une association qui s'appelle *exodus* chargée de regrouper les aumôniers d'aéroports et les services juridiques dans les aéroports. Pratiquement dans tous les aéroports européens et pas seulement européens, on constate une tendance générale à retenir les gens dans les zones de transit afin de les renvoyer plus au moins légalement vers d'autres destinations. Cela est la règle, bien que les modalités varient suivant les pays d'une façon importante. Les gens peuvent être retenus plus au moins longtemps et ce n'est pas forcement dans les endroits où ils sont retenus le moins longtemps que les garanties juridiques sont les plus évidentes.

Urs Hadorn (Directeur suppléant, Office fédéral des réfugiés)
La réponse à la question de M. Tschopp est pour une bonne partie donnée. La question relative aux demandes à l'aéroport est donc importante et devient de plus en plus importante dans l'Europe entière. On retrouve ce phénomène à Frankfort en Allemagne, à Schiphol pour la Hollande, ou à Stockholm pour la Suède. En regardant les statistiques en Suisse de l'année passée, il y avait environ 800 demandes à l'aéroport dont 90 % à peu près à Zurich et seulement 10 % sur l'aéroport de Genève. J'aimerais souligner qu'il n'y a aucune décision en ce qui concerne la concentration de la procédure à l'aéroport sur Zurich. Mais vu les statistiques et le fait que les installations que nous établissons maintenant à Zurich coûtent chères, la question s'est posée de savoir s'il n'est pas plus utile de concentrer en un seul endroit cette procédure des demandes déposées à l'aéroport. Mais encore une fois rien n'est décidé encore. Si une telle décision devait être prise, deux conditions devraient être remplies : le canton de Zurich doit être d'accord et sera certainement d'accord seulement si les frais sont payés par les autres cantons d'où proviennent les personnes. En outre, il faudra une décision qui sera probablement prise dans le cadre de la conférence des directeurs de justice et police. Je souhaiterais ajouter encore un mot sur le centre d'enregistrement ici à Genève dans le contexte de l'aéroport. Le centre est constitué de baraquements (à Zurich cela est un peu plus confortable), entourés d'un grillage. Les personnes peuvent pendant la journée circuler dehors; ce régime n'est donc pas vraiment un régime de détention mais de limitation de la libre circulation. Vous avez tout à fait raison, Mme Caloz-Tschopp de dire que la Suisse n'a pas encore réussi à définir une stratégie migratoire complète. Nous avons rédigé

46 Arendt H. , *Condition de l'homme moderne*, Paris, Agora, 1961.

en 1987 un premier rapport de stratégie dans ce domaine. Une commission d'experts a rédigé un rapport en vue d'identifier les besoins d'une politique d'asile et les besoins du marché du travail face au nombre croissant d'étrangers qui viennent en Suisse. La question de la politique migratoire générale sera un immense problème dans les décennies à venir. De notre côté, nous essayerons dans le courant de la révision totale de la loi sur les étrangers d'insérer davantage de dispositions de principe dans cette direction, mais cela sera très difficile parce que les opinions sont très controversées. Je suis persuadé qu'il faudra tôt ou tard trouver une solution.

Guy S. Goodwin-Gill (Wolfson College, Oxford University)
I do not think the right question, in the context of article 1 of the Geneva Convention, is that of accountability. The right question is whether the individual, the applicant for refugee status, is or is not at risk of treatment amounting to persecution for a Convention reason. Both risk and persecution invite our attention as decision-makers not to any quest of attributability, because we are not trying to find the State or indeed anyone else, liable for anything. So we are not looking to attributability, but rather to certain standards of human rights protection. The problem is to determine exactly what is that standard, what is the State expected to do in regard to the provisions of protection to its citizens. Now the European Court of Human Rights in the *Osman* case has indicated that there is certainly no expectation that a State should provide absolute guarantees of freedom from harm for its citizens. But at the same time it is not just the existence of a system of protection and the willingness on the part of the States to try to protect individuals that counts. And here I must say I am rather worried about a more recent House of Lords decision in the case of *Horvath* just a few months ago, in which the Court has apparently read in to its concept of persecution the availability of protection, which I think has certain worrying context. There is no absolute guarantee of freedom from harm. Probably the standard is some variation on due diligence, which must nonetheless necessarily take into account the specific obligations which have been assumed by States or which are otherwise binding on the account of general international law. It is a human rights standard, and whether the State satisfies that standard is largely a matter of fact; decision-makers must take into account the availablility of protection and the willingness of the State to protect.

Cotting-Schalch (Présidente Chambre V, Commission Suisse de recours en matière d'asile)
Par rapport aux persécutions infligées par des agents non étatiques, je suis ravie de voir que lorsque la Commission entrebâille la porte, cela n'échappe pas aux lecteurs avisés de nos décisions de principe. Il s'agit en l'occurrence d'une décision de principe, ce qui veut dire que le plénum a dû se prononcer pour l'admission ou non de cette question. Quand on parle de décision de principe, le plénum est constitué de 27 juges, et il faut la majorité qualifiée pour que la décision soit approuvée. Nous

avons fait là un premier pas. Nous n'avons pas fait encore le pas définitif mais je crois que nous sommes en bonne voie.

Boël Sambuc (Vice-présidente de la Commission fédérale contre le racisme)
Il a été fait allusion à la politique des trois cercles et aussi à la politique des deux cercles, la politique duale aujourd'hui. Je voudrais seulement dire à titre préliminaire que bien que l'on n'ait pas une politique d'immigration officielle – disons une politique digne de ce nom – ces grandes lignes influencent forcément le statut de l'étranger y compris le réfugié. La politique des trois cercles a été officiellement abandonnée depuis deux ans. Elle avait été introduite sans avoir fait l'objet d'une véritable décision du Parlement. Or elle a régi la politique d'immigration pendant un certain nombre d'années. Une des conséquences particulièrement douloureuse est que l'on ait refusé du jour au lendemain à des gens de l'ex-Yougoslavie de venir en Suisse alors qu'ils y étaient venus pendant dix, quinze ans ou plus, en leur disant au moins implicitement qu'ils étaient inassimilables culturellement. Il y avait là une notion de racisme si je peux dire ou en tout cas de différencialisme culturaliste – pour parler d'une manière compliquée – qui frôlait un certain rejet en raison de la naissance même des personnes. C'est cela qui était critiqué par la Commission fédérale contre le racisme. Cette position a ensuite été reprise lors du premier rapport de l'ONU suite à l'adhésion de la Suisse à la Convention internationale contre toutes les formes de discrimination raciale, après avoir été discutée et admise par la délégation représentant le gouvernement suisse. La politique a donc été désavouée y compris par ceux qui l'appliquaient auparavant. Je voudrais simplement dire que malheureusement la nouvelle loi sur le séjour des étrangers qui est en cours d'élaboration, s'adresse essentiellement aux ressortissants extra-communautaires, et seulement à titre subsidiaire aux ressortissants de l'Union européenne en Suisse. Elle reprend donc cet esprit pour ne pas parler de conscience comme on l'a fait ce matin.

III

SWITZERLAND AND THE EUROPEAN CONTEXT/ LA SUISSE ET LE CONTEXTE EUROPÉEN

INSTITUTION ET INTÉGRATION DE LA PROTECTION TEMPORAIRE DANS LA LÉGISLATION SUISSE

*Jean-Daniel Gerber**

Depuis le 1er octobre 1999, la loi suisse sur l'asile prévoit un régime de protection temporaire[1] que je vous exposerai dans le cadre de cette présentation, mais j'aimerais commencer par dire quelques mots sur la genèse et le contexte de ce nouvel instrument.

Les premières décennies qui suivirent la conclusion de la Convention relative au statut des réfugiés – entrée en vigueur en Suisse le 21 avril 1955 – furent très empreintes par la guerre froide. La Convention de Genève ou, plus précisément, l'asile politique était ainsi conçu, en premier lieu, pour accueillir en Suisse des personnes qui fuyaient un système politique ennemi, comme ce fut le cas lors de l'admission de réfugiés provenant de Hongrie en 1956, de Tchécoslovaquie en 1968 ou encore du Chili en 1973.

Parallèlement, un programme de réinstallation était mis en place par le Haut Commissariat des Nations Unies pour les réfugiés (HCR) permettant de soulager les pays de premier asile. Participant à ce programme, la Suisse avait alors accueilli des réfugiés indochinois et polonais (entre 1979-81 et en 1992 respectivement). A la fin des années 70, la politique suisse en matière d'asile se limitait pratiquement à l'accueil de réfugiés dans le cadre des programmes de réinstallation.

Il fallut attendre le début des années 80 – à noter l'introduction de la loi sur l'asile le 1er janvier 1981 – pour que l'examen de la qualité de réfugié à titre individuel, au sens de la Convention sur le statut des réfugiés et de la loi sur l'asile, gagne une importance de premier rang. Cet ordre des choses ne devait pas changer jusqu'à ce que les pays d'Europe occidentale, dont en particulier la Suisse, eurent à faire face à

* Directeur de l'Office fédéral des réfugiés (ODR).
Cet exposé a été préparé en majeure partie par Stephan Arnold et Simone Bischoff, collaborateurs à l'ODR.

[1] Le terme "protection temporaire" est le terme usité à l'échelle internationale, notamment par l'Union européenne, alors que la législation suisse a adopté le terme de "protection provisoire". L'exposé parlera de protection temporaire lorsque le discours porte sur cette notion générale, et de protection provisoire dans le cadre de la présentation du droit suisse.

V. Chetail and V. Gowlland-Debbas (eds.),
Switzerland and the International Protection of Refugees
La Suisse et la protection internationale des réfugiés, 173-181.

des afflux de réfugiés de plus grande envergure. Il apparut alors clairement à tous les responsables que les instruments existants ne suffiraient pas à maîtriser d'importants flux migratoires, qui plus est incontrôlés, qu'il s'agisse de réfugiés ou, plus généralement, de migrants, car ces instruments n'offraient pas de solutions assez souples au séjour des réfugiés et au traitement des demandes selon les différents motifs invoqués.

Au cours des années 90, un nouveau modèle a vu le jour. Celui-ci prévoit d'intervenir en premier lieu en amont, en privilégiant l'aide fournie sur place, puis dans la région sensible, avant d'admettre les réfugiés dans des Etats tiers. L'admission des personnes à protéger sur la base d'une protection provisoire n'intervient donc que lorsque les deux premières solutions ont échoué.

Ce modèle a entraîné la création de deux instruments. D'une part, nous assistons à l'apparition, en droit international, du phénomène de l'intervention humanitaire (notamment les interventions en Irak, en Somalie, en Bosnie et au Kosovo), qui s'explique par ce fait que le respect des droits de l'homme est de plus en plus souvent considéré comme une question relevant, non pas du droit interne, mais touchant, bien plutôt, l'ensemble de la communauté internationale. Mais je ne m'attarderai pas ici sur cette problématique, puisqu'elle n'est pas l'objet de mon exposé.

D'autre part, s'est développée, en particulier dans l'espace européen, la notion de protection temporaire (*temporary protection*), dont l'idée centrale est que l'octroi de la protection est limité dans le temps, c'est-à-dire que les intéressés sont protégés aussi longtemps qu'ils sont directement menacés dans leur vie ou leur intégrité corporelle. Une fois ce danger écarté, il faut encourager le retour des intéressés dans leur pays d'origine, le départ devant intervenir rapidement. L'instrument de la protection temporaire présente ceci de nouveau que le retour fait donc partie intégrante du processus. C'est son caractère temporaire qui le distingue des programmes de réinstallation (*resettlement programmes*), puisque ces derniers prévoient justement l'admission permanente des intéressés dans un Etat tiers.

La Suisse, qui compte parmi les plus importants pays d'accueil occidentaux, a mené un débat ouvert sur la notion de l'octroi d'une protection temporaire, notamment dans le contexte des conflits dans les Balkans au début des années 90, qui ont particulièrement touché notre pays. En effet, de nombreuses personnes à protéger provenant de Croatie, de Bosnie Herzégovine et du Kosovo sont venues rejoindre des proches en Suisse puisque, conséquence de la politique de recrutement menée par le passé, notre pays comptait déjà une communauté relativement importante d'ex-Yougoslaves dont le statut était réglementé par la loi sur le séjour des étrangers.

Sur cette toile de fond, des voix s'élevaient au Parlement pour donner une base légale au système de la protection temporaire, l'objectif des nouvelles dispositions étant de mieux se préparer à faire face, dans l'éventualité de nouvelles situations de conflit, à l'arrivée massive de réfugiés qui ne sont pas persécutés de façon ciblée. Non pas seulement pour des questions purement administratives ou pratiques, tels l'hébergement et l'encadrement des réfugiés, mais aussi pour des raisons d'ordre conceptuel. Se posait surtout la question de la délimitation de la notion de protection temporaire au regard de la Convention de Genève. Qu'adviendrait-il des personnes ne pouvant invoquer des motifs d'asile déterminants? Quel serait le statut des personnes à protéger temporairement? Quelle procédure adopter pour assurer l'accueil, le départ et le retour des personnes à protéger provisoirement?

Réglementer l'octroi de la protection provisoire a été au cœur de la dernière révision de la loi sur l'asile. Les travaux de révision sont entamés en 1993 par l'institution d'une commission d'experts chargée de rédiger un premier projet de loi qui sera soumis au Parlement pour délibération fin 1995. Le projet donne lieu à de vifs débats au sein du parlement. Entièrement révisée, enrichie d'une nouvelle réglementation sur les personnes à protéger, la nouvelle loi sur l'asile sera finalement adoptée le 26 juin 1998, et entrera en vigueur le 1er octobre 1999, après sept ans de travaux.

Pour les réfugiés de la guerre du Kosovo, cela signifie qu'ils tombent sous le coup de l'ancienne législation et ne relèvent donc pas de la nouvelle réglementation, plus favorable. Ce qui signifie aussi que les dispositions relatives aux personnes à protéger n'ont pas pu être appliquées. A défaut donc de pouvoir vous communiquer des résultats concrets, je vous propose de passer à l'exposé du principe de l'octroi de la protection provisoire, tel que l'a prévu le législateur.

La révision de la loi avait donc pour priorité première de réglementer l'octroi de la protection provisoire – je vois renvoie au chapitre 4 de la loi sur l'asile (art. 66 à 79). L'octroi de la protection provisoire se fonde, selon le droit suisse, sur neuf éléments.

1. Champ d'application

Sont donc concernés par la nouvelle réglementation, les groupes de personnes qui ont temporairement mais rapidement besoin d'être admis hors du territoire de leur Etat d'origine, en raison d'une guerre, d'une guerre civile ou d'une situation de violence généralisée (art. 4). Il convient toutefois d'intervenir en priorité dans le lieu ou la région de provenance des groupes de personnes concernés, en offrant une aide sur place. L'octroi de la protection n'intervient donc que s'il n'est plus possible de garantir aux intéressés une protection sur place (art. 67).

2. Octroi de la protection provisoire: ompétence du onseil fédéral

La décision d'octroyer la protection provisoire, de même que les circonstances de son octroi et le nombre de personnes concernées appartient au Conseil fédéral. Avant de prendre sa décision, celui-ci consulte les représentants des cantons, du HCR, des œuvres d'entraide nationales et, le cas échéant, d'autres organisations non-gouvernementales (art. 66). Il tient par ailleurs compte des dispositions prises par les Etats limitrophes, de façon à faciliter la répartition des charges.

3. Modalités d'admission

Une fois que le Conseil fédéral a décidé l'admission provisoire, il importe que les personnes concernées soient admises en Suisse selon les modalités les plus simples et les moins bureaucratiques possibles. L'expérience acquise lors du conflit au Kosovo sera précieuse à cet égard, s'agissant notamment de l'enregistrement centralisé d'importants groupes de personnes, mais aussi de leur répartition entre les différents cantons et communes, qui a permis d'héberger et d'encadrer toutes les personnes concernées. La Suisse a montré, l'année dernière, lors du conflit au Kosovo, d'une part que cette coopération était déjà possible en l'état et, d'autre part, qu'elle était en mesure d'accueillir un nombre disproportionné de personnes, en ouvrant la porte à pas moins de 53'000 réfugiés en l'espace de 18 mois.[2] Grâce à leur efficacité et à une bonne coopération entre elles, les autorités civiles et militaires sollicitées ont rapidement su mettre sur pied les structures nécessaires à l'hébergement et à l'encadrement des personnes à protéger.

4. Procédure d'admission

La protection provisoire implique une procédure d'admission conçue de façon que les autorités n'aient pas à examiner longuement la qualité de réfugié de chacun des arrivants. Après une audition sommaire et un examen permettant de vérifier si les intéressés appartiennent au groupe de personnes à protéger défini par le Conseil fédéral, l'Office décide de les admettre provisoirement en Suisse à titre de personnes à protéger (art. 68 et 69). La protection provisoire n'est pas pour autant un droit subjectif que pourraient revendiquer les intéressés (art. 69 al. 2). La décision d'octroyer ou non l'admission provisoire pour des raisons humanitaires revient au Conseil fédéral, notre Office s'occupant par la suite de l'application concrète de la décision. Ce type de procédure accélérée permet d'une part aux intéressés de connaître rapidement leur statut et, d'autre part, de réduire considérablement les frais de procédure.

Il n'en reste pas moins que les personnes manifestement persécutées au sens de la Convention de Genève continueront d'être considérées comme des réfugiés (art. 69, al. 2). Premièrement, les personnes ayant manifestement la qualité de réfugié au sens de la loi seront immédiatement admises comme tel. Deuxièmement, les personnes à protéger ayant déposé une demande d'asile peuvent demander le réexamen de leur statut après avoir séjourné cinq ans en Suisse en qualité de personne à protéger. Si la procédure ordinaire conclut à la qualité de réfugié, ce statut lui sera reconnu (art. 70). Enfin, à la levée de la protection provisoire, la personne à protéger est également fondée, en présence d'indices concrets de persécution, notamment s'il serait menacé dans sa vie ou son intégrité en retournant dans son pays d'origine, à demander le réexamen de sa qualité de réfugié (art. 76 al. 3). De la sorte, le droit à l'examen de sa

[2] A titre de comparaison: durant la Seconde Guerre Mondiale la Suisse a hébergé 51'000 réfugiés civils.

qualité de réfugié au sens de la Convention de Genève est garanti à chacune des étapes de la procédure.

5. Suspension de la demande en reconnaissance de la qualité de réfugié

Lorsque l'intéressé a déposé préalablement une demande en reconnaissance de la qualité de réfugié (en fait une demande d'asile), l'octroi de la protection provisoire à titre de personne à protéger entraîne la suspension de la demande en reconnaissance, pendant la durée de la protection accordée. La réouverture de la procédure ne pourra être demandée que cinq ans après la décision de suspension (art. 70). Cette mesure vise surtout à écarter toute procédure inutile, tout en remplissant les obligations découlant de la Convention, selon laquelle toute personne est fondée à demander l'examen de sa qualité de réfugié. Il est toutefois probable que seules des personnes véritablement persécutées au sens de la Convention prendraient le risque de remettre en question la protection acquise pour revendiquer le statut de réfugié et que les personnes ayant bénéficié d'une protection pendant cinq ans sans avoir été personnellement exposées à un danger préféreront s'en abstenir, puisqu'un rejet de cette demande présenterait davantage d'inconvénients (notamment la substitution du permis de séjour par une admission provisoire).

6. Statut de la personne à protéger par rapport aux statuts du requérant d'asile et du réfugié reconnu

Le statut de personne à protéger, tel qu'il est prévu par la loi, se situe à mi-chemin entre le statut du requérant d'asile et celui du réfugié reconnu. Si les personnes à protéger continuent, dans une large mesure, d'être traitées comme des requérants d'asile après leur admission, ils jouissent pourtant d'un certain nombre de droits qui permettent de rapprocher leur statut de celui d'un réfugié:

- Le droit au regroupement familial peut leur être accordé à certaines conditions dès le début de leur séjour en Suisse (art. 71), notamment pour éviter que les membres d'une famille séparés lors de la fuite ne soient dispersés dans différents pays d'accueil. Ce droit n'est par exemple pas reconnu aux requérants d'asile.
- Le Conseil fédéral peut édicter des conditions moins sévères quant à l'exercice d'une activité lucrative par les personnes à protéger, lorsque leur séjour est susceptible de se prolonger (art. 75). La réglementation concernant l'exercice d'une activité lucrative est, par ailleurs, semblable aux dispositions applicables aux requérants d'asile. Les personnes à protéger n'ont donc pas le droit d'exercer une activité lucrative pendant les trois premiers mois qui suivent leur entrée en Suisse. Les autorités cantonales peuvent l'autoriser par la suite, pour autant que le marché du travail le permette.
- Cinq ans après l'octroi de la protection provisoire, les personnes à protéger obtiennent de la police des étrangers une autorisation de séjour (permis B) et tous

les droits qui en découlent. Celle-ci prend fin à la levée de la protection (art. 74: plus grande sécurité au niveau du statut, meilleures perspectives sur le marché du travail). Pendant cinq ans, cette autorisation ne pourra être levée que sur décision du Conseil fédéral, s'il décide de lever l'admission provisoire de l'ensemble du groupe concerné.

- Si le conflit perdure dans la région de provenance des personnes à protéger, le canton peut leur délivrer, dix ans après l'octroi de la protection, une autorisation d'établissement (permis C) (art. 74 al. 3). Celle-ci sanctionne l'établissement définitif des intéressés en Suisse; et l'on peut bien s'imaginer d'ailleurs qu'une fois intégrées dans leur pays d'accueil, après y avoir passé autant d'années, elles soient moins disposées à retourner chez elles.

7. Répartition des charges financières

La répartition des charges financières entre la Confédération et les cantons constituent l'un des principes fondamentaux du régime de la protection provisoire. Longuement débattue au Parlement, la question a finalement abouti à un compromis intéressant à l'échelle fédérale, soit la prise en charge par la Confédération de l'intégralité des frais occasionnés par les personnes à protéger tributaires de l'assistance publique pendant les cinq premières années; ensuite, la répartition par moitié des frais d'assistance entre la Confédération et les cantons (art. 88 al. 1 et 2). Cette répartition des frais, l'expérience nous le montre, incite les cantons, après un certain temps, à se soucier davantage de l'intégration des personnes à protéger afin qu'elles diminuent leur dépendance de l'assistance.

8. Caractère temporaire de la protection

Comme son nom l'indique, mais aussi de par sa nature, la protection provisoire est limitée dans le temps. Rappelons ce qu'en a dit le législateur: "Il importe que les personnes concernées retournent dans leur Etat d'origine dès que la situation sur place le permet." Dans la perspective du législateur, l'accent est donc mis sur le retour des intéressés dans leur Etat d'origine ou de provenance et non pas sur le caractère permanent de leur séjour en Suisse. C'est aussi sur cet aspect que se concentrent les mesures prises en Suisse pour encourager le retour volontaire, mesures facilitées par l'existence d'une base légale étendue sur ce point (art. 67 et 93). S'y ajoute l'obligation légale de la Suisse de coopérer avec les Etats d'origine des intéressés, ainsi qu'avec d'autres pays d'accueil et avec des organisations internationales, pour organiser le retour des personnes à protéger dans la sécurité (art. 67 al. 2).

9. Levée de la protection provisoire

Tout comme pour l'octroi de la protection provisoire, c'est le Conseil fédéral qui décide de sa levée, sur consultation des cantons, des organisations non gouvernementales ainsi que du HCR (art. 76). La décision est de portée générale. La levée de l'admission implique une procédure de renvoi, qui a été conçue de façon à répondre à une double condition: réduire au minimum nécessaire les procédures individuelles laborieuses tout en garantissant aux intéressés le droit d'être entendu, en l'espèce d'exposer les motifs pour lesquels ils ne devraient pas être assimilés au groupe de personnes tenues de quitter le pays, le tout au moyen d'une procédure accélérée. La Suisse s'engagera par ailleurs à soutenir les efforts entrepris à l'échelle internationale, notamment par d'autres pays d'accueil, pour organiser le retour coordonné des intéressés. Il est d'ailleurs tout aussi souhaitable pour le pays d'origine en question que le retour de ses ressortissants se fasse de façon progressive (art. 77).

Ce modèle permet de corriger en plusieurs points une solution retenue par l'ancien droit qui s'était avérée insatisfaisante. L'admission collective ou individuelle à titre provisoire, dont relevaient le plus souvent, sous l'ancienne loi, les personnes à protéger n'étant pas persécutées de façon ciblée, était en fait une mesure de substitution appliquée lorsqu'un renvoi ne pouvait pas être exécuté. Cette situation a conduit à un résultat tout à fait grotesque, en particulier lors de l'admission de personnes provenant de Bosnie Herzégovine et, plus récemment, du Kosovo. En effet, après avoir été autorisées à entrer en Suisse, les personnes à protéger avaient fait l'objet d'une procédure d'asile individuelle, laquelle avait débouché sur une décision négative et un renvoi, puis s'étaient vu dire qu'elles pouvaient rester quand même en Suisse sur la base d'une admission provisoire. Ce genre de situation ne pourra plus se produire à l'avenir.

Je me suis attaché à exposer les points essentiels de la réglementation suisse en matière de protection temporaire. Je crois d'ailleurs pouvoir dire, au risque de manquer de modestie, que l'Union européenne a pris note de cette réglementation et tout porte à croire qu'elle s'inspire, dans ses propres directives, de certaines idées dont nous assumons la paternité. Nous en sommes heureux, car c'est bien la preuve que la Suisse a su contribuer, en un point essentiel, à la conception des modèles de politique des réfugiés du prochain millénaire.

Sans vouloir anticiper sur la prochaine contribution, je ne puis que constater que les directives proposées en la matière par la Commission européenne introduisent elles aussi, à côté de la protection temporaire, une certaine solidarité dans la répartition des personnes à protéger entre les Etats membres de l'Union; et que ces directives se rapprochent en cela du modèle suisse. La grande différence porte sur la durée de la protection temporaire accordée. Dans le modèle européen, elle est de deux ans au maximum, après quoi la procédure d'asile doit être mise en route ou réouverte le cas échéant. Dans le modèle suisse, la personne à protéger ne peut demander la réouverture de la procédure d'asile que cinq ans après l'octroi de la protection provisoire.

Quant à sa durée, la protection provisoire porte sur 10 ans au maximum. En revanche, le projet de la Commission semble plus généreux en matière de regroupement familial, de prestations sociales et d'exercice d'une activité lucrative.

J'aimerais attirer l'attention sur un autre instrument de protection provisoire prévu par la législation suisse celui de "l'admission provisoire"

Outre l'instrument de la protection temporaire que nous venons de décrire, le législateur a également prévu, en dehors des situations de crise, la possibilité d'accorder, dans un certain nombre de cas et à titre individuel, le droit de séjourner temporairement en Suisse. Cet instrument peut notamment s'appliquer à des requérants d'asile déboutés ou frappés d'une décision de renvoi. Cette mesure de substitution, appelée "admission provisoire", est appliquée lorsque l'exécution d'un renvoi est contre-indiquée. Elle peut être ordonnée sur décision des autorités fédérales chargées de l'asile lorsque l'exécution d'un renvoi dans un Etat d'origine (i) n'est pas admissible au regard du droit international (par ex. lorsqu'une personne est exposée à un danger au sens de la CEDH,[3] (ii) lorsqu'elle n'est pas raisonnablement exigible pour des raisons humanitaires (lorsque la personne est personnellement exposée à un danger en raison d'une situation de violence généralisée, ou lorsqu'un retour mettrait en danger sa santé) ou encore, (iii) lorsque le retour n'est pas possible pour des raisons techniques (par ex. le transport de l'intéressé ne peut être assuré).

Enfin, l'admission provisoire peut également s'appliquer à une nouvelle catégorie de personnes créée lors de la dernière révision de la loi, à savoir les personnes dont la demande d'asile n'a pas fait l'objet d'une décision entrée en force, quatre ans ou plus après le dépôt de leur requête et sans faute de leur part, lorsque ces personnes se sont bien intégrées.

Mais ce type de réglementation entraîne un certain nombre de conséquences indésirables: ainsi l'admission provisoire se transforme-t-elle souvent en statut de séjour permanent, sans que les intéressés ne jouissent pour autant des droits qui en découlent normalement; dans d'autres cas, elle prolonge le séjour de personnes qui pourraient très bien retourner chez elles après un certain temps. C'est pourquoi nous entreprendrons de réexaminer ces dispositions dans le cadre de la prochaine révision de la loi sur l'asile, le but étant de trouver une solution plus nuancée qui permette d'accroître la responsabilité des cantons face à l'intégration de ces personnes.

Que faire sur le plan international ? La question de la protection temporaire pose nécessairement celle du rapport de ce type de réglementation à la Convention de Genève relative au statut des réfugiés. Plusieurs résolutions ont déjà été adoptées en matière de protection temporaire dans le cadre de l'EXCOM du HCR, mais ces résolutions ne constituent pas des normes contraignantes. Or il me semble important

[3] CEDH: Convention de sauvegarde des droits de l'homme et des libertés fondamentales du 4 novembre 1950 (Convention européenne des droits de l'homme).

que l'on songe à assortir la protection temporaire d'une réglementation plus contraignante à l'échelle du système de l'ONU, d'autant plus que les pays d'accueil occidentaux ont déjà donné une base légale aux instruments de protection temporaire ou sont en passe de le faire. Peut-être le cinquantenaire de la Convention relative au statut des réfugiés serait-il une bonne occasion d'approfondir la question, par exemple dans le cadre d'une conférence qui est d'ailleurs prévue à la fin de l'année 2001 en commémoration de cet anniversaire ?

Le fait que le Haut Commissaire des Nations Unies pour les réfugiés et le Secrétaire général de l'ONU aient exprimé le souhait lors de la dernière réunion de l'EXCOM en octobre 2000, de mettre en route un large processus de consultations globales sur le sujet de la protection internationale est en effet de bon augure. Le droit humanitaire international doit prendre en considération les nouveaux phénomènes migratoires. Il ne s'agit pas pour autant de modifier la Convention de 1951 – celle-ci a fait ses preuves et il serait irresponsable d'y toucher – mais de préférence de la compléter par un protocole additionnel qui aurait la même force de loi. Inutile de préciser que nous serions tout disposés à prêter main forte.

Permettez-moi, en ma qualité d'ancien directeur exécutif à la Banque mondiale, de conclure sur une dernière remarque: si l'on espère mettre en place un système de protection temporaire viable, il est impératif d'améliorer l'aide dispensée sur les lieux ou dans les régions de provenance des réfugiés, comme je l'ai évoqué plus haut. Le retour des réfugiés va de pair avec l'aide au développement. C'est ce qu'a clairement montré l'expérience du conflit en Bosnie Herzégovine et au Kosovo. Sans aide économique, notre nouveau système de protection temporaire risque de n'exister que sur le papier.

THE INDIVIDUAL REFUGEE, THE 1951 CONVENTION, AND THE TREATY OF AMSTERDAM

*Guy S. Goodwin-Gill**

1. Introduction

An optimist might well conclude that the European Union is about to have a positive impact on the movements of refugees, asylum seekers and migrants to the region – positive, that is, in the sense that all individuals who claim protection receive a fair and efficient assessment of their cases; that protection is granted to those who need it; that those who have no valid claim to remain are enabled to return to their countries of origin in safety and dignity; and that the EU, as an international force, contributes effectively to development and democratization beyond the region, which are central to any longer term impact on the movements of peoples.

Is such an optimistic outlook justified? The development of a human rights dimension in the architecture of the European Union has been spasmodic, at best. The 1993 Maastricht Treaty included limited references to human rights in the context of the Treaty of European Union, but the European Court of Justice had no jurisdiction to enforce the commitments to human rights, either under the First Pillar (Common Foreign and Security Policy) or under the Third Pillar (Justice and Social Affairs). The 1997 Treaty of Amsterdam has now gone further, incorporating human rights provisions into the accessions process for new Member States,[1] permitting the suspension of a Member State for systematic breaches of human rights,[2] and

* Professor of International Refugee Law, University of Oxford; formerly Professor of Asylum Law, University of Amsterdam; Editor-in-Chief, *International Journal of Refugee Law*; President, Refugee Legal Centre, London.
An earlier version of this contribution is also published in Elspeth Guild & Carol Harlow, eds., *Implementing Amsterdam: Immigration and Asylum Rights in EC Law*, Oxford: Hart Publishing, 2001, 141-163.

1 See Arts. 6(1), 49 Treaty of European Union (TEU). References are to the numbering of the consolidated versions of the Treaty on European Union (TEU) and the Treaty establishing the European Community (TEC): European Union, *Consolidated Treaties*, Office for Official Publications of the European Communities, Luxembourg, 1997.

2 Art. 7 TEU; Art. 309 TEC.

V. Chetail and V. Gowlland-Debbas (eds.),
Switzerland and the International Protection of Refugees
La Suisse et la protection internationale des réfugiés, 183-206.

providing new legislative competences in human rights, for example, in the area of discrimination.[3]

Article 6 of the Treaty on European Union confirms the basic "principles of liberty, democracy, respect for human rights and fundamental freedoms, and the rule of law", and proclaims that the Union 'shall respect fundamental rights, as guaranteed by' the European Convention on Human Rights (ECHR50). Article 11 of the Treaty integrates an equivalent position of principle into the Union's Common Foreign and Security Council: "to develop and consolidate democracy and the rule of law, and respect for human rights and fundamental freedoms". Article 29, in turn, declares the Union's objective, "to provide citizens with a high level of safety within an area of freedom, security and justice by developing common action among the Member States. . .and by preventing and combating racism and xenophobia".[4]

1.1. Treaty of Amsterdam

The Treaty of Amsterdam moves asylum from the Third to the First Pillar, with the prospect of legally binding instruments of harmonization being handed down by the Council and a measure of judicial control by the European Court of Justice. All the provisions relating specifically to asylum now appear in a new Title IV, "Visas, asylum, immigration and other policies related to freedom of movement of persons". During the transition period of five years from the entry into force of the Treaty of Amsterdam (May 1999), unanimous voting is still required on any proposal from the Commission or on the initiative of a Member State, and new measures will only be adopted "after consulting the European Parliament".[5] A non-binding declaration provides that consultations will be undertaken with the Office of the United Nations High Commissioner for Refugees and other relevant international organisations on matters relating to asylum.[6] The European Court of Justice may give a ruling on a question of interpretation of the Title, but subject to fairly substantial limitations. Thus, only a national court of *final* instance may request such a ruling,[7] and no such ruling may be given in relation to "any measure or decision taken pursuant to Article 62(1)" – that is measures on the suppression of internal borders – "relating to the maintenance of law and order and the safeguarding of internal security."[8] Indeed,

3 Arts. 136-7, 141 TEC.

4 See also, Art. 2 TEU; Art. 61 TEC. Cf. Art. 9, OSCE Istanbul Charter for European Security, Nov. 1999, which also makes special reference to the eradication of "aggressive nationalism, racism, chauvinism, xenophobia and anti-Semitism".

5 Art. 67 TEC. See generally, Hailbronner, K., "The New Title on Freedom of Movement of Persons, Asylum and Immigration in the TEC", *in* den Boer, M., ed., *Schengen, Judicial Co-operation and Policy Co-ordination*, (1997), 201.

6 See the Tampere Conclusions, further below.

7 Art. 68 TEC.

8 Art. 68(2) TEC.

the importance attached by Member States to competence in this field is clearly expressed in Article 64.[9]

The central question is whether greater transparency of decision-making will result, given that the exercise of legislative authority will proceed without effective control (effective in the sense equivalent to that exercised by national parliaments) by the European Parliament or the Court of Justice. The changes introduced by the Amsterdam Treaty offer some grounds for optimism, but the proof will lie in the products; and enough ambiguity remains to give cause for concern.

1.2. European Union Plan of Action

Article 2 of the Treaty of European Union clearly locates "appropriate measures with respect to asylum' within the 'area of freedom, security and justice..." So far as refugees are concerned, the Council is required, again within five years of the Treaty's entry into force, "to adopt measures on asylum, *in accordance with the Geneva Convention of 28 July 1951 and the Protocol of 31 January 1967 relating to the status of refugees and other relevant treaties*"[10] in the following areas: (a) criteria and mechanisms for determining Member State responsiblity to consider an asylum application; (b) minimum standards on the reception of asylum seekers; (c) minimum standards with respect to the refugee definition;[11] and (d) minimum procedural standards for granting or withdrawing refugee status. The recurrence of the word 'minimum' is remarkable; article 63 TEC thus proposes a distinctly limited agenda for Community action, and individual States retain considerable powers.

Secondly, and without specific or formal reference to the refugee or other treaties, the Council is called upon to adopt measures relating to minimum standards for temporary protection for displaced persons "who cannot return to their country of origin and for persons who otherwise need international protection";[12] and also to adopt measures "promoting a balance of effort" between Member States accepting refugees and the displaced.[13] By way of reservation, however, it is provided that this

---

9 See further below, text to note 14.

10 Art. 63 TEC, emphasis supplied. Despite the outward commitment to the 1951 Convention, in fact the major areas of concern and Community action relate to articles 1 (definition) and 33 (*non-refoulement*) CSR51, rather than the standards of treatment due to refugees in general.

11 Strictly speaking, "minimum standards with respect to the qualification of nationals of third countries as refugees": Art. 63(1)(c) TEC.

12 Art. 63(2)(a) TEC; see also Kerber, Karoline, "Temporary Protection: An Assessment of the Harmonisation Policies of European Union Member States", 9 *IJRL*, 453 (1997).

13 Art. 63(2)(b). The Council is also is to adopt measures on immigration policy to cover, among others, conditions of entry and residence, procedures for the issue of long term visas and residence permits, including those for the purpose of family reunion; illegal immigration and illegal residence, including repatriation of illegal residents: Art. 63(3) TEC. Additionally, measures defining the rights and conditions under which legally resident nationals of third countries may reside in another Member States are called for: Art. 63(4) TEC.

new Title, "shall not affect the exercise of the responsibilities incumbent upon Member States with regard to the maintenance of law and order and the safeguarding of internal security..."[14]

At its October 1999 meeting in Finland, the European Council affirmed in the "Tampere Conclusions" that, "in principle, freedom should not...be regarded as the exclusive preserve of the Union's own citizens...It would be in contradiction with Europe's traditions to deny such freedom to those whose circumstances lead them justifiably to seek access to [Union] territory. This in turn requires the Union to develop common policies on asylum...The aim is an open and secure European Union, *fully committed to the obligations of the Geneva Refugee Convention and other relevant human rights instruments*, and able to respond to humanitarian needs on the basis of solidarity..."[15]

In the matter of a common European Union asylum policy, "greater coherence of internal and external policies" is called for, in partnership with countries of origin. In addition, the Conclusions acknowledge that the Council "has agreed to work towards establishing a Common European Asylum System, based on the full and inclusive application of the Geneva Convention, thus ensuring that nobody is sent back to persecution, i.e. maintaining the principle of *non-refoulement*."[16]

Following the agenda established by Article 63, the Council breaks its strategy down into short and long term goals, in pursuit of which, it "stresses the importance of consulting UNHCR and other international organisations".[17] The short term goals include:

- a clear and workable determination of the State responsible for the examination of an asylum application;
- common standards for a fair and efficient asylum procedure;
- common minimum conditions of reception of asylum seekers;
- the approximation of rules on the recognition and content of the refugee status;
- subsidiary forms of protection and an appropriate status to any person in need of such protection.

---

14 Art. 64(1) TEC. Provision is made for the adoption of provisional measures by the Council, in the event of 'an emergency situation characterised by a sudden inflow of nationals of third countries'.

15 Presidency Conclusions, Tampere European Council 15 and 16 October 1999, (Tampere Conclusions) paras. 3, 4 (emphasis supplied); text in 11 *International Journal of Refugee Law* 738 (1999).

16 Ibid., para. 13. The European Council also decided in June 1999 to push forward on a European Charter of Fundamental Rights: Decision of the European Council, Cologne, 3-4 June 1999, Conclusions, Annex IV, and an *ad hoc* body to prepare a draft was duly established by the Council at its meeting in Tampere in October of that year: Tampere Conclusions, Annex.

17 Tampere Conclusions, para. 14.

In the longer term, "Community rules should lead to a common asylum procedure and a uniform status for those who are granted asylum valid throughout the Union".[18]

The present chapter focuses, from the perspective of international law, on a select part only of this programme, namely, the human rights background, which impacts not only on the reception of asylum seekers, but on the treatment generally of refugees, asylum seekers and migrants; the refugee definition, with reference to the obligations towards those within and out with the Convention; and procedural standards. The purpose of this chapter is to highlight the very significant substantive content of international legal standards and of obligations freely assumed, and to underline the importance of integrating human rights considerations, from the outset, into the processes of protection policy formulation and legislative drafting at both Community and national level.

2. The Human Rights Background

The European Union has clearly recognised the applicability of human rights treaties in the field occupied by refugees, asylum seekers and migrants.[19] Most provisions of most human rights instruments draw few distinctions between nationals and non-nationals, and the right to life, or the right to integrity of the person and to human dignity, are guaranteed to everyone without distinction.[20] National constitutions, bills of rights and international human rights instruments thus tend to work more from the particular to the general, being based on the inalienability of certain individual rights. Independent of citizenship, fundamental rights in the strong sense have the anti-utilitarian consequence that they may not be denied by States, even in the general interest.[21] Fundamental human rights ought thus to represent a critical point of departure in both European and international discourse. They stress individual security and autonomy, and are founded upon assumptions regarding human dignity, upon the inhering principle that justice depends on an equal right to equal concern and respect,[22] and upon pragmatic recognition that the effective

[18] Tampere Conclusions, para. 15. Also of relevance in the present context is the Council's call for assistance to countries of origin and transit to be developed in order to promote voluntary return: para. 26. The Amsterdam Treaty likewise confers powers on the Council in the field of readmission, and the Council invites the Community to conclude readmission agreements or to include standard clauses in other agreements between the European Community and relevant third countries or groups of countries: para. 27. Finally, although not necessarily with refugees in mind, the Conclusions also refer to the desirability of "enhanced mutual recognition of judicial decisions and judgements..."

[19] See above, text to n. 10, 15.

[20] The following discussion is covered in greater detail in Goodwin-Gill, G. S., "Migration–International Law and Human Rights", *in* Ghosh, Bimal, ed., *Managing Migration: Time for a New International Regime?* Oxford: Oxford University Press, 2000 160-89.

[21] Dworkin, R., *Taking Rights Seriously*, (1977), 190ff, 269.

[22] Dworkin, R., *Taking Rights Seriously*, (1977), 180-3, 272-8; Rawls, J., *A Theory of Justice*, (1972), ss.29, 51 (duty of mutual respect); art. 1, UDHR48; Preamble, UN Charter.

protection of rights commonly requires that judicial intervention resolve conflicts of interest, or set limits to the scope of discretionary power, in accordance with the rule of law.

The factual situation within which rules operate, change and develop, must still be taken into account, however, together with the interests and entitlements of national or host communities and the frequently conditional or qualified nature of many human rights. In the case of refugee movements and forced migration, many European States have attempted to contain or "regionalise" the movement of persons, that is, to keep those in need of protection and solutions within their regions of origin, beyond the developed world. This objective is pursued through visa and transit visa requirements; sanctions against airlines; socio-economic measures of deterrence; accelerated refugee status procedures; and procedural devices designed to avoid the necessity for decisions on the merits in favour of rapid removal to some other country deemed or imagined to be responsible or secure. Within the European Union, the possibility of developing comprehensive, "regionalised" schemes has been increasingly discussed, with the primary goals being both the suppression of extra-regional arrivals and the prompt and summary return to regions of origin of any who slip the net. Human rights, individual rights, rarely enter the debate at the point of policy formulation.

Notwithstanding the movement towards closer union, in international law each EU Member State is nevertheless responsible for promoting universal respect for, and observance and protection of, all human rights and fundamental freedoms.[23] The movement of persons between States, driven by many factors, yet takes place in a context characterised by *links* – historical family, community and commercial ties, among others – and by *obligations*. So far, neither dissuasive nor preventive measures appear to have had much lasting impact on the movements of people. There clearly *are* human rights aspects to traditionally sovereign questions about the reception of non-nationals, and the failure so far to manage these elements has worked to the disadvantage of States and to the serious prejudice of those in search of protection. A strong case can be made for more highly developed institutional arrangements, able and competent to pursue clear strategies whole remaining close to and governed by the fundamental principles of human rights protection.

2.1. The Nature and Limits of Human Rights

Where refugees and asylum-seekers are concerned, Europe is committed not only to the European Convention on Human Rights and the 1951 Convention/1967 Protocol relating to Refugees, but also to obligations and principles originating in a multitude of sources. These include major declarations and international agreements, such as the 1948 Universal Declaration of Human Rights (UDHR48), the

---

[23] The protection and promotion of human rights are the first responsibility of governments: Vienna Declaration and Programme of Action (1993): UN doc. A/CONF.157/23, para. 1.

1965 Convention on the Elimination of All Forms of Racial Discrimination, the 1966 Covenants on Civil and Political Rights (ICCPR66), and Economic, Social and Cultural Rights (ICESCR66), the 1979 Convention on the Elimination of All Forms of Discrimination against Women, the 1984 Convention against Torture and Other Cruel, Inhuman or Degrading Treatment or Punishment (CAT84), and the 1989 Convention on the Rights of the Child (CRC89). Treaty-based obligations are complemented by duties deriving from customary international law,[24] with the basic obligation of protection illustrated by article 2(1) of the Covenant on Civil and Political Rights, requiring every State party to respect and to ensure human rights to "all individuals within its territory and subject to its jurisdiction".

Human rights are inalienable and fundamental, but not necessarily "absolute". Rights generally must be exercised with due regard to the rights of others; in certain circumstances and within the limits prescribed by international law, governments may restrict their exercise in favour of other community interests. But "not necessarily absolute" does not mean that individual human rights can be overridden or dismissed by group and category. States have a measure of discretion in determining whether and what restrictions may be called for in the light of local circumstances, but the standard of compliance remains an international one, involving elements of necessity and proportionality.[25] Some rights, however, are "non-derogable"; no derogation is permitted, even in exceptional circumstances; they benefit everyone, nationals, foreigners, migrants and refugees, whether lawfully or unlawfully in the State, and regardless of any situation of emergency.[26]

At one end of the spectrum, all persons shall be free from torture, and cruel and unusual treatment or punishment, whether directly, within State territory, or indirectly, in another State, as a consequence of removal or refusal of admission. There is also no obvious justification for differentiating between citizen and non-citizen in the availability of legal remedies, such as habeas corpus, in the provision of

---

[24] On the fundamental importance (obligations *erga omnes*) of the principles and rules concerning the basic human rights of the human person, see the views of the International Court of Justice in *Barcelona Traction Case*, ICJ *Reports*, 1970, 3, at 32; Ragazzi, M., *The Concept of International Obligations Erga Omnes*, Oxford, Clarendon Press, 1997.

[25] For the jurisprudence of the European Court of Human Rights, to the effect that restrictive measures must be in accordance with law, adopted in pursuit of a legitimate aim, and necessary in a democratic society, that is, "justified by a pressing social need and. . .proportionate to the legitimate aim pursued", see *Moustaquim v. Belgium* (31/1989/191/291), 18 Feb. 1991, para. 43; *Beldjoudi v. France* (55/1990/246/317), 26 Mar. 1992; *Kokkinakis v. Greece* (3/1992/348/421), 25 May 1993; *Otto-Preminger-Institut v. Austria* (11/1993/406/485), 20 Sept. 1994; *Berrehab* (3/1987/126/177), 21 Jun. 1988.

[26] Such non-derogable rights traditionally include the prohibitions on genocide, slavery and racial discrimination, the right to life, so far as the individual is guaranteed against arbitrary deprivation; freedom from torture or inhuman treatment; the right not to be convicted or punished under retroactive laws; the right to recognition as a person before the law; and the right to freedom of conscience, thought and religion.

a fair trial, or generally in regard to due process.[27] In regulating entry to, residence in, and removal from its territory, therefore, the European Union and its Member States ought also to ensure that their laws and policies comply with these international legal requirements, and that otherwise permissible restrictions are not imposed in a discriminatory manner.

2.2. Human Rights at the Border

In its General Comment No. 15 relating to the 1966 Covenant on Civil and Political Rights, to which all EU Member States are party, the Human Rights Committee observed that while a non-national generally had no right to enter State territory, "in certain circumstances an alien may enjoy the protection of the Covenant even in relation to entry or residence, for example, when considerations of non-discrimination, prohibition of inhuman treatment and respect for family life arise..." Moreover, "Aliens ...are entitled to recognition before the law. They may not be subjected to arbitrary or unlawful interference with their privacy, family, home or correspondence.... [and]...are entitled to equal protection by the law..." [28]

In regard to entry and removal, a protected right will thus be involved if the applicant falls within the international law provisions on children, the family, and refugees. For example, no State may return a refugee in any manner whatsoever to a country in which he or she may be persecuted, and this prohibition extends also to measures such as rejection at the frontier, where the effect is to compel the individual to return to or remain in a territory where his or her life, physical integrity or liberty would be threatened for relevant reasons. Moreover, the 1989 Convention on the Rights of the Child endorses the standard of the "best interests" of the child which,

---

[27] Art. 10 UDHR48 declares that "Everyone is entitled in full equality to a fair and public hearing by an independent and impartial tribunal, in the determination of his rights and obligations and of any criminal charge against him." These principles are reiterated in art. 14(1) ICCPR66 and art. 6 ECHR50. See generally, Goodwin-Gill, G.S., *International Law and the Movement of Persons between States*, (1978), 58-87.

[28] Human Rights Committee, General Comments, No. 15, §§ 5, 7: UN doc. CCPR/C/21/Rev.1, 19 May 1989. On racial discrimination in an immigration context, see *S.M.L. Patel (Application No. 4403/70) and others v. U.K.*, Decision of the European Commission of Human Rights, Oct. 1970, 36 *Collection of Decisions* 92. The European Commission declared several of the applications admissible on the ground that the action of refusing entry was capable of constituting an interference with the right to respect for family life under article 8 of the Convention, or of raising a related issue of discrimination. Later decisions by the European Court of Human Rights have confirmed the protection due to the family and, among others, to "second generation migrants" threatened with removal. On the extent of the family relationship, see, for example, *Berrehab* (3/1987/126/177), 21 Jun. 1988; *Keegan v. Ireland* (16/1993/411/490), 26 May 1994; on expulsion of second generation migrants, see *Djeroud v. France* (34/1990/225/289), 23 Jan. 1991; *Lamguindaz v. United Kingdom*, (48/1992/393/471), 28 Jun. 1993; *Beldjoudi v. France* (55/1990/246/317), 26 Mar. 1992.

in principle and in appropriate circumstances, is capable of prevailing over other considerations, including the legally recognised but competing interests of the State. In a wide range of other universal and regional instruments, States have also recognised that the family should receive "protection by society and the State", and that "special measures of protection and assistance should be taken on behalf of all children and young persons."[29] Together with the principle of the best interests of the child as a primary consideration,[30] this puts in question any State action with respect to children that might either "officially" remove the child from the family environment, or have the effect of leaving the child without care and support.

2.3. Human Rights and Removals from State Territory

Many of the human rights aspects to State powers over the entry and residence of non-citizens bear generally on the question of removal. In principle, the State is competent to terminate the lawful residence or the irregular physical presence of non-citizens within its territory, and to require them to depart; in the event of non-departure, the State may enforce its decision through measures of expulsion or deportation. State practice over many decades has established a number of limitations on this sovereign power; for example, it should not be exercised arbitrarily, should respect acquired rights, be implemented in accordance with due process, and carried out with full regard for the dignity and integrity of the individual.[31] The collective or mass expulsion of non-citizens is also widely regarded as unlawful, in view of its necessarily arbitrary and discriminatory character.[32]

Article 3 of the 1984 Convention against Torture, article 13 of the International Covenant on Civil and Political Rights and articles 32 and 33 of the 1951 Convention all mention expulsion specifically when laying down protection standards for non-citizens generally, or in favour of refugees, or against return to torture. The Human Rights Committee has considered the lawfulness of expulsion against the requirements of article 13 ICCPR66 (entitlement to a remedy for the purpose of challenging an order of removal) in a number of cases,[33] while the European Court and European Commission of Human Rights have reviewed the exercise of the

---

29 Art. 23(1) ICCPR66; art. 10(3) ICESCR66.

30 Art 3(1) CRC89.

31 Goodwin-Gill, *Movement of Persons*, 202-5, 228, 262, 280-1, 307-8.

32 See ECHR50, Protocol N°. 4, art. 4; *Conka v. Belgium* (No. 51564/99)–expulsion of Gypsies allegedly without any examination of their individual situations; application communicated: European Court of Human Rights, Information Note N°. 12, Nov. 1999, 22. See also Henckaerts, Jean-Marie, *Mass Expulsion in Modern International Law and Practice*, (1995), 8-49, on the prohibition of mass expulsion; 50-77 on mass expulsion of migrant workers.

33 See, for example, *Mafroufidou v. Sweden*, N°. 58/1979: *Selected Decisions of the Human Rights Committee*, vol. 1: UN doc. ICCPR/C/CP/1, 80; *Hammel v. Madagascar*, No. 155/1983: *ibid.*, vol. 2, 11; *M.F. v. The Netherlands*, No. 173/1984: *ibid.*, vol. 2, 179, cited by Andrysek, O., "Gaps in International Protection and the Potential for Redress through Individual Complaints Procedures", 9 *IJRL* 392, 402 (1997).

competence to expel non-citizens more broadly, against a range of ECHR50 rights including article 3, article 8 (freedom from interference with private or family life), and article 14 (non-discrimination).[34]

Refugees are a class known to and enjoying the protection of general international law.[35] Article 14 of the 1948 Universal Declaration of Human Rights provides that 'Everyone has the right to seek and to enjoy in other countries asylum from persecution.' By 30 November 2001, one hundred and forty-one States had ratified the 1951 Convention and 1967 Protocol relating to the Status of Refugees, thereby accepting the definition of a refugee in article 1 and the fundamental principle of *non-refoulement* in article 33.[36] This rule, which requires that States parties not return a refugee to a country in which he or she may face persecution on grounds of race, religion, nationality, membership of a particular group or political opinion, now also extends to the protection of those who, if returned to a particular country, would face a substantial risk of torture.[37] Lawfully resident refugees are also protected against expulsion, save on the most serious grounds and subject to lawful procedures and the opportunity for challenge.[38]

Moreover, many European and other States acknowledge *as a matter of fact* that international protection is often due to individuals or groups falling outside or not immediately covered by article 1 of the 1951 Convention/1967 Protocol, such as those having reasonable fear of prejudice or discrimination in the exercise of fundamental rights, or who flee conflict or serious disturbances of public order. The provisions of human rights treaties, and the protection due to those whose rights are at serious risk of violation if returned, are reflected in the reality of temporary protection.

That refugee protection engages a human rights responsibility has been recognised by different treaty supervisory bodies.[39] In particularly striking fashion, the European Court of Human Rights has ruled that there are no exceptions to the protection required under article 3 ECHR50. The case of *Chahal*, for example, involved an individual whom the United Kingdom wished to expel on grounds of national security. The Court noted that, whereas the State had earlier disputed the

34 See also *Abdulaziz, Cabales and Balkandali* (15/1983/71/107-109), 28 May 1985.

35 Goodwin-Gill, G.S., *The Refugee in International Law,* Oxford, Clarendon Press, 2nd edn., 1996, passim.

36 1951 Convention (CSR51): 189 *UNTS* 150; 1967 Protocol (CSRP67): 606 *UNTS* 267.

37 Art. 3, 1984 Convention against Torture and Other Cruel, Inhuman or Degrading Treatment or Punishment (CAT84): 1465 *UNTS* 85 (No. 24841)–126 States parties at 30 September 2001.

38 Art. 32 CSR51.

39 Human Rights Committee, General Comment 20, "Replaces General Comment 7 concerning prohibition of torture or cruel treatment or punishment (Article 7)",10 Apr. 1992, para. 9. Committee against Torture, *Mutombo v. Switzerland*, Communication N°. 13/1993, 27 Apr. 1994: 7 *IJRL* 322 (1995); *Alan v. Switzerland,* Communication N°. 21/1995, 8 May 1996: 8 *IJRL* 440 (1996); *Kisoki v. Sweden*, Communication N°. 41/1996, 8 May 1996: 8 *IJRL* 651 (1996). See also, Andrysek, O., "Gaps in International Protection and the Potential for Redress through Individual Complaints Procedures", 9 *IJRL* 392 (1997).

principle of non-expulsion if the person concerned would face a real risk of treatment contrary to article 3 in the country to which he or she was returned, it had accepted it before the Court. However, the Government had further argued that the protection due under article 3 was not absolute in national security cases, but was subject to an implied limitation, or alternatively that the threat posed by the individual should be weighed in the balance against the interest of the State. The Court disagreed, finding that,

> "the Convention prohibits in absolute terms torture or inhuman or degrading treatment or punishment, irrespective of the victim's conduct.. Article 3 makes no provision for exceptions and no derogation from it is permissible. . .even in the event of a public emergency threatening the life of the nation. . .The prohibition. . .against ill-treatment is equally absolute in expulsion cases . . .[T]he activities of the individual in question, however undesirable or dangerous, cannot be a material consideration. The protection afforded by Article 3 is thus wider than that provided by Articles 32 and 33 of the United Nations 1951 Convention on the Status of Refugees.[40] "

In summary, therefore, the "relevant human rights treaties" to which the EU has referred in the Treaty of Amsterdam and the Tampere Conclusions control and structure sovereign State powers in matters of the admission, removal, treatment and protection of non-nationals.

3. Human Rights and Defining Refugees

States party to the 1951 Convention relating to the Status of Refugees have agreed that the term "refugee" should apply, first, to any person considered a refugee under earlier international arrangements; and, secondly, to any person who, being outside their country of origin, is unable or unwilling to return there owing to a well-founded fear of being persecuted for reasons of race, religion, nationality, membership of a particular social group or political opinion.[41] Even at the time of its drafting, it was recognised that any definition was likely to provoke disagreements with respect to interpretation and application,[42] and that, given its various limitations, the Convention definition would not cover every refugee. The Conference of Plenipotentiaries therefore recommended in the Final Act that States should apply the Convention beyond its strictly contractual scope, to other refugees within their territory.[43] Many States relied upon this recommendation in refugee crises precipitated by events after 1 January 1951, until the 1967 Protocol expressly removed that limitation, and in theory it may still be invoked to support extension of

40 *Chahal v. United Kingdom,* No. 70/1995/576/662, Judgment of 15 Nov. 1996, paras. 79, 80.

41 Art. 1A(2) CSR51.

42 *Ad hoc* Committee on Refugees and Stateless Persons: UN doc. E/AC.32SR.3, para. 45 (Mr. Henkin).

43 Recommendation E of the Final Act.

the Convention to groups or individuals who do not fully satisfy the definitional requirements.[44] In recent practice, however, States have preferred to initiate schemes of supplementary or complementary protection, as a way of dealing with large numbers of asylum-seekers fleeing situations of conflict and widespread human rights violations, but equally in order to ensure compliance (minimal though it often may be) with their own obligations towards individuals on State territory and subject to their jurisdiction.[45]

Refugees under the 1951 Convention/1967 Protocol are identifiable by their possessing four basic characteristics: (1) they are outside their country of origin; (2) they are unable or unwilling to avail themselves of the protection of that country, or to return there; (3) such inability or unwillingness is attributable to a well-founded fear of being persecuted; and (4) the persecution feared is based on reasons of race, religion, nationality, membership of a particular social group, or political opinion. Many States have incorporated this definition, with occasional slight modifications, into their laws and policies, and have often made provision also for the protection of those having other valid reasons for flight,[46] or who are "without, or unable to avail themselves of, the protection of the government of their State of origin".

The criteria for refugee status in article 1 of the 1951 Convention relating to the Status of Refugees have the individual asylum-seeker very much in mind, even though the notion of lack of protection is clearly wider and invites attention to the general issue of a State's duty to protect and promote human rights within its territory. This is hardly surprising, given the historical evolution of international protection and the gradual extension of a "rights regime" into a system of administrative benefits. It is this dimension which remains at the heart of the concept of international protection, and yet also produces concern among States apparently unable to devise efficient and effective means for the determination of status or the need for international protection.

As it stands, the refuge definition accepted by States party to the 1951 Convention/1967 Protocol necessarily requires the evaluation of a complex of subjective and objective factors, while the context – interpretation of an international instrument with fundamentally humanitarian objectives – implies certain ground

44 Cf. art. 2, Declaration on Territorial Asylum adopted by the Committee of Ministers of the Council of Europe on 18 Nov. 1977, which reaffirms the right to grant asylum to Convention refugees "as well as to any other person [considered] worthy of receiving asylum for humanitarian reasons".

45 See Weis, P., "The Legal Aspects of the Problems of *de facto* Refugees", *in* International University Exchange Fund, *Problems of Refugees and Exiles in Europe,* (1974). The notion of "valid reasons" is expanded at 3-5 and would include (1) a person's reasonable belief that he or she would be prejudiced in the exercise of human rights, would suffer discrimination, or be compelled to act against conscience; and (2) war or warlike conditions, foreign or colonial occupation, or serious disturbance of public order in part or all of the person's country of origin. See also UNHCR, "Note on Consultations on the Arrivals of Asylum-seekers and Refugees in Europe": UN doc. A/AC.96/INF.174 (July 1985), Annexe V.

46 For examples, see Goodwin-Gill, G.S., *The Refugee in International Law,* 2nd edn., 1996, 21-5.

rules. The central question is that of *risk*, as it affects the individual in a particular social and political context.[47]

The importance of a uniform interpretation of the terms of an instrument intended to provide protection to individuals in flight from their own country is actively promoted by the Office of the United Nations High Commissioner for Refugees, which is recognised by States party to the 1951 Convention as having a special role in supervising the application of the Convention.[48] Moreover, the failure of the 1951 Convention to define key terms, such as persecution or social group, has led to increasing reliance on human rights jurisprudence and doctrine to fill the gaps and develop a concept of protection commensurate with the needs of today.

3.1. The EU Joint Position

The Joint Position on the harmonized application of the refugee definition, adopted by the Council of the European Union on 4 March 1996, attempts to set out the shared understanding of EU countries of the minimum content imposed by article 1 of the 1951 Convention.[49] It states that the guidelines on interpretation are approved, that they shall be notified to "the administrative bodies responsible for recognition of refugee status, which are hereby requested to take them as a basis without prejudice to Member States case law on asylum matters and their relevant constitutional positions". It further affirms that the Joint Position, "is adopted within the limits of the constitutional powers of the Governments of the Member States; it shall not bind the legislative authorities or affect decisions of the judicial authorities of the Member States."

Although much of its content is non-controversial, parts of the Joint Position represent a compromise among conflicting jurisprudence. For example, the Joint Position rightly emphasises the essentially individual nature of every asylum and refugee status determination, and the importance of basing findings in the circumstances of the case. It offers a sensible interpretation of 'persecution', to include acts which are sufficiently serious by their nature or repetition, which either constitute an attack on human rights to life, freedom or physical integrity, or which clearly preclude a person from continuing to live in his or her country of origin.[50] It

---

[47] On the assessment of claims, see Goodwin-Gill, Guy S., *The Refugee in International Law,* Oxford, Clarendon Press, 2nd edn., 1996, Ch. 9, s. 2.2.

[48] See UNHCR Statute, UNGA res. 428(V), 14 Dec. 1950, para. 8(a); Art. 35(1) CSR51. UNHCR, of course, is not a court of ultimate authority, unlike the European Court of Justice or the European Court of Human Rights; nevertheless, its views on interpretation ought to be given due consideration in good faith: Goodwin-Gill, *Refugee*, 216-7.

[49] Joint Position 96/196/JHA of 4 March 1996 defined by the Council on the basis of Article K.3 of the Treaty on European Union on the harmonised application of the definition of the term 'refugee' in Article 1 of the Geneva Convention of 28 July 1951 relating to the Status of Refugees.

[50] The Joint Position draws strongly on the UNHCR Handbook on Procedures and Criteria for the Determination of Refugee Status, Geneva, 1979.

also stresses that while persecution or fear of persecution must be based on Convention grounds, the fact that such grounds are genuine or merely attributed to the person concerned is immaterial.

In a number of areas, however, the Joint Position does not reflect common jurisprudence, or the view of UNHCR. For example, Paragraph 5.2, in relation to the origins of persecution, provides that fear of persecution by non-State agents should only be considered to fall under the 1951 Convention where it "is individual in nature and is encouraged or permitted by the authorities". This approach is very much in line with the German and French approach, but very much out of line with that of several other countries.

At the time of its adoption, Sweden objected formally to this provision of the Joint Position, noting that "In relation to the question of origins of persecution, Sweden is of the opinion that persecution by third parties falls within the scope of the 1951 Geneva Convention where it is encouraged or permitted by the authorities. It may also fall within the scope of the Convention in other cases, when the authorities prove unable to offer protection." Denmark considered making an explicit reservation to Paragraph 5.2, but found it unnecessary, given the "non-binding" quality of the Joint Position in relation to both legislative and judicial branches of government.

The question of interpretation has already been litigated in the United Kingdom, in the context of appeals against the return of asylum seekers to Germany and France under the so-called "safe third country" rule. In *ex parte Adan*, the Court of Appeal ruled that it would afford due respect to the system and practice of the third country in question, but that such country had to apply the 1951 Convention.[51] If the State took a position which departed from the Convention's "true interpretation", it could not be regarded as safe. In the view of the Court, the refugee definition did extend to persons who feared persecution at the hands of non-State agents, in circumstances in which the State itself was not complicit. In consequence, the appellants could not lawfully be returned to a country which adopted an interpretation at variance with this view.

The United Kingdom Home Secretary promptly attempted to frustrate this ruling by amending the Immigration and Asylum Act, then before Parliament, so as to create an apparently indefeasible presumption that other EU Member States are safe by definition.[52] The issue will likely be re-litigated under the United Kingdom's Human Rights Act which entered into force in October 2000. Other provisions of the Joint Position potentially giving rise to variations in jurisprudence include Paragraph 6 on "Civil war and other internal or generalized armed conflicts", and Paragraph 8 on the "internal flight alternative".

51 R v. Secretary of State for the Home Department, ex parte Adan [1999] 4 *All E.R.* 774. The House of Lords has now unanimously upheld the decision of the Court of Appeal: [2001] 2 W.L.R. 143.

52 See further below on an equivalent problem raised by the Protocol on asylum to nationals of Member States of the European Union.

In addition, the scope of "particular social group" offers considerable opportunities for both progressive and restrictive approaches to protection. The United Kingdom cases of *Islam* and *Shah*, for example, may well serve as a challenge in those States which either have opted to restrict the protection available to women as refugees.[53] In these joined appeals by two women who had fled the prospect of violence in their own country, the House of Lords found that the social group of which they were members was not some narrow sub-class, but the very group of "women in Pakistan."[54] The Court rejected criteria which have enjoyed some success in other jurisdictions; for example, it dismissed the idea that "cohesiveness" is an indispensable requirement for the existence of a particular social group, for it "foists an impermissible restrictive requirement on the words of article 1A(2)."[55]

Agreement on universals, such as the criteria for refugee status contained in the 1951 Convention, is undoubtedly easier to obtain than agreement on their application.[56] From the perspective of international law, the "Joint Position" is clearly not a treaty; it has not been ratified or submitted to national parliaments, and in theory it has no decisive value in the interpretation of article 1A(2) CSR51. It is essentially a political document, in the nature of a set of unilateral statements still to be reconciled; the divergences in interpretation reveal not only the constructive possibilities in different legal cultures, but also the deficiencies in a system of protection which, both regionally and internationally, remains without a body competent to promote consistency by ruling authoritatively on the meaning of words.

While the structural necessity of such a body is clear, its governing doctrine will necessarily also include the texts of the relevant human rights treaties and their jurisprudence. This in turn will affect not only the interpretation of refugee defining provisions, but also the very scope of human rights protection, *beyond* the 1951 Convention/1967 Protocol.

4. Human Rights, Procedures and Refugees

The Convention refugee definition supposes a dispassionate case-by-case examination of subjective and objective elements. Even though not formally required by the

53 Islam v. Secretary of State for the Home Department; R v. Immigration Appeal Tribunal and Secretary of State for the Home Department ex parte Shah [1999] 2 *W.L.R.* 1015; the full text of the judgment is also published in 11 *IJRL* 496-543 (1999), with comments by Mavelyn Vidal and the present author.

54 Lord Steyn commented that, "The idea so incisively put forward by Lord Hoffmann is neither novel nor heterodox. It is simply a logical application of the seminal reasoning in Acosta's case... ": [1999] 2 W.L.R. 1015, 1026.

55 *Ibid.*, 1025. Or as Lord Hoffman observed in relation to any required element of co-operation, "In the context of the Convention it seems to me a contingent rather than essential characteristic of a social group": *ibid.*, 1033.

56 Besides the divergences of interpretation in relation to asylum claims by women, those by conscientious objectors are also likely to provide a source of difference.

terms of the 1951 Convention/1967 Protocol, the simple existence of procedures for the determination of status can ensure effective internal implementation of international obligations, and provide a basic and important guarantee that refugees will not be *refouled* and that they will receive the treatment due under the relevant international instruments. The same argument is equally applicable to the evaluation of the *human rights* implications of decisions on admission, removal and treatment.

International law in fact has little to say with respect to the procedural aspects of due process, particularly as the responsibility of the State for the fulfilment of its obligations turns essentially on what results in fact. The 1977 UNHCR Executive Committee recommendations offer a very basic agenda, comprising guidance to applicants, the provision of competent interpreters, a reasonable time to "appeal for formal reconsideration" of a negative decision, "either to the same or a different authority, whether administrative or judicial, according to the prevailing system".[57] Even if not binding, they indicate a practically necessary minimum for refugees to be identified and accorded protection in accordance with international obligations.

4.1. The Treaty of Amsterdam and Procedures

The Treaty of Amsterdam establishes the Community objective of "minimum procedural standards" for asylum procedures in Member States, in accordance with the 1951 Convention/1967 Protocol and other relevant international treaties.[58] Already in June 1995, the Council had adopted a resolution to this purpose;[59] it embodied preambular references to the refugee instruments, the European Convention on Human Rights, the refugee definition and European practice beyond its scope, and the Dublin Convention. It set out the objective of establishing "equivalent procedures" and "common procedural guarantees", and referred to the minimum standards recommended by the UNHCR Executive Committee and the Council of Europe. At the substantive level, the resolution included recognition of the following nine general principles, each with an individual rights dimension:

[57] Executive Committee Conclusion N°. 8 (1977); *Report* of the 28th Session (1977): UN doc. A/AC.96/549. Cf. Council of Europe Recommendation no. R(81) 16 on the harmonization of national procedures relating to asylum, adopted by the Committee of Ministers on 5 Nov. 1981. See also *Report* of the Sub-Committee of the Whole on International Protection: UN doc. A/AC.96/613, paras. 37-8; *Report* of the 33rd Session (1982): UN doc. A/AC.96/614, paras. 65-6, 70(4). One of UNHCR's principal objectives has long been the establishment of fair and expeditious procedures for the determination of refugee status, preferably guaranteeing "full access" by those in search of asylum, and with the opportunity for independent review of negative decisions. See various UNHCR "Notes" on International Protection, including UN doc. A/AC.96/694, (3 Aug. 1987), paras. 13, 25-8.UN doc. A/AC.96/750 (27 Aug. 1990), para 15; UN doc. A/AC.96/777 (9 Sept. 1991), paras. 25-6. UNHCR, "Note on International Protection": UN doc. A/AC.96/815 (31 Aug. 1993), para. 19.

[58] Art. 63(1)(c) TEC.

[59] Council Resolution of 20 June 1995 on minimum guarantees for asylum procedures: OJ C 274, 19/09/1996, 0013-0017.

- the principle of compliance with the 1951 Convention/1967 Protocol, including the refugee definition, *non-refoulement*, no expulsion so long as no decision has been taken, and co-operation with UNHCR;[60]
- the principle that procedures should be regulated by law;[61]
- the principle that every application should be considered individually, objectively and impartially,[62] by qualified and informed personnel;[63]
- the principle that refugee status determination involves a "shared responsibility" between decision-maker and applicant, who should have an adequate opportunity to present his or her case;[64]
- the principle of due process, including the opportunity to apply for refugee status/ asylum at the border, the right to an interpreter, to legal advice, to access to UNHCR, and to a personal interview;[65]
- the principle of written, reasoned decisions;[66]
- the principle of appeal or independent review of negative decisions;[67]
- the principle of entitlement to remain pending decision;[68]
- the principle of recognition of status where the criteria are satisfied, and of recognised refugees' presumptive entitlement to residence.[69]

---

60 These are described as "universal principles": Council Resolution of 20 June 1995, paras. 1, 2.

61 *Ibid.*, para. 3. In the Chahal case, the European Court of Human Rights criticised the then existing procedures in the United Kingdom for dealing with expulsion or removal on national security grounds, insisting that the authorities cannot avoid "effective control by the domestic courts whenever they choose to assert that national security and terrorism are involved..." Chahal v. United Kingdom, N°. 70/1995/576/662, Judgment of 15 Nov. 1996, para. 131. An effective remedy within the meaning of article 13 ECHR50 is therefore required: *ibid.*, paras. 145-51. Following this judgment, the United Kingdom terminated removal proceedings against Mr. Chahal, and enacted the Special Immigration Appeal Commission Act 1997 to meet the remedies requirement. See also Tribunal civil Bruxelles, 8 oct. 1993, X c/ Etat belge, to the effect that the right to an effective remedy in the case of breach of fundamental rights constitutes an essential element of the rule of law: RDDE, N°. 75, sept.-oct. 1993, 454.

62 Council Resolution of 20 June 1995, para. 4.

63 See also Council of Europe, Parliamentary Assembly, Recommendation 1309 (1996) on the training of officials receiving asylum-seekers at border points, 7 Nov. 1996; Reply from the Committee of Ministers, Doc. 8288, 23 Dec. 1998 (which list various earlier recommendations, but does not deal substantively with the Parliamentary Assembly's proposals).

64 Council Resolution of 20 June 1995, para. 5. See also UNHCR, *Handbook*, paras. 195-205.

65 *Ibid.*, paras. 7, 11-14, 23. In *Amuur v. France*, No. 17/1995/523/609, 20 Jan. 1994, para. 50, the European Court of Human Rights ruled that detention or confinement "must not deprive the asylum seekers of the right to gain effective access to the procedure for determining refugee status...", and that there is a need, "to reconcile the protection of fundamental rights with the requirements of States' immigration policies".

66 *Ibid.*, para. 15; however, note the exceptions in paras. 22, 25, allowing *oral* communication of reasons in certain cases.

67 *Ibid.*, para. 8.

68 *Ibid.*, para. 17; however, note the exceptions in paras. 21, 22, 25.

69 *Ibid.*, para. 29.

In addition, unaccompanied minors and women asylum seekers are recognised as requiring further protection guarantees, including 'guardianship' and the use of female interpreters and examiners.

In many respects, these standards go farther than, or clarify the generality of, those laid down earlier by the UNHCR Executive Committee and the Council of Europe. However, the 1995 Resolution was itself non-binding, and the quality of the "guarantees" therefore somewhat academic.[70] Moreover, Member States individually continued to retain a considerable margin of appreciation and to benefit from a substantial battery of opportunities for derogation.

Already in November 1996 the European Parliament recognised these deficiencies, and expressed its concern for individual rights not covered by the Council Resolution including, among others, freedom from detention, the return of rejected asylum applicants in safety and dignity, decisions within a reasonable time, guaranteed access to asylum procedures for those sent back to third States, and for the accession requirements of future Member States to contain conditions in respect of asylum policy.[71] These concerns continued and were reflected in the European Parliament's April 1999 Resolution on the Strategy Paper on the European Union's Migration and Asylum Policy.[72]

Specifically with regard to asylum, the Parliament noted that 'the right to request asylum is a fundamental right which it must be possible to exercise in accordance with the Geneva Convention and the 1967 Protocol, with the legislation of the EU and with the national laws of the Member States',[73] and reaffirmed the principle of non-expulsion or return.[74] On procedures, it called for streamlining, 'with a view to making them more transparent...and speedy... , while guaranteeing a means of judicial appeal or appeal', and for priority to be given to 'improving the implementation of existing international conventions on asylum'.[75] In September 2000, the European Commission published a proposal for a Council Directive on

[70] As the European Parliament succinctly noted, "non-binding guarantees are not guarantees and must therefore be transposed into Community and national law": "Resolution on the Council Resolution on minimum guarantees...", OJ C 362, 02/12/1996, 270, para. B. The Parliament also expressed its view that the Council Resolution and other Council decision in the field of asylum are "pseudo-legislation and quite wrongly removed from parliamentary scrutiny and checks by the Court, and hence unacceptable as forms of Union legislation": ibid., para. 4.

[71] *Ibid.*, paras. L, M, 9, 23.

[72] Doc. A4–0143/99; Minutes of 13/04/99.

[73] For proposals for an additional protocol to the European Convention on precisely the right 'to seek asylum', see Goodwin-Gill, *The Refugee in International Law,* Annexe 4, No. 11, 527.

[74] Resolution on the strategy paper, para. 13; see also para. 15.

[75] *Ibid.*, paras. 16, 17. The Parliament also 'opposes any attempt to renegotiate the existing conventions', recommending instead that they be supplemented to meet new circumstances: ibid., para. 17.

minimum standards for procedures.[76] These took the earlier work into account, and suggested common definitions for inadmissible and manifestly unfounded cases, time limits for decision-making, and a common level of procedural fairness. The Commission also proposed a basic three-level structure, comprising a determining authority, a reviewing body, and an appellate court.

As at national, so also at Community level, it is often not clear that the human rights dimensions to legislative proposals have been integrated, fully and effectively, into the drafting process; or that the implications of a Union-wide human rights policy are fully appreciated. In addition to the exceptions and derogations noted above, 'opt-outs' were negotiated on behalf of Denmark, Ireland and the United Kingdom, while an additional protocol seeks to deal with the necessarily controversial issue of asylum for nationals of European Union Member States. These addenda necessarily have an impact on the refugee definition or description of those in need of protection, and on the strategic goal of harmonized or common procedural guarantees.

Even though the European Parliament itself called on the Council to establish "in a clear and binding manner that every Member State shall consider as clearly unfounded any request for asylum or refugee status submitted by a national of another Member State and shall in any event reject such a request",[77] this issue continues to raise problematic questions of principle. The initiative for the Protocol was led by Spain, in the aftermath of the refusal of a Belgian court to allow the extradition of suspected Basque terrorists.[78] Categorically to rule out the possibility of asylum among Member States appears to be in flat contradiction with article 3 CSR51,[79] while also constituting an impermissible geographical reservation to article 1 CSR51.[80] The non-binding Protocol finally agreed attempts to avoid the impermissible by simply establishing a presumption that all Member States are "safe countries of origin", and allowing for rebuttal, although only in highly exceptional circumstances.[81] This did not satisfy all, however, and Belgium declared that, in any event, it would carry out an individual examination of any asylum

[76] European Commission, "Proposal for a Council Directive on minimum standards on procedures in Member States for granting and withdrawing refugee status": COM(2000) 578 final, Brussels, 20.9.2000; OJ C 62 E, 27.2.2001, p. 231. The European Parliament suggested some 111 amendments: A5-0291/2001.

[77] Resolution on Council Resolution. . . , para. 7.

[78] Bribosia, E. & Weyembergh, A., 'Extradition et asile: vers un espace judiciaire européen?' (1997) *Rev. belge dr.int.* 69.

[79] "The Contracting States shall apply the provisions of this Convention to refugees without discrimination as to race, religion or country of origin."

[80] Further to art. 42(1) CSR51, no reservations are permitted to art. 1.

[81] For example, where a Member State derogates from its obligations under ECHR50, or is the subject of suspension under art. 7 TEU.

request,[82] while the fifteen Member States themselves also recognised that the Protocol 'does not prejudice the right of each Member State to take the organisational measures necessary to fulfil its obligations' under the 1951 Convention.[83] Clearly, even a rebuttable presumption can effectively frustrate the object of the treaty – protection of the refugee or protection of human rights – and diligent oversight is called for.

The challenges posed by a "closer Union" raise fascinating questions of "State succession" worthy of a separate chapter,[84] although the Danish, Irish and United Kingdom opt-outs may well serve to postpone indefinitely the attainment of a single, territorial, sovereign, entity. Protocol N°. 5 to the Treaty of Amsterdam, for example, provides that Denmark will not take part in the adoption of measures under Title IV (article 1), though it remains free to decide whether to apply any such measures as may be agreed (article 7). Protocol N°. 3 allows the United Kingdom to continue to apply border checks, notwithstanding article 14 TEC (article 1), while Protocol No. 4 provides that the United Kingdom and Ireland, like Denmark, shall not take part in the adoption of Title IV measures (article 1). They may opt in for specific measures,[85] however, and Ireland has indicated its intention (as permitted under article 3) to take part in the adoption process, "to the maximum extent compatible" with the maintenance of the Common Travel Area with the United Kingdom.[86]

5. Conclusions

One question raised or implicit throughout the above review is that of compliance; even where the principles seem clear, their effective implementation depends upon levels of official action that are not always forthcoming. Compliance with international human rights obligations is patchy at best, and the reasons for this failing call for serious attention. States are disinclined to legislate on family reunion, for example, or to incorporate international standards into law, policy guidelines or best practice statements. The traditional conception of sovereign State rights to control entry, removal and membership still carries weight, but it is rather the

82 Declaration by Belgium on the Protocol on asylum for nationals of Member States of the European Union: OJ C 340, 10/11/1997. 144.

83 The 15 Member States, Declaration relating to the Protocol on asylum for nationals of Member States of the European Union: OJ C 340, 10/11/1997, 141.

84 Should the separate territories of the Member States effectively become one territory for the purposes of international law, then the EU's ratification of the 1951 Convention/1967 Protocol might be appropriate, much as it is suggested that the EU should become a party to ECHR50. In such circumstances, ensuring consistent compliance among different and differing legal cultures would indeed present a huge challenge to the regime of protection.

85 Art.8 Protocol N°. 4 enables Ireland to opt in to the whole of Title IV.

86 Declaration by Ireland on Article 3 of Protocol N°. 4.

incompleteness and lack of balance in the present regime that militates against effectiveness.

The protection of refugees and asylum seekers post-Amsterdam must be clearly premised both on the specific requirements, voluntarily assumed of the 1951 Convention/1967 Protocol, and on the foundations of international human rights law, the essentials of which are obligations *erga omnes* and much of which draws its authority from peremptory rules of international law (*jus cogens*). State interests may have their place, but the sovereignty of the State exists within a community of principle.

It is sometimes argued that States' obligations to refugees and asylum seekers are no more extensive than those accepted on ratification of the 1951 Convention/1967 Protocol and, indeed, that States are obliged to extend the full benefit of those treaties to all who, being within their territory or subject to their jurisdiction, qualify as refugees in the sense of article 1A(2). From these assumptions, it is often inferred that Europe's refugee problems will be more easily resolved if, or once, the 1951 Convention/1967 Protocol is taken out of the picture. These and related misunderstandings need to be cleared up, once and for all.[87]

No provision of the 1951 Convention or of any other international instrument applicable in Europe obliges States to *admit* or grant *asylum* to any refugee, including any person whom such State may in fact have recognised as a refugee. As a matter of *law*, States therefore have a large measure of discretion in how they treat refugees and asylum seekers, so long as they do not return the refugee, "by any means whatsoever", to a State in which he or she may be persecuted, and provided they act consistently with their other international obligations. Although embedded in treaty, the refugee definition and the principle of *non-refoulement* are also parallelled by rules of customary or general international law; that is, the *concept* of refugees as persons entitled to international protection exists outside the 1951 Convention/1967 Protocol, as does the rule prohibiting the return of refugees to where they may be persecuted or exposed to risk of torture; both concept and rule are wider than those in the Convention and Protocol.

Denunciation of these two instruments would leave the general law undisturbed. States might cease to owe Convention obligations to other States party, but their obligations to the international community at large would continue, whether deriving from human rights instruments or customary international law. Their performance would remain to be monitored by the Office of the United Nations High Commissioner for Refugees which possesses a *general* competence to provide international protection to refugees, irrespective of the country in which they find themselves and independently of such country's ratification of any treaty protecting refugees. The fact that the refugee concept and the principle of non-return have a wider scope than the 1951 Convention/1967 Protocol is in no small way due to

[87] In fairness, it should be noted that both the Treaty of Amsterdam and the Tampere Conclusions acknowledge the wider legal framework.

developments in the field of human rights, which may also serve to open a jurisdictional door in favour of the Office of the United Nations High Commissioner for Human Rights.

Even within the limited regional context governed by the European Convention on Human Rights, a considerable body of jurisprudence has already developed under articles 3, 8 and 14, clarifying the limits on the competence of the State to refuse admission, expel, or remove, an individual, where such action violates his or her human rights. Such limits extend far beyond the narrow refugee category, to protect, among others, family members, long-resident non-nationals, and the seriously ill. Protection against, and remedies for, arbitrary and unlawful administrative action are woven into the tapestry of the rule of law.

Moreover, all European States have ratified the 1966 Covenant on Civil and Political Rights (ICCPR66). Like its regional counter-part, the ICCPR66 entitles the individual to protection against torture and cruel, inhuman or degrading treatment or punishment (article 7), and against discrimination (articles 2.1, 14). Lawfully present non-citizens enjoy substantive and procedural protection against expulsion (article 13), and the Human Rights Committee has recognised that ICCPR66 rights may be violated in actions and decisions affecting the admission, residence and removal of non-nationals.

Article 3 of the 1984 United Nations Convention against Torture and Other Cruel, Inhuman or Degrading Treatment or Punishment extends the protection of *non-refoulement* in regard to the return of any person "to another State where there are substantial grounds for believing that he would be in danger of being subjected to torture". The Committee against Torture has already applied this provision in favour of non-citizens faced with removal to their country of origin, where existing refugee protection machinery has proven inadequate.

Every European State has ratified the 1989 Convention on the Rights of the Child (CRC89). Among others, CRC89 protects the child against discrimination (article 2.1), provides that in all actions concerning children, the best interests of the child shall be a primary consideration (article 3.1), guarantees protection in regard to registration and identity (articles 7, 8), against separation from parents (article 9), and in regard to family reunion (article 10). Separate provision is also made in respect of children as refugees (article 22).

The above listing provides a summary reminder of the more important sources of obligation which bear on the regulation of admission to, residence in, and removal from, the countries of Europe. In practice, however, international human rights standards and obligations are rarely integrated into legislation, policy and practice at national and regional level. This undoubtedly contributes both to the general lack of credibility attaching to systems of management and control, and to the perennial problems of effective enforcement. An integrated approach to refugee issues will need to recognise this dimension, among others, and to reflect both community and individual rights and interests.

The question still remains whether the transfer of powers from Member States to the Union and their exercise at Community level will lead to more or less 'freedom'. Ultimately, the question of democratic control – close, informed and unhindered analysis of proposals, keen attention to practical implementation at all levels, amendment, change or other sanctions in the event of violations of rights or principles – remains in need of a satisfactory answer.

In principle, both parliamentary and judicial control are called for in relation to the actions of the executive. The basic premises of European governance – the 1949 Statute of the Council of Europe, for example, the Treaty of European Union, and the Treaty of Amsterdam – include democracy, respect for human rights and fundamental freedoms, and the rule of law. Besides national parliaments, whose effective role is diminishing daily, at least one other potential forum of democratic accountability remains. Perhaps not surprisingly, the Parliamentary Assembly of the Council of Europe has expressed its concern at the threat to human rights flowing from restrictions on asylum, which it sees "reflected and amplified in the ever more intensive efforts by the European Union to harmonize...asylum and immigration policies and practices..."[88] Among the restrictive practices, it identified measures to expedite the consideration of applications or to "shift the determination procedure to other countries", restrictive interpretations of international refugee law and the refugee definition, and deterrent measures.[89] It therefore urged the Council of Europe Committee of Ministers to step up the monitoring of Member States' compliance with their international obligations, to initiate action to ensure the incorporation of a right of asylum into the European Convention on Human Rights, and to draw up a European convention on harmonisation of asylum polices, with a view to improving the standard of protection and strengthening solidarity.[90]

It is by no means clear at present whether the refugee and the asylum seeker will enjoy effective rights under Community law, or whether their status will remain precariously contingent on national law and procedures. No one challenges reserves of sovereignty in quite the same way as the refugee, the asylum seeker and the migrant. It is a challenge indeed to ensure that, in the formulation and implementation of laws and policies aimed at the such 'groups and categories', the individual survives as a holder of rights. If he or she does not so survive, it will not be for want of international obligations, but because States and governments have elected to act in disregard of commitments freely undertaken.

The Charter of Fundamental Rights adopted in Nice in December 2000 goes some way towards meeting these objections. Indeed, the specific inclusion of Article 18,

---

[88] Council of Europe, Parliamentary Assembly, Recommendation 1440 (2000), 25 Jan. 2000, "Restrictions on Asylum in the Member States of the Council of Europe and the European Union."

[89] *Ibid.*, para. 3.

[90] *Ibid.*, para. 6. Among other proposals, the Parliamentary Assembly also urges Member States to recognise that persecution may originate from non-State entities, and that war and violence may be instruments of persecution: *ibid.*

entitled simply, "Right to Asylum", appears significantly to enhance the individual

[0] I am indebted to Andrew Clapham for this point. Art. 18 provides "The right to asylum shall be guaranteed with due respect for th rules of the Geneva Convention of 28 July 1951 and the Protocol of 31 January 1967 relating to the Status of Refugees and in accordance with the Treaty establishing the European Community." See also Art. 19, entitled "Protection in the event of removal, expulsion or extradition': 1. Collective expulsions are prohibited. 2. No one may be removed, expelled or extradited to a State where there is a serious risk that he or she would be subjected to the death penalty, torture or other inhuman or degrading treatment of punishment."

THE CONTRIBUTION OF THE EUROPEAN COURT OF HUMAN RIGHTS TO THE DEVELOPMENT OF THE INTERNATIONAL LAW ON ASYLUM

*Lucius Caflisch**

1. Introduction

The European Convention on Human Rights (ECHR) and its Protocols apply to any person within the jurisdiction of any of its 41 Contracting Parties, members of the Council of Europe. This results from Article 1 of the Convention which prescribes that "[t]he High Contracting Parties shall secure to everyone within their jurisdiction the rights and freedoms defined in Section I of the Convention". "Everyone" means any individual who is a national of the defendant State, of another Contracting Party, of a third State or, indeed, of no State at all. The term "jurisdiction" used in Article 1 is broader than the expression "territory". It means that a Contracting Party may be taken to task for events which have occurred outside that Party's "territory" but still under its "jurisdiction", i.e. "effective overall control". As pointed out by the now defunct European Commission on Human Rights (ECommHR), a State (Turkey) may be responsible for events in areas occupied or administered by it (Northern Cyprus).[1] States may also be liable for measures taken on board ships flying their flag on the high seas[2] or by their diplomatic and consular services abroad.[3]

It stands to reason that in principle the rights guaranteed by the Convention *extend to aliens* within the jurisdiction of a State Party, including persons who have requested or obtained political asylum. The main issue, however, is whether and to what extent the Convention, its Protocols and the Convention organs are relevant when it comes to *the admission, the residence and the departure of aliens*, particularly in connection with refugees. In other words, the Strasbourg system envisages the issue in a way which is not refugee-specific and not even focused on aliens.

On this issue the European Court of Human Rights (ECourtHR) expressed itself as follows in the leading case of Vilvarajah and Others v. United Kingdom:

* Judge, European Court of Human Rights; Professor, Graduate Institute of International Studies.

1 Cyprus v. Turkey, No. 25781/94, report of 4 June 1999, §§ 88-103; Loizidou v. Turkey, judgment on preliminary objections of 23 March 1995, Series A, No. 310, §§ 62-64; judgment on the merits of 18 December 1996, Reports 1996-VI, p. 2216 , §§ 52-57.

2 Rigopoulos v. Spain, No. 37388/97, decision of 12 January 1999, Reports 1999-II, p. 437.

3 M. v. Denmark, decision of 14 October 1992, D.R. 73, p. 193.

V. Chetail and V. Gowlland-Debbas (eds.),
Switzerland and the International Protection of Refugees
La Suisse et la protection internationale des réfugiés, 207-217.

> ... [T]he Court observes that Contracting States have the right, as a matter of well-established international law and subject to their treaty obligations... , to control the entry, residence and expulsion of aliens (...). Moreover, it must be noted that the right to political asylum is not contained in either the Convention or its Protocols.[4]

This view, which was confirmed by the Court in the more recent cases of Ahmed v. Austria[5] and H.L.R. v. France,[6] is tantamount to asserting that complaints concerning the entry, the residence and the expulsion of aliens are inadmissible *ratione materiae*. The same view was held by the ECommHR, as is shown, for instance, by a decision of 7 April 1993 in the case of Akhtar and Others v. Netherlands[7] and has been confirmed by the new ECourtHR.[8]

So much for the principle, which, however, suffers *exceptions*. A *first exception*, expressly mentioned in all the decisions just cited, results from Article 3 of the Convention, which prohibits torture and inhuman or degrading treatment. A *second exception* pertains to Article 8, which protects the private sphere and family life against interference by the State when a person who is not a national of the defendant State is expelled by the latter. A *third issue* is whether the guarantee of a fair trial by an independent tribunal embodied in Article 6 covers expulsion proceedings and, if not, what other procedural guarantees can be found in the Convention or its Protocols. Each of these three points shall now be examined.

2. The Prohibition of Torture and Inhuman or Degrading Treatment, and the Right to Life

(a) Article 3 of the Convention

Under Article 3 of the ECHR, "[n]o one shall be subjected to torture or to inhuman or degrading treatment". This means that individuals are entitled to a *minimum-level treatment* in the Convention country in which they find themselves. The individuals in question may not be tortured or subjected to ill-treatment, the level of the treatment prescribed being defined by the practice of the Convention organs. That practice distinguishes between *torture*, on the one hand[9] and *inhuman or degrading treatment*, on the other.[10]

---

4 Judgment of 30 October 1991, Series A, No. 215, § 102.

5 Judgment of 17 December 1996, Reports 1996-VI, p. 2195, § 38.

6 Judgment of 29 April 1997, Reports 1997-III, p. 745, § 33.

7 D.H. 74, p. 29, at p. 33.

8 See for instance M.K. v. Switzerland, No. 451888/99, decision of 11 May 1999; Kavak v. Germany, No. 46089/99, decision of 18 May 1999; T.I. v. United Kingdom, No. 43844/98, decision of 7 March 2000; Jabari v. Turkey, No. 40035/98, judgment of 11 July 2000, § 38.

9 See Selmouni v. France, No. 25803/94, judgment of 28 July 1999, §§ 95-105; Aksoy v. Turkey, judgment of 18 December 1996, Reports 1996-VI, p. 2260, §§ 58-64.

10 Ireland v. United Kingdom, judgment of 18 January 1978, Series A, No. 25, §§ 162-168.

The duty to grant minimum-level treatment does not exhaust the host State's obligations, however, that State also having a *duty of care* which becomes relevant in connection with measures of exclusion: that of *abstaining* from taking such measures where the individual concerned is likely to be exposed, in the country of destination, to treatment incompatible with Article 3.

The development just described is well illustrated by the leading case of Soering v. United Kingdom.[11] The applicant, a minor of German nationality, had killed the parents of his girl friend in the State of Virginia. He was later arrested in the United Kingdom, which was bound to hand over the applicant to the United States by virtue of an extradition treaty. In the United States, it was not only the death penalty which awaited Soering – that penalty is not unlawful under the Convention itself (see, however, Protocol No. 6, which has been ratified by all Parties to the Convention except Poland, Russia and Turkey) – but also, and more importantly, a long period on "death row". It was this perspective, and the resulting "death row phenomenon", that were held to be in violation of Article 3 of the ECHR by the ECourtHR. It should be noted that in this instance, ill-treatment was expected from a third State; but this did *not amount to imposing a treaty obligation on a third country* since the duty of care was incumbent on a Contracting State. That State was required to prevent ill-treatment at the hands of a third country. In T.I. v. United Kingdom,[12] the Court found that the same reasoning obtained where three countries were involved: the State considering the rejection of a request for asylum, the country in which asylum had been requested first, and the State to which the applicant was likely to be removed and where he was allegedly exposed to treatment contrary to Article 3 of the Convention.

This extension of the scope of Article 3 has called for *safeguards*, some of which are listed below.

(i) It will not be enough for the applicant to show that he *may be prosecuted and convicted* in the country of destination, as long as the *criminal procedure does not in itself amount to treatment contrary* to Article 3.[13]

(ii) The applicant must have complied with the requirements of Article 35 § 1 of the Convention and, in particular, have exhausted domestic remedies.[14] Thus, there has to be a final and *executory* decision to expel or extradite. In other words, the applicant's exclusion must be imminent; and there may be *no provisional permission* to stay in the host country, and no possibility for the applicant *to move to a third country*.[15]

---

[11] Judgment of 7 July 1989, Series A, No. 161, §§ 100-111.

[12] Cited above, note 8.

[13] Kilic v. Switzerland, decision of 17 October 1986, D.R. 50, p. 280, at p. 289.

[14] Bahaddar v. Netherlands, judgment of 19 February 1998, Reports 1998-I, p. 250, § 45.

[15] Vijanathan and Another v. France, judgment of 27 August 1992, Series A, No. 241-B, § 46; Tobish v. Switzerland, decision of 14 April 1998, No. 33016/96; V. and P. v. France, decision of 4 June 1991, D.R. 70, p. 298, at p. 318.

(iii) The applicant has to prove a *high likelihood* and an *immediate and serious danger* of treatment contrary to Article 3 at the hands of the authorities *or* of others[16] in the State of destination. It will not be enough to show that the situation in that State is unstable or that the applicant's ethnical group is threatened in its generality.[17] Nor is it sufficient to establish that members of the applicant's family have been ill-treated.

(iv) A measure of exclusion cannot be successfully challenged when the applicant is able – as has happened in some Kurdish cases – to settle in a part of the country of destination *where no threat is to be expected.*

(v) The *evidence* to be adduced by applicants should mainly consist of *objective elements*, especially attestations by official authorities, judgments and detention orders, and so on. It is also possible to conduct on-the-spot enquiries *via* the diplomatic or consular services of the expelling or extraditing State, or to rely on reports by the U.N. High Commissioner's Office for Refugees and even non-governmental organisations such as Amnesty International. In principle no source of information is ruled out, and the Court evaluates the evidence available on a case-by-case basis. In so doing, it will pay particular attention to the evidence submitted in the domestic procedure and look out for forgeries or contradictions in the applicant's arguments. By way of an example, one may cite the application of a Pakistani national converted to Christianism who was about to be expelled from Switzerland. The applicant argued, before the ECommHR, that there was a serious danger of his being treated, in his home State, in a manner contrary to Article 3. His application was, however, rejected by the Commission, notably because he had been a member of a Christian community prior to his departure from Pakistan without suffering any mistreatment.[18]

(vi) The alien about to be excluded may be threatened in his or her home State, not for acts committed when he or she lived there, but on account of subsequent *political activities* against that State on the territory of the host country, for instance participation in political groups in exile or in demonstrations. Such situations are covered by Article 3 as well, but applicants' difficulties in proving their predicament may be more acute.

(vii) Proceedings before the ECourtHR *have no suspensive effect*. This appears particularly regrettable in expulsion and extradition cases: If the national authorities wish to proceed while the case is pending before the Court, they can do so, and irreparable harm may ensue. However, Rule 39 of its Rules enables the Court to indicate *provisional measures*, in particular by requesting the State not to proceed with the planned measure while the case

[16] See H.L.R. v. France, cited above, note 6, § 40.
[17] Vilvarajah v. United Kingdom judgment cited above, note 4, at § 111.
[18] S.N. v. Switzerland, decision of 10 April 1992, No. 19184/91.

is in progress. Even though such requests are not binding on States Parties – they *could not possibly be*, since provisional measures are provided for not by the Convention itself but by the Rules of Court – they are almost invariably complied with.

(b) Article 2 of the Convention

What has been said about Article 3 *applies* a fortiori *to Article 2 situations*. Article 2 protects the right to life subject to *two categories of exceptions*: (i) when a court has *sentenced a person to death*; and (ii) when the deprivation of life results from *use of force* which is absolutely necessary to protect others from unlawful violence, which occurs in the course of an attempt to make a lawful arrest or to prevent the escape of a person lawfully detained, or which is required to quell a riot or uprising. If a person who is on the verge of being expelled or extradited proves that his or her life is endangered on account of threats which do not fall within the exceptions listed in Article 2, the host State Party to the Convention may not proceed.

(c) Conclusion

The conclusion to be drawn from this part of the present Report is that the Convention organs, in their practice relating to Articles 2 and especially 3 of the ECHR, have made a *significant contribution* to the international protection of the fundamental human rights of aliens generally and of asylum seekers in particular. The duty to *prevent* violations of Articles 3 and 2, though not imposed on third countries, could almost be said to have *extraterritoral effect*. This development makes, to be sure, a considerable inroad into the classical rules of international law regarding the admission, the residence and the exclusion of non-nationals. It is partly compensated, however, by the burden of proof imposed on the applicants and the strict rules on evidence.

3. Separation of Families Brought about by Extradition or Expulsion

(a) The Content of Article 8

Under Article 8(1) of the ECHR, every person within the scope of the Convention "has the right to respect for his private and family life". Accordingly, this provision protects both the individual's *private sphere* and the *unity of the family*. Under Article 8(2), the host State may interfere with the enjoyment of those rights only if there is a legal basis for doing so and in the interest of national security, public safety, the economic well-being of the country, the prevention of disorder or crime, the protection of health or morals, or the preservation of the rights and freedoms of others.[19] This is a fairly large catalogue of possible justifications; the "margin of appreciation" conceded to the host State thus seems an important one. It must be added, however, that Article 8(2) also makes reference to "necessity in a democratic society", an expression which is traditionally interpreted as meaning that there must be a "pressing social need" and that, in particular, the interference must be proportionate to the importance of its legitimate aim.

As has been pointed out, the ECHR does not guarantee a right to enter a foreign Convention State, to reside on its territory or to remain there. The Convention comes into play, however, when a prohibition of access to a State's territory or a measure of expulsion results in *separating a person from his or her family*. It also becomes relevant, from the angle of the *protection of the private sphere* embodied in Article 8, if a measure of expulsion violates that sphere.

(b) Interference with Family Life

The guarantee of *family life* embodied in Article 8 has produced a substantial practice defining the interferences permitted by that Article. Some elements of that practice may be summarised here:

(i) The prohibition of excessive interference with the unity of the family does not mean that family members must be allowed to remain in the host State simply because *continued residence in that State is judged to be best for the development of family life*.[20]

(ii) The measure of expulsion must be *proportionate to the objective it pursues*. Accordingly, the interests of the Contracting State concerned, especially those relating to public safety and immigration policy, must be confronted with, and weighed against, those of the complainant.[21] Analogous considerations apply in immigration matters. As pointed out by the Court in Gül v. Switzerland,[22] "Article 8 cannot be considered to impose on a State a general obligation to respect the choice by married couples of their matrimonial residence and to authorise family reunion in its territory. In order to establish the scope of the State's obligations, the facts of the case must be considered (...)."

(iii) In this context, a crucial issue is whether the person to be excluded can reasonably be expected to *integrate into the society of the country of destination* (on account of the presence of family members in that country; of marriage to a national of the latter; of education in that country; of

[19] See, for example, Berrehab v. Netherlands, judgment of 21 June 1988, Series A, No. 138, §§ 24-29; Moustaquim v. Belgium, judgment of 18 February 1991, Series A, No. 193, §§ 37-46; G. v. Switzerland, report of 21 October 1992, No. 17124/90, §§ 56-61.

[20] Ahmut v. Netherlands, judgment of 28 November 1996, Reports 1996-VI, p. 2017, § 71.

[21] See the Ahmut case cited above, §§ 67 and 71.

[22] Judgment of 19 February 1996, Reports 1996-I, p. 159, § 38.

knowledge of the local language; etc.), and whether that person will be able to *cope with the new surroundings*. This was clearly not the case, for instance, in Nasri v. France,[23] where an Algerian deaf-mute and analphabet was to be deported from France after a conviction for rape, and where the Court held that Article 8 had been contravened because the applicant, on account of his infirmity, was dependent on the assistance of members of his family. Some even argue that any exclusion of aliens born in the host country would be in violation of Article 8 because their foreign nationality exists in name only, the genuine link being with the host State seeking to expel them. To this one may object that it is difficult to ask the host State to treat an alien as if he or she were its national if that person, though born on its territory, has never attempted to acquire its nationality,[24] especially since such an attitude may be intended to evade obligations such as compulsory armed service. At any rate, the sweeping approach reported here is not at present accepted by the Court.

(iv) Another important question is whether *the other members of the family can be reasonably expected to follow the individual excluded.*[25] This was certainly not the case of a family of four – an Italian but French-born wife, with three children of French nationality, all living in France –, when the father, an Algerian born in France from parents residing in that country, with no links to his national State, was deported after having been sentenced to six years' detention for drug trafficking.[26] A particularly delicate situation arises for families with minor *children* who are well integrated into the host State's society, who may have attended local schools there for several years and who may not even speak the language of their State of origin. In such cases, the expulsion of a parent may be disproportionate to the legitimate aim pursued.

(v) A further element to be considered in many cases is the *gravity of the crime* for which the alien has been sentenced and which prompts the measure of expulsion (drug trafficking, robbery, acts of terrorism, etc.) It may well be that, after weighing the interests in presence, those of the community must take priority over those of the individual concerned.

(b) Interference with Private Life

Measures of exclusion may also interfere with the right to *respect for private life* in that the person expelled is being forced to leave his or her familiar surroundings. In such a situation, it will be necessary to examine the degree to which that person is

[23] Judgment of 13 July 1995, Series A, No. 320-B, §§ 43-46.
[24] See Baghli v. France, No. 34374/97, judgment of 30 November 1999, § 48.
[25] See Abdulaziz and Others v. United Kingdom, judgment of 28 May 1985, Series A, No. 94, §§ 66-69.
[26] Mehemi v. France, judgment of 26 September 1997, Reports, vol. 1997-VI, p. 1959, §§ 36-37.

integrated into local society (education, language, social relations, involvement in local activities). Lack of integration will be presumed if the person concerned, though given the opportunity of doing so by local law, has never bothered to apply for the host State's nationality. In such a case, the individual will have to establish that all links with his or her national State are broken.[27]

(c) Conclusion

In conclusion, it may be said that the Convention organs have attempted to strike a reasonable balance between the need for *protecting the individual's private sphere and family life*, on the one hand, and the *necessity of preserving social and economic values* which, ultimately, benefit the other members of the national community – a consideration which, sometimes, is conveniently forgotten. The factors to be examined in this balancing operation are multiple and vary from case to case. This means that the outcome of complaints made in the context of Article 8 – as in the case of other provisions of the Convention which do not protect absolute rights but concede a sizeable margin of appreciation to the State concerned – is not always predictable. A particularly delicate issue arises in connection with the expulsion of aliens *born in the host State*. So far the Convention organs have not ruled out such expulsions; but the transformations of the contemporary society, with their increasing emphasis on the integration of immigrants, and the attendant devaluation of the nation-State, may change this situation.

4. Guarantee of a Fair Trial

The scope of the procedural guarantees enshrined in Article 6 of the ECHR ("fair trial") has, even in the recent past, sparked long discussions. For some the guarantees of Article 6 should apply across the board, that is, encompass "all legal rights and obligations of the individual whether *vis-à-vis* other individuals or *vis-à-vis* the State".[28] For others, the limitation of these guarantees to complaints concerning "civil rights and obligations" and "criminal charges" must be presumed to have *some* meaning, in accordance with generally applicable rules of treaty interpretation (*Ut magis valeat quam pereat*, "*effet utile*"). So far the Convention organs espoused the second view and excluded from the ambit of Article 6 issues such as fiscal matters, votes and elections, non-pecuniary claims of civil servants, extradition, disciplinary issues, the imposition of fines, and questions relating to the entry, residence and exclusion of aliens.

The new ECourtHR has been invited to revisit this practice. In a case recently decided by the Grand Chamber of the Court, that Chamber refused to apply Article

27 Boughanemi v. France, judgment of 24 April 1996, Reports 1996-II, p. 593, §§ 43-45.

28 Dissenting opinion of judges Loucaïdes and Traja in the case of Maaouia v. France, No. 39652/98, judgment of 5 October 2000.

6 to fiscal matters[29]. In two other cases, the Grand Chamber has modified the practice of the former Court and of the ECommHR by deciding that the guarantees of Article 6 would henceforth apply to all issues involving State agents except those performing functions associated with the exercise of sovereign power.[30] Finally, in the recent case of Maaouia v. France,[31] the Court's Grand Chamber found that decisions regarding the entry, presence and deportation of aliens do not amount to a determination of applicants' civil rights or obligations or of criminal charges against them and, accordingly, are not within the purview of Article 6, particularly its first paragraph (access to courts). This finding was based on the fact that Article 1 of Protocol No. 7 to the ECHR sets out procedural guarantees in matters of expulsion and that the preamble of that Protocol mentions the need to take "*further* steps to ensure the collective enforcement of certain rights and freedoms by means of the Convention". Such "further steps" would not have been necessary, had Article 6 of the ECHR been intended to apply to the matter at hand.

These conclusions are corroborated by the Explanatory Report on Protocol No. 7. The part dealing with Article 1 contains the following passages:

> 6. In line with the general remark made in the introduction... , it is stressed that an alien lawfully in the territory of a member State of the Council of Europe already benefits from certain guarantees when a measure of expulsion is taken against him, notably those which are afforded by Articles 3 (prohibition of inhuman or degrading treatment) and 8 (right to respect for private and family life), in connection with Article 13 (right to an effective remedy before a national authority) of the ...Convention ..., as interpreted by the European Commission and Court of Human Rights...
> 7. Account being taken of the rights which are thus recognised in favour of aliens, the present article has been added to the ...Convention ...in order to afford minimum guarantees to such persons in the event of expulsion from the territory of a Contracting Party. The addition of this Article enables protection to be granted in those cases which are not covered by other international instruments and allows such protection to be brought within the purview of the system of control provided for in the ...Convention...
> 16. The European Commission of Human Rights has held in the case of Application No. 7729/76 that a decision to deport a person does "not involve a determination of his civil rights and obligations or of any criminal charge against him" within the meaning of Article 6 of the Convention. The present article does not affect this interpretation of Article 6.

---

[29] Ferrazzini v. Italy, No. 44759/98, judgment of 12 July 2001.

[30] Pellegrin v. France, No. 28541/95, judgment of 8 December 1999; Frydlender v. France, No. 30979/96, judgment of 27 June 2000.

[31] Case cited at note 28, §§ 35-39.

The new Court's judgment in the *Maaouia* case follows the pattern set by the ECommHR. By the same token, and despite the misgivings of some of its members, that Court has chosen to *confirm* the case-law according to which certain types of complaints *are not of a "civil" or "criminal" character* and that some, in particular *administrative*, matters fall outside the scope of Article 6.

The fact of the matter is, then, that in issues relating to the admission, the presence or exclusion of aliens – notably refugees –, there are no *procedural* safeguards other than those set out in Article 1, paragraph 1, of Protocol No. 7. These safeguards are limited to persons who have lawfully entered the territory of a State Party to that Protocol, who are "lawfully resident" there, whose residence permits have not lapsed and who are not simply in transit or on holiday. Under the *first safeguard* offered, the expulsion must be founded on "decisions reached in accordance with law", *i.e.* be reasoned and be based on rules of law. The *second safeguard* secures the right to be heard, that is, the right to submit reasons against the decision to expel and to have the case examined by an administrative or judicial body. The *third safeguard* pertains to the right of the person concerned to be represented before such a body.

These "quite modest" guarantees[32] are furthermore *restricted by paragraph 2 of Article 1 of Protocol No. 7*, pursuant to which an alien may be expelled prior to having exercised the rights guaranteed by that provision whenever expulsion is "necessary in the interest of public order" or "grounded on reasons of national security". These restrictions open up unlimited possibilities for States and, therefore, are to be interpreted strictly; the State concerned has to show, in particular, that the measure taken is proportionate to the character and the urgency of the situation to which it is to apply.

Moreover, the person expelled must be able to invoke the safeguards of paragraph 1 even *after* expulsion. One will note, in this connection, that Switzerland has made a reservation to Article 1 of Protocol No. 7 according to which the guarantees in question cannot be claimed by individuals who have been expelled by the Swiss Federal Council, under Article 70 (now 121, paragraph 2) of the Constitution, for having endangered the internal or external security of the State.

In *conclusion*, it may be said that the contribution of the Parties to the ECHR and the Convention organs to the international law of asylum is *modest in the procedural area*. The safeguards established by Protocol No. 7 are limited and only apply within the 28 States which are Parties to that agreement. Some important member States of the Council of Europe are not (Belgium, Bulgaria, Federal Republic of Germany, Netherlands, Poland, Portugal, Spain, Turkey, United Kingdom). In addition, Switzerland, which did ratify Protocol No. 7, made a reservation to its Article 1.

32 M. Villiger, *Handbuch der Europäischen Menschenrechtskonvention*, 2nd ed., Zurich, 1999, p. 453, § 691.

5. General Conclusion

As each of the main points dealt with in this Report have ended with a set of conclusions, little remains to be said.

It may however be appropriate to recall that the European Human Rights instruments are not primarily aimed at regulating the status of *aliens* and, in particular, questions of asylum. This is achieved by other rules of international law. While the protection afforded to aliens about to be excluded is *minimal on the procedural level*, as was shown in the descriptions of the *Maaouia* case and of Article 1 of Protocol No. 7, the practice of the Convention organs on Articles 2,3 and 8 evidences laudable concern with some *substantive problems* faced by non-nationals, especially asylum seekers. It cannot be said, therefore, that the Strasbourg organs have remained altogether indifferent to the development of international asylum law. That they have not treated it as a matter of priority is due to the focus of the texts governing their activity, which is on the *individual* rather than, specifically, the *alien* individual.

DEBATE

under the chairmanship of Peter Tschopp Director, Graduate Institute of International Studies

DEBATS

sous la présidence de Peter Tschopp Directeur, Institut universitaire de hautes études internationales

ROUND TABLE/TABLE RONDE:

Andrew Clapham (Graduate Institute of International Studies)
I would like to return to the opening address by Mrs Erika Feller, Director of International Protection (UNHCR), and pick up the three questions that she raised: one, the issue of non-state actors; two the question of safe country of origin; and three, the safe country of asylum. And I think she very gently challenged Switzerland to try to respond to the evolving law in these three areas. What I wanted to try to do is to relate those three areas to the work of the European Court of Human Rights and the evolving role of European Union law to see to what extent these European legal developments impinge on those three areas. I will not focus on the Court, because Professor Malinverni will deal with that, but I will refer to the Court in all three topics.

With regard to the first issue of non-state actors: Judge Caflisch gave us an exceptionally clear presentation, and if one knows the case-law of the Court, and if one thinks about the *Soering* case which he mentioned, it is clear that that Court does not need to look for a State nexus when it is worried about somebody who may be subject to torture. So in the situation where someone may be extradited or deported to Colombia, where they feared for their life from a Colombian drug ring or a rebel group, that person does not have to show a nexus to State persecution in order to get the protection of the European Court of Human Rights. That is a significant contribution of the European Court to this question. So, even if under the relevant national law, or under European Union law, there is an interpretation that you need a State nexus to prove persecution for the purposes of refugee status, in order not to be deported (which might be your primary concern), you can apply to the European Court of Human Rights and complain that your deportation or your extradition would result in inhuman and degrading treatment by a non-state actor and the Court will protect you if it is convinced with regard to the evidence. Now what I found particularly interesting in the beginning of Judge Caflisch's presentation is that he mentions that jurisdiction for the purposes of the Court includes the activities of consular and diplomatic staff. So if you combine this with the fact that the Swiss law in article 19.1 says that "*la demande d'asile doit être déposée auprès d'une représentation suisse*". That means that anybody approaching a consular or diplomatic Swiss official abroad, who is denied possible refugee determination in Switzerland, could then complain to the European Court of Human Rights that determination could place the applicant at risk of torture by a non-State actor. Judge Caflisch told us, when the Court issues an indication that somebody should not be deported this has, on the whole, been complied with. It seems theoretically possible that the Court could assimilate deportation decisions to a refusal to consider an asylum claim.

Let us turn to the EU dimension and the book "Compilations of relevant texts on the EU acquis on asylum". It's a huge book and at first sight one would assume that this means that the European Union has produced a lot of law, which is involved with getting people asylum and that this is an incredibly protective regime. But in fact all of these texts limit asylum in Europe, in ways which are often arguably in contravention with the Geneva Convention relating to the Status of Refugees. And the cover states "and related positions taken by UNHCR", that's a very delicate way of saying "related protests" by UNHCR. If you read through the book you'll see that for every piece of EU law there is a protest by UNHCR complaining that this is limiting refugee protection. I know we do not have a representative of the EU here and maybe that is a part of the story: the EU in this regard has whittled away protection. In this book of materials you find an important document of 1996 which suggests (with some minority dissent), that in order to qualify for refugee protection under EU law, one has to find a State nexus, a State that is unwilling to protect somebody. That is a much narrower definition than the level of protection offered by the European Court of Human Rights. We have European law going in one direction, very protective (the Strasbourg Court of Human Rights of the Council of Europe), and in another direction actually diminishing protection (EU positions taken at the level of the Council of Ministers). And should Switzerland become member of the EU, I think it would be obviously best if Switzerland were to take the majority opinion within the EU which says that non-State actor persecution does give rise to refugee status, and not join those States seeking to whittle this down.

On the second issue of safe country of origin, again we heard in Judge Caflisch's speech that the European Court of Human Rights looks carefully at the evidence each time. I think that this is a positive state of affairs. On the other hand we come to the European Union, I am afraid the situation is less satisfactory. The Protocol adopted in October 1997, to the Amsterdam Treaty, limits refugee status in Europe for a European national trying to apply for refugee status in another EU member state. This is referred to as the Spanish Protocol. It arises as some of you may know, from the situation of Basque separatists who were in Brussels where they claimed refugee status, and Spain suggested they be extradited to Spain. The notion of refugee status in the European Union for EU nationals was questioned. The Protocol was negotiated to resolve such a situation. Now at one level, this is linked to the idea that within Europe everybody has protection of his or her human rights, because if there is a problem in the Belgium Court or in the Spanish Court, you can of course go to the European Court of Human Rights in Strasbourg. So, the logic runs, there should not be a problem of refugee protection for EU nationals in other EU states, and this is the rationale in the so-called Spanish Protocol.

Imagine the situation when Turkey is a member of the European Union. Does this mean that no Kurd could get refugee status in another European Union member state? I think that this highlights the issue that, in an expanding European Union, if you say that European nationals cannot claim refugee status in other European States because everyone in Europe is protected from human rights violations we have a strange situation.

I will now very briefly mention the relevance of the Charter of Fundamental Rights of the European Union. As you know this is about to be adopted in Nice. There is an article, interestingly not on refugees but called the right to asylum. It says: "The right to asylum shall be guaranteed with due respect for the rules of the Geneva Convention of 28 July 1951 and the Protocol of 31 January 1967 relating to the status of refugees", which sounds good. But there's a little add-on at the end "and in accordance with the Treaty establishing the European Community", which again seems very neutral on its face, but the drafting history of that provision tells us that that is designed to protect the idea in the Spanish Protocol. So that in the future, should that new right to asylum become law, a European national would not be able to claim asylum in another European Union Member State without overcoming the various hurdles outlined in the Protocol. For the moment, this Charter has a very odd legal status. According to one British Minister, it is the equivalent to of waving a copy of the *Beano*, which is an English comic.

I flag this point because I find it odd that the Protocol is not in the UNHCR book, (the 'Tool Box on EU Matters') and that people do not talk about it very much. But if you imagine the European Union with twenty or thirty States where you could not claim refugee status in another State within the space of four hundred million people, that seems to me to be very odd, and it sends a strange message to the other continents. If we had a situation in Africa where a people said: 'well you can not claim refugee status across an African border because Africa has the African Court of Human Rights and everything is therefore OK', I think people would be making much more noise.

The last question of safe countries of asylum, and I will be as brief as possible. We have heard about the application of the Dublin Convention which regulates this issue for EU member States. Does the European Court of Human Rights play a role in the supervision of respect for human rights in this context? I should like to refer to an interesting decision on inadmissibility. In this decision it was said that the United Kingdom could not derogate from its obligation under the European Convention on Human Rights simply by invoking the Dublin Convention and in a sense European Union law. This was the case of T.I. (application 43844/98), a Sri-Lankan national, who was about to be deported from the United Kingdom to Germany. He was worried that in Germany he would not benefit from asylum because Germany does not recognise non-state actor of persecution. So he applied to the European Court of Human Rights. And the European Court of Human Rights stated: "the Court finds that the indirect removal in this case to an intermediary country which is also a Contracting State does not affect the responsibility of the United Kingdom to ensure that the applicant is not, as a result of this decision to expel, exposed to treatment contrary to Article 3 of the Convention. Nor can the United Kingdom rely automatically in that context on the arrangements made in the Dublin Convention concerning the attribution of responsibility between European countries for deciding asylum claims. Where States establish international organisations, or *mutatis mutandis* international agreements, to pursue co-operation in certain fields of activities, there may be implications for the protection of fundamental rights. It would be incompatible with the purpose and object of the Convention if Contracting States were thereby absolved from their responsibility under the Convention in relation to the field of activity covered by such attribution". In other words, you can not use European Union law to avoid your responsibilities under human rights law.

In conclusion, we have heard about the dialectical development between Swiss law and European Union law, but I think that even if Swiss law and European Union law become totally congruent and harmonised they still have to conform to the law of the European Convention on Human Rights. Ultimate legal recourse is to the European Court in Strasbourg.

Jean-Yves Carlier (Professeur, Faculté de droit, Université catholique de Louvain)
Je me suis dit que la fonction d'intervenant devait donner sujet à débats et donc me laisser peut être licence pour être quelque peu provocateur. Je veux prendre la précaution de dire à chacun des orateurs que cette provocation ne sera bien entendu pas destinée à leur présentation qui fût brillante, mais simplement destinée à susciter la discussion. D'abord je voudrais faire une petite remarque préalable d'ordre littéraire à partir des réflexions tournant autour de cette question des situations aux frontières. Je pensais finalement – et cela pourrait paraître étonnant – à un texte de Marcel Proust. A un moment donné dans le tome 1 de *A la recherche du temps perdu*, Marcel Proust décrit très bien comme il le fait toujours, cette belle société de l'époque dont il fait partie et qui est en villégiature à la côte, à la mer à Balbek. La situation est un peu comme ici ou comme à la Perle du lac, il y a des vitres et le soir, on ne voit pas ce qu'il y a derrière les vitres. Il se dit à un moment donné, derrière ces vitres il y a ces multitudes du peuple et des affamés qui nous regardent, il ajoute entre parenthèse une considération sociale que Marcel Proust s'est permis très rarement, il dit – je trahis probablement un peu les termes de mémoire –: "Grave question sociale de savoir combien de temps encore cette paroi de verre va résister". Je crois que cette réflexion qui – date d'il y a à peu près un siècle – peut être transposée à la situation de nos frontières aujourd'hui. Si je dis cela en préalable alors que le sujet n'est pas un sujet relatif aux migrations générales qui nous occupent mais à la question particulière des réfugiés, c'est parce que je pense précisément que nos Etats européens, qu'ils soient ou pas membre de l'Union, doivent accepter de faire face à la question migratoire et la gérer. La question migratoire, qui a toujours existé et qui continuera d'exister, ne peut pas être gérée uniquement par le statut de réfugié et le

droit d'asile. Ce qui se passe pour une grande part dans nos procédures et les difficultés que nous rencontrons, c'est précisément parce que pendant plusieurs années nous avons refusé de gérer la question migratoire. Fermant toutes les portes, la petite fenêtre de l'asile restant ouverte, elle s'est effectivement avérée trop petite ou difficile à gérer. Il faut être attentif à cela. Trois questions peuvent être posées à l'égard des trois sujets qui ont été abordées. S'agissant de la protection temporaire, la question pourrait être – et peut-être que selon ces anciennes fonctions, cela plaira à Monsieur Gerbert – est-ce que la mauvaise monnaie chasse la bonne? Est-ce que la création de statut temporaire ou autres risquent de mettre en péril la protection prévue dans la Convention de Genève et de réduire éventuellement comme peau de chagrin le contenu de cette Convention? Cette question n'émane pas de moi sous cette forme là. Elle avait été formulée il y a trois ans lorsque nous avions eu un débat au Sénat en Belgique sur la création d'un statut de protection temporaire. Cette question avait été soulevée par Gilbert Jaeger, ancien directeur de la protection du Haut Commissariat des Nations Unies pour les réfugiés, avec cette crainte de voir des statuts multiples vider de son contenu la Convention de Genève.

La deuxième question abordée est celle du Conseil de l'Europe et là je ne vais pas m'étendre parce que je crois effectivement que Giorgio Malinverni abordera d'avantage cette question là. Je ferai tout même une question provocatrice: dans le cadre de la Convention européenne des droits de l'homme, les étrangers sont-ils des hommes? Lucius Caflisch nous a très bien expliqué que la Convention a un objet beaucoup plus large que celui de la protection des étrangers encore d'avantage que de la protection des réfugiés. En posant cette question j'aborderai deux choses, une générale et l'autre particulière. La question générale est de se demander dans quel ordre juridique européen la question des réfugiés doit être construite à moyen et à long terme? Est-ce dans l'ordre juridique européen de Strasbourg ou est-ce dans l'ordre juridique européen de Luxembourg? Dans le cadre de l'Union cela se construit de plus en plus, on l'a vu, dans le cadre de Luxembourg. Mais le Conseil de l'Europe devrait reprendre l'initiative et accepter l'idée qui avait été lancée à un moment donné d'un protocole additionnel relatif au droit d'asile. Il est vrai aussi que le protocole relatif à un principe général de non-discrimination ouvrira peut-être certaines possibilités de jurisprudence. D'un point de vue plus particulier dans la jurisprudence de la Cour européenne des droits de l'homme, il semble nécessaire d'aborder ces questions au cas par cas. On ressent tout de même une certaine difficulté à dégager une jurisprudence fondée sur des lignes directrices fondamentales. Je songeais à deux cas qui ont été cités l'affaire *Vilvarajah* et l'affaire *Soering*. Dans la première affaire, qui concerne le renvoi éventuel de tamouls vers le Sri Lanka, un des arguments centraux de la Cour, pour conclure à l'absence de risques de traitement inhumain ou dégradant suffisants, consiste à dire que le risque encouru par les requérants est le même que le risque encouru par l'ensemble de la minorité tamoule au Sri Lanka. Il y a – me semble t-il – l'introduction d'un véritable concept de discrimination au sein d'un même groupe. Il s'agit autrement dit d'examiner si une personne risque plus que les autres membres du groupe. Or, dans l'affaire *Soering*, qui est le point de départ de cette jurisprudence essentiellement positive, à aucun moment on a envisagé de se demander si le requérant placé dans le couloir de la mort en Virginie va courir un risque différent de l'ensemble des autres personnes qui se retrouveront dans le couloir de la mort. Ce standard n'existait pas dans la jurisprudence initiale.

Le troisième point abordé concerne l'Union européenne, que l'on pourrait résumer en une question : le futur de l'Union européenne : Europe forteresse ou Europe passoire? Je crois que la meilleure façon de comprendre l'évolution de l'Union européenne dans le domaine de l'asile est d'illustrer cette évolution par une affaire récente de la Cour de justice de Communauté européenne à Luxembourg, l'affaire Wÿsembeeck, du 21 septembre 1999. Le requérant était un parlementaire européen de nationalité hollandaise, amené par ses fonctions à faire fréquemment la navette entre Strasbourg et Rotterdam. Il fut condamné pénalement à une amende assez sévère pour avoir refusé de donner sa carte d'identité à la frontière. Une question préjudicielle est posée auprès de la Cour des Communautés, devant laquelle il a refusé d'invoquer Schengen ce qu'il aurait pu faire, comme il a refusé d'invoquer la protection diplomatique en tant que parlementaire, ce qu'il aurait pu faire aussi. Mais il souhaitait soulever une question de principe pour déterminer clairement si oui ou non le droit communautaire impose la suppression des contrôles aux frontières intérieures. Ce qui est très intéressant dans la réponse de la Cour, c'est qu'elle accepte qu'en l'état actuel du droit communautaire des contrôles aux frontières intérieures de l'Union peuvent subsister pour autant que ces contrôles soient proportionnels. La Cour justifie son raisonnement en disant que cette situation prévaudra aussi longtemps que les Etats membre ne se seront pas accordés sur le contrôle de leurs frontières extérieures. La logique est claire, simplement on pourrait dire: si nous créons une maison commune dans laquelle nous ouvrons les portes intérieures qui nous permettent de passer d'une pièce à une autre de la maison commune, il faut s'accorder sur la ou les portes d'entrée et le contrôle des portes d'entrée. Mais ce qui est nouveau dans cette évolution de la réflexion c'est de voir qu'au départ, l'idée est de dire: parce que nous supprimons les contrôles aux frontières intérieures, nous devons nous accorder sur les contrôles aux frontières extérieures, et il est admis que cela se ferait progressivement et que rentrerait dans cette politique générale notamment les questions du droit d'asile. Maintenant on arrive à un cheminement inverse qui est de conditionner la liberté de circulation intérieure à un accord sur la question des frontières extérieures. Ce qui était au départ une cause de suppression des contrôles aux frontières intérieures est devenu la condition préalable. C'est intéressant parce que ce raisonnement n'a jamais été suivi dans le cadre du Bénélux ou de l'Union nordique: lorsqu'il y a eu suppression des contrôles aux frontières intérieures, on n'a pas conditionné cela par la nécessité d'un accord sur le contrôle des frontières extérieures. C'est dans ce cadre là de la politique migratoire générale que se glisse la question du droit d'asile et des réfugiés. Le nouveau titre IV du traité, tel qu'il a été modifié à Amsterdam, est suffisamment clair dans son libellé: visas, asile, immigration et autres politiques liées à la libre circulation des personnes. Le lien est fait directement et on voit là pourquoi l'Union européenne s'est saisie de cette question du droit d'asile. Je crois que l'harmonisation et les tentatives d'harmonisation se feront sur deux objets: le fond et la forme, c'est-à-dire, le statut des réfugiés et les procédures. L'essentiel de ce qui a été fait jusqu'à présent concerne la forme, sans que l'on ne trouve encore d'accord sur le fond pour déterminer qui l'on veut protéger. C'est ce qui m'amène à la question de la protection temporaire.

Je considère que la question de fond de savoir qui on veut protéger est réglée par l'instrument commun que nous avons, non seulement au sein de l'Union européenne mais avec 139 autres pays: la Convention de Genève. Il faut s'accorder non seulement sur le respect absolu de la Convention de Genève mais aussi sur l'interprétation de la Convention de Genève. On le voit sur la question des agents de persécution, ou sur la question des femmes dans le cadre du groupe social. Existe-il un risque en introduisant des protections temporaires de chasser la bonne monnaie, est-ce que se serait une mauvaise monnaie? Je ne crois pas que la protection temporaire soit en tant que telle une mauvaise monnaie, si on accepte très clairement – et je crains que cela ne soit pas clair actuellement – que la protection temporaire est une question de procédure, de forme et non pas de fond. Cela implique d'accepter qu'à un certain moment, il est effectivement impossible d'utiliser le mécanisme d'examen individuel au cas par cas parce qu'il y a des situations de crises d'afflux. Mais cela ne veut pas dire que ces personnes qui viennent dans des situations de crise ou dans des situations d'afflux sont exclues de la définition des réfugiés en sens de la Convention de Genève. Cela signifie simplement que l'Etat n'est pas en situation d'examiner leurs dossiers au cas par cas. Je préfère à cet égard la terminologie de la législation suisse, qui parle de protection provisoire et non temporaire. Le terme provisoire insiste davantage sur l'aspect procédural et non substantiel. Autrement dit, "je ne tranche pas le fond, je le suspends, mais je prends des mesures urgentes et provisoires". Si je préfère le mot provisoire dans la législation suisse, je préfère par contre le projet de directive européenne qui me paraît plus respectueux de cette logique à deux égards: d'une part en prévoyant du provisoire à très court terme: un an renouvelable une fois au maximum, et d'autre part en prévoyant tout à fait expressément la possibilité d'introduire la demande de reconnaissance du statut de réfugié au sens de la Convention de Genève au terme de ce délai. Les autres questions de procédures devront encore être débattues dans le cadre européen. Il est notamment envisagé de réévaluer la Convention de Dublin. Cette Convention paraît pour le moment assez contre productive. Elle n'aboutit pas à l'objectif qui était de partager le fardeau entre les pays européens, ce qui est une réalité. En 1999, les demandes d'asile déposées au Royaume-Uni et en Allemagne représentent 50 % du nombre total des demandes d'asile déposées en Europe; et si vous ajoutez deux autres petits pays, la Belgique et les Pays-Bas, avec chacun 10 %, vous êtes à 70% des demandes pour seulement quatre pays de l'Union européenne. Ce n'est pas normal. La situation est identique pour la Suisse avec un taux légèrement plus élevé qu'en Belgique et aux Pays-Bas. Il faut effectivement remédier à ce déséquilibre. Je préfère pour ma part employer les termes de partage de l'accueil ou de la responsabilité plutôt que l'expression "le partage du fardeau". Ce partage peut se faire par des mécanismes financiers comme le fond européen qui est maintenant voté. A ce titre, la politique agricole s'est construite sur une base de partage financier et non pas sur une base de partage de personnes ou des territoires de culture. Je crois que ces questions devront être revues dans le cadre de l'Union européenne.

Une dernière provocation sera de se rappeler l'esprit des fondateurs de l'Europe, et je pense plus particulièrement à Jean Monet. Il y a une très belle petite phrase en entête de ses mémoires: "Nous ne coalisons pas les Etats, nous unissons les hommes". Son idée n'était pas seulement d'unir les hommes européens qui feraient partie de cette construction européenne mais à long terme d'unir l'ensemble des hommes.

Boël Sambuc (Vice-présidente de la Commission fédérale contre le racisme)
J'ai écouté attentivement les interventions et les remarques et je crois ne pas avoir entendu une seule fois le mot "racisme", ni dans les questions ni dans les exposés. On ne peut pas envisager la question des droits de l'homme sans toucher à la question du respect de l'autre en tant qu'individu et en tant que membre d'un groupe. C'est cela qui fait l'intérêt et peut-être la difficulté de la lutte contre le racisme. Il s'agit en même temps de lutter contre le mépris de l'individu pour ce qu'il est, c'est-à-dire pour des caractéristiques innées ou en raison de qualités qu'on ne peut pas décemment lui demander de changer, comme la religion, et de tenir compte en même temps de son appartenance volontaire à un groupe sans pour autant entrer dans une perspective collective.

Je constate par ailleurs que la Convention européenne des droits de l'homme, jusqu'à la très récente adoption du Protocole n°12, ne contenait pas de réglementation spécifique consacrée à la lutte contre le racisme. Ce Protocole doit permettre de lutter contre la discrimination d'une manière transversale dans l'ensemble des domaines d'un pays ou d'une communauté étatique. La Suisse hésite encore à le signer, parce qu'elle pense que cela va entraîner dans un certain temps des modifications importantes dans toutes sortes de domaines auxquelles elle ne serait pas préparée. Nous sommes très prudents là dessus.

Je voulais rappeler également que la personne humaine est au cœur de la lutte contre le racisme, l'intolérance et la xénophobie. La place du droit international en la matière dépend directement de l'adhésion de la Suisse à la Convention internationale contre toutes les formes de discrimination raciale de 1965, dont on entend très peu parler. Il faut rappeler qu'il existe au sein de l'ONU un comité de surveillance qui oblige les Etats à présenter des rapports périodiques. La Suisse s'est déjà pliée à cet exercice une fois à l'occasion de laquelle elle a admis que la politique dite des trois cercles avait des effets discriminatoires. Le Comité des Nations Unies fait donc un travail important, qui suit l'évolution des Etats. Bien sûr, ses recommandations ne sont pas contraignantes mais sa jurisprudence compte. Bien que nous ne soyons pas membre de l'ONU, l'adhésion à la Convention contre le racisme a été un pas considérable. Il y a là une philosophie et des principes que nous devons progressivement adapter en Suisse, y compris dans le domaine de l'asile ainsi que dans le domaine plus large des étrangers.

La Commission fédérale contre le racisme ne s'occupe pas de la problématique spécifique des étrangers, ni de celle des réfugiés. Par contre, elle s'efforce de rendre les autorités et l'opinion publique attentives à d'éventuelles discriminations à leur égard. Nous suivons déjà depuis longtemps la question des discriminations dans les procédures de naturalisation. Par exemple, des réfugiés installés en Suisse depuis quinze à vingt ans n'ont pas pu avoir accès à la naturalisation alors qu'ils dépassaient le délai requis depuis longtemps et qu'ils en avaient fait plusieurs fois la demande.

La lutte contre le racisme relève du combat pour les droits de l'homme, les droits humains et les libertés fondamentales de la personne. Réciproquement, il ne peut y avoir des droits humains et de libertés fondamentales de la personne s'il n'y a pas respect de l'autre dans toute sa dimension y compris dans la dimension de son groupe d'appartenance. Tout le monde sait que le racisme est un problème essentiel auquel sont confrontés les réfugiés et les pays d'accueil. Le parcours du réfugié est marqué par le racisme, par la persécution, les préjugés et la méfiance de la population d'accueil, en d'autres termes par la distance qui s'instaure vis-à-vis de celui qui est différent. Il ne s'agit pas forcément d'un racisme virulent, il s'agit d'une attitude très répandue par rapport à la différence qui se manifeste d'ailleurs souvent paradoxalement par de l'indifférence, et l'indifférence est le contraire de l'empathie. Beaucoup sont confrontés régulièrement sur le terrain à cette question. Il faut faire preuve d'empathie et cette empathie doit s'exprimer aussi au sein des institutions ainsi que chez nos autorités. Nous devons refuser un certain discours qui met à l'écart celui qui est différent. Nous constatons en Europe la montée du racisme et de l'intolérance comme rarement depuis la Deuxième Guerre Mondiale. Lorsque l'on a élaboré ces conventions, on était plus au moins persuadés qu'il n'y aurait plus jamais de violence ethnique, qu'il n'y aurait plus jamais de persécutions pour des raisons de race, de religion ou d'appartenance ethnique. Nous avons tous vu ce que cela a donné. L'Europe a une responsabilité particulière tout en subissant encore le poids de l'histoire.

Nous avons un double discours et nous devons reconnaître que ce double discours existe car c'est un fait politique. Nous devons essayer de résoudre cette contradiction qui veut que nous donnions des leçons en droits de l'homme à l'extérieur de la forteresse Europe, mais qu'à l'intérieur nous portions atteinte au principe même du droit d'asile. Nous sommes plus enclins que d'autres à faire des distinctions en hiérarchisant les êtres humains en raison de leur appartenance culturelle ou autre. Nous sommes en présence d'une forme de racisme culturel, nous poursuivons une forme d'idéal d'homogénéisation culturelle à l'intérieur des frontières européennes. Il y a des gens que nous n'admettons pas, notamment des personnes d'origine musulmane, parce que nous pensons qu'elles sont ontologiquement inassimilables chez nous, que ce soit en Suisse ou en Europe. Nous instaurons donc petit à petit cette fameuse forteresse Europe. J'aimerai rappeler que l'expression "forteresse

Europe" a été créée par Hitler. Or, nous utilisons toujours cette expression aujourd'hui. Je ne dis pas qu'il n'y a pas malaise, je ne dis pas qu'il n'y a pas abus. Je sais qu'il y a quand même 11% des individus en Europe qui se voient octroyer le statut de réfugié sur l'immense masse d'individus en détresse qui viennent vers nous. Je sais qu'il y a évidemment la *realpolitik*, les contraintes économiques et que nous sommes dans un cadre où les droits de l'homme sont en conflit ou en concurrence avec les lois du marché. Nous devons prendre garde néanmoins à ne pas traiter les êtres humains comme des produits parce que nous avons vu où menait la déshumanisation progressive des êtres humains au nom d'idéologies qui finissent par, aujourd'hui aussi, être une menace pour la démocratie. Nous ne pouvons pas parler de ces questions sans les mettre en perspective avec la question de la lutte pour la démocratie qui va de pair avec la lutte pour les droits de l'homme. Il y a un parallélisme en Suisse avec ce qui se passe aujourd'hui en Europe. Nous avons un Etat multiethnique qui a pris l'habitude au cours de son histoire de respecter ses minorités classiques et traditionnelles. Il a par contre beaucoup plus de peine avec les minorités récentes, venues de l'étranger, comme l'a montré la politique des trois cercles, inspirée d'une logique de différentialisme culturel. Au lieu de dire: "nous pouvons accepter tant de personnes, quelles que soient leurs origines, en fonction des besoins de main d'œuvre, par exemple, ou en fonction des besoins de protection de certains candidats", nous avons mis des barrières. Ces barrières ont été abolies mais maintenant nous parlons d'un modèle des deux cercles qui est celui de l'Union européenne. Et là je ne peux pas – et je crois que nous sommes beaucoup de cet avis ici – accepter cette logique non plus. Regardons les êtres humains pour ce qu'ils sont. De quelle nature est la différence entre un hindou, champion en informatique, un Africain du Sénégal qui a fait ses études à Paris et une personne de l'Oberland bernois qui a peut-être juste fait l'école primaire et secondaire? Nous ne devons pas confondre les caractéristiques sociologiques et culturelles avec les caractéristiques raciales. Le débat sur l'immigration et sur les réfugiés est profondément ethnicisé et c'est cela que nous devons combattre. Vous voyez qu'il y a encore beaucoup à faire.

En ce qui concerne la protection temporaire, la Commission émet des réserves sur cette institution. Nous ne disons pas qu'il n'en faut pas, nous ne disons pas qu'il ne faut pas entrer en matière, ce n'est d'ailleurs pas de notre compétence de juger des droits des réfugiés de manière générale. Par contre, le caractère collectif et précaire de la protection temporaire est discutable, tout comme la durée de cinq ans alors que l'Union européenne parle de "un an plus un an". Tout cela nous paraît difficilement acceptable, parce qu'au fond le but recherché est l'inverse de celui du droit d'asile. Alors que ce dernier vise à assurer la protection durable des personnes et leur intégration, l'objectif de la protection temporaire semble plutôt être la dissuasion de rester et le retour, même contraint et forcé, dans le pays d'origine Alors disons-le ouvertement. Mais n'essayons pas de le présenter comme une mesure humanitaire exceptionnelle de la part de la Suisse. Nous avons déjà tenu ce langage dans le passé, les historiens l'ont montré, et ce langage-là me heurte. Je crois qu'il vaut mieux mettre cartes sur table y compris en matière de droits de l'homme.

Giorgio Malinverni (Faculté de droit, Université de Genève)
Mon intervention portera essentiellement sur le rapport du Juge Caflisch. Mais il est difficile d'ajouter encore quelque chose à ce qu'il a dit, car il a présenté un exposé extrêmement complet. Par ailleurs, plusieurs points que j'aurais voulu aborder l'ont déjà été par Monsieur Clapham et par Monsieur Carlier. Je me limiterai donc aux remarques suivantes.

Le premier point, sur lequel il convient d'insister, est que le droit d'asile n'est pas, comme tel, protégé par la Convention européenne des droits de l'homme. En fait, deux dispositions de la Convention seulement ont trait, plus ou moins directement, au problème des étrangers et des réfugiés: l'article 1er du Protocole additionnel N°7, dont a déjà parlé Lucius Caflisch, et l'article 4 du Protocole additionnel N°4, cette dernière disposition, qui interdit les expulsions collectives des étrangers, étant cependant restée lettre morte dans la pratique. On peut donc conclure que l'on se trouve devant ce qu'un auteur français a appelé "un vide normatif partiel".[33] C'est seulement de manière indirecte, "par ricochet", ou "par attraction" que ce vide normatif partiel a été comblé, c'est-à-dire par le biais de dispositions – principalement les articles 3 et 8 CEDH – qui n'ont pas été principalement conçues pour protéger les étrangers.

Monsieur Caflisch a déjà abondamment parlé de l'article 3 CEDH. Je souhaiterais néanmoins ajouter une réflexion. Si l'on examine attentivement la jurisprudence de la Cour, on s'aperçoit que celle-ci distingue trois hypothèses: la violation de l'article 3 imputable à l'Etat, la violation de l'article 3 imputable à des particuliers, et la violation possible de l'article 3 due à des motifs que – faute d'expression meilleure – j'appellerai des motifs objectifs.

S'agissant de la première hypothèse – la violation imputable aux autorités publiques – il convient de distinguer selon que l'expulsion ou le renvoi d'un étranger a lieu vers un Etat membre du Conseil de l'Europe ou vers un autre Etat. Dans le premier cas, il existe une sorte de présomption selon laquelle ces Etats sont respectueux des droits de l'homme. La jurisprudence ne recense d'ailleurs que très peu d'affaires où la Commission ou la Cour ont dû se prononcer sur des expulsions vers des Etats membres du Conseil de l'Europe. Peut-être cela pourra-t-il changer maintenant, avec l'adhésion au Conseil de l'Europe des Etats d'Europe centrale et orientale. Lorsqu'en revanche l'expulsion a lieu vers un Etat non-membre du Conseil de l'Europe, cette présomption n'existe plus. Toute la difficulté pour la Cour consiste alors à poser un diagnostic, c'est-à-dire à prévoir le sort qui pourrait être réservé au requérant, puisque celui-ci dépose sa requête alors qu'il se trouve encore sur le territoire de l'Etat défendeur. La Cour doit donc prévoir à l'avance le risque encouru par le requérant dans l'hypothèse d'une expulsion. A ce propos, la Cour a insisté – je crois, avec raison – sur le fait que le risque doit être réel. J'aimerais vous donner lecture d'un extrait d'un arrêt de la Cour en l'affaire *Chahal*, de 1996: "Pour que l'article 3 puisse constituer un obstacle à l'expulsion, il faut qu'il y ait des raisons

[33] F. SUDRE, *Droit international et européen des droits de l'homme*, Paris 1997, 3ème édition, par. 180.

sérieuses de croire que l'intéressé courra un risque réel d'être soumis à un traitement contraire à l'article 3".[34]

La Cour doit donc se baser sur les informations ou les indices que l'Etat qui se propose d'expulser le requérant peut avoir. Alors, quels sont ces indices? Il peut d'abord s'agir d'indices relatifs à la personne menacée d'expulsion. On peut par exemple supposer qu'en cas de retour dans son pays, un opposant politique notoire va être exposé à des persécutions. Mais les indices peuvent consister aussi, et peut-être surtout, dans les circonstances qui prévalent dans l'Etat de destination, en particulier le fait que l'Etat soit ou non respectueux des droits de l'homme. J'aimerais à ce propos me référer à une affaire toute récente, du mois de juillet de cette année: l'affaire *Jabari*.[35] Cette affaire concernait le cas d'une jeune Iranienne poursuivie par la police pour adultère et qui avait cherché refuge d'abord en Turquie, puis en France, dans le but de se rendre au Canada, et qui avait finalement été renvoyée en Turquie. Se basant notamment sur des rapports *d'Amnesty International* et du Haut Commissariat des Nations Unies aux Réfugiés, la Cour est arrivée à la conclusion qu'effectivement cette personne courait le risque d'être lapidée si elle était expulsée vers l'Iran.

S'agissant de la deuxième hypothèse – la violation de l'article 3 CEDH imputable à des particuliers – j'aimerais mentionner deux cas intéressants. Le premier est l'affaire *Ahmed*.[36] Le requérant devait être expulsé d'Autriche vers la Somalie où, à l'époque des faits, il n'existait plus guère de structures étatiques, donc pas de possibilité, pour les autorités, de le protéger. La Cour a admis la requête au motif que rien n'indiquait qu'une autorité publique quelconque eût pu protéger le requérant. Mais le cas le plus intéressant est probablement celui auquel s'est déjà référé mon collègue Clapham, à savoir l'affaire H.L.R. contre France.[37] Le requérant était un trafiquant de drogue, arrêté à sa descente d'avion à l'aéroport de Roissy. Sa collaboration avec la police française et ses révélations avaient permis d'arrêter plusieurs chefs de la mafia colombienne. Il s'était opposé à son expulsion vers la Colombie au motif qu'il courrait le risque d'y subir des traitements inhumains et dégradants, non pas de la part des autorités colombiennes, mais de celle des clans mafieux. La France contestait la compétence de la Cour pour connaître de cette affaire, précisément parce que les traitements inhumains qui pourraient éventuellement être infligés au requérant auraient été le fait non pas de l'Etat, mais de particuliers. La Cour a admis que l'article 3 CEDH puisse déployer un effet horizontal entre particuliers. Elle n'est cependant pas entrée en matière sur le grief de violation de cette disposition, parce qu'elle a admis le recours sous l'angle de l'article 8 CEDH. Dans un cas comme celui-ci, lorsque la personne menacée d'expulsion allègue le risque de subir des traitements inhumains

---

34 Cour eur. D.H., arrêt *Chahal* du 26 novembre 1996, Rec. 1996-V, p. 1831, par. 74.
35 Cour eur. D.H., arrêt *Jabari* du 11 juillet 2000 (mon encore publié).
36 Cour eur. D.H., arrêt *Ahmed* du 17 décembre 1996, Rec. 1996-VI, p. 2195.
37 Cour eur. D.H., arrêt *H.L.R. c. France* du 29 avril 1997, Rec. 1997-III, p. 745.

non pas de la part de l'Etat, mais de particuliers, le fardeau de la preuve est particulièrement lourd, car elle doit prouver deux choses: d'une part, le risque de mauvais traitements et, d'autre part, l'incapacité des autorités à la protéger. Il y a donc une double preuve à apporter.

La troisième hypothèse, celle que j'appellerai la violation de l'art. 3 CEDH imputable à des situations objectives, a été au centre de deux affaires. Dans l'affaire *Nasri*,[38] les autorités françaises avaient décidé d'expulser vers l'Algérie une personne sourde, muette et retardée mentale. En raison de son état de santé, le requérant se serait retrouvé dans une situation "d'isolement sensoriel total", comme a dit la Cour. Mais le cas sans doute le plus intéressant est l'affaire *D.* contre Royaume-Uni.[39] Le recourant, menacé de renvoi vers une île des Antilles, était malade du sida en phase terminale. La Cour a considéré que, en elle-même, l'expulsion d'une personne vers un pays où elle ne peut pas recevoir les soins que requiert son état de santé est constitutive d'un traitement inhumain et dégradant.

La jurisprudence de la Cour relative à l'art. 8 CEDH est très différente de celle qu'elle a rendue à propos de l'art. 3 CEDH. L'art. 3 CEDH consacre un droit absolu, qui n'est susceptible d'aucune restriction, tandis que l'article 8 CEDH – et Monsieur Caflisch l'a bien montré – est composé de deux alinéas, l'un qui garantit un droit, l'autre qui prévoit la possibilité de le restreindre. Dans le cas de l'art. 8 CEDH, la Cour est donc amenée à procéder à une pesée des intérêts, c'est-à-dire à mettre sur les deux plateaux de la balance d'une part l'intérêt que peut avoir l'Etat à renvoyer une personne ou à l'expulser, généralement pour des motifs d'ordre public, et d'une autre part l'intérêt que peut avoir cette même personne à rester dans cet Etat, afin que son droit au respect de la vie familiale soit respecté.

J'aimerais, pour terminer, faire quelques remarques à propos de la jurisprudence relative à l'art. 8 CEDH. Je trouve que la jurisprudence de la Cour relative à cette disposition a subi, ces dernières années, un net durcissement. Si l'on examine les premiers arrêts, les arrêts *Moustaquim, Nasri* ou *Beldjoudi*,[40] on s'aperçoit que la Cour avait tendance à assimiler à des citoyens les personnes qui se trouvent dans un Etat depuis longtemps, ou qui y sont nées. Dans les arrêts plus récents, *Boughanemi*, *Bouchelkia* ou *Baghli*,[41] la jurisprudence s'est beaucoup durcie. Elle a d'ailleurs été critiquée par plusieurs juges dans leurs opinions dissidentes. Dans l'arrêt *Baghli*, les juges Costa et Tulkens ont par exemple estimé, contrairement à l'avis de la majorité, que les personnes qui résident depuis longtemps sur le territoire d'un Etat, ou qui y sont nées, devraient être assimilées à des ressortissants.

Un dernier point, qu'il convient de relever à propos de la jurisprudence relative à l'art. 8 CEDH, est son caractère imprévisible. Elle n'est pas suffisamment bien établie

---

38 Cour eur. D.H., arrêt *Nasri* du 13 juillet 1995, A/320-B.

39 Cour eur. D.H., arrêt *D. c. Royaume-Uni* du 2 mai 1997, Rec. 1997-III, p. 777.

40 Cour eur. D.H., arrêt *Moustaquim* du 18 février 1991, A/193; arrêt *Nasri* (note 37); arrêt *Beldjoudi* du 26 mars 1992, A/234.

41 Cour eur. D.H., arrêt *Boughanemi* du 24 avril 1996, Rec. 1996-II p.593; arrêt *Bouchelkia* du 29 janvier 1997, Rec. 1997-I p.47; arrêt *Baghli* du 30 novembre 1999.

et manque de critères sûrs permettant au requérant d'évaluer ses chances de succès. Il est certain toutefois que la Cour a accompli un travail remarquable à partir d'un "vide normatif partiel", pour reprendre l'expression de Frédéric Sudre. Elle a élaboré un monument de jurisprudence, en se fondant sur des articles qui n'étaient pas conçus pour assurer la protection des étrangers et des réfugiés. Si cette jurisprudence est remarquable, suffit-elle à combler ce vide juridique partiel? Ici je rejoins les propos de Monsieur Carlier: ne faudrait-il pas, dans le cadre du Conseil de l'Europe, avoir non seulement une jurisprudence en matière de droit des étrangers, mais aussi une véritable réglementation conventionnelle?

DISCUSSIONS:

Jean-Daniel Gerber (Directeur, Office fédéral des réfugiés)
Si vous permettez rapidement une remarque concernant Monsieur Clapham. The point he makes seems to me very important. I completely agree with him, that what is happening in the developed world, is a weakening of the 1951 Convention. That is right, but the reason is that the Convention was made in 1951 and we are now in 2000. I really hope that in the next year we will be able to adapt the Convention not by softening it, but by adapting it to the circumstances of today. And the problem is that, unless we do that, the Convention will become less and less utilised by the developed countries, and the UNHCR will become increasingly an organisation that will look after refugees camps in Africa, in Asia, etc...

Maintenant j'en viens à la protection temporaire. Oui naturellement il serait préférable de donner une protection définitive et donner le statut de réfugiés du point de vue humanitaire. Certes, mais la réalité est différente. Rendez-vous compte si les 53'000 personnes originaires du Kosovo s'étaient vues reconnaître le statut de réfugié. Y a t-il quelqu'un qui ne pense pas qu'ils étaient des réfugiés, et qu'il n'y avait pas la guerre? Il y avait tous les critères pour leur accorder le statut de réfugié. Mais vous êtes tous également assez réalistes du point de vue politique que cela n'était pas possible, et que par conséquent, c'est grâce au statut de protection temporaire que l'on a pu le faire. Sinon on aurait eu des difficultés énormes à recevoir ces gens. Est-ce que la protection temporaire est effectivement une mauvaise monnaie à laquelle suivra une autre mauvaise monnaie? Non, parce qu'il ne faut pas oublier que la protection temporaire prévoit – en tout cas en Suisse, et je suppose aussi dans l'Union européenne – qu'une fois la protection temporaire levée, une personne a le droit de demander à obtenir le statut de réfugié et après on statue là-dessus. Donc, il y a donc cette première possibilité. Il y a également une seconde possibilité dans la législation suisse: lorsque quelqu'un est manifestement un réfugié, on peut lui accorder immédiatement le statut de réfugié. Non, on ne jette pas de la bonne monnaie après de la mauvaise monnaie, mais c'est tout simplement aussi un moyen de tenir compte de ce qui se passe actuellement. La Convention de Genève est respectée parce que quoiqu'il en soit la personne peut demander à obtenir le statut de réfugié une fois que la protection temporaire est levée. Par contre vous avez raison me semble-t-il concernant les délais. C'est cinq ans, puis dix ans en Suisse. C'est très long. Mais là il faudrait changer notre législation des étrangers. Vous savez pour obtenir un permis d'établissement, un permis C, c'est également très long. Alors ce que le législateur veut éviter c'est naturellement que quelqu'un choisisse la voie de l'asile pour obtenir rapidement un permis d'établissement. Il ne faut pas oublier cet aspect. Probablement il faudrait commencer par la naturalisation.

Lucius Caflisch (Juge à la Cour européenne des droits de l'homme)
Pour ce qui est de la non-prévisibilité de certaines décisions, la question a déjà été traitée par Monsieur Malinverni lui-même. L'article 8 de la Convention européenne des droits de l'homme est conçu de telle façon que, sur les faits mêmes des affaires, et d'après la structure de l'article, il doit y avoir une pesée d'intérêts. Lorsqu'il y a pesée d'intérêt, on ne peut pas prévoir exactement où elle va conduire. Ainsi, l'incertitude est due à la nature même de l'article. On ne peut pas dire que le droit est absolument certain. Effectivement, beaucoup d'arrêts de tribunaux nationaux et de cours internationales sont précédés d'un élément de suspense. On ne sait pas toujours comment cela va se terminer. Cela est regrettable du point de vue de la sécurité juridique, mais on pourrait aussi dire que s'il en allait autrement la jurisprudence n'évoluerait jamais. Voilà ma réponse sur ce point.

Pour passer à un autre point, on m'a demandé, de façon provocatrice, si les réfugiés sont finalement des hommes. Je dirai qu'ils sont plus hommes qu'ils le seraient s'il y avait un statut spécial de réfugié dans la Convention européenne, parce que c'est en leur qualité d'êtres humains que les réfugiés sont finalement protégés. Dire cela relève naturellement un peu du sophisme. Aussi la vraie question est celle de savoir s'il faut construire un système spécifique pour les réfugiés; je crois que Monsieur Carlier a aussi parlé d'un protocole additionnel sur le droit d'asile. Je suis tout à fait d'accord, comme je suis d'accord avec Madame Sambuc pour dire qu'il est préférable d'avoir un Protocole contre la discrimination qui ne comporte plus les limitations de l'actuel article 14 de la Convention. Y aura-t-il un protocole sur le droit d'asile? Je n'en sais rien. Mais il y a autre chose que je crois devoir dire. La Cour de Strasbourg, en ce moment, est saisie de 15'000 affaires. Nous sommes 41 juges et environ 120 juristes. Et notre budget est extrêmement limité. Les Etats ont tendance à nous dire tout simplement que nous ne travaillons pas assez. Ils le disent bien qu'on liquide environ 500 affaires par mois. Vous voyez bien vers quoi on s'achemine dans les années à venir, même sans nouveau Protocole. Il faudrait quand même donner à la Cour une chance de fonctionner dans le cadre des textes existants au lieu d'étendre constamment ce cadre. Les gouvernements sont bien rapides à adopter des nouveaux protocoles; ils le font parce qu'ils subissent la pression de la base politique et du Parlement. Ensuite on nous dit "Débrouillez-vous mais on ne vous donnera pas d'argent pour le faire, c'est votre devoir, et puis vous ne travaillez pas assez". D'ailleurs c'est aussi une manière extrêmement commode pour enrayer le fonctionnement du système. Je conclurai en disant que c'est une bonne chose de bénéficier d'une protection croissante des droits de l'homme, mais ce qui serait meilleur encore serait un mécanisme peut-être plus limité mais qui fonctionne effectivement.

Jean-François Durieux (Vice Directeur pour l'Europe, HCR)
Je voudrais seulement mentionner trois petits points. Il faut dire tout d'abord que l'acquis communautaire en matière d'asile est en fait tout sauf acquis. Il évolue au jour le jour. Ce qui fait que probablement l'opposition et les protestations vont également devoir changer peut-être de tonalité ou d'emphase. Les deux autres remarques sont un petit peu plus substantielles.

Sur la question des formes subsidiaires de protection, je suis tout à fait d'accord avec vous Professeur Carlier que l'on doit faire un bien meilleur usage de la Convention. Ceci dit, je crois qu'il faut reconnaître qu'il existe des réfugiés qui ne sont pas couverts par la Convention de 1951. Il existe aussi des gens qui ne sont pas des réfugiés et qui sont couverts par exemple par la protection de l'article 3 de la Convention européenne des droits de l'homme. Il faut le reconnaître, mais il faut continuer à dire que ce sont des cas minoritaires, alors que la pratique des Etats semble indiquer que ce serait plutôt la majorité. Ce qui importe c'est que ces formes subsidiaires de protection restent effectivement subsidiaires, que l'on examine d'abord si la protection de la Convention de 1951 ne peut pas être octroyée. A ce sujet je crois qu'il existe un vrai débat à propos de l'utilisation des ressources limitées de la Cour de Strasbourg pour la protection des réfugiés. Nous reconnaissons bien sûr – ici je parle au nom du HCR – l'aspect extrêmement positif de la jurisprudence essentiellement sur l'article 3 de la Convention européenne. Mais d'un certain côté cela nous fait mal, que des gens qui sont des réfugiés aient besoin de recourir à la protection indirecte de l'article 3 de la Convention européenne alors qu'ils devraient être protégés par la Convention de 1951 puisque tous les pays dont nous parlons sont également parties à la Convention de 1951. Je crois qu'il faut que le subsidiaire reste subsidiaire et que le principal reste principal. Il y a aussi là en fait un risque d'eurocentrisme. Il y a un véritable risque que le droit européen érode un système qui est avant tout un système universel, et dont la beauté – je dirais – réside dans cette universalité. Tout en étant européen, il faut aussi penser – et pour le HCR c'est une obligation – à la façon dont toute cette gymnastique européenne est perçue en dehors de l'Europe, par des pays qui, en fin de compte, sont quand même ceux qui ont le fardeau le plus lourd en matière de réfugiés. Le processus de consultation auquel Monsieur Gerber vient de faire allusion, et que le HCR veut lancer avec l'appui de la Suisse à l'occasion du cinquantième anniversaire de la Convention, repose effectivement sur un message: il existe un instrument universel et il faut l'utiliser pleinement.

Mon dernier point porte sur le terme de protection temporaire, provisoire, etc... Je crois qu'il y a un risque un peu de se perdre dans les mots. Il est vrai que lorsque le concept a été lancé par le HCR en 1992, il n'était sans doute pas très clair. S'agissait-il d'un statut, s'agissait-il d'un mécanisme, s'agissait-il du fond ou de la forme ? Je crois que les choses se sont beaucoup clarifiées depuis lors. Et je crois finalement que c'est cela qui est important. Un jour on finira par trouver une formule que tout le monde comprendra, où lorsqu'on dira protection temporaire, tout le monde saura ce qu'on veut dire. On n'y est pas encore, parce qu'effectivement pour le moment il existe des interprétations qui vont dans le sens du fond et d'autres qui vont dans le sens de la forme. Mais je crois que plutôt que de se battre à propos des mots il faudrait essayer de se battre sur ce que les mots cachent.

Ivor Jackson (Former Deputy Director of International Protection, UNHCR)
Temporary protection is in itself a good mechanism to deal with large-scale group situations, but what I find extremely worrying is that it seems to be, as it was presented to us by Mr. Gerber, predicated on the fact that the 1951 Convention cannot be applicable to this type of situation. I wanted to make just a few points on this. Mr. Gerber said that the outset that the 1951 Convention was meant for people who flee a political regime. Now the history of the application of the Convention since 1951 shows innumerable cases of people who fled in groups, in the type of situation which is now considered to be appropriate for temporary protection: people who flee violence and situations where there is a denial of human rights, but where there is what one can reasonably be called a persecutory element, and it was said that people coming from Kosovo would fall under this concept. Now the cases in which the definition was applied to situations of this kind involved an objective evaluation of the conditions in the country of origin, and I mentioned the view taken by Dr. Schnyder when he was dealing with "good offices". When he explained good offices, he said firstly that good offices are based on a *prima facie* determination of refugee character, under the definition in the UNHCR Statute, and the criteria, he mentioned, were "persons being obliged by political events, to leave their country and for this reason, can fear for their safety, in the event of their being obliged to return there". Now this is an objective evaluation and I would like to mention the wording of article 33 of the 1951 Convention, which says that "no refugee may be returned to a country where his life or freedom would be threatened". It does not say "to a country where he has reason to fear persecution", and this is therefore an objective criterion. One idea which is sometimes put forward nowadays is that the Convention has little applicability because it contains an individual definition and because it calls for an individual screening of refugee character. This is perfectly true that if there is a large scale arrival of persons, it may not be practicable to screen them all – as was rightly said – and there is thus a need for a simpler mechanism. For this reason, temporary protection may be appropriate, but it does not mean that if one resorts to this mechanism the persons involved are necessarily to be qualified a priori as non refugees under the definition. Again, the 1951 Convention does not oblige Contracting States to accept refugees for permanent residence and for this reason alternative arrangements of the type described can very well be made within the context of the 1951 Convention. But there are – of course – provisions of the Convention which apply to all refugees and are not limited to refugees who have

been granted the right of permanent residence in the territory of a Contracting State, in particular the principle of *non-refoulement* and also the cessation clause.

I would like to mention the cessation clause because I believe it says in the Swiss law that when the temporary protection is terminated, the person can put forward a claim to a well-founded fear of persecution. But it is not at that moment that the question of well-founded fear of persecution is of a primary importance. What is decisive at that moment is the question of cessation. Now there is in article 1. C. (5) of the Convention the cessation provision of a fundamental change of circumstances in the country of origin, but there is a provision that a refugee does not cease to be a refugee under this clause if he has compelling reasons arising out of previous persecution. In this case, he cannot reasonably be required to go back to his country of origin. This is a fact that needs to be taken into account, and it speaks very strongly for the idea that these arrangements which are perfectly legitimate should nevertheless be made within the general framework of the Convention.

I could just make one final point – I believe the question was raised by Mr. Gerber – if the temporary protection lasts for too long there will be somehow rather a constraint to keep the members of the group on a permanent basis. Here I would like to say that this is a matter for burden-sharing and it is perfectly clear if a State in its generosity says that it will admit a very large number of persons, it does not at the end want to be landed with these people on a permanent basis. So if ever there is a question of keeping these persons on a permanent basis, this is a matter for international co-operation, for burden sharing, and this is a mechanism, which should be further developed.

IV

DURABLE SOLUTIONS/ SOLUTIONS DURABLES

LA QUESTION DES RÉFUGIÉS ET PERSONNES DÉPLACÉES DE L'EX-YOUGOSLAVIE : DU HCR AU PACTE DE STABILITÉ POUR L'EUROPE DU SUD-EST

*Victor-Yves Ghebali**

Selon une estimation rétrospective du Haut Commissariat des Nations Unies pour les réfugiés (HCR), les conflits sanglants qui accompagnèrent l'éclatement de la Yougoslavie de Tito provoquèrent le déplacement d'un total de quelque 2, 2 millions de personnes en Bosnie et Herzégovine.[1] Etant donné que ce flux migratoire forcé fut l'un des objectifs même de la guerre et non pas sa conséquence, les architectes de l'Accord-cadre général de Dayton pour la paix en Bosnie et Herzégovine (1995) inclurent dans celui-ci une Annexe 7 constituant un "Accord relatif aux réfugiés et personnes déplacées". Cet instrument reconnut aux personnes qui avaient quitté le pays à la suite des combats, ou qui s'étaient enfuies dans d'autres régions du pays, le droit de retourner dans leurs foyers d'origine, ainsi que d'obtenir la restitution (ou, à défaut, l'indemnisation) de leurs biens et propriétés. Il imposa également à ses signataires de ne pas entraver ce droit au retour par des mesures discriminatoires et, même, de créer des conditions favorables au rapatriement. Par delà ses objectifs expressément humanitaires, le texte avait des enjeux politiques cruciaux : de sa mise en œuvre dépendait l'inversion des effets de la purification ethnique et la réconciliation, au sein d'un Etat commun, de communautés qui s'étaient combattues avec une particulière sauvagerie.

L'Annexe 7 chargeait le HCR d'assurer le rapatriement rapide des réfugiés et personnes déplacées d'une manière "pacifique, ordonnée et échelonnée", en coopération avec les autorités de la République de Bosnie et Herzégovine et les pays d'asile. Le HCR assuma cette responsabilité centrale tant bien que mal, avant d'intégrer ses efforts, à partir de 1999, dans le cadre plus vaste et plus propice du Pacte de stabilité pour l'Europe du Sud-Est.

---

* Professeur à l'Institut universitaire de hautes études internationales (Genève)

[1] HIWG/97/2 du 14 avril 1997, §§ 12 et 22.

V. Chetail and V. Gowlland-Debbas (eds.),
Switzerland and the International Protection of Refugees
La Suisse et la protection internationale des réfugiés, 239-246.

1. La stratégie initiale du HCR[2]

La stratégie initialement conçue par le HCR en 1996 comprenait trois angles d'attaque. En premier lieu, elle fixait des critères minima en vue de poser certaines limites au rapatriement forcé des réfugiés bénéficiant d'une protection temporaire à l'étranger. En deuxième lieu, elle prévoyait la fourniture d'une assistance humanitaire aux groupes les plus vulnérables de personnes déplacées dans le pays. En troisième lieu et, surtout, elle impliquait le développement de certains projets pratiques visant à favouriser le retour, d'ici la fin de l'année 1996, de 370'000 réfugiés et de 500'000 personnes déplacées.[3] Le succès des activités déployées à cette dernière fin (notamment la reconstruction ou la réparation de logis dans une vingtaine de zones-cibles et la mise en service de lignes d'autobus inter-entités) fut des plus mitigés. A la fin de 1996, quelque 250'000 personnes seulement étaient retournées en Bosnie et Herzégovine. En outre, et fait davantage significatif, les retours s'effectuerent presque uniquement dans les zones à peuplement ethnique *majoritaire*.

Partant de la nécessité de tenir compte de la volonté de ceux qui préféraient s'établir ailleurs que dans leurs foyers d'avant-guerre, le HCR estima opportun de ne pas interpréter l'expression "foyers d'origine" dans un sens absolu. Une telle interprétation s'avéra cependant politiquement fâcheuse. En effet, les retours dans des zones ethniquement majoritaires (compréhensibles et même justifiables d'un point de vue humanitaire) ne pouvaient que favoriser la division du pays en entités ethno-territoriales – alors que les trois communautés composant officiellement la population de la République de Bosnie et Herzégovine (Serbes, Croates et Musulmans) étaient, selon l'Accord de Dayton, des peuples constitutifs du nouvel Etat et non pas des minorités nationales.[4] Ils confortaient ainsi les extrémistes de tous les camps (dont l'objectif était précisément la partition du pays) et risquaient de légitimer les effets de la purification ethnique. En tout cas, l'approche du HCR contribua paradoxalement à *augmenter le nombre de personnes déplacées* dans le pays et à compliquer davantage le processus global de rapatriement.[5] Cette approche prévalut encore en 1997 – année à la fin de laquelle 120'000 retours de réfugiés furent enregistrés dans des lieux essentiellement urbains situés (pour 98%) dans des zones à peuplement ethnique majoritaire.[6]

A partir de 1998, le HCR prit conscience de la nécessité de favoriser les retours dans des zones à peuplement ethnique *minoritaire*. Ce faisant, il dut convenir que la mise en œuvre des dispositions de l'Annexe 7 de l'Accord de Dayton se heurtait à des

[2] Cette section s'inspire fondamentalement des analyses contenues dans l'excellente thèse de doctorat élaborée, sous notre direction, par Marianne Ducasse-Rogier : *A la recherche de la Bosnie et Herzégovine. La mise en œuvre de l'Accord de paix de Dayton* (IUHEI, janvier 2001)–en cours de publication.

[3] HLWM/1996/1 du 27 février 1996.

[4] Rogier-Ducasse, *op. cit.*, p. 193.

[5] *Ibid.*, pp. 378-379.

[6] *Ibid.*, p. 378 et 385.

obstacles d'ordre politique qu'une institution de type purement humanitaire n'avait pas les moyens de surmonter. Les obstacles en question découlaient de l'obstruction systématique des autorités concernées. Rappelons à cet égard que l'Accord de Dayton reconnaissait l'unité de la Bosnie et Herzégovine en tant qu'Etat souverain composé de deux entités distinctes: d'une part, la Fédération (bosno-croate) de Bosnie et Herzégovine et, d'autre part, la Republika Srpska. Chacune des ces entités disposait de si larges pouvoirs qu'il n'était pas excessif de dire que l'Accord de Dayton avait en fait créé une République "une et divisible". Comme l'écrivit Paul Garde, l'Accord reposait bien sur un compromis entre unité et partage : mais, dans ce compromis, tout ce qui favorisait le partage était réel et tout ce qui tendait à l'unité restait largement fictif.[7] Jouant sur la complexité des arrangements constitutionnels, les autorités des deux entités du pays (en particulier celles de la Republika Srpska et de l'Herzégovine Occidentale) pratiquèrent une politique visant à dissuader les réfugiés et personnes déplacées à retourner dans leurs foyers et à inciter au départ ceux qui avaient eu la témérité de revenir.

En proie à des menaces qui dégénéraient en agressions meurtrières devant une police indifférente dans le meilleur des cas, les rapatriés vivaient dans une sécurité personnelle des plus précaires. Ceux d'une certaine classe d'âge étaient en outre tenus d'accomplir des obligations de service militaires (c'est-à-dire d'être incorporés au sein d'une armée dont les troupes avaient commis des exactions contre leur communauté d'origine ou leur propre famille), à défaut de quoi ils devenaient des déserteurs passibles de peines de prison pouvant aller jusqu'aller dix ans. Par ailleurs, les rapatriés faisaient l'objet de discriminations en matière d'emploi (formellement justifiées par l'existence d'un chômage généralisé) et de prestations sociales (par exemple au niveau de la perception des retraites). La scolarisation des enfants dans le contexte de systèmes éducatifs politisés soulevait également de redoutables problèmes. Enfin, et surtout, les rapatriés ne parvenaient guère à obtenir la restitution de leurs biens et propriétés. Les logements désertés par eux avaient été aussitôt occupés par d'autres personnes: par delà les imbroglios juridiques et les partis pris, il y avait les contraintes objectives posées par la destruction des infrastructures d'habitation et par l'insuffisance de fonds publics pour la reconstruction.

Toutes ces difficultés se trouvaient encore aggravées par le fait que les dispositions de l'Annexe 7 ne concernaient que la République de Bosnie et Herzégovine et ignoraient par là même la dimension régionale du problème. La Bosnie et Herzégovine, dont plus de la moitié de la population initiale avait fui ailleurs sur le territoire ou à l'étranger, était certes le pays le plus directement touché. Mais les deux autres signataires de l'Accord de Dayton, la Croatie et la République fédérale de Yougoslavie (RFY) n'en étaient pas moins concernées: la première hébergeait environ 17'000 bosno-croates et la seconde un grand nombre de Serbes

---

7 *Le Monde* du 28 novembre 1995.

venus de Croatie et de Bosnie et Herzégovine; cette dernière abritait d'ailleurs elle-même quelque 40'000 Serbes en provenance de Croatie.[8]

Réalisant que les difficultés dépassaient ses capacités, le HCR intégra ses activités à celles de l'organe chargé de superviser l'application des dispositions non militaires de l'Accord de Dayton (y compris de la coordination des activités des organisations internationales opérant sur le terrain) et qui avait les moyens de s'attaquer frontalement aux racines *politiques* du mal: le Haut Représentant en Bosnie et Herzégovine. Dès janvier 1997, les deux organismes oeuvrérent de concert au sein d'une *Reconstruction and Returm Task Force* (RRTF) établie pour le Haut Représentant. Cette initiative représenta le passage à une étape nouvelle orientée, cette fois-ci, vers l'amélioration de l'environnement de sécurité, la stimulation des conditions économiques, ainsi que la résolution des problèmes liés à la restitution des logements occupés et à la reconstruction des infrastructures – ou, autrement dit, vers l'élimination des obstacles politiques aux retours dans les zones minoritaires.[9] Dès lors, le HCR se concentra sur les questions juridiques (de protection ou de droit d'asile) et sur la prestation de services matériels, réduisant par là même le rôle central qui lui revenait en vertu de l'Annexe 7 de l'Accord de Dayton. Le *Peace Implementation Council* (organisme créé en 1995 en remplacement de la Conférence internationale de Genève sur l'ex-Yougoslavie) adoptera une attitude désormais résolue vis-à-vis de l'élimination des obstacles aux retours. La *Stabilization Force* (SFOR) et l'*International Police Task Force* (IPTF) furent ainsi autorisées à s'assurer que la police locale respectait bien la législation existante sur la restitution des propriétés. Pour sa part, le Haut Représentant utilisa largement ses pouvoirs en révoquant des fonctionnaires récalcitrants, en faisant pression sur les parlements des deux entités pour l'adoption de législations conformes aux dispositions de l'Accord de Dayton et en encourageant des mesures touchant la dépolitisation des médias et la révision des manuels d'enseignement scolaire.[10] La nouvelle stratégie ne porta cependant pas de fruit immédiatement. En tout cas, quatre ans après l'Accord de Dayton, le bilan global des retours dépassait à peine le chiffre de 645'000.

2. La stratégie du Pacte de stabilité pour l'Europe du Sud-Est

L'année 1999 représenta une année charnière pour les balkans en raison de deux événements successifs de nature très différente : l'intervention militaire de l'OTAN au Kosovo et le lancement du processus du Pacte de stabilité pour l'Europe du Sud-Est – processus de coopération régionale englobant, parmi une multitude d'autres, la question des réfugiés et personnes déplacées.

L'intervention militaire de l'OTAN au Kosovo – qui précéde de peu la décision arbitrale (défavorable aux Serbes) relative au district de Brcko et la révocation du

[8] *Ibid.*, p. 404 note 177.
[9] *Ibid.*, p. 383.
[10] Rogier-Ducasse, *op. cit.*, pp. 392-406.

Président de l'entité Serbe (Nikola Ponlasen) par le Haut Représentant – provoqua le durcissement de l'attitude des autorités et de la population de la Republika Srpska, ainsi qu'un nouvel afflux de 70'000 à 100'000 réfugiés en Bosnie et Herzégovine.[11]

A l'issue de la guerre du Kosovo, les pays occidentaux développèrent une approche nouvelle, beaucoup plus vaste, reliant la question du retour des réfugiés et personnes déplacées à l'*ensemble* des problèmes de la région balkanique: le Pacte de stabilité pour l'Europe du Sud-Est. L'idée d'un tel Pacte fut proposée par l'Allemagne au cours même de la guerre du Kosovo et aussitôt endossée par l'Union européenne.[12] Le texte du Pacte fut adopté au niveau des Ministres des affaires étrangères à Cologne le 10 juin 1999. L'approbation des buts et principes du Pacte eut lieu les 29 et 30 juillet suivants, lors d'un Sommet solennel réunissant à Sarajevo, sous la présidence de l'Union, une trentaine de Chefs d'Etat ou de gouvernement, ainsi que de hauts responsables d'une multitude d'organisations internationales. Quant au processus proprement dit, il démarra avec les décisions prises à Bruxelles par la Table ronde pour l'Europe du Sud-Est (l'organe de direction politique du Pacte) à l'occasion de sa réunion inaugurale du 16 septembre 1999. La phase opérationnelle commença en mars 2000 avec la première conférence de donateurs qui fournit des montants substantiels pour la mise en œuvre d'un ensemble de projets immédiats ou à court terme (*quick-start package*).[13]

L'Union européenne assure la direction politique du Pacte, lequel fonctionne aussi officiellement sous les "auspices" de l'OSCE.[14] Basé sur une approche multidimensionnelle intégrant l'ensemble des problèmes qui se posent dans tous les pays de la région, le Pacte est une entreprise de coopération associant, de manière interactive, un grand nombre d'Etats et d'institutions internationales. Outre les bénéficiaires directs de l'opération (l'Albanie et les successeurs de l'ex-Yougoslavie) et leurs voisins régionaux, la catégorie des acteurs étatiques inclut d'importants contributeurs extérieurs: l'Union européenne, les membres extra-européens du G-8 (Etats-Unis, Russie, Canada, Japon) et d'autres pays intéressés comme la Suisse. Quant à la catégorie des acteurs multilatéraux, elle comprend une multitude

---

[11] Cependant, après la capitulation du régime de Belgrade, les réfugiés retournèrent assez rapidement au Kosovo.

[12] Pour plus de détails, cf. notre article : "Le lancement du Pacte de stabilité pour l'Europe du Sud-Est", *Annuaire français des relations internationales* , volume I, 2000, pp. 227-242.

[13] Le Pacte de stabilité lancé en 1999 n'est guère comparable au Pacte de stabilité de 1995, dit "Plan Balladur". En dépit d'une commune dénomination, les deux processus diffèrent par leur sphère géopolitique, leur finalité et leurs mécanismes de mise en œuvre. Si le Pacte de 1995 concernait certains pays d'Europe centrale et orientale ainsi que la région baltique, le Pacte de 1999 vise à l'"Europe du Sud-est" (et non les "Balkans", concept délibérément absent du vocabulaire de l'entreprise). En outre, si le Pacte de 1995 se présentait comme un projet de diplomatie préventive, celui de 1999 constitue une entreprise de consolidation de la paix: l'un s'attachait à prévenir l'éclatement de conflits potentiels alors que l'autre cherche à empêcher la résurgence de nouveaux conflits. Enfin, à l'inverse du Pacte de 1995, celui de 1999 a été conçu à des fins fondamentalement opérationnelles.

[14] OSCE : PC.DEC/306 du 1er juillet 1999. De concert avec la Banque mondiale, la Commission européenne a la responsabilité de la coordination des conférences de donateurs.

d'institutions de sécurité ou de coopération économique ou financière de type universel, transrégional, régional (ONU, HCR, FMI, Banque mondiale, OCDE, OSCE, OTAN, UEO, Commission européenne, Conseil de l'Europe, BEI, BERD, CEE/ONU), ainsi que de structures sous-régionales dites "initiatives régionales" (Processus de Royaumont, SECI, Initiative centre-européenne, Organisation de la coopération économique en Mer Noire...). Les structures propres du processus sont légères et peu nombreuses. Elles comprennent un organe de direction politique (*Table régionale pour l'Europe du Sud-Est*), un *Coordonnateur spécial* disposant d'un petit secrétariat à Bruxelles et, enfin, trois groupes de travail spécialisés (*Tables de travail*) traitant respectivement de la démocratisation et des droits de l'homme (Table I), de la reconstruction, du développement et de la coopération économiques (Table II) et, enfin, des questions relatives à la sécurité (Table III).

A l'issue de sa réunion inaugurale (Genève, 18-19 octobre 1999), la Table "démocratisation et droits de l'homme" décida de retenir sept grands thèmes dont chacun fut confié soit à la direction exclusive d'une institution internationale, soit à celle d'un Etat de concert avec une ou plusieurs organisations internationales. Pour quatre de ces thèmes (droits de l'homme et des minorités nationales, bonne gouvernance, médias, promotion du rôle des femmes), la Table de travail estima nécessaire de mettre sur pied un module spécial dit *task force* chargé de dresser l'inventaire des programmes existants, d'identifier les complémentarités possibles, de formuler des priorités et de choisir les projets à mettre en œuvre. S'agissant des trois thèmes restants (retour des réfugiés et personnes déplacées, coopération en matière d'éducation, coopération interparlementaire), la Table de travail considéra préférable de concevoir ses activités dans le cadre de mécanismes existants. Le thème du retour des réfugiés et des personnes déplacées fut ainsi confié au "Groupe de travail sur les questions humanitaires", qui fonctionnait sous la présidence du HCR, en liaison avec le *Peace Implementation Council*.[15] Cette décision était judicieuse en ce sens que la RFY, qui avait été mise à l'écart du processus du Pacte en attendant la démocratisation du régime de Belgrade, appartenait de plein de droit au Groupe de travail.[16] Lors de ses premières réunions organisées dans le contexte du Pacte de stabilité, le Groupe ne put que constater que, malgré de notables améliorations, les conditions d'une solution durable n'étaient toujours pas réunies, vu la persistance de problèmes bien connus de nature politique.[17]

Au cours de l'année 2000, la mise en place de gouvernements démocratiques en Croatie et RFY introduisit une nouvelle donne. La défaite électorale des nationalistes et l'élection du modéré Stipe Mesic à la tête de l'Etat croate (janvier

[15] Institué en 1992 par la Conférence internationale de Genève sur l'ex-Yougoslavie en tant qu'organe subsidiaire de celle-ci et placé sous la direction du HCR, ce Groupe se trouva simplement rattaché au *Peace Implementation Council* après la dissolution de la Conférence, intervenue en janvier 1996.

[16] En dépit de cette mise à l'écart, le Monténégro fut autorisé à participer à l'ensemble des activités du Pacte en tant qu'élément constitutif de la RFY, dans le plein respect de la souveraineté et l'intégrité territoriale de cette dernière.

[17] HIWG/99/5 du 29 novembre 1999.

2000) ouvrirent à cet égard une première brèche majeure. La chute du régime de Slobodan Milosevic, consécutivement aux élections présidentielles frauduleuses du 24 septembre 2000 et à la prise du Parlement par l'opposition démocratique le 5 octobre suivant, représenta une percée tout à fait décisive.

A l'initiative du Groupe de travail sur les questions humanitaires, une stratégie associant étroitement le HCR, le Haut Représentant en Bosnie et Herzégovine et l'OSCE aux pays de retour et aux donateurs vit alors le jour: la *Regional Return Initiative for Refugees and Displaced Persons* (RRIRDP). Celle-ci reçut la tâche de coordonner l'ensemble des activités du Pacte de stabilité (y compris les projets de reconstruction) susceptibles de contribuer à l'élimination obstacles aux retour ou à la création de conditions favorables à une solution durable. En juin 2001, un *Agenda for Regional Action* (AREA) fixant, pour la période 2001-2003, des objectifs réalistes pour le retour des réfugiés et des personnes déplacées, dans le triangle formé par la Bosnie et Herzégovine, la Croatie et la RFY, concrétisa la RRIRDP. Dans chacun des trois pays, des zones prioritaires ont été identifiées pour les retours ou pour *l'intégration sur place*. En effet, le retour constitue un objectif fondamental mais nullement unique. Compte tenu des circonstances nouvelles, en particulier de l'introduction de la double citoyenneté en Croatie et en RFY, l'intégration locale (pour autant qu'elle soit décidée librement et en toute connaissance de cause par les intéressés) est devenue un objectif parfaitement légitime: ainsi, quelque 150'000 Croates originaires de Bosnie et Herzégovine et de la RFY ont ainsi décidé de rester en Croatie et ont pu y être intégrés de manière convenable. Précisons encore que la nouvelle stratégie continue à accorder une attention prioritaire à certains groupes de personnes vulnérables: handicapés, femmes, enfants, Roms, etc. Elle opère aussi une distinction nette entre les besoins des zones rurales (reconstruction de logements et la stimulation d'activités économiques durables) et ceux des zones urbaines (restitution des propriétés et création d'emplois).[18]

---

18 Tous les documents pertinents (dont les conclusions du *Steering Group* de la RRIRDP et le texte de l'AREA) se trouvent sur le site du Pacte : www.stabilitypact.org.

CONCLUSION

Au 1er mai 2001, les statistiques font état de l'existence de près d'un million de réfugiés ou de personnes déplacées dans les trois pays signataires de l'Accord de Dayton[19] – sans compter les personnes déplacées (à partir du Kosovo) en RFY et les nouveaux réfugiés en provenance de l'Ex-République yougoslave de Macédoine. Les obstacles à une solution durable demeurent toujours importants, mais semblent être devenus moins insurmontables que naguère pour deux raisons. La première tient à l'existence, dans la région, de gouvernements démocratiques enclins à coopérer avec les organisations internationales aux fins d'une solution durable: l'obstruction à laquelle se heurte toujours l'action internationale se manifeste maintenant à un niveau plus local. La seconde raison a trait à la mise en œuvre du Pacte de stabilité. Entreprise opérationnelle, de type intégré et coordonné, le processus du Pacte s'attaque aux causes profondes de l'ensemble des problèmes qui affectent le "trou noir" que constitue, depuis la fin de la guerre froide, la région des Balkans. La lenteur de ses résultats est certes patente. Mais son approche reste incontestablement judicieuse: pour effacer les séquelles des guerres civiles et éviter la résurgence d'autre conflits (qu'ils soient "ethniques" comme au Kosovo ou "ethnicisés" comme en Bosnie et Herzégovine), il n'y a pas de meilleurs remèdes que la pacification des sociétés civiles, l'instauration de l'Etat de droit et, surtout, le développement de la prospérité économique – remèdes qui, de surcroît, conditionnent le succès de toute solution durable au problème des réfugiés et personnes déplacées.

---

19 *Bosnie et Herzégovine* : 55'000 réfugiés et 500'000 personnes déplacées; *RFY* : 400'000 réfugiés et 228'500 personnes déplacées; *Croatie* : 22'000 réfugiés et 32'000 personnes déplacées. Ces chiffres incluent 60'000 personnes vivant dans des conditions insupportables dans les 3 pays. 50'000 réfugiés se trouvent dans des pays d'Europe occidentale.

LA RÉINTÉGRATION DES RÉFUGIÉS EN EX-YOUGOSLAVIE

*Jacques Mouchet**

INTRODUCTION

Après plus de quatre années d'efforts depuis la signature des accords de Dayton, les retours de réfugiés et de personnes déplacées en Bosnie Herzégovine et en Croatie, deviennent une réalité: davantage de personnes rentrent chez elles, et dans des endroits où l'on avait vécu les pires actes de purification ethnique comme à Prijedor, à Foca, à Srebrenica, en Bosnie Herzégovine. Ce mouvement, pas encore totalement irréversible, semble cependant prendre racine, et se dérouler indépendamment de la résistance de certaines autorités et même malgré l'opposition des municipalités extrémistes comme par exemple à Bijeljina.

Ce mouvement de retour revêt une importance politique toute particulière en ex-Yougoslavie. Il signifie finalement, l'échec d'une politique de purification ethnique conçue et orchestrée par un mouvement nationaliste extrême et le maintien dans l'Europe du Sud-Est d'une société pluriethnique. Et c'est à ce titre que le retour des réfugiés a été inscrit comme une des directives majeures en son chapitre VII des accords de Dayton. Je voudrais montrer où l'on en est aujourd'hui, les obstacles qu'il a fallu franchir, la détermination et l'engagement qui demeurent nécessaires au moment où les changements politiques en Croatie il y a moins d'un an, en Bosnie Herzégovine dans une certaine mesure et surtout récemment en RFY nous permettent enfin d'entrevoir une solution au problème tragique du déplacement de populations civiles qui a été l'enjeu même de la guerre.

Nous allons donc traiter avant tout du retour de minorités, par exemple des Serbes au Kosovo et à Sarajevo et des Bosniaques et des Croates en Republika Srpska. Mais avant cela, il convient de dire un mot sur la réintégration des réfugiés qui rentrent dans des lieux où ils sont en majorité ethnique, par exemple des Bosniaques à Sarajevo, des Kosovars albanais au Kosovo. Ces retours qui s'effectuent le plus souvent de pays européens, ne posent pas en général de problème de protection. Néanmoins, le HCR a souvent souligné l'importance d'un retour ordonné et graduel afin de ne pas fragiliser davantage un équilibre socio-économique encore précaire. C'est pour cette raison que nous nous sommes joints à l'appel de la

* Coordinateur des Opérations du HCR en Europe du Sud-Est.

V. Chetail and V. Gowlland-Debbas (eds.),
Switzerland and the International Protection of Refugees
La Suisse et la protection internationale des réfugiés, 247-251.

MINUK de freiner les retours de Kosovars albanais à la veille de l'hiver et de prêter une attention toute particulière à l'hébergement de ceux qui devraient rentrer en cette saison.

Je voudrais dire à cette occasion, toute l'appréciation du HCR, d'une part pour la générosité avec laquelle la Suisse a accueilli tant de réfugiés du Kosovo après avoir accueilli les Bosniaques au début des années 90, et d'autre part, pour la manière dont les rapatriements s'effectuent: de manière ordonnée et graduelle, avec une attention particulière à l'aide à la réinsertion et en coopération étroite avec les organisations concernées.

De manière corollaire, le HCR s'est également opposé au mouvement non volontaire de personnes de pays tiers vers des endroits de la région où il existerait prétendument une alternative d'asile sûr mais où ces personnes seraient toujours dans une situation de déplacées, par exemple le retour de Bosniaques dans la Fédération alors qu'ils sont originaires de Republika Srpska, le retour en Serbie de Serbes originaires du Kosovo. On n'aurait fait là que transposer un problème en l'aggravant. On n'y apporte pas de solutions.

Comme nous l'avons indiqué, davantage de personnes déplacées rentrent chez elles dans des endroits où elles sont minoritaires; depuis le début de l'année, près de 40'000 personnes sont ainsi rentrées dans leur lieu d'origine en Bosnie Herzégovine et environ 30'000 réfugiés d'origine serbe sont rentrés de Yougoslavie en Croatie. Pour qu'un tel mouvement soit possible, il a fallu surmonter de nombreuses résistances et créer des conditions favorables que l'on peut regrouper sous deux titres: la sécurité physique et légale, et les possibilités d'intégration socio-économiques.

1. La sécurité physique et légale

En Bosnie Herzégovine et en Croatie, la sécurité physique des rapatriés s'est considérablement améliorée et les incidents liés au retour sont de plus en plus l'exception que la règle. Les progrès sont dûs à un certain nombre de facteurs et à l'action déterminée de la communauté internationale, au suivi du HCR, à l'action de la SFOR et de la police internationale, et finalement aux changements politiques intervenus tant en Croatie qu'en Bosnie Herzegovine, notamment en Republika Srpska, eliminant les dirigeants les plus extrêmistes. Le temps a également fait son oeuvre et il est intéressant de noter la cohabitation sans acrimonie de communautés jusqu'à peu dressées les unes contre les autres.

Nous n'en sommes encore pas à ce stade au Kosovo où la sécurité demeure l'obstacle principal au retour des minorités, à un moment où les Serbes qui quittent le Kosovo sont plus nombreux que ceux qui pensent pouvoir se rapatrier.

Le HCR, en association avec le bureau du Haut Représentant en Bosnie, et le nouveau gouvernement en Croatie, a également contribué à l'établissement d'un cadre législatif garantissant les droits des minorités: il en fut ainsi de la loi sur la reconstruction et sur les zônes d'intérêt spécial de l'Etat en Croatie qui étaient fortement discriminatoires pour la minorité serbe, ce fut surtout le cas pour l'harmonisation des législations sur la restitution de la propriété en Bosnie Herzégovine, imposée par le Haut Représentant en novembre 1999. Cette mesure est indispensable pour faciliter le retour en milieu urbain. Même si d'énormes progrès ont été réalisés avec la restitution de quelque 20'000 logements, l'applicaion de cette mesure reste cependant encore inégale en Bosnie et n'est toujours pas sérieusement mise oeuvre en Croatie, et les efforts doivent se poursuivre et s'intensifier. Entre-temps, il conviendra, bien sûr, que les pays de la région trouvent des solutions alternatives aux personnes expulsées, qui peuvent être sans logement.

Les rapatriés ont également du mal à avoir un accès égal à l'éducation et l'absence d'un curriculum commun en Bosnie Herzégovine demeure un obstacle à la réintégration des rapatriés. Mais il semble que de plus en plus que le besoin le plus important pour intégrer durablement les rapatriés et pour encourager davantage de retours est d'ordre économique.

2. La réintégration socio-économique des rapatriés

Pour être durable, la réintégration des rapatriés suppose la reconstruction de logements et de l'infrastructure (notamment en milieu rural) ainsi que le développement d'activités économiques génératrices d'emplois.

Dans ce domaine, le HCR joue un rôle de catalyste et de coordination, notamment dans le cadre du Pacte de stabilité, identifiant les besoins, orientant les actions des acteurs bilatéraux et d'autres organismes, essayant d'obtenir une adéquation des ressources et des besoins identifiés. Avec davantage de retours, les ressources disponibles sont en ce moment insuffisantes. Les ressources additionnelles obtenues au travers du Pacte de stabilité, depuis la conférence des donateurs de mars 2000, ne se montent qu'à 65 millions d'Euros.

Il y a par exemple un besoin urgent de 18'000 logements supplémentaires, en Bosnie Herzégovine, pour les rapatriés de 1999 et 2000, et avant cet hiver, nous avons dû recourir à des mesures d'urgence pour un hébergement d'environ 1'000 familles, dans des préfabriqués ou des logements collectifs, afin d'éviter qu'elles ne soient contraintes de rentrer dans leur lieu de déplacement.

La plupart des régions d'origine des rapatriés sont économiquement défavorisées, et traditionnellement plus pauvres, (région de la Krajina, Est de de la Republika Srpska). Des investissements sont indispensables pour mettre en place des activités génératrices de revenus et créer des emplois supplémentaires. La reprise économique et la création d'emplois induisent également une meilleure coexistence des différentes communautés. (Exemple de la coopérative près de Stolac).

Un certain nombre de projets de développement socio-économiques de reconstruction ont été soumis par les gouvernements de Croatie et de Bosnie Herzégovine en coopération avec le HCR. Ils attendent toujours un financement. L'année qui vient est cruciale pour ancrer davantage ce principe de retour et pour s'assurer qu'il puisse correspondre à une véritable intégration. Il serait dommage de ne pas relever ce défi et qu'un manque de ressources supplémentaires vienne annihiler tous les efforts et les investissements consentis depuis cinq ans en faveur du rapatriement.

Maintenant que le principe du retour s'impose chaque jour davantage en Bosnie Herzégovine et en Croatie, il convient également de le faire évoluer vers un autre concept, celui de la liberté de mouvement et d'établissement des déplacés et réexaminer le déplacement de populations dans le contexte complexe et particulier de l'Europe du Sud-Est et de l'ancienne Yougoslavie. Le déplacement forcé de populations se superpose en effet à une situation socio-économique en mutation, à savoir, la nécessaire transformation d'un système socialiste qui a été occulté (ou remplacé) par le conflit.

En effet, les solutions au problème du déplacement de populations doivent tenir compte de la nécessité de réconcilier la carte des déplacements de populations ou la carte démographique d'avant le conflit avec la carte économique d'aujourd'hui et de demain. Le conflit n'a fait que précipiter et accélérer un phénomène migratoire de la campagne vers des centres urbains qui existait déjà et qui ne pourra être inversé.

La réalité nous amène donc à prendre en considération la nécessité d'une intégration locale de réfugiés et de personnes déplacées fondée sur le libre choix des intéressés – une réalité qui s'impose davantage avec le temps qui passe. Les récents développements en RFY en sont une bonne illustration. Ils nous laissent également entrevoir les perspectives d'un règlement définitif du problème du déplacement de populations dans les pays concernés par les accords de Dayton.

3. Les nouvelles perspectives offertes par les développements politiques en RFY

Les récents changements politiques à Belgrade contribuent tout d'abord à une stabilisation de la région, diminuant indéniablement les risques d'autres déplacements de populations et permettant d'aborder de manière plus transparente et dépolitisée une solution au problème de réfugiés et de personnes déplacées en RFY.

Nous allons ainsi procéder dès que possible à un ré-enregistrement des réfugiés de Croatie et de Bosnie Herzégovine et à une analyse de leurs intentions. Des informations préliminaires nous indiquent que près de la moitié de ces personnes désireraient s'intégrer localement, un pourcentage qui pourrait augmenter si les réfugiés perçoivent dans ces changements des perspectives économiques plus favorables. Les nouvelles autorités yougoslaves se sont engagées à respecter ce choix des réfugiés et même des personnes déplacées du Kosovo.

Une partie des réfugiés pourra donc se rapatrier et les relations normalisées entre la RFY d'une part, et la Croatie et la Bosnie Herzégovine d'autre part, faciliteront certainement l'accélération de ce processus.

La majorité pourra s'intégrer localement. Comme il l'a fait en Bosnie Herzégovine et en Croatie, le HCR devra s'assurer de la mise en place du cadre législatif et réglementaire qui permettrait une telle intégration (concernant la citoyenneté, la propriété, les retraites, etc.). Il conviendra ensuite de mobiliser les ressources nécessaires, notamment dans le cadre du Pacte de Stabilité, pour assurer l'aspect économique de cette intégration.

On peut donc être assez optimiste sur la possibilité d'une solution à relativement court terme du problème des réfugiés et personnes déplacées de Croatie et de Bosnie Herzégovine.

Il n'en va pas de même pour la situation des Serbes du Kosovo. Si quelques personnes sont rentrées, les conditions de sécurité demeurent trop précaires et les minorités serbes, et dans une certaine mesure Roms, continuent de vivre dans des enclaves isolées, sans liberté de mouvement et sans accès aux services publics.

Davantage de temps sera nécessaire et, là comme ailleurs, la solution du problème des personnes déplacées présuppose une solution au problème politique qui l'a créé, c'est-à-dire un réglement politique à long terme du statut du Kosovo.

LE PROGRAMME D'AIDE AU RETOUR DE LA SUISSE DANS LA PROVINCE DU KOSOVO

*Toni Frisch**

Le programme d'aide au retour de la Suisse dans la Province du Kosovo constitue indiscutablement l'une des principales originalités de la récente pratique suisse dans le domaine de la protection internationale des réfugiés. Je me limiterai à quatre points essentiels: un bref rappel des faits, les objectifs poursuivis par le programme d'aide au retour, les partenaires qui ont contribué à sa réalisation, la mise en œuvre du programme d'aide au retour proprement dite et le bilan provisoire de ce programme.

1. Rappel des faits

La Suisse a été l'un des pays d'Europe occidentale les plus touchés par le conflit dans la Province du Kosovo. Le 30 juin 1999, quelque 63'000 personnes en provenance de la République Fédérale de Yougoslavie (dont environ 60'000 personnes en provenance de la Province du Kosovo) ont été placées sous la compétence de l'Office fédéral des réfugiés. En raison de la situation dans le terrain, la majorité de ces personnes a bénéficié de l'admission collective à titre provisoire, ordonnée par le Conseil fédéral le 7 avril 1999. Le nombre de Kosovars admis sur le territoire helvétique est considérable, et démontre l'attachement de la Suisse à sa tradition humanitaire d'accueil. Il convient de mentionner également que l'une des raisons principales de l'attrait de notre pays est que les entreprises suisses ont recruté ces dernières décennies des dizaines de milliers de travailleurs immigrés en provenance de cette province. Avec leur famille, ils représentent aujourd'hui en Suisse une communauté de quelque 150'000 personnes. De plus, 30'000 Kosovars avaient déjà demandé l'asile en Suisse avant que n'éclatent les hostilités en mars 1999. Seule l'Allemagne peut faire état de chiffres d'une ampleur comparable. En situation de crise, les personnes qui fuient leur lieu d'origine ont le plus souvent la tendance de se rendre chez des parents. C'est pourquoi la Suisse et l'Allemagne ont été les principales destinations des Kosovars.

* Délégué à l'Aide Humanitaire, Chef du Corps suisse d'aide en cas de catastrophe;
Direction du développement et de la coopération, Département fédéral des affaires étrangères.

V. Chetail and V. Gowlland-Debbas (eds.),
Switzerland and the International Protection of Refugees
La Suisse et la protection internationale des réfugiés, 253-258.

Après la cessation des hostilités dans la Province du Kosovo et l'installation de troupes de maintien de la paix sous mandat des Nations Unies, la communauté internationale proclamait en juillet 1999 que le retour dans leur province d'origine des personnes déplacées durant la guerre était désormais possible. Le Gouvernement suisse prit ainsi le 11 août 1999 une décision allant dans ce sens et expliqua que les 60'000 Kosovars qui avaient trouvé refuge en Suisse n'avaient plus besoin de cette protection. Le 16 août 1999, la mesure d'accueil collectif provisoire des personnes déplacées par la guerre fut suspendue et il fut décidé de mettre en œuvre un programme d'aide au retour.

Le programme d'aide au retour de la Suisse dans la Province du Kosovo fut conçu à partir de l'exemple du programme qui avait été élaboré lors du conflit en Bosnie-Herzégovine. Celui-ci fut développé sur la base d'une décision du Conseil fédéral après la conclusion des accords de Dayton en décembre 1995. Ce programme d'environ une centaine de millions de francs suisses comportait à la fois des contributions directes aux individus et des contributions pour l'aide à la réintégration sur place. Ce programme fut couronné de succès. Il permit, en l'espace de deux ans et demi, le retour volontaire de quelque 12'000 personnes. La coopération mise alors en œuvre pour la première fois entre l'Office fédéral des réfugiés, la Direction du développement et de la coopération et l'Organisation Internationale pour les Migrations, ainsi que les structures et processus qui avaient été instaurés dans ce cadre, permirent de répondre de façon appropriée et efficacement au défi que représentait l'opération de retour dans la Province du Kosovo.

2. Objectifs du programme d'aide au retour dans la Province du Kosovo

Ce programme d'aide au retour est fondé sur deux objectifs centraux:

- la promotion et l'organisation d'un retour volontaire des personnes concernées chez elles;
- l'aide à la reconstruction en faveur de tous les habitants de la province.

Les mesures bilatérales et multilatérales adoptées à cet effet ont permis d'assurer:

- un soutien financier et matériel pour la réintégration des personnes retournant chez elles selon un calendrier pré-établi;
- la mise en œuvre de projets de formation en Suisse – dans les domaines artisanal et administratif – des personnes au bénéfice de ce programme;
- une assistance structurelle sur place sous la forme d'une aide humanitaire et d'une aide au développement.

L'aide financière et logistique entendent ainsi faciliter le retour dans la province et permettre aux intéressés de couvrir leurs frais à l'arrivée. Les montants versés ont été plus importants dans un premier temps, pour encourager les départs rapides, et décroissants dans un deuxième temps. Les projets d'aide au retour consistent à améliorer les perspectives de réintégration des intéressés, tant sur le plan social que sur le plan professionnel, et leur permettre d'acquérir des connaissances en vue de remettre en état ou de reconstruire des habitations détruites par la guerre. Ces formations permettront par la même occasion de faciliter la mise en oeuvre des programmes internationaux de reconstruction sur place auxquels la Suisse a contribué de manière substantielle.

3. Partenaires du programme d'aide au retour dans la Province du Kosovo

Le programme d'aide au retour a été développé sous l'égide de l'Office fédéral des réfugiés (ODR) qui relève du Département fédéral de justice et police et de la Direction du développement et de la coopération (DDC), attachée au Département fédéral des affaires étrangères. La DDC que je représente aujourd'hui, a pour mandat l'aide humanitaire au sens large, c'est-à-dire sauver des vies et soulager les souffrances. On pourrait penser que le programme d'aide au retour ne corresponde pas exactement à notre mandat. Le rôle et l'expérience de la DDC dans l'assistance humanitaire se sont toutefois avérés essentiels dans la mise en œuvre d'un tel programme sur le terrain. L'étroite collaboration entre les deux institutions a permis, en effet, une synergie dans l'intérêt des principaux intéressés. Concrètement, l'ODR était responsable en amont du bon déroulement du programme en Suisse, tandis que la DDC était en charge en aval de l'aide humanitaire sur place, dans la Province du Kosovo. Elle a assuré la distribution de l'aide matérielle aux personnes retournant chez elle, l'exécution des programmes de reconstruction et de développement sur place, et la mise à disposition de logements temporaires. La collaboration qui s'est instaurée entre nos deux institutions fut très constructive et constitue sans doute l'une des raisons de ce succès. Je dois dire également que tous les programmes d'aide au retour seraient impossibles sans le financement de l'ODR. Les programmes réalisés dans les Balkans sont financés en effet à 80% par l'ODR. Les fonds à disposition de la DDC ne pourraient donc jamais suffir pour réaliser de tels programmes.

Mais le programme d'aide au retour dans la Province du Kosovo ne serait pas possible non plus sans l'appui logistique de l'Organisation internationale pour les migrations (OIM). Celle-ci était en particulier chargée de l'organisation des vols à destination de la province, de l'accueil des personnes, du transport dans la région de retour et du versement de l'aide financière. Les œuvres d'entraide suisses ont également assuré un rôle de coordination sur place. La collaboration fructueuse entre tous ces différents partenaires nationaux et internationaux a permis la mise en place réussie d'un tel programme à grande échelle.

4. Mise en œuvre du programme d'aide au retour dans la Province du Kosovo

La mise en œuvre du programme de l'aide au retour est subordonnée à la réunion de cinq conditions cumulatives:

- la Province du Kosovo doit avoir été le dernier domicile légal avant le départ pour la Suisse;
- l'arrivée en Suisse doit avoir eu lieu avant le 1er juillet 1999;
- les personnes doivent être déjà enregistrées dans un centre d'enregistrement et avoir fait l'objet d'une audition;
- les personnes doivent être indigentes et ne doivent pas disposer de moyens financiers importants;
- et les personnes ne doivent pas avoir commis de délit.

Le programme d'aide au retour s'est déroulé en 3 phases successives sur la base d'un échéancier particulièrement précis.

Phase I: retour volontaire avant le 31 décembre 1999

Les personnes originaires de la Province du Kosovo arrivées avant le 1er juillet 1999 obtiennent pendant la première phase du programme une aide financière au retour d'un montant de 2'000.- FRS (pour les adultes) et de 1000.- FRS (pour les enfants de moins de 16 ans). C'est un stimulant modeste, trop peut-être pour les uns et insuffisant pour les autres. Par ailleurs, les personnes retournant chez elles reçoivent une aide matérielle sur place, sous la forme d'un kit de protection ("*Shelter Kit*"), leur permettant de procéder à la remise en état ou à la reconstruction d'un local d'habitation. Celles-ci bénéficiaient également d'un logement provisoire pendant la reconstruction, car notre souci principal était que personne ne doive dormir dehors.

Phase II: retour régulier avant le 31 mai 2000

La phase II prévoit une réduction de moitié des prestations offertes. Les personnes retournant durant cette phase se voient ainsi attribuer au titre de l'aide au retour une somme de 1'000.- FRS (pour les adultes) et de 500.- FRS (pour les enfants). Par ailleurs, elles peuvent opter, soit pour une aide sur place, soit pour une contribution aux frais de transport. Les montants prévus des versements en espèces sont les suivants: 1'000.- FRS pour 1 à 3 personnes et 1'500.- FRS à partir de 4 personnes.

Phase III: retour à partir du mois de juin 2000

A compter de cette date, il n'est plus possible de participer au programme d'aide au retour. Les personnes désireuses de retourner chez elles, de leur propre chef, après le 31 mai 2000, peuvent bénéficier de l'aide au retour normale, conformément aux dispositions générales applicables aux ressortissants de toute nationalité. Ces personnes n'ont pas droit à une aide matérielle sur place.

Les requérants d'asile provenant de la Province du Kosovo, arrivés en Suisse après le 30 juin 1999, obtiennent, après être partis de leur propre chef et ce, indépendamment de la date, le même type d'aide individuelle que les personnes de la phase III. Dans l'hypothèse où leur demande d'asile serait rejetée, ils devront quitter le pays dans un délai allant de 1 à 2 mois.

Les personnes devant être rapatriées sous la contrainte à la suite du refus de leur demande d'asile ne perçoivent ni aide au retour, ni aide matérielle. Il en va de même pour les délinquants, les personnes ayant menacé ou agressé des individus ou encore ayant violé grossièrement ou intentionnellement leur obligation de coopérer.

5. Bilan provisoire

Il est encore prématuré de dresser un bilan définitif de ce programme d'aide au retour. L'on peut cependant déjà affirmer que les deux premières phases ont été couronnées de succès. La mise en œuvre du programme a permis en effet le retour de plus de 32'000 personnes (18'597 dans le cadre de la phase I, et 14'045 dans le cadre de la phase II).

L'on a souvent parlé des réfugiés Kosovars en Suisse et de l'aide offerte par notre pays, à la fois sur territoire helvétique et à travers le programme suisse d'aide au retour. Cependant, l'action de la Suisse dans cette région ne s'est pas seulement limitée à ce programme d'aide au retour. Il convient de rappeler, en effet, que nous avons également fourni, durant tout le conflit, une assistance humanitaire substantielle aux personnes restées sur place résidant sur l'ensemble du territoire de la République Fédérale de Yougoslavie et qui ont dû endurer la guerre. La Suisse a fourni par ailleurs une aide humanitaire à l'Albanie, l'un des pays les plus pauvres de l'Europe, peuplé de deux millions d'habitants et qui a dû faire face soudainement à l'arrivée massive de 450'000 réfugiés en provenance de la Province du Kosovo. J'aimerais mentionner à titre d'exemple et à ce propos, le programme "*Cash for Shelter*" qui a bien fonctionné en Albanie et permis l'accueil de milliers de familles chez des particuliers.

Egalement, la Suisse a financé directement la reconstruction de 1'500 maisons dans la Province du Kosovo avec pour condition que les bénéficiaires de cette aide accueillent une famille de réfugiés de retour dans la province à la fin des hostilités. Un système similaire, "*Compensation for shelter*" a aussi été mis en oeuvre avec grand succès en République de Serbie, mais sans contribution à la reconstruction. Une famille acceptant de loger une autre famille de déplacés recevait ainsi 60.- DM par mois. C'est peut-être beacuoup ou peut-être pas assez. Mais c'est ce type d'initiative qui a permis à ce que près de 70'000 personnes aient pu vivre et survivre dans des logements de particuliers, le plus souvent des parents ou des voisins.

Nous participons aussi, en étroite collaboration avec le HCR, à la protection des personnes déplacées à l'intérieur en République de Serbie et au retour de populations serbes en Krajina et dans la Republika Srbrska. La Suisse a toujours cherché à instaurer un équilibre entre toutes les minorités de la région. Chacun a droit de vivre en sécurité, en communauté et dans la dignité. Dans cet esprit, nous nous sommes aussi efforcés d'établir un équilibre entre les personnes qui avaient trouvé refuge en Suisse et celles qui avaient dû rester sur place, afin que ces dernières ne soient pas défavorisées. Le programme de retour des réfugiés n'est donc qu'un des multiples aspects de la politique humanitaire de la Suisse dans l'ensemble de la région des Balkans.

L'aspect essentiel du programme d'aide au retour dans la Province du Kosovo réside dans l'aide à la reconstruction de la région. Il s'agit en effet de construire un avenir pour toutes ces personnes. Il ne faut donc pas seulement un toit. Il faut aussi une infrastructure et une économie. La Suisse s'apprête dorénavant à se lancer également sur cette voie. Déjà dans le programme antérieur qui concernait la Bosnie-Herzégovine, la Suisse avait contribué directement à la reconstruction physique du pays. La moitié de notre budget était alors affectée aux individus et l'autre moitié aux collectivités. Nous avons ainsi contribué au déminage de la région, à la construction d'écoles, au développement de l'agriculture, à la création d'emplois. Très récemment, nous avons conclu un accord avec les banques et des structures sur place pour encourager les possibilités de petits crédits, afin de faciliter le démarrage de l'économie privée. La reconstruction du pays pourra prendre des années et même dix ou vingt ans. Le travail, qui a été accompli en étroite collaboration avec les organismes nationaux et internationaux, en est une première étape. Il reste encore beaucoup à faire pour assurer une paix stable et durable dans la région. Mais la Suisse s'efforcera d'y apporter sa contribution.

DEBATE

under the chairmanship of Vera Gowlland-Debbas, Graduate Institute of International Studies

DEBATS

sous la présidence de Vera Gowlland-Debbas, Institut universitaire de hautes études internationales

ROUND TABLE/TABLE RONDE:

Jean-Luc Maurer (Directeur, Institut universitaire d'études du développement)
Je voudrais tout d'abord dire que je ne veux évidemment pas donner des leçons aux hommes et aux femmes de l'art qui ont à se frotter au quotidien à la complexité des politiques en matière de réfugiés et d'asile, et encore moins faire des critiques aux personnes qui se sont penchées sur la législation en la matière, et les difficultés auxquelles ils se sont confrontés pour faire avancer les choses. Au risque d'être simpliste, il faut toutefois prendre un peu de distance et j'essaierai de prendre cette distance maintenant que nous nous s'interrogeons sur le type de solutions globales qui peuvent être envisagées par rapport à ce vaste problème. C'est – je pense – ce que vous êtes en droit d'attendre de quelqu'un qui n'est nullement un spécialiste des questions de réfugiés, et encore moins un juriste, mais qui vient du domaine du développement, avec une expérience assez longue de ces problèmes dans plusieurs pays du Sud producteurs de réfugiés.

La seule solution vraiment durable au problème de réfugiés est l'adoption à l'échelle mondiale d'un modèle de développement équitable et durable, qui garantisse la paix et la sécurité, des conditions de vie décentes pour toutes les sociétés de l'humanité, où qu'elles se trouvent, où qu'elles vivent, au Nord, au Sud, à l'Est et à l'Ouest. Alors certes allez-vous me dire c'est une vision assez générale et fort utopique, et nous sommes fort loin d'une solution durable en la matière. On peut même se demander si les conditions qui président actuellement à la phase de globalisation économique dans laquelle nous sommes engagés depuis la fin de la guerre froide, avec les phénomènes d'inégalités croissantes entre les pays et à l'intérieur des pays entre les régions que cela entraîne, avec les phénomènes d'exclusion et de marginalisation qui sont à l'oeuvre un peu partout sur terre, ne nous éloignent pas encore un peu plus de ce type de solution. Je crois toutefois qu'il ne faut pas abandonner la poursuite de cette utopie, et la recherche d'un modèle alternatif de développement durable et équitable, qui relèverait plus des principes de liberté, d'égalité, de solidarité, solidarité que l'on appelait en 1789 fraternité. Tous les principes que propose par exemple un grand esprit comme Amartya Sen, prix Nobel d'économie il y a deux ans. Il propose dans son dernier ouvrage un changement paradigmatique du développement : le développement comme liberté, à la place de ce qui préside actuellement à la globalisation, fondée davantage sur la recherche infinie du profit, la poursuite de la croissance sans fin, de la productivité, de la rentabilité, de la consommation effrénée. Même si ce but est lointain je crois qu'il reste valable, et que pour pouvoir l'atteindre un jour, il n'y a pas d'autre solution que d'étendre le champ de la gouvernance mondiale, c'est-à-dire de renforcer les mécanismes internationaux qui sont seuls à-mêmes de réguler cette globalisation, de créer progressivement les conditions de paix, de sécurité, de vie décente que je mentionnais à l'instant. Et de ce point de vue, nous avons vu un certain nombre d'exemples qui vont dans cette direction là, qui essaient de contribuer justement à élargir le champ de ces mécanismes.

Tout en oeuvrant à l'émergence progressive d'une gouvernance mondiale qui est mieux à même de garantir ce développement durable et équitable à l'échelle planétaire, n'y a-t-il pas d'autres choses un peu plus concrètes à envisager? Je crois qu'effectivement il y a en la matière trois types de mesures, qui, bien que partielles et temporaires, pourraient contribuer à faire émerger cette solution durable. Je ferai des remarques à trois niveaux du processus caractérisant le phénomène des réfugiés: premièrement au niveau de la prévention, et je vous demanderai de mettre ce mot "prévention" entre guillemets, car je crois que c'est véritablement quelque chose d'assez utopique aussi, la "prévention" du phénomène des réfugiés; deuxièmement au niveau de l'accueil et de l'intégration des demandeurs d'asile et les réfugiés et troisièmement au niveau du retour des réfugiés et de leur réintégration dans les pays d'origine.

Pour ce qui est de la "prévention", il me semble qu'à ce stade le meilleur moyen dont nous disposons dans les pays du Nord, les pays donateurs, les pays développés – appelons-les comme on veut – pour contribuer à prévenir les situations de crise, politique, économique et environnementale, qui sont à l'origine de la violence, de la pauvreté, est de rechercher à notre propre niveau une plus grande cohérence au niveau de nos politiques extérieures. Ce thème de la cohérence comme vous le savez est crucial depuis les années 1990 au sein de l'OCDE. Le Comité d'aide au développement depuis 1991 l'a adopté comme un des principes moteurs de son action. Que signifie la cohérence en des termes simples? Cela veut dire arrêter – comme on le fait depuis cinquante ans – de défaire de la main gauche ce qu'on fait de la main droite, c'est-à-dire essayer de coordonner un petit peu les choses, et notamment, éviter que ce qui se fait de la main gauche, celle de la coopération internationale au développement, de l'aide publique au développement, soit systématiquement ignoré, et même je dirai miné souvent, par ce que fait la main droite, celle du commerce, des mouvements de capitaux, des investissements, etc... A ce sujet d'ailleurs, un des grands éléments d'incohérence est de voir que l'on demande à la coopération internationale au développement de jouer des rôles de plus en plus importants et variés, tout en réduisant de plus en plus les moyens dont elle dispose. L'aide publique au développement est en baisse croissante dans tous les pays de l'OCDE comme vous le savez. La Suisse ne fait pas exception à la règle malheureusement; le bel objectif des 0,8% du PNB est un rêve dont on n'ose même plus parler finalement, c'est presque indécent. Et la Suisse malgré tout est elle-même aussi engagée, et je crois de manière très positive, dans la recherche d'une plus grande cohérence. L'exemple que nous a donné Monsieur Frisch, d'une coordination étroite entre l'Office des réfugiés et la DDC contribue à cela. Elle a adopté en 1995 ce que l'on appelle les lignes directrices Nord-Sud, pour donner des lignes directrices à sa politique extérieure. Cela dit, en dehors de certains exemples comme celui qui vient d'être nommé, je crois qu'il y a encore énormément à faire. Depuis cinq ans, ces lignes directrices Nord-Sud restent quand même encore largement sur le papier. Dans notre pays, peut-être plus qu'ailleurs, j'ai le sentiment, pour m'y frotter un peu au quotidien, d'une compartimentation extraordinaire entre les différents offices de l'administration publique, entre l'administration publique et les milieux d'affaires, entre ces deux là et la société civile dont fait partie le monde universitaire. Je ne donnerai qu'un seul exemple: comment peut-on imaginer par exemple qu'il n'est pas totalement incohérent qu'au moment où l'ancien OFAEE, devenu le SECO, soutenait, grâce à des mécanismes divers dont les fameuses garanties aux exportations, la construction d'un barrage dans le sud de la Turquie à la frontière de la Syrie et de l'Irak, en terre kurde bien évidemment, la Suisse était obligée d'accueillir un grand nombre de réfugiés kurdes. Donc de la main droite si vous voulez on investissait, on donnait des garanties à nos entreprises pour participer à cet immense chantier, et de la main gauche il fallait que l'on fasse face à l'afflux de réfugiés kurdes qui venaient dans notre pays parce que tout simplement la construction de ce barrage créait d'énormes problèmes dans la région de déplacements de populations et de violences. C'est un exemple parmi tant d'autres. Je crois qu'on pourrait en trouver beaucoup. Cette recherche d'une plus grande cohérence est absolument fondamentale.

Le deuxième élément qui me semble important est l'accueil et l'intégration. Ne pourrait-on pas avoir le courage de changer de perspective, et arrêter de considérer que les réfugiés, et plus largement d'ailleurs les migrants, sont un poids plutôt qu'un atout ? Nous ne sommes plus au début des années 1970 où le monde occidental était confronté à des problèmes de chômage croissant. Vous savez qu'en fonction de la dénatalité, du vieillissement de la population de la plupart des pays du Nord – les Etats-Unis étant à cet égard, pour le meilleur et pour le pire, une exception dont il faut tenir compte effectivement – sont confrontés à des problèmes de main d'oeuvre, qui mettent en danger leur propre développement durable, et dans le développement durable je pense qu'il nous faut penser au fait de garantir les pensions de nos retraités. Je ne vous donne qu'un seul chiffre qui vient des rapports récents des Nations Unies et de l'Organisation Internationale pour les Migrations. Il est prévu qu'entre 2000 et 2050, la population européenne diminuera de 13%, et que le pourcentage des personnes âgées de plus de 65 ans augmentera de 16 à 29% de la population. Pour faire face à ce phénomène démographique absolument colossal, il faudrait en fait avoir recours à 80 millions d'immigrants qui viendraient compenser ce problème majeur auquel on est confronté. Face à cela, ne pourrait-on pas changer un petit peu notre perspective, et comme je le disais à l'instant, au lieu de considérer les migrants comme un danger, il conviendrait de les considérer comme une ressource. Vous savez par exemple que l'Allemagne a essayé de mettre en place un plan pour recruter 20'000 personnes qualifiées dans le domaine de l'informatique. Mais l'Italie, pays d'émigration traditionnelle s'il en est, est elle-même confrontée à des pénuries de main d'oeuvre. Et maintenant, les pays du Maghreb qui eux sont producteurs de main d'ouvre pour l'Europe, sont eux-mêmes, Tunisie en premier, confrontés à des pénuries de main d'oeuvre. Donc là, véritablement, on doit avoir le courage, quelque soit le coût politique de l'affaire, de poser le problème différemment. Et je crois que cela contribuerait peut-être à faire émerger les solutions durables dont on parle ici.

Le troisième point concerne l'aide au retour et à la réintégration. Des choses très positives nous ont été dites pour ce qui est du cas de la Yougoslavie, par Monsieur Frisch et Monsieur Mouchet à l'instant. J'aimerais quand même proposer que l'on essaie d'aller un pas plus loin en proposant la chose suivante. Est-ce qu'au-delà de ce que l'on pourra appeler le kit de retour (2'000 francs par adulte, 1'000 francs par enfants, et tout un tas de mesures très intelligentes et mesurées) on ne devrait pas essayer de considérer les *returnees*, les réfugiés qui retournent dans les pays dont ils sont partis, comme des partenaires? Ils sont peut-être les ambassadeurs, les médiateurs, les messagers d'un partenariat accrû entre les pays dont ils sont originaires et où ils retournent, et ceux dans lesquels ils ont séjourné temporairement. On n'a pas assez travaillé sur cette question là, et cela contribuerait certainement à une solution durable. Pendant les quelques mois voire parfois années, où ils sont restés dans le pays d'accueil, ils ont noué des contacts, ils ont acquis des qualifications, ils ont appris des langues étrangères, ils ont appris à vivre des relations inter-culturelles compliquées dans le pays d'accueil où ils étaient, et en un sens, ils pourraient être des vecteurs formidables, justement d'un dialogue inter-culturel peut-être un peu moins déficient, et peut-être d'une chance plus grande de solidarité pour l'humanité. Je voudrais juste donner un exemple à ce sujet qui est tiré de la petite expérience que nous avons à l'Institut universitaire d'études du développement. Nous avons accueilli pendant des années un contingent assez important d'étudiantes colombiennes, qui étaient pour la plupart impliquées dans des mouvements de la société civile. Vu la violence qui règne dans ce pays, elles ont pensé à un moment ou à un autre qu'il était peut-être utile de prendre un peu de distance; elles sont venues étudier à l'Institut universitaire d'études du développement, ont obtenu des diplômes, et au fil des ans, ce sont elles qui ont contribué, en ayant vécu en Suisse, en ayant noué des contacts, à ce que la Suisse aujourd'hui soit en train de jouer un rôle relativement important dans la recherche d'une solution à la guerre civile qui règne en Colombie. Voilà le type de médiateurs auxquels je faisais référence tout à l'heure.

Ce sont trois pistes qui ne sont pas des solutions durables, mais qui peuvent peut-être contribuer à ce qu'à terme une solution durable au problème des réfugiés puissent émerger. Mais je le répète, et c'est vraiment ma conclusion, la solution durable en question, c'est évidemment de travailler à l'émergence d'un modèle de développement équitable et durable, alternatif à l'échelle planétaire, sans quoi je ne vois pas de solution durable du tout, je ne vois que de simples pansements sur des jambes de bois.

Guy S. Goodwin-Gill (Wolfson College, Oxford University)
One aspect I wanted concentrate on which has not received sufficient attention the solution of resettlement. Resettlement in 1999 benefited some 117,127 refugees, a very small drop in the ocean. By resettlement I am talking about resettlement in a third country, *réinstallation dans un pays tiers*. Erika Feller mentioned that the Swiss resettlement quota is presently frozen. It is something to be deplored, because resettlement is no less important than asylum or assistance to refugees overseas, from a human dimension. We are aware very much in Europe today of the demographic deficit, which is going to strike individual countries at different levels over the next 50 years. In Italy for example, it is estimated that the population will fall by some 28%, in Estonia some 33%. Some countries will be relatively well off, particularly those that have actually engaged in immigration over the past years. There is clearly then a self-interested dimension as there always has been to the resettlement of refugees. Does it have a legal dimension in the overall regime of international protection? I think it probably does, even though it is not quite as clearly delineated, as are the principles of refugee definition and asylum. But the international legal regime, considered as a system of rules and obligations and rights, is of course somewhat incomplete. Nonetheless that is no reason to maintain such a narrow focus. There is no necessary reason to view this incompleteness as necessarily a negative fact, but rather as a source of challenge, as a reason for developing imaginative and principled responses to the needs of the many numbers of refugees throughout the world.

Our own experience of resettlement throughout Europe and North America and the southern hemisphere has been generally extraordinary positive. There are of course challenges on both sides, challenges to receiving communities and to the refugees themselves. I well remember a cartoon that was published at the time of the Indochina refugee crisis. It represented a large indigenous native saying to a small arriving refugee "what about the culture clash?" And the small arriving refugee said "don't worry, we promise not to work too hard." So there are culture adaptation problems on both sides but they are not insuperable.

Resettlement has a major protection role to play. It is not only a matter of life or death, taking a refugee out of a temporary refuge in which his life is nonetheless threatened. It is also a solution, which is after all the goal of protection. The reality that few countries presently have committed themselves to regular intakes is something that we have to deal with, and again UNHCR's figures are telling. But we should aim to get away once and for all from the language of last resort which seems to have configured UNHCR's discourse over the last ten years, and the language of the least preferred option. By pretending that resettlement is something exceptional, UNHCR during the last decade effectively cut the ground from under its feet, and is in no small measure responsible for the poor resettlement figures that we see today.

In many respects the problems faced by resettlement, that is, the promotion, facilitation, and implementation of resettlement as a solution for refugees, are the same as those facing the refugee phenomenon at large. What we have seen over the last decades, is a retreat from, or even a deterioration of support for established rules or principles: A lessening commitment overall to asylum as an institution to be cherished and preserved and an unwillingness at the highest political level, international and regional, to commit proactively either to solutions or to causes. There are no adequate principles by which to make international responsibility for solutions a working reality. Pragmatic responses can always or often have a damaging impact on situations which ought to be dealt with on a principled basis. Quite obviously we have to deal from time to time with wariness and weariness on the part of all actors, some of which comes from the fact that very often States and international organisations just do not know what to do in the face of many of today's issues. One can understand the reluctance of States to commit themselves to resettlement or to causes or to development or to mediation without adequate assurances of support. The unfortunate consequences will surely include, as history confirms, both the repetition of tragedy and increasing pressures to move in search for asylum.

As an international lawyer, you might want to ask me "what does law have to do with all this?" I think that the object and purpose of a resettlement legal sub-system, if I can call it like that, is one in which law can be seen as a setter of standards, which may include rules and obligations. But it is also as a tool, a facilitator, which may serve States and international organisations, amongst others, to achieve particular goals. Law can serve those ends at various levels, it can work at the international and national level; it can work at the regional and institutional level, it can help to promote the sort of essential internal and external culture of international intergovernmental institutions. The system that is international refugee law is the construct of States and it is necessarily premised upon certain fundamental principles of the community of nations, including sovereignty. The United Nations Charter still sets out that basic constitutional doctrine of independence, sovereignty and equality. And it is a fact of life that States see very differently their responsibilities towards refugees physically present on their territory, and towards refugees physically present on someone else's. We see that illustrated in the presentations of this conference dealing with the safe third country or first country of asylum concept. We see different perceptions of responsibility in the development of readmission agreements, in the focus on so-called irregular movements, and in the generally unsympathetic discourse directed at those who are sometimes labelled self-selected refugees. But State sovereignty is and remains an issue, and States continue to guard jealously the principle that the decisions on entry and exclusion of non-nationals are exclusively matters within domestic jurisdiction. Consequently, resettlement as a solution has to operate within those premises. But sovereignty is not an absolute concept, and the rules and principles of international law do and ought to contribute to resettlement in both its protection and solutions aspects.

I just want to highlight a couple of elements in what I perceive to be the relevant international law dealing with resettlement in the refugee regime. International law helps us to establish certain overall objectives. These include the duty of all States to protect the human rights of those within their territory or jurisdiction, such human rights covering not only the rights to life and liberty, but also the right of family unity and the particular rights of the child. International law also helps us to identify the obligations of all States, and as the UN Charter confirms, the obligation of all States to cooperate generally and specifically, in the solution of humanitarian problems. Look also at the preamble of the 1951 Convention, United Nations General Assembly resolutions dealing with the UNHCR and refugees, and at the Excom conclusions. The problem with this approach is that you can deduce anything from general principles, but I am a good positivist and I am going to resist that temptation and try to proceed inductively. Thus, there are instances of good, successful cooperation, in which resettlement amongst others has played the role of providing durable solutions for refugees. The Comprehensive Plan of Action, with all its faults in regard to the Indochina refugee problem, is one instance; the CIREFCA Plan in Central America is another. It does seem reasonably clear now that satisfactory solutions to large-scale cross-border movements are very much dependent on comprehensive, cooperative arrangements that deal not only with protection, but also with assistance and causes, while they also reflect a broader spectrum of solutions, not just return, reintegration, but also resettlement.

The second lacuna, which I would have picked up, relates to conflict prevention in particular. I do not think that you have to endorse the utopian philosophy to recognise what can in practice be achieved in this regard. The United Nations took some steps on early warning in the context of prevention as early as 1987-1988. But not enough is invested in early warning and conflict prevention as it might be, and there is an element that must be incorporated within a comprehensive, or to use my colleague's word, coherent approach to the question of solutions for refugees here and now, and in the future.

DISCUSSIONS:

Victor-Yves Ghebali (Institut universitaire de hautes études internationales)
J'aimerai revenir sur un point qui a été soulevé par les deux intervenant, c'est-à-dire la prévention. Deux types de prévention sont concevables. Il y a d'abord la prévention qu'on appelle la prévention opérationnelle et je crois que Jean-Luc Maurer y a fait allusion, c'est-à-dire la prévention destinée à empêcher qu'un conflit n'éclate. Il faut être franc. Les Etats n'aiment pas la prévention pour différentes raisons. Je dirais par exemple que quand vous avez besoin d'argent pour faire de la prévention, vous vous adressez au parlement ; mais pensez-vous qu'il soit possible au parlement de vendre un conflit qui n'a pas encore existé? Il faut donc malheureusement oublier cet aspect de la prévention. Tout le monde rend hommage à la prévention mais on n'en fait pas. On l'a fait dans un seul cas qui est celui de la

Macédoine, avec la force des Nations Unies, et malheureusement cette force a été retirée en 1999 à cause de la Chine qui s'est opposée au renouvellement du mandat uniquement parce que la Macédoine avait conclu un accord avec Taiwan.

Mais il existe une seconde forme de prévention qui est beaucoup plus intéressante: la prévention structurelle, qui est l'approche retenue par le Pacte de stabilité. C'est ce qu'on appelle le *conflict recurrence prevention*, c'est-à-dire empêcher qu'un conflit qui a éclaté et que l'on a éteint provisoirement ne puisse se rallumer. Dans le cas du retour des réfugiés, il ne faut pas oublier que ces réfugiés que l'on essaie de faire retourner dans leur pays d'origine ne sont pas partis à cause d'une catastrophe naturelle, ce sont des haines profondes qui ont provoqué cela. L'ethnicité n'est pas quelque chose de fatal, ce n'est pas parce qu'il a des différences ethniques que nous avons forcément des conflits. C'est là où l'approche du Pacte de stabilité est extrêmement valable. A partir du moment où vous offrez à des populations un minimum de démocratie, un minimum de conditions économiques décentes, l'importance du facteur ethnique diminue. Je ne vais pas jusqu'à dire que l'ethnicité est soluble dans le développement économique et la démocratisation, mais je crois que cela peut jouer un grand rôle. Ma dernière remarque concernera les ONG. Effectivement à ma connaissance les ONG ne sont pas des acteurs directs, ce sont des partenaires, et ce que j'ai omis de dire plus haut c'est que le succès du Pacte de stabilité dépend de trois facteurs. Le premier est le financement. Le financement n'est certainement pas suffisant, néanmoins il y a une volonté de faire quelque chose parce qu'auparavant la communauté internationale se paie de mots, fit de très belles phrases, et ne mettait pas la main à la poche, au portefeuille; or il y a tout de même des fonds relativement importants qui ont été débloqué même s'ils ne sont pas aussi importants qu'on le voudrait. Le deuxième facteur du succès du Pacte de stabilité, repose sur les ONG. Les ONG sont l'oxygène de la société civile; et si les ONG ne participent pas et ne créent pas des conditions endogènes propres à la démocratie et à l'économie de marché, le Pacte de stabilité ne marchera pas. Et enfin la troisième condition est l'inclusion de la République fédérale de Yougoslavie dans le Pacte de stabilité, et comme Monsieur Mouchet l'a rappelé la Yougoslavie a été intégrée le 26 octobre 2000 au Pacte de stabilité.

Jacques Mouchet (Coordinateur, Unité de Coordination Europe du Sud-Est, HCR) Sur la question des ONG et du Pacte de stabilité, je crois qu'il faudra que l'on fasse d'avantages de progrès. Les ONG n'ont pas le rôle qui devrait être le leur au sein du Pacte de stabilité, et ceci a encore été rappelé à la dernière réunion que l'on a eu à Bucarest en octobre 2000. Il faudra que l'on trouve une meilleure forme d'association. Quelques efforts sont entrepris dans ce sens, mais c'est encore largement insuffisant. On a beaucoup parlé de la réinstallation comme solution, réinstallation en pays tiers, je crois que cet aspect est très important. Simplement pour que les faits soient connus, il y a quand même eu dans l'ancienne Yougoslavie quelques dizaines de milliers de personnes qui ont été réinstallées, je pense aux Serbes de Krajina, qui continuent de l'être en ce moment, je pense à beaucoup de

Bosniaques, qui venaient en Croatie dans les années 1991-92. Cela a quand même fait partie de l'ensemble des solutions même si elles n'ont pas eu l'importance qu'elles devraient avoir. Enfin simplement un mot pour mettre de l'eau au moulin de la prévention. Je me souviens que le HCR a été beaucoup critiqué, après la tragédie du Kosovo pour l'absence de préparation, ce qui était sans doute un peu vrai, mais il faut ici rappeler que tous les pays disaient qu' "il n'est pas question de se préparer à l'arrivée de nouveaux réfugiés, au contraire, il faut se préparer à la réintégration de personnes déplacées, parce que ce conflit ne durera que quelques jours".

Jean-Luc Maurer (Directeur, Institut universitaire d'études du développement)
Je n'abandonne pas totalement l'idée que l'on puisse être plus efficace en matière de prévention. Dans le cadre suisse, cela fait des années que je suis parmi ceux qui suggèrent que l'on crée des commissions tripartites au niveau fédéral pour chacun de nos grands pays partenaires dans lesquelles on aurait des représentants d'administrations publiques et des divers offices de l'administration publique, des gens des milieux d'affaires et des milieux économiques, des gens de la société civile, qui peuvent jouer un rôle de *early warning system* par rapport à des conflits en phase d'émergence. Ils auraient ensuite peut-être un rôle à jouer en terme de recherche d'une plus grande cohérence des politiques, et malheureusement si les conflits éclatent, peuvent jouer un rôle en terme de bons offices.

Toni Frisch (Chef, Division Aide humanitaire et Corps suisse en cas de catastrophe)
Juste une dernière remarque sur ce que dit le Professeur Maurer. Vous avez fait mention de trois points, et je suis entièrement d'accord avec les propositions que vous avez faites. Je souligne seulement au point trois vous avez dit d'utiliser si le mot est correct les retournants comme ambassadeurs, ou les respecter comme partenaires. Soyez assuré que cela n'est pas seulement dans leur intérêt, c'est le nôtre aussi, et celui de tout le monde. Nous nous basons sur les principes de la coopération au développement qui se base sur la ligne fondamentale selon laquelle ces personnes sont des partenaires. Je suis tout à fait d'accord avec votre proposition.

CONCLUDING REFLECTIONS ON THE INTERNATIONAL PROTECTION OF REFUGEES

*Vera Gowlland-Debbas**

INTRODUCTION

This book presents a rich palate of issues at the heart of which is the question of how to strengthen the international legal protection of those people who find themselves for a variety of reasons coerced into leaving their home.

This problematic of international legal protection is seen here from the perspective of Switzerland, but it is clear that the refugee problem in Switzerland cannot solely be addressed from a parochial perspective – particularly in this era of globalization, interdependence and permeability of borders. The Swiss experience is not unique. It reflects the experience of many refugee-receiving States: the constant balancing act between on the one hand, the tensions between security, political and humanitarian concerns and on the other, the need to preserve an international refugee protection regime which remains an essential component of international law and relations for so long as political solutions are not brought to the root causes of refugee exodus. Hence the importance of this widening of both perspectives and solutions to include the European and international dimension.

Rather than sum up the debate, I would like to make some personal reflections from my perspective as an international lawyer and with the aim of carrying the reflection further and outward.

1. THE IMPORTANCE OF MAINTAINING THE SPECIFICITY OF THE REFUGEE CONDITION

This book focuses on refugees not migrants. The conceptual difference between migrants and asylum-seekers is of course well known, but it is nevertheless important in this context to emphasize the distinction once again, for the two categories have been consciously or unconsciously blurred in recent rhetoric and public perceptions. It is paradoxically the institution of asylum rather than that of immigration that has

* Professor of Public International Law, Graduate Institute of International Studies.
Some sections of this chapter draw on an article by the same author entitled "European Asylum Policies and the Search for a European Identity", *in* Lars-Erik Cederman (ed.), *Constructing Europe's Identity. The External Dimension*, Lynne Rienner Publishers, Boulder/London, 2000.

V. Chetail and V. Gowlland-Debbas (eds.),
Switzerland and the International Protection of Refugees
La Suisse et la protection internationale des réfugiés, 269-283.

constituted one of the most important challenges to State sovereignty and led to the recent prioritisation of the question of asylum on the European agenda. One can reflect on the reasons for this.

It has been said that migrants are movers *par excellence*. On the contrary, the basic absence of a real freedom of choice and movement is the essence of the refugee's condition. While it is not easy in practice to determine which movements are coerced and which are not – and it is perhaps more accurate to speak of a continuum for there is a whole range of complex situations between voluntary and involuntary migration – nevertheless the status of refugees in its broad sense is based on the notion of "disfranchisement or breakdown of basic membership rights… " since it pertains to groups of persons outside their state of origin who have been effectively deprived of the formal protection of their government and of their basic right to belong to their community.[1] International law thrives on abstractions and the concept of statehood is one such abstraction, but so is the essential legal link – the umbilical cord – which binds an individual to his state. The problem is that the severance of this link for a variety of reasons (whether *de facto* through loss of protection, or *de jure* through loss of nationality) results in an anomaly, a malfunction of the interstate system.

The first consequence of this is that where the loss of protection from one's country of origin results in a refugee condition, other states will be faced with claims for interim substitute protection. The second consequence is that it presents states with a conundrum, for unlike migrants, these individuals, even if unwanted, cannot be returned to their country of origin, at least not until the conditions which led to their coerced movement have been removed.

In short, while both migrants and asylum-seekers constitute cross-border movements and pose problems of entry and presence, when faced with asylum-seeking populations a State's choice cannot be totally discretionary, since the response can no longer be based on intrinsic policy factors alone – i.e. domestic, economic, political and social factors – but must be determined by extrinsic factors, i.e. response to conditions outside one's country and region and the need to assume international obligations freely undertaken. The claim of individuals to protection and their inability to reintegrate their countries of origin therefore places tremendous pressures on the traditional basic premises of international law and relations, namely the sovereign rights of States to control admission into their territories. In short, the assumption of international legal obligations inevitably sets constraints on States who have constructed their identity on such foundations as democracy and the rule of law.

---

[1] See generally, James Hathaway, "A Reconsideration of the Underlying Premises of Refugee Law", *Harvard International Law Journal*, vol.31, 1990, pp. 129–183; and by the same author, "Reconceiving Refugee Law as Human Rights Protection", in *Problems and Prospects of Refugee Law*, Vera Gowlland and Klaus Samson (eds.), Graduate Institute of International Studies, Geneva, 1992, pp.9–30.

The fact that 80% or more of asylum-seekers today may well not fit the Convention definition of a well-founded fear of persecution,[2] does not mean that individuals fleeing from armed conflict situations or a combination of root causes should automatically be assimilated to the category of economic migrants, drug traffickers or other unwanted category. It is important to bear in mind that definitions are relative. The definition given in the 1951 Convention is one which is meant to serve strictly the purposes of the Convention, i.e. the grant of durable asylum on the territory of a State party. Someone who is not considered a refugee for purposes of asylum in European States bound by the 1951 Convention may nevertheless be considered to be a refugee falling within the mandate of UNHCR ("refugees of concern to UNHCR") or recognised as such by States parties to the broadened refugee definition given in the OAU Convention Governing the Specific Aspects of Refugee Problems in Africa.[3]

However, to separate the *bona fide* from the so-called "fake" refugees means processing asylum claims through costly determination procedures, which, in consequence of the restrictive application of the Convention, is relevant to increasingly smaller segments of the asylum-seeking population. The percentage of asylum-seekers deemed to be *bona fide* refugees has dropped dramatically in all European countries. States are then faced with the question of what to do with the large majority of those who are determined not to be Convention refugees and who nevertheless cannot be returned to their countries of origin because of the insecure conditions prevailing there due to international or internal armed conflict or to other situations of generalised violence. In a large number of cases, rejected asylum-seekers disappear underground. In some cases, however, these individuals are granted temporary protection at the discretion of the receiving State. However, even though such temporary protection has been institutionalized in the domestic law of some countries (as for example recently in Switzerland[4]), it remains a protection which can be and has been ended at the host state's discretion (as the case of Bosnian refugees has well illustrated). While it is important that temporary solutions be found for such individuals since they share a common characteristic – they cannot be returned while the conditions in their countries of origin continue to be untenable – such protection limited in time and linked to the process of return should however be

[2] See the definition in Article 1 A (2) which states that the term "refugee" for purposes of the Convention, shall apply to any person who: "...owing to well-founded fear of being persecuted for reasons of race, religion, nationality, membership of a particular social group or political opinion, is outside the country of his nationality and is unable or, owing to such fear, is unwilling to avail himself of the protection of that country... "

[3] Which extends the definition in Article I (2) to "every person who, owing to external aggression, occupation, foreign domination or events seriously disturbing public order in either part or the whole of his country of origin or nationality, is compelled to leave his place of habitual residence in order to seek refuge in another place outside his country of origin or nationality".

[4] See *supra* the chapter by Jean-Daniel Berger, "Institution et intégration de la protection temporaire dans la législation suisse" in this volume.

internationalized, i.e. become a part of and conditioned by the international protection system.

2. The Importance of Maintaining the Integrity of the 1951 Refugee Convention

Whatever its shortcomings, the 1951 Convention and its update the 1967 protocol remain the only universal instruments specifically dealing with the international protection of refugees (apart from the two instruments on refugee seamen). It is a cliché by now to point out that the Convention was concluded in the particular framework of the Cold War at a time when the political interests of Western European States coincided with their humanitarian concerns, and that the core of the refugee definition – i.e. persecution – then corresponded well to the image of the political opponents of communist regimes.

It is also true however that the changed political conditions and categories of persons seeking asylum (the vast majority of whom are fleeing situations of armed conflicts) have served to highlight certain inadequacies of the Refugee Convention, such as the subjectivity of its definition, which opens it out to varying and increasingly restrictive interpretation by national bodies, the politically loaded nature of the term "persecution", or the Convention's glaring omission from the definition of a refugee of any reference to sex as a ground for persecution, which leaves the majority of women asylum-seekers outside its protection net.

This dilemma in refugee protection has determined policy responses which consist in significantly reducing the chances of the asylum-seekers accessing national territory, or once on national territory, of accessing refugee determination procedures, by means of the erection of physical and legal barriers, and downgrading revisions of asylum laws. This has resulted in many cases in the serious erosion of even the minimal form of protection guaranteed in the Convention.

To take the example of Europe (although Europe is by no means alone in this development), two ensuing consequences should be highlighted.

The first is the increasing "securitisation" of refugee flows. This is a very disquieting factor, in that recent European policies have linked refugee issues with measures against drug trafficking and terrorism, with resultant penalisation of asylum-seekers for illegal entry or lack of documents, detention and establishment of vast information systems providing little guarantees for human rights protection.

Yet it should be pointed out that security considerations were in fact already built in to the international refugee protection system. From the start it was accepted that the 1951 Convention should also filter out the deserving from the undeserving. It thus contains its own self-contained balancing mechanisms. The so-called "exclusion clauses" ensure that certain categories of asylum-seekers remain outside the ambit of refugee protection. Article 1 (F) for example, excludes those who have committed crimes against peace, war crimes or crimes against humanity, those who have committed a serious non-political crime prior to admission, and those who are guilty of acts contrary to the purposes and principles of the United Nations. Moreover, even in its formulation of the principle of non-refoulement, the main pillar of refugee protection, the Convention excludes from its application a "refugee whom there are reasonable grounds for regarding as a danger to the security of the country in which he is, or who having been convicted by a final judgment of a particularly serious crime, constitutes a danger to the community of that country… " (Article 33(2)). It thus weighs the interest of the individual refugee in obtaining protection from persecution against the interest of the receiving state in maintaining security and public order: humanitarian against security concerns.

The incorporation of security concerns in international legal instruments, that is the translation of political perceptions of threats into legal mandatory language – however vague may be phrases such as "reasonable grounds for regarding (a person) as a danger to the security of the country" concerned, incorporated into human rights treaties, or notions of *ordre public* – transforms such discretionary choices of States into ones to which outer limits have been set[5] in the same way as discretionary choices in admissions policies have been constrained by the existence of international obligations. Emerich de Vattel once said that a Nation "has the right, and is even obliged, to follow in this matter (admission of refugees) the rules of prudence. But this prudence should not take the form of suspicion nor be pushed to the point of refusing an asylum to the outcast on slight grounds and from unreasonable and foolish fears. It should be regulated by never losing sight of the charity and sympathy which are due to the unfortunate".[6]

It is evident therefore that this edifice of international legal protection has reduced the "margin of appreciation" of European states in determining such one time discretionary factors as who to admit on national territory, or intrinsic factors of national security or *ordre public*.

The second consequence is the growing and striking dissonance between on the one hand the values which lie at the core of European identity, and which are continually evolving in the direction of strengthening the rule of law, democracy and human rights, and on the other, developments in European policy and legislation concerning asylum-seekers (although as stated above, European states are by no means alone in this respect if one takes into account developments in the United

5 The European Court of Human Rights while recognising that the European Convention of Human Rights leaves the contracting parties an area of discretion, stated with reference to the emergency powers of States: "It falls in the first place to each Contracting State, with its responsibility for the life of (its) nation, to determine whether that life is threatened by a public emergency and, if so, how far it is necessary to go in attempting to overcome the emergency…Nevertheless, the States do not enjoy an unlimited power in this respect. The Court… is empowered to rule on whether the states have gone beyond the extent strictly required by the exigencies of the crisis…The domestic margin of appreciation is thus accompanied by a European supervision" *Case of Ireland v. The United Kingdom*, ECHR, Series A, Vol. 25, para. 207.

6 Emerich de Vattel, *Le droit des gens ou principes de la loi naturelle appliquée à la conduite aux affaires des nations et des souverains*, 1758.

States, Canada, Australia and New Zealand, to name a few). European exclusion policies have in some respects been the outgrowth of a perceived need to preserve homogeneity and identity. But as a result of such policies, asylum law, which was intended as incremental or a complement to human rights law and as part of the additional protection required by vulnerable groups is on the contrary being developed as an exception to or tangentially to the evolution of regional and universal human rights law. The net result is that asylum-seekers may find themselves outside the orbit of the expanding protection given by international human rights law to individuals in general. It is precisely because of the strengthened protection and judicial procedures afforded by human rights law, that the European Court of Human Rights has been faced with a growing number of asylum cases in recent years which it has examined from the perspective of obligations under the European Convention of Human Rights (see the chapter on the contribution of the European Court of Human Rights which examines this case-load).[7]

The contrast between the positive developments in human rights law and developments in the treatment of asylum-seekers may be illustrated by looking at the spatial extension of human rights protection, the extension of the beneficiaries of human rights protection, the acknowledgement by human rights law of non-state actors, and the erosion of the sphere of domestic jurisdiction and so-called withering away of national sovereignty.

(i) The spatial extension of human rights protection

Recent developments in international human rights law have acknowledged extension of the state's obligations to protect human rights beyond its own borders to everyone within its jurisdiction, i.e. under its actual authority and responsibility (Article 1 of the European Convention of Human Rights, Article 2 of the International Covenant on Civil and Political Rights). This term has been defined as not being limited to "national territory".[8] How far this can go is illustrated by the famous *Soering* decision which Judge Caflisch has referred to.[9]

Yet in seeking to restrict their obligations towards asylum-seekers, States, far from extending their protection to areas within their jurisdiction, have on the contrary narrowed the spatial application of the very principle that lies at the heart of human rights protection of asylum-seekers – namely the principle of non-refoulement. At the regional level, a series of conventional arrangements reached within the inner and outer circles of Europe – the Schengen Agreements, the 1990 Dublin Convention, the assimilation of the "Schengen Acquis" in the Amsterdam

7 See *supra* Lucius Caflisch, "The Contribution of the European Court of Human Rights to the Development of the International Law on Asylum" in this volume.

8 See before the European Court of Human Rights, cases of *Cyprus v. Turkey*, ECHR, Decisions and Reports 2 (1975) and *Loizidou v. Turkey*, ECHR, Series A, Vol.310 (1995), p.24, and comments of the Human Rights Committee in UN Doc. CCPR/C/21/Rev.1/Add.6, at 4 para.12 (1994).

9 *Soering Case*, ECHR, Series A, No.161 (1989). See *supra*.

Treaty – have institutionalised *ad hoc* attempts to restrict access to national territory and to refugee determination procedures, by the introduction of such fictions as international airport zones which extricate national territory from the ambit of that protection, or through the imposition of visa requirements or sanctions on carriers, which in spirit if not in black letter law, serve to restrict the spatial dimension of refugee protection.

This policy of narrowing the scope of jurisdiction is not limited to European States, as illustrated by the United States Supreme Court decision in *Sale v. Haitian Centers Council Inc.*[10] in which the Court took a wholly different approach to the territorial scope of the 1951 Convention in considering the case of the interception on the high seas by US customs authorities of Haitian stowaways or boat people: "... a treaty cannot impose uncontemplated extraterritorial obligations on those who ratify it though no more than its general humanitarian intent. Because the text of Article 33 cannot reasonably be read to say anything at all about a nation's actions toward aliens outside its own territory, it does not prohibit such actions". This was not the interpretation given by UNHCR to Article 33 in its *amicus* brief in this case. A foremost human rights authority, Theodor Meron, while recognising that : "Most of the provisions of the Refugee convention, in contrast to those of the political Covenant, may be primarily territorial in character, in the sense that they apply to claimants who have reached the soil of the state of asylum", nevertheless concludes that "keeping in mind Article 33 of the Refugee Convention – when a state undertakes to exercise its jurisdiction to enforce its laws on the high seas by returning potential asylum seekers to the country they are fleeing, the Convention, and not only its spirit (as the Court suggested) is breached."[11]

(ii) The extension of the beneficiaries of human rights law

The whole idea of human rights is that they pertain to everyone by virtue of her/his nature as a human being. It follows that the international measures to secure their protection must be anchored in the principle of universality and cannot be limited in their effect to the citizens of one country or of a group of countries but extend to everyone within the jursidiction. This is reinforced by the prohibition of discrimination which is the central core of many of the human rights treaties, including the 1951 Refugee Convention. Even where the traditional distinction between aliens and nationals is concerned, the general trend has been to seek to reinforce the protection of human rights instruments in respect of these non-nationals, as reflected in the United Nations Declaration on the Human Rights of

---

[10] United States Supreme Court (113 S.Ct.2549 (1993), P.2565); see *ILM,* 1993, p. 1039.

[11] Meron, Theodor, "Extraterritoriality of Human Rights Treaties", *AJIL*, vol. 89, 1995, pp. 78–82, at p. 80–81. See also statement by Louis Henkin: "It is incredible that states that had agreed not to force any human being back into the hands of his/her oppressors, intended to leave themselves-and each other-free to reach out beyond their territory to seize a refugee and to return him/her to the country from which he sought to escape". *Notes from the President,* ASIL Newsletter, sept.-oct.1993, p.1.

Individuals Who Are not Nationals of the Country in which They Live,[12] as well as to expand the individual's access to human rights protection by means of new instruments which reinforce human rights law in respect of such vulnerable groups as children, women (in vulnerable situations), the indigenous, or the disabled. On the contrary, policy and legislation in respect of asylum-seekers have sought to create a particular category of aliens in an "irregular" situation which is singled out for particular treatment and which is removed from the pale not only of human rights law but even of refugee law. The term "irregular" has been given an extensive scope, encompassing not only those who enter the territory illegally but covering also a wide variety of situations, in some cases even including those asylum-seekers who are in the process of awaiting the outcome to their appeal from a negative asylum decision. This so-called "irregular" situation entitles asylum states to ignore the general reach of human rights law by resorting to such practices as detention and penalization of illegal entry, leading in some cases to outright inhuman and degrading treatment of asylum-seekers and, even, some dramatic occasions, to their death, and disregard of the rights of refugee children or of the concept of family unity.

(iii) The acknowledgement by human rights law of non-state actors

The obligation not only to respect but also to guarantee the human rights laid down in the international instruments imply positive obligations on the part of the State even where this concerns violations of human rights by individuals acting in a non-official capacity. That human rights law has come to recognise the responsibility of the state for the acts of non-state entities acting within its jurisdiction where the State fails in its obligations of "due diligence", has been reflected in the jurisprudence, beginning with the famous *Rodriguez Velasquez* decision.[13] The European Commission of Human Rights has also considered that the obligations under Article 3 of the Convention applied in a case where those who hold substantial power within the State, even though they are not the Government, threaten the life and security of the individual.[14]

This evolution of human rights law is again not reflected in developments in asylum law. For evident reasons in order to restrict the field of application of the 1951 Convention, a number of European States have tended to refuse to consider as falling within the purview of the definition of persecution central to the determination of refugee status, persecution carried out by non-state agents. As a result, refugee status in a number of European countries, with certain exceptions, has

12 Adopted by General Assembly resolution 40/144 of 13 December 1985.
13 The case of Rodriguez Velasquez, Inter-American Yearbook on Human Rights, 1988, p. 986.
14 See Ahmed v. Austria, ECHR, Series A, No.23 (1996-VI).

been denied for example, to individuals fleeing persecution at the hands of militias, or to women fleeing societal persecution.[15]

It should be pointed out that European policies in the field of asylum are being justified in terms of national and regional legislation – in other words the discourse continues to be that of the rule of law. Whatever the merits of these legal arguments, it is the spirit underlying these legal developments and the grave risk of undermining the ideological underpinnings of European identity that are of concern. For many of the measures set in place are extraneous to the international system of refugee protection which depends on determining whether a person is eligible for the bestowal of refugee status.

To re-read the 1951 Convention as a human rights treaty, which it aspired to be from the start, would open up new horizons. It should be recalled that the Convention constitutes one of the first universal human rights instrument post United Nations Charter. This is clearly stated in its preamble with its references to the Universal Declaration of Human Rights, although it does not expressly cite Article 14 of that Declaration which declares: "Everyone has the right to seek and to enjoy in other countries asylum from persecution." While the Convention does not consecrate a right to asylum, it could be argued that the principle of non-refoulement in Article 33, which sets serious limitations on the discretion of a State to decide on who should be admitted and who denied entry, can be seen in terms of an individual subjective right. Again, it could be argued that the 1951 Convention forms part of that special category of treaties reflecting the collective interest which contains non-reciprocal, non-syllagmatic obligations. Recognition of the Convention's special nature would have certain important consequences in international law. The treaty would require a teleological rather than a restrictive, sovereignty-oriented interpretation. Any State would be entitled to invoke the responsibility of another State under that Convention insofar as the obligation breached was established for the protection of a collective interest (see Article 49 of the recently adopted ILC Articles on State Responsibility).[16] In the case of successive treaties, it could be argued that the higher standard would prevail. Finally, UNHCR could well envision development of its supervisory role under the Convention in the direction of a human rights treaty body.

---

15 See *supra*, Volker Türk, "Non-State Agents of Persecution" in this volume. The 1998 Swiss Asylum Act which amends the definition of persecution in Article 3(2) with a reference to gender may make it possible to rectify this situation in respect of women. See *supra* the chapter by Walter Kälin, "Gender-related Persecution" in this volume.

16 See Responsibility of States for Internationally wrongful acts of States adopted by the Drafting Committee on second reading, International Law Commission, 53rd session, 23 April-1 June and 2 July-10 August 2001.

3. The Importance of Broadening the International Protection System in the Search for Solutions

On the one hand there is a great need for reaffirmation of the protection net of the 1951 Convention in order to prevent its erosion and this has constantly been emphasized by UNHCR. For refugees fleeing from persecution, the only solution often remains that of durable asylum in a country other than their own.

But this concerns only a small segment of the asylum- seeking population. Where the greater part of a population is massively uprooted as a result of ruthless governmental policies or a total breakdown in the State system itself, it is evident that any meaningful attempt at solutions must go beyond interim protection and asylum, must implicate also the State of origin as well as the international community as a whole, and must attempt to address the entire spectrum of the problem from before flight to after return.

It is not therefore a question of substitution of asylum law, but recognition that the magnitude and complexity of the contemporary refugee problem cannot solely be tackled from the narrow base of the international system of protection that has been inherited.

Such an approach has required broadening the mandate of such institutions as UNHCR as well as enlisting the cooperation of a broad spectrum of other institutions; it has also meant broadening the approach to the refugee problem by emphasising prevention, containment and solutions of refugee flows. The refugee question has thus been linked to such other issues as human rights, protection in the country of origin itself, international peace and security, voluntary repatriation, as well as developmental issues. Previous chapters in this book have covered a number of developments which flow from this realisation.

One of these developments has been the linkage which has been made between refugee law and human rights and it is a fact that the refugee problem has found its way back onto the human rights agenda. A number of asylum seekers have been able to seek redress before such human rights bodies as the European Court of Human Rights and the Committee established by the UN Convention Against Torture.[17] The problems of mass exodus, as well as those arising from internal displacement, have also become important concerns of UN political organs.[18]

States have also attempted to cope with the refugee dilemma through containment. They have promoted concepts such as "in-country protection", or so-called "safe" havens or "protected" areas. Peacekeeping mandates have been linked to humanitarian assistance, extending protection to internally displaced persons. The Security Council, in some of its resolutions relating to Iraq, Haiti, Rwanda and Kosovo, has considered that mass exodus or refugee flows are constituent elements

17 See *supra*, chapter by Judge Lucius Caflisch.

18 See for example Francis M. Deng, Internally Displaced Persons, Reports of the Representative of the Secretary-General: E/CN.4/1993/35, E/CN.4/1994/44, E/CN.4/1995/50, E/CN.4/1996/52/Add.2, E/CN.4/1997/43.

of its determination, under Article 39 of the Charter, of a threat to international peace and security, which entitles it to act under Chapter VII of the Charter.[19] There have been efforts to elaborate a duty to intervene or to revive the classic doctrine of humanitarian intervention.

These varied approaches which centre on protection in the country of origin itself have led to some heated debates: What is the legality of the various degrees of involvement, including military intervention, in another State, by States acting individually or collectively, with or without the authority of the United Nations, in situations involving mass violations of human rights which may result in mass exodus? Is the consent of the country concerned a prerequisite for humanitarian access and assistance? Is it not a paradox to combine force with humanitarian action? Does the establishment of "safe havens", or similar concepts, for the purpose of protection of internally displaced persons transgress the territorial integrity of the State in question? How does one assure the security of refugee camps and safe havens, in order to avoid dramas such as that of Srebenica? Do these various policies of containment not run counter to the right to leave of the individual?

Concerning the debate over the legality of intervention, it is notable that while in the relations between States the principle of non-intervention and respect for territorial integrity continues to be insisted upon and strengthened,[20] Article 2(7) of the Charter which delimits the relations between the United Nations and its member States, has on the contrary been consistently eroded most notably in the field of human rights. Moreover, Article 2(7) does not bind the Security Council, which is therefore not inhibited by State sovereignty when acting under Chapter VII. The practice of the Council clearly shows that it has not balked at linking violations of human rights with maintenance of international peace and security, even in situations which traditionally fell within the reserved domain and in the absence of cross-border effects – beginning with the case of Southern Rhodesia. Nor has it been prevented, provided the requisite consensus can be found, from authorising unilateral military action in such circumstances. In short, the debate over

---

[19] See, for example, SC Res. 688 (1991) on the Kurds in Iraq, in which the Security Council declares itself "Gravely concerned by the repression of the Iraqi civilian population in many parts of Iraq, including most recently in Kurdish populated areas, which led to a massive flow of refugees towards and across international frontiers and to cross border incursions which threaten international peace and security", and in para.1. "*Condemns* the repression of the Iraqi civilian population in many parts of Iraq, including most recently in Kurdish-populated areas, the consequences of which threaten international peace and security in the region"; and Res.841 on Haiti (1993) which links the threat to international peace and security with the humanitarian crisis in Haiti, including mass displacements of population, following on "a climate of fear of persecution and economic displacement" as a result of the failure to reinstate the legitimate Government of President Aristide. As for Kosovo, see Res.1160, 1199 and 1203 (1998).

[20] See, for example, following on Kosovo, the declaration of the Group of 77 South Summit in Havana, Cuba, 10-14 April 2000, para.54, which rejects the so-called "right" of humanitarian intervention, which has no legal basis in the United Nations Charter or in the general principles of international law (www.G77.org/summit/Declaration_G77Summit.htm).

intervention has been wrongly stated as a choice between protection of human rights on the one hand and state sovereignty on the other – it is really a debate over the means not the ends, for remedial action can encompass a number of reactions to human rights violations.

Finally, voluntary repatriation has been considered the optimal solution for mass exodus. Repatriation, which can be seen as the promotion of organised and orderly return of refugees and displaced persons to their homes, is of course based on a right of return – a right consecrated in a number of instruments, beginning with Article 13(2) of the Universal Declaration of Human Rights. The right of return has been extended to situations of mass influx by numerous resolutions of the General Assembly (for example Res. 194(II) on the right of return of the Palestinian refugees) or Security Council resolutions 361 (1974) concerning Cyprus and 820 (1993) concerning Bosnia-Herzegovina. This right which has been extended not only to refugees but also recently to internally displaced persons, has also been consecrated in various peace agreements, including Article 1 of Annex 7 on refugees which is an integral part of the Dayton Agreements. It has also, in some cases, been linked to restitution or compensation for property losses, as for example in GA resolution 194 (II) on the right of return of Palestinian refugees, or Annex 7 of the Dayton Agreements. The latter in fact has innovated not only by establishing a compensation mechanism in the form of an independent commission nominated by the President of the European Court of Human Rights, but in also consecrating this principle in the new constitution of Bosnia-Herzegovina.

While voluntary repatriation is not mentioned as one of the solutions in the 1951 Convention, it is included in the mandate of UNHCR. The promotion of organised return has entailed not only international assistance and reconstruction of war-torn societies (see *supra*, Part IV on Durable Solutions) but also the guarantee and international monitoring of adequate human rights standards and safeguards. While voluntary repatriation as the optimal solution has also raised its own host of questions – what is voluntary? What are the conditions of safe return? Return to where? – nevertheless, it is a fact that the refugee component has become an important and integral part of recent political settlements.

4. Refugees as a Problem of Fundamental Concern to the International Community as a Whole

The refugee problem has to be seen against the backdrop of contemporary developments in international law. The international legal system has mirrored the contradictory pulls of centrifugal and globalising forces in international society, by paradoxical legal processes: on the one hand, fragmentation and compartmentalisation of particular areas of international law and, on the other, the construction of universalising and generalising elements. One of the most significant developments in this universalising process has been the creation and expansion of a domain of general or public interest and the development of what can broadly be viewed, along the lines of some domestic legal systems, as an international public policy or *ordre public*. Underlying this development is the emergence of a core of legal norms which have been considered to be fundamental to the international community as a whole in the sense that they are directed to the protection of certain overriding universal values, or indispensable for the functioning of a highly complex and interdependent international society. These norms include the basic principles of human rights, including self-determination, and humanitarian law. It is also accepted that their violation may create responsibility *erga omnes* – which implies a deviation from the bilateralism and consensualism characterizing traditional rules of international law.

In terms of refugee law, this development is reflected in the way certain gross violations of fundamental norms of human rights and humanitarian law at the origin of mass exodus have come to be considered as threats to the very security of the international legal order. It is reflected in the development of international criminal responsibility and the call for accountability before the International Criminal Tribunals for Former Yugoslavia and Rwanda of those responsible for ethnic cleansing and genocide, the root causes of the major refugee outflows from these countries. It is plain therefore that the problem of refugees is a matter of concern for the international community as a whole.

In recent years, the United Nations has actively sought to establish a multilateral framework for the conclusion of peace settlements, a component part of which deals with the safe and free return of refugees and displaced persons, including compensation, as well as a UN presence for post-treaty application and supervision, including human rights monitoring by international bodies. Some examples are the settlements reached in Central America, Cambodia, Afghanistan, Mozambique and former Yugoslavia, including Kosovo.

We are beginning to see in this respect the emergence of a regime regulating not only the obligations of the country of origin, based on a right of return of its nationals, to create the conditions for safe return by ceasing the violations at the root of the exodus, but implying also responsibility for international humanitarian organisations as well as that of the international community as a whole on the basis of burden-sharing.

Yet refugee issues continue in some respects to be treated within a traditional bilateral framework of international law concerned only with the subjective interests of States. This is poignantly illustrated by the case of Palestine, currently in the throes of violence. Palestinian refugees are unique in not benefiting at present from any international legal protection. Article 1D of the 1951 Convention, by excluding from the ambit of the Convention those who are receiving protection from organs or agencies of the UN other than the UNHCR, serves effectively to exclude the Palestinian refugees who fall within the mandate of UNRWA. Yet UNRWA's mandate is one of assistance not legal protection. Nor has the *ad hoc* legal protection that UNRWA assumed during the first *intifida* been renewed to cover the current situation.

At the same time, the singular absence of the international community in the resolution of the Palestinian question since the end of the Cold War is notable and has resulted from the removal of the peace process from the UN framework where it belonged and its gradual bilateralisation. Yet the legal issues involved in the Palestinian question – the right of refugees to return to their homes and/or to receive compensation; the right to self-determination of the Palestinian peoples, which includes the right to establish their own State as well as respect for the territorial integrity of the self-determination unit (i.e. the whole territory under occupation); the duties of an occupying power to respect the Geneva Conventions in the occupied territories, including Jerusalem (carrying the corresponding duties of all States parties to respect and to ensure the obligations laid down in these Conventions (common Article 1)); and the international status of the City of Jerusalem itself – involve issues recognised as being of fundamental concern not only to the immediate parties involved in the conflict but to the international community as a whole.

CONCLUSION

One must guard against the serious erosions which are taking place in the asylum system. Current State policies towards refugees are leading to a very disquieting paradox, particularly evident in Europe. The pillars on which European identity has been built have been commitment to rule of law, human rights and democracy. These pillars underly all institutional developments in the region, from the 1949 Statute of the Council of Europe and the European Convention of Human Rights, to the 1990 OSCE Charter of Paris, and the various instruments which have shaped the European Union. However, the issue of how to cope with asylum-seekers is placing Europe in a quandary. In the name of preservation of Europe's heritage and common values the States of Europe have been forced into policies of cultural exclusion. But by the development of what has been termed a two-tier human rights system, i.e. one which while granting citizens the most sophisticated protection from human rights abuses, excludes from full human rights protection unwanted aliens, branded as "illegal", or in an "irregular" situation, Europe faces the risk of undermining this very identity. As a result of exclusion policies, asylum law is being developed as an exception to regional and universal human rights law, the net result being that asylum-seekers may find themselves outside the orbit of the expanding protection given by international human rights law to individuals in general.

This produces a very interesting phenomenon, in that at the same time as one is witnessing the erosion of the concept of State sovereignty, the strengthening of supranational and universal institutions, globalization of international economic relations – asylum-seeking in Europe has been marked by a reinforcement of that last fortress of State sovereignty which is the right of the State to decide who to admit and who to expel.

Far from being surpassed, however, the 1951 Convention requires reaffirmation more than ever in its 50 year-old history. At the same time, it is increasingly evident that the refugee problem cannot be addressed solely through what has been called an "exilic approach" based on durable asylum, but only through broadening the framework to re-integrate the country of origin as well as to underline the responsibility of all the States forming the international community.